Maria Himmelbauer
Devotinas Glück

Maria Himmelbauer

Devotinas Glück Tagebuch

R. G. Fischer Verlag

Bibliografische Information der Deutschen Nationalbibliothek:
Die Deutsche Nationalbibliothek verzeichnet diese Publikation in der Deutschen
Nationalbibliografie; detaillierte bibliografische Daten sind im Internet über
http://dnb.dnb.de abrufbar.

© 2020 by R. G. Fischer Verlag
Orber Str. 30, D-60386 Frankfurt/Main
Alle Rechte vorbehalten
Schriftart: Times New Roman
Herstellung: rgf/bf/1A
ISBN 978-3-8301-1832-9

20. Februar

Es ist ein langer, tränenreicher Winter. Er hat mich verlassen, oder ich ihn? Wir wissen nicht, ob wir noch zusammen sind oder nicht, das sagen wir beide. Jeder will an etwas festhalten, das es nicht mehr gibt. Wir sehen uns kaum noch. Sex sowieso keinen oder selten, das geht seit letzten Sommer so. Ich will das nicht wahrhaben, er auch nicht, ich suche und suche, aber finde nicht mehr diese Gemeinsamkeitsenergie, im Gegenteil, je mehr ich das haben möchte und einfordere, desto schlechter wird es. Das Gegenteil von schlecht muss nicht gut sein, es kann noch schlechter sein. Ja, es ist so, dass die ursprünglichen Vorstellungen, Erwartungen, Illusionen nicht eingetroffen sind, durch unterschiedliches Zutun von uns beiden. Im Bemühen einen Soll-Zustand zu erreichen und den Alltag dorthin zu zwingen, ist uns die Liebe durchgerutscht – weg ist sie. Er hat mich nach und nach von sich distanziert, war einfach nicht mehr da, hat nicht mehr geredet. Gibt's ein Problem – bloß nicht darüber reden! Aber nicht reden bedeutet das Ende der Beziehung. Dann soll er es sagen! Tut er aber nicht, weil er ja nicht reden will. Es dreht sich im Kreis nach unten. Wie lange werde ich diesen Scheiß noch aushalten, das geht schon seit fast einem Jahr so. Ich taumle, bin hin und her gerissen zwischen Kampf und Flucht, ich will raus aus dieser Trennungsfalle, die ohnehin mit der Trennung endet. Das blöde an einer Trennung ist nicht nur die Trauer und die Wut, sondern vor allem die generelle emotionale Unterernährung. Ich weiß, warum ich meine überschüssigen 4 Kilo vom letzten Kekswinter nicht herunter bekomme. Und hungrig sein ist für meine Persönlichkeitsstruktur riskant, weil er oft zum Heißhunger wird, körperlich, geistig, emotional und sexuell. Her mit dem Leben und rein damit! Ich möchte genährt werden, die vielen Kränkungen in der letzten Zeit haben mich ausgezehrt. Aber vorher müssen noch die vielen Tränen heraus …

5. März

Ich bin beim Shoppen im Sexshop, hatte plötzlich eine Eingebung, dass ich meine alten Spielsachen und die Wäsche wieder heraushole und evaluiere. Was gibt es, wie ist es zu bewerten, brauche ich was Neues? Es macht Lust, mich mit schwarzen netzartigen oder anderen schwarzen Wäscheteilen zu beschäftigen. Im Shop gibt es einiges zu sehen, ich bin neugierig und kaufe etwas. Jetzt bin ich bald 50 und befinde mich – wieder einmal – in einem Trennungsprozess; diesmal dachte ich, dass es die »große Liebe« sei. Eine Bekannte von mir hatte 17 Jahre lang eine Beziehung mit ihrer »großen Liebe«, von der sie sagt, dass sie total froh ist, so etwas ein Mal in ihrem Leben erlebt haben zu dürfen. Seltsam, diese sogenannte große Liebe war aber dann zu Ende, so wie meine. Was ist das für eine Art von Liebe, die dem Alltag nicht standhält? Was soll so groß daran sein? Diese Bekannte hatte für diese Liebe Unmengen an Kränkungen hingenommen, er muss ein fürchterlich selbstverliebter Pascha gewesen sein. Ja, kann ich nachvollziehen, wenn man auf einmal in der Beziehung nicht mehr vorkommt. Bzw. wenn die Beziehung nicht mehr vorkommt.

Gut, hätten wir das auch. Ganz im Sinn meiner Bekannten denke ich, dass ich das auch irgendwie »würdigen« sollte, dass ich so eine große Liebe hatte. Aber wie? Nachträglich romantisieren geht nicht mehr. Wie soll ich mir jetzt noch einbilden, dass meine unerfüllten Geborgenheitsbedürfnisse etwas mit diesem konkreten Menschen zu tun hatten? Von wegen – man sollte sich zu jeder Zeit im Leben selber das geben können, was man als Kind schon nicht hatte – Zuwendung, Anerkennung, Bestätigung, Lob. Muss man selber machen. Heute war ich mit mir in der Konditorei einen Rehrücken essen, das hat mir gut getan. Ja, Kommunikation geht oft am besten mit sich selbst. Und so sage ich zu mir: So, da musst du jetzt durch. Trauern und Trennungsschmerzen sind schwierig, müssen aber einen Platz bekommen.

So ein verdammter Leidensweg – wann ist er endlich zu Ende? Ich habe am Anfang gewusst, dass das nichts werden kann oder sehr schwierig wird, habe mich aber trotzdem eingelassen, verletzen und kränken lassen. Selber schuld. Jetzt will ich keinesfalls eine neue Beziehung, aber Sex! Wie und wo? Ich erinnere mich, dass ich mit meiner Therapeutin darüber geredet habe, dass das einfach nur Scheiße ist – und jetzt bloß keine riskanten unüberlegten Aktionen. Also weil ich am kurzen Flirt im Fasching anschließen wollte und mit demjenigen Mann Kontakt aufgenommen, dann aber wieder abgebrochen hatte. Nein, dieser Flirt findet keine Fortsetzung, ich stecke noch zu fest im Trennungstunnel von meinem Ex.

19. März

Die Trennung von Hans wurde vollzogen. Nach einigen Verschiebungen haben wir uns auf einen Termin geeinigt – wie es wohl wird? Werden wir Sex haben? Oder nur reden und uns dann nie wieder sehen? Er kommt zu mir, es herrscht eine kühle Endzeitstimmung vermischt mit Trauer, Wut und Ohnmacht; er sagt er findet es komisch, dass er da ist. Ja, da hat er Recht, denn eigentlich ist er nicht mehr da. Ich fasse in kurzen Worten unsere Beziehung zusammen, reflektiere über das eine und andere, über das, was uns nicht gelungen ist. Und dass man sich hinterher nicht so viele Vorwürfe machen sollte, von wegen Scheitern, es hat halt nicht sein sollen. Er nimmt das alles wortkarg hin, mit zwischendurch bestätigenden Geräuschen. Die Trennung ist, wie die Beziehung war – ohne viele Worte. Wir schauen den Film fertig, ich begleite ihn zur Tür, er küsst mich und verabschiedet sich. Ich gehe zum Fenster und beobachte wie er zum Auto geht, einsteigt, noch einmal winkt und wegfährt. Ich schließe das Fenster und bin wie versteinert. Nach etwa einer Stunde schreibt er, dass er daheim ist – ja und? Fein, antworte ich. Es ist sehr traurig, antwortet er. Ja, sehr sehr traurig, antworte ich und bekomme einen heftigen Weinanfall.

20. März

Zum Glück nicht viele Außentermine, die Augen sind geschwollen vom vielen Weinen. Alles, was ablenkt, ist mir recht, ich möchte raus aus diesem Schreckenszustand. Meine Finger bedienen das iPhone – nur mal schauen, was es da so gibt. Aha, da gibt es aber so einiges, ich schau da mal rein. Eine Erotikplattform hat mich irgendwie angesprochen, ich weiß nicht warum. Ich komme nicht in dieses Forum hinein, ich müsste mich registrieren. Das ist schnell getan, mit allen Vorsichtsmaßnahmen; ein gut gewählter Nickname, kein Gesichtsfoto, und das, was man reinschreibt, sollte gut überlegt werden. Nichts hineinschreiben, was nicht stimmt. Beim Alter, Aussehen und Selbstbeschreibung nicht schwindeln, das rächt sich. Keine Zuschriften beantworten, sondern selber suchen und anschreiben. Niemals die Telefonnummer hergeben; E-Mail-Adresse nur dann austauschen, wenn man eine anonyme Adresse hat. Rasch ist es angelegt, das Profil – ich nenne mich *Mariaimhimmel*.

Virtuelles Forum: *Mariaimhimmel,* registriert am 20.3.

Profil Informationen

Ort: X
Land: Y
Bundesland: YY
Postleitzahl: XZ
Geschlecht: weiblich
Sexuelle Ausrichtung: hetero
Beziehungsstatus: Single
Kontaktsuche: Suche Kontakte
Suche Kontakt zu: Männern
Sexuelle Vorlieben: Bondage; Harter Sex; Kuschelsex;
Oralsex; Outdoorsex
Fetisch & SM Vorlieben: Devot sein; Fesselspiele

Kein weiterer Text, kein Profilbild oder sonstige Bilder.

Jetzt kann ich die Profile der in Frage kommenden Männer studieren. Ich habe bei »sexuelle Vorlieben« Fesselspiele etc. angekreuzt, lauter Sachen, die ich immer schon einmal machen wollte. Nach diesen Kriterien suche ich auch die Männer aus, schreibe den einen und anderen an, bekomme auch Antworten. Ein Profil erregt meine besondere Aufmerksamkeit – *Sir Costar.*

Virtuelles Forum: *Sir Costar*

Profil Informationen

Motto: pain and pleasure

Ort: O
Land: Y
Bundesland: YY
Postleitzahl: OZ
Geschlecht: männlich
Sexuelle Ausrichtung: hetero
Interessen: Motorrad fahren, Italien, Sport, Gin
Kontaktsuche: suche Kontakte
Suche Kontakt zu: Frauen; Paaren (hetero); Paaren (lesbisch)
Sexuelle Vorlieben: Bondage; Harter Sex; Kuschelsex; Oralsex; Outdoorsex; Sextoys
Fetisch & SM Vorlieben: Dominant sein; Lack, Leder, Latex; Spanking; Fesselspiele; Wachsspiele; Gynountersuchung
Andere Vorlieben: so einiges
Sexuelle Tabus: KV, Minderjährige, Blut, Drogen, Tiere, meine Ex, ...

Ich bin ein sportlicher, gebildeter, niveauvoller, dominanter, lustvoller, ... Mann aus YY [Bundesland]. Ich versuche regelmäßig Sport zu machen, mag die Berge und das Meer, liebe PP [Staat], esse und trinke gerne gut, kann kochen, lese täglich, ... und suche eine körperbewusste, gepflegte, erotische, gerne auch unkonventionelle Partnerin, eine Frau die Freude an den schönen Dingen im Leben hat und Sex in unterschiedlichen Formen und Konstellationen genießt. Du sehnst dich nach knisternder Erotik, liebst es verwöhnt zu werden und zu verwöhnen, ..., dann würde es mich freuen dich kennen zu lernen.

Ich suche hier keine Frau für einen schnellen Fick, sondern eine sexuell aufgeschlossene Partnerin für Freundschaft plus, oder feste Beziehung.

Sein Profilbild zeigt eine Art Postkasten im Vintage-Style, der mit einem großen Aufkleber überklebt ist; auf diesem steht mit roten Buchstaben das Wort »Dom«. In seiner Galerie sind weitere Bilder; auf einem sieht man ihn mit Anzug, weißem Hemd und Augenmaske in einem Hotelzimmer, mit dem Text: »Warten auf die Sub …«. Auf einem anderen sieht man seinen nackten Körper ohne Kopf; schlank und glatt rasiert. Auch Fesseln sind zu sehen, auf einem anderen Bild; dann gibt es noch ein Schwanzbild und noch eines, wo er mit Anzug und Peitsche zu sehen ist, ohne Kopf.

21. März

Das Profil von *Sir Costar* gefällt mir, ich zögere nicht lange und schreibe ihn an: »Wie alt bist du? Was sind deine Vorlieben?« Am Abend bekomme ich eine Antwort: »Hallo liebe Maria, ich bin 52 Jahre alt und über meine Vorlieben findest du schon einiges in meinem Profil unter Informationen. Gerne beantworte ich aber auch konkrete Fragen. Deine Nachricht freut mich jedenfalls sehr und ich würde gerne mehr von dir erfahren. Liebe Grüße, Costar.« Und etwas später: »Grundsätzlich bin ich jedenfalls dominant. Mein Sadismus passt sich sehr der Masoneigung meiner Partnerin an. Bin für alles offen, was beiden Lust bereitet.« Ich antworte:

»Was möchtest du über mich wissen? Bin dunkelblond, grüne Augen, ich denke ich kann mich attraktiv nennen; die Kinder sind außer Haus, 2 Katzen übrig. Bin seit kurzem Single und noch nicht ganz darüber weg. Ich möchte unverbindlichen geilen Sex …« Und dann möchte ich auch wissen, wie er aussieht. Das möchte er auch – wissen, wie ich aussehe. Tja, das ist immer so eine Sache mit einem Gesichtsfoto; ich schicke ihm jedenfalls keines, auf dem ich gut erkennbar bin. Er fordert mich auf, dass ich es zuerst schicken soll, und dann schreibt er, dass wir auf Telegramm oder Kik wechseln sollten, da könnte man sich besser schreiben. Ich schreibe: »Ich schicke zuerst? Wieso? ;-) Telegramm oder KiK – aus welchem Jahrhundert sind diese Kommunikationsmedien? Ich bin leider technisch steinzeitlich, aber ich schick dir mal ein Foto … für den ersten Eindruck ;-)« Auf diesem Bild kann man die Umrisse meines Profils erkennen, es ist dunkel, aber immerhin sieht man die Gesichtszüge ein wenig. *Sir Costar* bedankt sich vielmals; jetzt hat er einen geschäftlichen Termin, er würde sich aber später wieder melden.

Etwas nach 20 Uhr schreibt er wieder – ich schicke ihm zwei Bilder von mir, halbnackte Körperbilder, und eines mit einer halben Brust bzw. Brustwarze, jeweils ohne Gesicht. Er findet sie sehr schön, will wissen, ob ich die Bilder in seinem Profil auch gesehen habe; und wo ich wohne. Hier beginnt eine rege Unterhaltung, wir sammeln die ersten Informationen. Er ist Single und fragt mich bald, ob ich Lust hätte auf ein spontanes Kennenlernen. Ja, würde ich gerne, antworte ich, aber vielleicht nicht ganz so spontan. Wie hätte er sich das vorgestellt? Er schreibt, dass wir uns auf einen Kaffee oder ein Glas Wein treffen und uns kennen lernen könnten. Dann fragt er, ob ich schon SM-Erfahrungen gemacht habe. So viele Fragen … Ich schlage vor, dass wir uns nächste Woche treffen könnten, woraufhin er antwortet, warum wir uns nicht gleich morgen treffen würden (das wäre ein Freitag). Da kann ich aber nicht, weil ich auf einer Veranstaltung bin. Auf die Frage, ob ich SM-Erfahrungen habe, schreibe ich: »Nicht wirklich, nur im ›Selbstexperiment‹. Welche Erfahrungen hast du da? Hast schon einmal ›Lehrmeister‹ gespielt? ;-)« Ja, natürlich hat er einige Erfahrungen gemacht und möchte wissen, was ich schon ausprobiert hätte. Ich antworte:»Also, ich habe schon einmal die Erfahrung gemacht, gefesselt zu werden, das war sehr geil. Ich habe Fesseln etc. und Toys, aber die verwende ich fast nie. Außer die Sachen für die Klitoris, bin ziemlich verwöhnungsbedürftig diesbezüglich, sprich ich brauche Zunge. Auch Klemmen finde ich erregend … und Klapse auf intime Stellen … könntest damit was anfangen?« Offenbar kann er sehr viel damit anfangen, er möchte mich unbedingt treffen, aber das kommende Wochenende ist bei mir zeitlich sehr dicht, ich könnte höchstens am Freitagabend; da wäre ich bei einem Konzert, und wenn er da auch hinkäme, könnten wir uns ganz unverbindlich kennen lernen. Er schreibt, ob ich Lust zu telefonieren hätte? Ich bleibe dabei, ihm hier im Forum zu schreiben:»Ehrlich gesagt mag ich (noch) nicht meine Telefonnummer hergeben. Ich weiß nicht genau, wie das morgen ist, dieses Konzert, ich geh mit einer Freundin hin. Angeblich haben wir Stehplätze, man kann auch was trinken. Wenn wir da einfach unverbindlich ins Gespräch kommen? Ich werde schwarze Schuhe tragen, blaue Jeans und ein schwarzes, eng anliegendes Shirt, der Ausschnitt gerade geschnitten mit Spitzenrand. Schicke dir morgen ein Foto, dann erkennst du mich. Ok?« Damit ist er einverstanden und schreibt noch, woran er zu erkennen wäre:»Ich bin 175 groß, blonde kurze Haare, schlank, schwarze Brille.« Auch unsere Vornamen verraten wir einander. Einige Stunden später, es ist schon fast Mitternacht, schicke ich ihm wieder drei Sexselfies von mir; eines zeigt mich von hinten, nackt mit schwarzem BH, schwarzem Stringtanga und schwarzen halterlosen Strümpfen. Eines zeigt nur meine Beine mit den Strümpfen und auf einem habe ich gespreizte Beine, da ist meine mit einem schwarzen Tanga verdeckte Muschi zu sehen; im Schritt dieses Höschens ist eine weiße Perlenkette eingenäht, die sich zwischen meine Schamlippen einfügt.

22. März (Erstes Treffen mit *Sir Costar*)

In der Früh schickt mir der geheimnisvolle Unbekannte einen »Guten Morgen!« und möchte wissen, was ich heute mache; er wäre schon im Büro. Und ob ich mich gern fotografiere. Ja, ich mache gerne Fotos von mir, antworte ich. Er möchte auch wissen, was ich beruflich mache; ich bin selbstständig, arbeite mit Menschen und Texten; er ist Banker. Wir schreiben uns noch, wie wir es anstellen wollen, dass wir uns am Abend finden und ein wenig reden können.

Das Konzert ist ganz ok, es sind viele Leute da, vielleicht 300? Meine Freundin und ich sitzen in einer komfortablen Ecke; sie ist sehr konzentriert auf den Sänger. Er ist in der Tat gutaussehend, aber seine deutschen Liedermacherlieder sind seicht – ein nicht schlecht musikalisch umrahmter Seufzer eines Mittefünfzigjährigen mit einer fünfundzwanzig Jahre jüngeren Freundin, wie er mehrfach erwähnte. Ich mache Fotos von ihm für meine Freundin, ihre Handykamera hat eine schlechte Qualität. Andauernd blicke ich mich um – ist er schon da? Wo könnte er sein? Er schreibt, dass er bereits da ist und fragt, wo ich bin. Offenbar ist er auf der anderen Seite des Raumes, aber dort sind viele Leute, viele Männer. Ich versuche eine möglichst genaue Beschreibung meines Platzes zu geben, der allerdings nicht leicht zu finden ist. Mein Blick schweift, möglichst unauffällig, und bleibt hängen bei einem Mann, der zur Beschreibung passt. Das könnte er sein. Aha. Und jetzt? Wie komme ich dorthin oder er her? Nein, dass er herkommt, wird nicht gehen, er weiß ja nicht wohin. Und ihm ausführlich noch mal übers Forum schreiben wo ich bin, ist sinnlos. Also beschließe ich hinzugehen, aber mit welcher Ausrede der Freundin gegenüber? Ich war ja gerade ein Getränk holen, auch zum Schauen, ob er da ist, aber da habe ich nur Männer gesehen, die ich auf keinen Fall kennen lernen wollte, weil sie furchterregend oder hässlich oder zu alt waren. Deswegen bin ich auch schnell wieder zu meinem Platz zurück geeilt.

Nun gut, ich bin da, er ist wahrscheinlich dort, irgendwie muss ich da hin. Ich werde noch Fotos machen, aus einer anderen Perspektive, von dort drüben aus, sage ich zu meiner Freundin, die sich freut, dass ich das für sie mache. Ich stehe auf und gehe in seine Richtung, immer mit dem iPhone fotografierend. Da habe ich wieder mal eine gute Idee gehabt, denke ich und stehe etwa drei Meter entfernt von ihm, immer noch fotografierend. Der schaut gar nicht so übel aus. Jetzt oder nie – ich gehe auf ihn zu und frage ihn, ob er Tilman ist. Ja, sagt er und ich bin total erleichtert. Auf den ersten Blick ist er ein gutaussehender, gepflegter und sympathisch wirkender Mann. Ich sage, dass ich die Maria bin. Diese Begrüßung ist freundlich, er scheint nett zu sein, das freut mich. Er freut sich offenbar auch. Wir beginnen ein Gespräch, dabei komme ich ihm ein wenig näher und erfasse einen Hauch von seinem Geruch – zum Glück! Der riecht gut, das ist das Wichtigste. Zunächst reden wir über die schwierige Parkplatzsuche, er ist erst später gekommen, und das Konzert findet er nett. Er ist ja nicht von da, eröffnet er mir, sondern von der nächsten größeren Stadt, das hat er im Forum absichtlich so geschrieben. Ja, er wirkt nicht nur sympathisch, er ist es auch. Es knistert. Mir wird warm, ich schwitze stark. Er macht mich aufmerksam, dass sich die Leute um uns herum beschweren, weil geredet wird. Psssst! Wir flüstern weiter. Es sind bestimmt schon 10 Minuten vergangen, ich müsste wieder zurück zur Freundin. Wir verabreden uns, dass wir uns am Sonntag treffen und in Ruhe reden werden, und dass wir die Telefonnummern über das Forum austauschen, damit wir am nächsten Tag den Ort und Zeitpunkt besprechen können. Freundlich verabschieden wir uns und ich gehe zu meiner Freundin.

Als das Konzert endet, leert sich der Raum rasch. Im Gespräch mit meiner Freundin schiebt uns die Menschenmasse hinaus. Er ist noch da, ich komme auch bei ihm vorbei, aber nicht nahe genug, um noch kurz ein Wort zu wechseln. Aber ich winke ihm noch zu, er winkt zurück. Ich bin total happy!

Etwas später, ich bin schon zu Hause, schicken wir uns unsere Telefonnummern und dass wir uns sehr auf unser Treffen freuen.

23. März

Wir haben ausgemacht, dass wir am Abend einmal telefonieren wollen, ich würde ihn anrufen. Ich habe Hektik, den ganzen Tag ein Seminar, ab 17 Uhr sollte ich auch noch bei einer Geburtstagsparty sein. Geschenk zum Glück schon besorgt. Es ist 19 Uhr und ich werde ihn schnell anrufen, um Zeit und Ort für morgen zu vereinbaren. Seine Stimme klingt auch am Telefon sympathisch und er wirkt irgendwie geschmeidig, aber auch sehr selbstsicher und fast ein wenig bestimmend. Zeit und Ort sind schnell besprochen (nächster Tag, 17.00 oder 18.00 Uhr, je nach Tagesverlauf). Er fängt an zu fragen, was ich suche, was meine Vorstellungen, Vorlieben, Tabus und Phantasien wären. Mir gefällt die Art und Weise, wie er die Dinge anspricht. Man kann offen mit ihm reden. Ich bin aber zurückhaltend und gebe noch nicht viel von mir preis. Er redet viel, jedes Wort ist wohlüberlegt. Er erklärt mir BDSM. Das ist so, dass die Beteiligten für einen definierten Zeitraum in bestimmte Rollen schlüpfen – dominant, sadistisch / devot, masochistisch – und vorher besprochene Dinge tun, die für alle die Lust steigern. Dabei ist alles erlaubt, was gefällt. Es werden nur Dinge getan, für die es zuvor eine ausdrückliche Einwilligung gibt. Wenn man etwas nicht möchte, muss man das sagen. Wenn das »Spiel« beginnt, bestimmt einer über den anderen. Er nimmt den anderen in Besitz. Deswegen ist es ganz wichtig, dass der Dominante ganz genau Bescheid weiß über den Körper und die Wünsche der Partnerin. Ihr Körper und ihre Lust werden von ihm in Besitz genommen. Sie ist dann total ausgeliefert. Er »spielt« mit ihr bzw. an ihr. Für das alles gibt es strenge Regeln. Während des Spiels kann man »Stopp« sagen, dann wird abgebrochen.

16

Er erklärt das alles mit einer ruhigen Sachlichkeit und mit offenbar einigen Erfahrungswerten, er ist sehr versiert und führt mich sanft in diese Wissenschaft ein. Er zieht immer wieder Schleifen, sagt einige Dinge mehrmals, betont, dass man immer alles unterbrechen oder stoppen kann, wenn man etwas nicht will. Ich werfe irgendwann ein, dass man hier viel Vertrauen braucht, um sich auf so etwas einlassen zu können. Er redet weiter, so als wenn er meine Hand nehmen würde und mich mitnimmt auf eine spannende Reise. Ich schwitze, mir ist heiß, meine Muschi ist heiß und nass. Ich müsste schon längst auf der Party sein. Aber BDSM interessiert mich jetzt mehr. Klingt alles sehr interessant, das sage ich ihm auch. Er meint, ich soll mir überlegen, was meine Vorlieben und meine Tabus sind und was ich gern machen möchte, und ob ich mir so etwas vorstellen könnte – zu spielen – ob ich mich darauf einlassen würde. Darüber könnten wir dann morgen Abend genauer reden. Wir verabschieden uns und wünschen uns noch einen schönen verbleibenden Abend.

24. März (Zweites Treffen mit *Sir Costar*)

In der Früh schickt mir *Sir Costar* wieder einen »Guten Morgen« mit Rufzeichen, per Whatsapp und dass er heute Sport betreiben wird. Ich wünsche ihm viel Spaß dabei und erwähne ebenfalls meine sportliche Neigung – Yoga – mit einem Bild von der sogenannten Krähe (Handstand aus der Hocke). Später verständigen wir uns darauf, dass es wohl eher 18 Uhr werden wird, für unser Treffen in einer Hotelbar in meiner Stadt. Er hat beim Telefonat gestern erwähnt, dass er gut findet, wenn man ein Kleid oder einen Rock trägt. Die eine oder andere Phantasie haben wir bereits ausgetauscht – man geht am Abend aus, man ist im Spiel, er bestimmt. Er schickt sie auf die Toilette und gibt ihr den Auftrag, ihr Höschen auszuziehen. Zum Beweis muss sie es ihm zeigen, wenn sie zurückkommt. Geil, das habe ich auch schon öfter gedacht. Untenrum einfach nackt sein und nur einer weiß es.

Es ist 18 Uhr, ich betrete die Hotelbar. Ich trage ein Kleid mit schwarz-weißem Muster, darüber eine Jacke, darunter halterlose schwarze Strümpfe, schwarzen Slip und schwarze Schuhe mit einem halbhohen Absatz. Er ist schon da, wir begrüßen uns herzlich. Ich bin aufgeregt, neugierig, ein bisschen unsicher, aber froh, dass er heute genau so sympathisch ist wie gestern. Ein hübscher Mann. Ist der erste Eindruck, sage ich mir und dieser Eindruck sollte überprüft werden. Das Kennenlernen geht los. Unsere richtigen Namen kennen wir ja schon, jetzt werden Beruf, Familienstand und Hobbys ausgetauscht – man will ja auch den Menschen kennen lernen, nicht nur das Sexualobjekt. Mein Gefühl, dass er seriös, glaubwürdig und vor allem vertrauenswürdig ist, verstärkt sich. Er hat einen seriösen Beruf, ist Akademiker, geschieden, hat einen Sohn, um den er sich kümmert und lebt sonst allein. Er raucht nicht, möchte öfter Sport machen und mag Gin. Er liest auch Bücher, das ist selten bei einem Mann. Alles, was in seinem Profil steht, stimmt. Es stört ihn nicht, wenn ich rauche, im Gegenteil, wenn man lustvoll an einer Zigarette zieht, dann kann das sehr erotisch sein, meint er. Dieses Kennenlernen wird begleitet vom Austausch von Phantasien und von der Fortsetzung seiner BDSM Expertise. Er ist geduldig, er merkt, dass ich unsicher bin, ich sage das auch. Zugleich verführt er mich in diese Welt und ich lasse mich verführen, es macht uns Spaß. Wir flirten. Immer wieder untermauert er, dass man den anderen genau kennen sollte, körperlich, wenn man sich auf ein Spiel einlassen will. Und dass es strenge Regeln gibt, die man vorher ausmachen muss.

Das Gespräch ist anregend, aufregend und ich werde nass. Aber diese Art von Geilheit ist nicht so wie sonst, es fühlt sich anders an, intensiver. Es ist so, als wenn ein heftiges Feuer in meinem Becken brennt, das unbedingt gelöscht werden müsste. Ich bin total scharf, am liebst würde ich sofort über ihn herfallen – unter normalen Umständen. Schon wieder muss ich auf die Toilette, das ist der Wein. Aber diesmal mache ich es: Ich ziehe mein Höschen aus und verstecke es in der Jackentasche. Ich komme zurück, setze mich hin und gebe das Höschen in meine Handtasche, nicht ohne ihm vorher zu zeigen, dass es mein Höschen ist. Er wirkt erfreut, überrascht, schaut mich an, lächelt. Es knistert, nicht zum Aushalten! Er fragt, ob das jetzt so wäre, dass ich kein Höschen anhätte und unterm Kleid nackt wäre. Ich bejahe und lächle ihn an. Er fordert mich auf, mich zu ihm zu drehen – meine Beine sind überschlagen und ich drehe mich mit meinem Stuhl zu ihm. Er schaut mich an. Mit seinem Blick erfasst er meinen ganzen Körper. Ich stelle mir vor, wie er sich vorstellt, dass ich nackt bin, das erregt mich stark. Ich befürchte den Stuhl nass zu machen, weil ich nur auf dem Stoff des Kleides sitze. Wir reden weiter und ich genieße diese Situation.

Es wird spät, wir beschließen, dass wir uns wieder treffen werden. Es ist klar, dass wir heute keinen Sex haben werden, weil wenn Sex, dann in Form eines »Spiels«. Er möchte wissen, ob ich mir vorstellen kann, mich darauf einzulassen. Ja, sage ich, das kann ich mir gut vorstellen. Dann möchte er noch einmal ganz genau wissen, was ich mag und was nicht. Wo will ich berührt werden und wie, und wo nicht, was geht auf keinen Fall, was kann man probieren …? Das soll ich ihm genau sagen. Gut, denke ich, so genau hatten wir das noch nicht besprochen. Er will das wissen. Dann will er eine Vereinbarung mit mir machen, einen Vertrag, falls ich mich einlassen wollte. Ja, will ich!, denke ich und sage ihm das auch. Er bezahlt, wir gehen, er begleitet mich zum Auto. Bevor ich die Autotür aufsperre, drehe ich mich zu ihm für die Verabschiedung, bleibe aber passiv. Er küsst mich flüchtig auf den Mund und berührt ebenso flüchtig meinen Busen. Seine Berührung ist sanft und intensiv gleichzeitig. Seine Hand gleitet in meinen Schritt, ich spreize ein wenig meine Beine. Er prüft die Nacktheit meiner Muschi, spielt kurz an der Klitoris und schiebt mir einen Finger hinein. Du bist nass, sagt er. Ja, hauche ich. Er küsst mich noch einmal und wir gehen auseinander.

Später am Abend schreibt er, dass er sich für das schöne Date bedankt, schickt mir auch einen Kuss. Ich bedanke mich ebenso, auch mit einem Kuss. Und dass ich mir, nachdem ich nach Hause gekommen bin, mein »Spezialhöschen« angezogen habe; da kann man eine Art Stimulator aus Silikon hineinlegen, der dann äußerlich die Schamlippen bzw. den Kitzler massiert. Zeig's mir, verlangt er. Ich mache ein Foto davon und schicke es ihm; dazu den Text, dass ich mit gespreizten Beinen auf der Couch liege und fernsehe. Das gefällt ihm, ich bekomme drei Daumen-hoch-Emojis. Daraufhin schicke ich ihm wieder Bilder, drei von meinen Beinen mit schwarzen Halterlosen und drei mit gespreizten Beinen mit lackartigem Höschen. Und dazu die Anmerkung, dass ich es mir später selber machen werde – oder soll ich es gleich machen? Er antwortet, dass er diese Entscheidung jetzt noch mir überlässt, aber nachdem er mich »in Besitz« genommen hat, würde er mich ganz genau anweisen, was zu tun wäre. Und er will auch, dass ich ihm meine Toys vorführe und alles zeige, auch was ich damit mache. Ich kann es kaum erwarten, ihn zu treffen und dieses Spiel zu beginnen. Er offenbar auch nicht, er schreibt, dass er mich so bald als möglich »haben« möchte. Nach einigem Hin und Her kommen wir auf den nächsten Tag; wir würden uns am Abend treffen, er würde zu mir kommen. Vor lauter Vorfreude schicke ich ihm wieder Bilder von mir (eines mit meinen Brüsten, mit Klemmen; zwei Bilder, auf denen ich die Kette, die die Klemmen verbindet, im Mund habe, sodass die Klemmen die Brüste noch oben ziehen). Er freut sich sehr auf den morgigen Abend und er hätte gerne, dass ich ihn in einem Kleid empfange, darunter soll ich Slip, Strümpfe und hohe Schuhe tragen; ich soll auch alle meine Spielsachen vorbereiten. Und ich soll sorgfältig rasiert sein, auch am Anus. Wir werden morgen über unsere Vorlieben und Tabus noch genauer reden, sowie auch über die Rahmenbedingungen, falls wir uns auf das gemeinsame Spielen einlassen, schreibt er. Es ist schon sehr spät, wir verabschieden uns in eine »gute Nacht«.

25. März (Erste Session mit *Sir Costar*)

Wieder erreicht mich in der Früh ein »guten Morgen!« von *Costar*, ich wünsche ihm auch einen. Am späten Vormittag will er wissen, ob ich auf den Abend schon vorbereitet bin. Noch nicht ganz, antworte ich, ich müsste noch ein paar Sachen herrichten. Er antwortet, dass er da eher meine Vorstellungen und Tabus gemeint hat. Ach so, ja, ich habe bereits angefangen, meine Liste zu schreiben. Ich bin wahnsinnig neugierig und aufgeregt, wie das wird heute Abend, schreibe ihm das auch. Am Nachmittag schreibt er: »Kleine Regeländerung für heute Abend. Noch bin ich nicht dein Herr, daher überlasse ich es dir, wie du mich heute erwarten willst. Freu mich schon sehr auf dich!« Ich antworte, dass ich mich auch schon sehr freue. Er könnte bereits um 18 Uhr bei mir sein – ja, das geht.

Kurz vor 18 Uhr schreibt er, dass er sich ein wenig verspäten wird. Er hatte erwähnt, dass ihm Pünktlichkeit sehr wichtig ist. Mir auch, aber übertreiben sollte man es nicht. Kurz nach 18 Uhr ist er aber schon da. Ich trage ein ärmelloses olivgrünes Sommerkleid mit einem Reißverschluss vorne, von oben bis unten; darüber eine schwarze Strickjacke, darunter schwarze halterlose Strümpfe und einen BH; keine schönen Schuhe mit Absatz, sondern pinke Pantoffel. Er kommt im dunklen Anzug, elegant. Weißes Hemd, elegante Schuhe, Businesslook. Er kommt herein, hat einen silbernen Koffer mit. Er zieht eine Gerte seitlich aus seiner Hose, als wenn sie in einer Schwertscheide gesteckt hätte. Stellt den Koffer ab, öffnet ihn und reicht mir eine Flasche Wein. Sein »Werkzeugkoffer« mit vielen Spielsachen, bin beeindruckt. Es ist offen, ob er die Spielsachen brauchen wird, wir haben nichts vereinbart. Alles ist offen. Ich erkläre, dass er mich jetzt als private Person kennen lernt, deswegen habe ich keine Schuhe an, sondern vorerst die Pantoffeln. Aber die Schuhe sind vorbereitet für später. Ich bitte ihn ins Esszimmer, öffne den Wein und schenke uns ein. Ich erwähne, dass ich für ihn eine Art Ausstellung vorbereitet habe, in

21

meinem Schlafzimmer. Wir gehen hinein. Auf einer Seite habe ich meine Wäsche ausgebreitet, Strümpfe blickdicht bis netzartig, transparentes Kleidchen, lackartiges Kleidchen, Latex Korsett, Leder Korsett, Netzkleider und einzelne Teile, Höschen und BHs. Das zeige ich ihm alles. Auf der anderen Seite meine Toys, die sonst mit der Wäsche in einer großen Lade verstaut sind, mehrere große und kleine Vibs und Dildos, auch Klemmen, Fesselzeug, Halsband, Handschellen, Augenbinde … Er begutachtet alles ganz genau, nimmt eine Klemmenkette für Brustwarzen und einen kleinen Dildo an sich.

Wir gehen wieder zum Wein, er sitzt mir gegenüber. Zwischen uns der Tisch und der Wein. Gut so, denke ich, ich muss mich sammeln. Wir reden weiter, er kommt bald zur Sache, er möchte meine Liste sehen. Ich hole sie und beginne Punkt für Punkt zu referieren. Zuerst sage ich, dass ich lange brauche, um zum Orgasmus zu kommen und dass dafür die Klitoris stimuliert werden muss. Ich komme sozusagen klitoral, nicht vaginal, und korrigiere mich, indem ich meine, dass im Grunde jeder Orgasmus klitoral ist, weil die Klitoris ein sehr großes Organ ist, größer als der Penis. Ja, es gibt Frauen, die kommen können, wenn sie nur vaginal stimuliert werden, ich gehöre aber nicht zu diesen vier Prozent. Auch mag ich leichte Klapse auf den Arsch, auf die Muschi, Busen; mit Hand, Gerte, Peitsche und allem, was es da noch so gibt, z. B. Haushaltsgegenstände, Kochlöffel etwa. An den Brustwarzen mag ich leichtes Zwicken, saugen und herumspielen, aber auch Klemmen. Vaginal mag ich es zart und hart, auch Toys dürfen eingesetzt werden. Anal ist nicht so meines, habe das nicht oft praktiziert, bin da sehr schmerzempfindlich, aber kleine Toys könnten funktionieren, verwende ich selber manchmal. Und ja – die Klit stimulieren, auf vielfältige Art und Weise und lange! Mit Finger, Zunge, auch die Schamlippen können bearbeitet werden, mit allem möglichen, z. B. Dildos, Vibratoren etc. Blasen tu ich ganz gerne, ich schlucke auch. Blasen darf gerne zart und hart sein. Ich äußere die Phantasie, dass wir in der

Natur spazieren gehen, neben uns ein Wald, er zieht mich hinter die Bäume, packt mich bei meinen Haaren, reißt mich nieder, bindet mir die Hände hinten zusammen und steckt mir seinen Schwanz in den Mund. Und möglicherweise beobachtet uns jemand dabei ... Gefesselt sein, angebunden und geknebelt sein, die Augen verbunden bekommen, all das erregt mich, sage ich. Habe im Internet das eine oder andere gesehen, wobei ich immer bei BDSM hängen bleibe, bei gefesselten, ausgelieferten Frauen, die durch Schmerzen Lust empfinden. Ein Dom hat die totale Macht, die totale Kontrolle über sie. Er ist geduldig, einfühlsam, liebevoll, er spielt mit ihrem Körper und ihrer Lust, indem er sie kontrolliert und ihr Schmerzen zufügt – je mehr Schmerzen, desto mehr Lust. Und wie gesagt – Augenbinde, Knebel aber erst, wenn wir uns besser kennen, und Schläge auf meine intimsten Stellen. Ich erwähne auch noch einmal, dass ich gerne halterlose Strümpfe trage oder auch Strapse, und wäschetechnisch alles Mögliche ausprobiert habe bzw. ausprobieren möchte.

Er ist sehr aufmerksam, fragt nach. Wir kommen gut ins Gespräch. Ich bin aufgeregt und erregt, beides sehr intensiv. Ich werde ganz nass. Die Art und Weise, wie er mich anschaut, ist zusätzlich erregend. Einerseits wirkt er distanziert, zugleich ist er mir total nahe. Ich spüre seine Strenge, seine Souveränität, aber auch seine große Bereitschaft, mir zu Diensten zu sein. Ich muss ihm einfach nur sagen, was ich mir vorstelle, und er macht es mir. Ich frage ihn auch nach seinen Wünschen. Diese Frage erübrigt sich, erklärt er. Es geht ausschließlich um meine Wünsche, diese will er mir erfüllen. Aber zuvor müssen wir einen Vertrag machen. Denn er macht nur Dinge, die vorher vereinbart wurden. Und falls es doch dazu kommen sollte, dass ich etwas nicht möchte, soll ich einfach nur Stopp sagen, dann bricht er sofort ab. Klingt überzeugend. Er ist geduldig, ich fühle mich nicht gedrängt, dennoch habe ich auch das Gefühl, dass ich etwas tun muss. Ich muss mich entscheiden. Spiele ich oder spiele ich nicht? Unterschreibe ich diesen Vertrag? Er scheint geeignet zu sein für die dominante Rolle –

als Herr. Ich erwähne, dass ich gerne eine sogenannte Entspannungszigarette rauche, einen kleinen Joint. Gering dosiert, gibt aber einen zusätzlichen Kick, weil es entspannt. Das ist so wie Wein trinken, nur ohne Wein. Er führt aus, wie er es anlegen würde, er würde mir Aufträge geben, ich müsste diese genau befolgen. Im Spiel darf ich nicht sprechen, ich darf nur 5 Wörter sagen: Bitte, Danke, Ja, Nein, Stopp. Ich soll aber auch sagen, wann mir irgendetwas unangenehm ist und wenn etwas zu weh tut, also wenn die Schmerzgrenze definitiv überschritten wird. Und dass wir alles ganz genau vorbesprechen und auch nachbesprechen würden. Und dass wir einen Zeitrahmen vereinbaren und – wie gesagt – ich soll ihm ganz genau sagen, was er tun darf und was nicht. Er beschreibt auch sehr differenziert, wie das bei ihm funktioniert, wodurch er Lust gewinnt. Nämlich aus der Lust bei seiner Partnerin, die er durch »Spiel« und Schmerzen verursacht. Er ist BDSM-intelligent, da kennt er sich aus. Und er hat ein gutes Einfühlungsvermögen, obwohl er so narzisstisch ist. Wie ein meisterhafter Ingenieur für Frauenkörper, Kontrolle und Luststeigerung. Zusätzlich habe ich auch das Gefühl, dass er mich auch als Person schätzt. Er mag mich. Ich ihn auch. Er fragt mich, ob ich laut bin. Ich bejahe und möchte wissen, wie er das findet. Seine Antwort ist uneindeutig, aber ich denke, er findet es geil. Er ist nicht laut, sagt er. Hier kann man laut sein, da gibt es keine Nachbarn. Mehrmals spricht er an, wie es für mich ist, nackt zu sein und mich zu zeigen. Werde ich gerne beobachtet? Ich erzählte ihm, dass ich vor vielen Jahren mit einem Begleiter in einem Swingerclub war und ja, das hat mir gefallen, das Beobachtetwerden. Sehr sogar. Bin auch narzisstisch. Wenn man das auf diese Art ausleben kann, ist das super.

Komisch, so ein erstes Mal. Was wird als nächstes passieren? Wird er das Kommando übernehmen und wie? Bin gespannt wie ein Seil und heiß wie ein Ofen. Ich habe Ja gesagt, und zwar mehrmals, er hat sich ein paar Mal rückversichert. Meine ich es auch so? Ja, ich möchte mich darauf einlassen. Wir könnten es ja so machen, dass ich meine Entspannungszigarette rauche, und das wäre der Start in das Spiel. Wir plaudern weiter, es ist echt nett mit ihm, wir lachen. Er hat einen dezenten, aber gewissermaßen einschlägigen Humor, finde ich gut. Ein toller Typ. Dann sagt er: Jetzt rauch mal deine Entspannungszigarette. Ich schaue ihn an. Er wiederholt sich neckisch – rauch sie! Gut, das ist der Startschuss. Das Spiel beginnt. Ich nehme sie, er gibt mir Feuer, ich beginne zu rauchen. Kann ich ohnehin gut brauchen, bin total aufgeregt und geil. Wir reden nicht mehr viel. Ich lächle ihn frivol an, er lächelt zurück. Verdammt, was wird jetzt passieren? Hätte ich noch auf die Toilette gehen sollen? Jetzt kann ich nicht mehr. Ich müsste ihn fragen. Aber meine Blase ist eh leer. Ich bin mit meiner Zigarette fertig. Er sagt: Zieh dich aus. Ich frage kleinlaut nach: Alles oder nur einen Teil? Er sagt ganz trocken, aber bestimmend: Wenn ich dir einen Auftrag gebe, dann ist er auszuführen. Ok, denke ich, das ist eindeutig. Einfach tun, was er sagt. Wortlos stehe ich auf und beginne mich neben meinem Stuhl auszuziehen. Zuerst Jacke, dann Kleid, dann Schuhe, ich beginne bei den Strümpfen, dann sagt er, dass ich weiter in den Raum gehen soll, damit er mich besser sehen kann. Er sitzt immer noch, ich stehe vor ihm und ziehe mich weiter aus. Bis ich ganz nackt bin. Ich stehe da und er schaut mich an. Es ist kalt im Raum, aber seine Beobachtung erhitzt mich. Er holt einen Stuhl und stellt ihn hinter mich, ich soll mich setzen. Er berührt mich, am Oberkörper, am Busen, küsst mich zwischendurch. Aber nur kurz. Er spielt mit Nähe und Distanz. Und er genießt seine Macht, seine Kontrolle, ich ebenso. Seine Berührungen tun gut, er ist sehr sanft. Dann setzt er sich wieder und schaut mich an, wortlos. Wir lächeln uns an. Er fragt, wie es mir geht. Ich sage gut, es geht mir gut. Fein, ihm geht's auch gut. Wir sind gut ins Spiel gekommen.

Er holt von der Couch zwei Pölster, setzt sich wieder hin und legt die Pölster auf den Boden vor seine Füße. Ich soll hier knien, vor ihm. Er ist immer noch angezogen. Ich gehe hin und knie mich vor ihn auf den Boden bzw. auf die Pölster, er streichelt meine Brüste.

Dann nimmt er meine Hände, zieht sie nach oben und führt sie hinter meinem Nacken zusammen. In dieser Position werde ich jetzt ein wenig verharren, so lautet der Auftrag. Er lässt mich eine Weile so knien. Er berührt mich weiter, packt mich sanft bei den Haaren und zieht mich zu sich, sodass ich das Gleichgewicht verliere. Er hält mich und macht weiter mit sanften und festen Berührungen. Er zwickt mich in die Brustwarzen, zwei, drei Mal, dann ganz fest, ich schreie auf. Und werde noch nasser. Er bringt Brustwarzenklemmen an, die mit einer Kette verbunden sind. Es tut zuerst ein bisschen weh, dieser Schmerz lässt aber rasch nach. Nächster Auftrag: wieder auf den Stuhl setzen und die Beine spreizen. Er hat eine Gerte aus seinem Koffer geholt, andere Sachen auch, aber ich erkenne sie nicht genau. Meine Wahrnehmung ist eingeschränkt vor lauter Erregtheit. Ach so, Fesseln. Er bindet mir an beide Handgelenke Vorrichtungen aus Leder zum Fesseln, dann verbindet er die Fesselvorrichtungen an meinen Händen hinter der Lehne des Stuhls. Eine Weile sitze ich so da, mit den Armen nach hinten gefesselt, er schaut mich an. Er beginnt mich mit der Gerte zu streicheln, ich zittere ein wenig. Dann berührt er zielstrebig meine Klit mit der Gerte – ich werde wahnsinnig! Ich zucke und er sagt, na, was ist? Mein Körper bebt, er macht weiter. Er gibt mir Streicheleinheiten und ganz leichte Klapse. Wir plaudern ein wenig, er redet im Konjunktiv, wie es wäre mit einer Augenbinde, ich sage, das wäre noch besser. Er holt aus seinem Koffer eine Augenbinde, bringt sie bei mir an, ich sage, dass ich unten noch durchsehe. Er rückt sie zurecht, ich sehe immer noch ein wenig, sage aber nichts. Er spielt weiter mit der Gerte an mir herum. Gefesselt sein, ausgeliefert sein, nichts sehen. Geil!

Er möchte wissen, wie ich es mir selber mache, was ich da mache, wie ich mir Schmerzen zufüge. Ja, z. B. mit einem Kochlöffel mit leichten Klapsen zwischen meine Beine. Ich soll es ihm zeigen. Er bindet mich los, ich hole einen Kochlöffel, gehe ins Wohnzimmer und lege mich auf die Couch. Meine Beine sind gespreizt, ich klopfe ein bisschen an meine Muschi. Er beobachtet mich ganz genau und übernimmt bald. Ja, das kann er besser. Der Kochlöffel ist in seiner Hand und er intensiviert die Schläge. Ich stöhne und genieße. Das macht er sehr gut. Dann bringt er Vorrichtungen an meine Fußfesseln an und bindet jeweils einen gespreizten, angewinkelten Fuß mit einer Hand zusammen, sodass meine Arme seitlich am Körper mit den Beinen gefesselt sind, die Beine sind weit gespreizt. Ich kann mich kaum bewegen, nur meine Beine kann ich auf und zu machen sozusagen. Er setzt fort mit den Klapsen, die immer mehr zu Schlägen werden. Je intensiver das wird, desto geiler werde ich. Ich bekomme wieder die Augen verbunden. Ein nächstes Level setzt ein, er spielt intensiver. Jetzt verwendet er seine Hand, gibt mir Schläge, zuerst sanfte, dann stärkere, dann ganz heftige, ich schreie. Mit seinen Küssen erstickt er meine Schreie und fingert mich gleichzeitig. Ganz fest. Ich explodiere. Das wiederholt er ein paar Mal. Ich stöhne und schreie – Ja, Au, Nein, Bitte … Er macht einfach weiter. Er kommentiert das Geschehen freundlich mit der Feststellung, dass ich ganz nass bin. Aber das war kein Orgasmus, das war was anderes. Ich habe noch kein Wort dafür.

Er lässt mich liegen, holt irgendwas. Die Gerte, damit fängt er an zu spielen. Er lässt mich spüren, dass er die Gerte hat, und er lässt mich warten. Wieder steigert er die Intensität, unterbricht wieder, lässt mich zappeln. Dann legt er los, mit Schlägen mitten in die Muschi, zuerst sanft, dann immer fester. Die Schläge schmerzen, er erwischt den Kitzler und die inneren und äußeren Schamlippen. Dann bearbeitet er mich vaginal mit einem Dildo, wahrscheinlich. Ich sehe nichts. Das ist ziemlich geil und ziemlich an der Schmerzgrenze. Ich sage Stopp, er hört auf. Wir reden ein wenig und ich sage, dass da eine Grenze war. Er ist zärtlich und verständnisvoll, wir plaudern noch ein wenig, machen eine kleine Pause. Kurze Spielunterbrechung. Er will die Brustklemmen abnehmen, ich verweigere; nein, die kann er drauf lassen, das fühlt sich angenehm an. Die Beine können auch so bleiben, die Hände kann er frei machen. Er liegt neben mir, er zieht mich zu sich zum Kuscheln. Ich bin etwas unbeholfen – wie soll ich ihn angreifen? Mich anschmiegen? Irgendwie geht das, wir scherzen ein wenig und reden über andere Dinge, das Leben, seinen Sohn, ich erzähle auch Geschichten von mir, von meinen Kindern und vom sonstigen Lebenskampf. Es ist nett, wir liegen da und mögen uns. Plötzlich beugt er sich über mich, packt meine Oberschenkel, zieht sie weit auseinander und packt mich mit seiner Zunge an der Klit. Ich erschrecke und schreie – Auauau … Es schmerzt seltsam, ist aber auch geil. Ich lasse es zunächst zu und genieße es zunehmend. Aber dann tut es doch zu weh und ich sage Stopp, er hört auf. Ich erkläre mich und wir besprechen das.

Ich sinniere, dass ich die nächste Entspannungszigarette rauchen könnte, er gibt mir den entsprechenden Auftrag. Ich rauche sie und das Spiel geht weiter. Er liegt neben mir. Inzwischen ist er fast nackt, nun holt er seinen Schwanz heraus. Ich soll ihn wichsen, was ich anstandslos mache. Sein Schwanz ist noch nicht gestartet, ich muss ihn aufblasen. Ich stelle mich ungeschickt an. Obwohl ich mich für eine gute Bläserin halte, ist es mit ihm irgendwie herausfordernd. Er hilft mir, nimmt seinen Schwanz und wichst sich, dann lässt er mich wieder machen mit Hand oder Mund, dann wieder er … Er kommt, aber er spritzt mir nicht in den Mund, sondern auf seinen Bauch. Ist das passiert oder war's absichtlich? Wir tauschen uns kurz aus, ich hätte ihn auch fertig geblasen, aber er ist beim Selberwichsen gekommen, das müssen wir noch üben. Er fesselt mich wieder und beginnt weiter an mir, mit mir zu spielen. Jetzt sind mehrere Toys im Einsatz, er versucht mir einen kleinen Plug in den Arsch zu schieben. Es geht nicht wirklich, er probiert ein bisschen. Er sagt: Entspann dich. Ich versuche mich zu entspannen. Dann steckt er einen kleinen Dildo in meinen Anus, mit Gleitmittel, es fühlt sich gut an. Einen etwas größeren Dildo gibt er mir vaginal, das fühlt sich noch besser an. Er spielt sehr gut, ich genieße es. Eine Weile bearbeitet er mich – mal sanfter, mal fester. Dann nimmt er wieder die Gerte und sagt, ich soll mitzählen. Von eins bis fünf. Ich empfange den ersten Schlag – es schmerzt stark, ich sage »eins«. Dann zucke ich – ohne Schlag. Dann der zweite – au, ich winde mich, stöhne und bringe kaum das Wort zwei heraus. Ich schnappe nach Luft und explodiere fast, bitte den nächsten. Drei – ich bringe kein Wort heraus. Er flüstert mir bestimmend ins Ohr: Sag drei! Sag es! Ich sage drei. Dann gleich der vierte, ich schreie – au, nein, bitte nicht, auauau ... Ich soll es sagen, ich soll vier sagen, ich sage vier. So, jetzt der letzte. Ich empfange den letzten Schlag und sage artig fünf. Dann fingert er mich und verwandelt den Schmerz in eine ungeahnt geile Lust, ich stöhne und schreie weiter ...

Das könnte ewig so weiter gehen. Ich merke aber auch eine leichte Erschöpfung, es sind bestimmt schon zwei Stunden vergangen. Ich sage, dass ich bald kommen möchte. Er beginnt seine Stimulationen gleichzeitig vaginal mit Hand und/oder Dildo, und an der Klit mit der Zunge. Er steigert die Intensität, lässt sie wieder abflauen, um sie wieder zu steigern. Irgendwann bleibt er auf einem hohen Level. Ich falle in Trance. Ich flutsche in eine andere Geilheitssphäre und merke, dass ich bald kommen werde. Ich verstumme. Blöderweise, denn das hatte ich ihm vergessen zu sagen, dass ich stumm werde, bevor ich komme, aber sobald der Orgasmus einsetzt, werde ich wieder laut. Echt blöd, dass ich das nicht erwähnt hatte. Er lässt los und geht zum nächsten Schritt über. Ich bin nicht gekommen, aber fast. Er liegt am Rücken und gibt mir den Auftrag, mich auf ihn zu setzen. Ich frage noch nach, ob wir einen Gummi verwenden wollen, wie vereinbart, und dann sitze ich schon auf ihm und reite ihn heftig. Er nimmt eine Peitsche und schlägt mich auf die Brüste. Geil! Ich schreie, es wird intensiver, sowohl die Geilheit wie auch die Schmerzen. Er zieht seinen Schwanz raus und kommt. Aha, die Schläge waren wohl etwas zu heftig, es sind deutliche Spuren an den Brüsten zu sehen. Wie auch immer, geil war's.

Wir liegen aneinander gekuschelt, er hat mich losgebunden, wir plaudern ein wenig. Ich frage nach der Uhrzeit, weil ich wusste, dass er nicht allzu spät nach Hause fahren wollte. Ja, tatsächlich, schon so spät. Rasch beginnt er sich anzuziehen, murmelt irgendwas von einem wichtigen Geschäftstermin mit Unterlagen für den Aufsichtsrat – er ist ein wenig hektisch. Ich helfe ihm dabei, seine Sachen zusammenzutragen, Toys, Handy etc. Ganz selig schwebe ich durch die Wohnung und bin froh, dass er geht. Es war sehr intensiv, diese erste Erfahrung, ich möchte sie in Ruhe einordnen, während ich noch vorm Fernseher liege. Nett plaudernd bewegt er sich Richtung Ausgang, wir versichern uns gegenseitig, dass es uns sehr gefallen hat. Es war klar, dass wir fortsetzen. Er steckt seine Gerte wieder in seine Hose, die jetzt als Gertenscheide dient und macht eine scherzhafte Bemerkung. Ja, Helden und Waffen, das hat was. Wir verabschieden uns herzlich mit einem Kuss.

Später whatsappe ich ihm ein »Danke«, er mir auch und dass er es sehr geil gefunden hat. Habe ich auch, ich schreibe, dass er ein toller Herr ist und dass ich es sehr genossen habe. Mit einem Gute-Nacht-Wunsch verabschieden wir uns.

26. März

Nach dem »Guten Morgen!« möchte er wissen, ob schon alles »verheilt« ist. Ich schreibe, dass man noch Spuren erkennen kann und dass sich das aber geil anfühlt. Dann meint er, dass ich ein »böses Mädchen« sei, woraufhin ich ihm ein Bild von meiner rechten Brust schicke, die übersät ist mit Blutergüssen, mit der Frage, wer hier wohl böse war? Darauf er: »Deine Haut reagiert da sehr empfindlich. Werde zukünftig mehr darauf achten. Sorry!« Es tut ja nicht weh, sondern schaut nur sehr krass aus, schreibe ich. Er ist auf Geschäftsreise und erst in ein paar Tagen wieder da; wir sind uns einig, dass wir uns so bald als möglich wieder treffen wollen.

27. März

In der Früh wünschen *Costar* und ich uns einen guten Morgen, das wird offenbar zur Gewohnheit. Am Vormittag fahre ich zum Haus meines Ex. Meine mitgebrachten 4 großen Säcke reichen bei weitem nicht aus, es werden mehr als zehn Säcke, ein Koffer, das ganze Auto gerammelt voll. Ich bin erstaunlich gefasst, vergieße keine Träne. Ich verabschiede mich von Haus und Umgebung und fahre nach Hause. Dort bringe ich die Sachen in die Wohnung, du meine Güte, wohin das alles? Ich räume und räume und bringe meine alten Sachen wieder unter und stelle Ordnung her. Am Abend ruft *Costar* an, er war den ganzen Tag unterwegs, ich bin gerade in seiner Gegend, hatte da zu tun. Wir haben offen gelassen, ob wir uns heute treffen. Er ist schon müde, ich auch, wir plaudern ein wenig, tauschen die eine und andere Phantasie aus und fixieren einen Termin für kommende Woche.

28. März

Nach dem Guten-Morgen-Ritual schreibe ich, dass ich mein Profil löschen wollte und dass das aber nicht funktioniert hat. Wir hatten ausgemacht, dass wir unsere Profile löschen, da wir keine Aktivitäten mehr darin machen würden. Ob er das schon gemacht hat? Nein, aber wird es noch machen, schreibt er. Wir tauschen wieder Phantasien aus – was wir alles machen würden … Er schreibt, dass wir das nächste Mal keine Wiederholung vom letzten Mal machen würden, sondern dass er sich überlegt, wie er mich herausfordern wird und wie es ihn erregt, mir Aufträge zu geben. Noch mehr reizt ihn der Gedanke, mich vor anderen zu zeigen. Andere Männer könnten mich sehen bzw. sie könnten sehen, dass ich im Auftrag meines Herrn agiere – das fände er sehr reizvoll. Ich auch. Diese Phantasie nimmt ihren Lauf, wir bereichern unseren Exhibitionismus mit vielen möglichen Spielvarianten. Ich finde das alles total aufregend, fühle mich aber auch überfordert. Was, wenn diese Träumereien alle wahr werden? Was, wenn nicht?

29. März

Mittlerweile ist unser »Guten Morgen!« ein Ritual – wir wünschen uns einen schönen Tag. Ich schicke ihm ein Bild von meiner Muschi, wie ich die inneren Schamlippen nach außen ziehe. Er schreibt, dass ja jetzt Klammern hinauf gehören, die ich eine Zeitlang tragen müsste. Leider habe ich keine geeigneten Klammern für diese Stelle, sonst würde ich das machen. Da werden wir welche besorgen, meint er. Ich schicke ihm noch drei Muschibilder, diesmal sind die Schamlippen verziert mit einer Art Intimschmuck – falsche Ohrringe sozusagen. Das macht ihn geil, schreibt er. Mich auch, ich werde nass. Er findet es schön, dass ich seine Anregungen so gut umsetze, freut er sich, und dass das alles gut ausbaufähig wäre. Ich schreibe: »Ja, finde ich auch. Du weckst Seiten in mir, die ich noch nicht gekannt habe und das fühlt sich sehr geil an. Du bist ein toller Lehrmeister bzw. Herr; bin ich dann die Sklavin, so nennt man das, oder?« Darauf er: »Wie du dich bezeichnen willst, darüber reden wir noch. Zwischen Sub und Sklavin gibt es kleine, aber feine Unterschiede.« Das macht mich neugierig, ich frage nach. Er antwortet: »Dazu habe ich meine eigene Definition. Die Sklavin ist vollkommen recht- und willenlos. Ihr Herr bestimmt über sie, ohne Rücksicht auf Wünsche und Bedürfnisse der Sklavin. Die Sub überlässt ihren Körper und ihre Lust ihrem Herrn, der bei seinem Handeln als oberstes Ziel hat, die Lust seiner Sub bestmöglich zu befriedigen.« Und dann noch: »Für mich sind beide Varianten vorstellbar. Was würdest du gerne sein?« Ich sage, dass ich eine Sub sein möchte. Das hätte er auch gerne.

30. März

Nach dem »Guten Morgen« schreibe ich, dass ich mir das alles gut vorstellen könnte. Er meint, dass ich mir einen Namen überlegen soll – wie möchte ich genannt werden, wenn ich seine Sub bin? Keine Ahnung, da müsste ich nachdenken, spontan fällt mir jetzt nichts ein. Ihm auch nicht, ich soll ihm Vorschläge machen. Später schreibe ich, dass ich Maria heißen möchte. Darauf er: »Die Heilige. Gefällt mir! Sub Maria, oder MariaO, oder Sklavin Maria?« Ich hatte ihm bereits gesagt, dass ich keine Sklavin sein möchte und betone noch einmal, dass ich seine Sub sein würde, die er auch gerne anderen Männern zeigen darf. Er möchte, dass ich beginne meine Outfits zu dokumentieren, um ihm zu zeigen, was ich alles habe, damit er entscheiden kann, was ich jeweils tragen soll. Ja, mache ich gerne, beizeiten.

31. März

Am Vormittag whatsappt *Costar*, was ich heute den ganzen Tag mache, denn er überlegt sich eine Aufgabe für mich. Ich habe nicht viel zu tun, am Nachmittag mache ich vielleicht ein paar Fotos von meinen Outfits. Dann fragt er: »Was hältst du davon, ein virtuelles Ausbildungstagebuch zu führen, wo wir deine Entwicklung dokumentieren?« Ich finde diese Idee gut – ja, können wir machen. Ich schicke ihm ab dem spätem Nachmittag bis zum Abend insgesamt 73 Fotos: Ich bin nackt, halbnackt, mit viel und wenig Outfit, mit Netz, ohne Netz, stehend, sitzend, Beine gespreizt und geschlossen, teilweise Klemmen an Brüsten, eine Peitsche liegt vor mir auf dem Boden ... Seine Reaktion:»Da sind einige sehr nette Fotos dabei.« Ich: »Freut mich, wenn sie dir gefallen. Man könnte sie für die Dokumentation verwenden ... ich bin nass ...« Er: »Für die Doku verwenden wir nur die, auf denen du nicht erkennbar bist, bzw. Details aus den Fotos. Wir machen natürlich auch gemeinsame.« Er kann sich vorstellen,

dass ich meinen Weg zur Sub virtuell dokumentiere, die Inbesitz-
nahme, Outdoor-Szenen, Aufgaben, die er mir stellt, unsere Sessions … Ja, könnte ich mir vorstellen. Ich schicke ihm noch weitere
11 Fotos, vorwiegend mit Netz Outfit, Catsuits und ähnliches –
gefällt ihm alles sehr gut. Ich schicke ihm weitere 28 Fotos mit
Netz Outfit und anderen Spielereien. Er:»Der schwarze lang-
ärmelige, mit der Öffnung im Schritt ist top! Du bist ein hübsches
Mädchen.« Und später:»Höhere Schuhe müssen wir noch besorgen. Richtig nuttige.« Noch später schreibt er, dass er es sich
selbst gemacht hat und dass ich es mir auch machen darf. Darauf
ich:»Hab ich früher schon. Und mach's eh grad wieder, bin ganz
nass. Stelle mir vor, wie du mit mir spielst, das fühlt sich ziemlich
geil an.« Er:»Das Selbermachen besprechen wir am Mittwoch
auch.« Gut, ich freue mich.

1. April

Costar und ich schreiben uns ab dem guten Morgen ein paar Sauereien. Gegen 20 Uhr ruft er an, wir reden über das letzte Mal und
versichern uns, dass wir uns am Mittwochabend treffen werden,
er wird sich was ausdenken. Bin gespannt neugierig – was wird
das sein? Wir reden über das Wesen und die Charakteristik von
BDSM, hier fällt die körperliche mit einer psychischen Kom-
ponente zusammen – die Sub gibt den eigenen Körper und den
eigenen Willen her, gibt sich dem anderen hin, liefert sich aus. Der
andere, kontrollierende Teil, übernimmt den Körper zum Zweck
der Luststeigerung. Auch meine Intimität würde ich hergeben,
weil wenn ich z. B. die Menstruation habe, dann wird das in das
Spiel eingebaut. Ich würde dann eine weiße Baumwollunterhose,
eine durchaus bequeme Oma-Unterhose, anhaben, sodass er
sehen könnte,»was sich da tut«. Er beobachtet die Blutung und
kontrolliert sie bzw. verwendet sie als Fetisch. Interessant. Sogar
meine Blutung gehört dann ihm. Körper und Lust hergeben – er
hat die Kontrolle. Ich würde meine Intimität vollkommen auf-

geben, aber eben nur für einen von mir bestimmten Zeitraum, ich soll ihm vertrauen. Jedenfalls hätte er große Lust, noch länger und noch intensiver mit mir zu spielen, es fühle sich gut an. Ja, für mich auch. Wir verabschieden uns mit dem obligatorischen »Gute Nacht«.

2. April

Am »guten Morgen« möchte *Costar* wissen, was ich heute mache. Ich habe ein wenig zu tun, werde aber auch in den Sexshop gehen, um Schuhe und Stiefel zu suchen; ich schreibe auch, dass ich sehr schwer bis morgen warten könnte, dass ich eine »Behandlung« brauche. Hier fragt er nach – was soll er mit mir machen? Ich antworte: »Anschauen, fesseln, Augen verbinden, mit Titten und Muschi spielen, sanft und fest … hoffentlich werde ich nicht süchtig danach.« Später frage ich: »Darf ich mir nuttige Stiefel oder Schuhe kaufen?« Er: »Ja sicher, darfst du.« Und dann: »Und ich erwarte, dass du süchtig wirst.« Ich: »Dann müsstest du aber meine Süchte befriedigen«. Er: »Kein Problem.« Später am Nachmittag bin ich im Sexshop, ich kaufe schwarze Lackstiefel mit hohem Plateau und Absatz, wobei das keine richtigen Stiefel sind mit durchgehendem Material, sondern löchrig sozusagen; sie sehen aus wie geschnürt, sind hinten mit einem Reißverschluss versehen. Angezogen schauen sie wirklich sehr nuttig aus, noch dazu, wenn man darunter schwarze Netzstrümpfe hat. Ich mache Fotos davon und schicke sie *Costar*. Er findet sie sehr sexy. Und ich mache ihn geil, schreibt er. Er freut sich auf unser Treffen morgen – Anweisungen würden noch folgen. Ob ich auch geil bin, möchte er wissen. Ja, das bin ich allerdings, andauernd. Dann schreibt er, dass es 24 Stunden vor einer Session keine Selbstbefriedigung gibt! Wir hatten darüber geredet – er steht drauf, wenn ich möglichst unbenutzt bin, wenn ich zu ihm komme. Diese Keuschhaltung füttert seine Dominanz und gibt einen zusätzlichen Kick. Hmm, fällt mir nicht sehr leicht, mich nicht zu befriedigen.

Ich bin auch nicht sicher, ob das tatsächlich die Lust dann steigert, das wäre zu beobachten. Vorerst spiele ich mit, vielleicht gibt es tatsächlich einen Lustgewinn. Ich schreibe:»Ja, bin einverstanden mit dieser Regel.«Er:»Musst du auch sein.«Ich:»Muss ich?«Er:»Wenn du dich auf mich einlassen willst, dann ja.«Ja, ich will, schreibe ich ihm. So geht das den ganzen Abend, wir schreiben aber auch Dinge aus dem Alltag, z. B. dass ich heute keinen guten Tag hatte, weil ich schlecht geschlafen habe; er hat auch schlecht geschlafen und hatte viel Arbeit. Dazwischen phantasieren wir und geilen uns gegenseitig auf. Er überlegt sich, ob es morgen eine hardcore oder eine soft Session geben wird; ich soll das entscheiden, mit Münze werfen. Er soll mir vorher erklären, was der Unterschied ist, schreibe ich. Vertrau mir!, meint er. Ja, das tue ich, ich vertraue ihm. Und ich sage, dass das am Montag aus meiner Sicht bereits hardcore war. Darauf er:»Da waren wir von hardcore weit entfernt. Vertrau mir, ich werde dich fordern, aber nicht überfordern. Wir steigern alles langsam.« Sehr spannend, das alles. Am Ende schreibt er:»Richte dich darauf ein, um 19 Uhr bei mir zu sein. Details bezüglich Treffpunkt und Outfit folgen noch.« Ich:»Ja, ok.« Er:»Gute Nacht!« Ich:»Gute Nacht!«

3. April (zweite Session mit *Sir Costar*)

Nach dem Guten-Morgen-Wunsch schickt er mir ein Bild von einem meiner Outfits, eines von den unzähligen Outfitbildern, die ich ihm geschickt habe. Er schreibt, dass er mich in diesem Outfit haben möchte. Es ist ein schwarzer Catsuit aus einem transparenten Stoff mit Netzmustern; an Titten und Muschi offen, ärmellos. Dazu schwarze hohe Schuhe.»Mit Halsband und bring bitte die Nippelklemmen mit Kette und die Peitsche, die wir das letzte Mal verwenden haben, mit. Schuhe auch.« Ich kann es kaum erwarten; er fragt, ob ich schon nass bin? Klar bin ich das. Später frage ich, ob ich mich bei ihm umziehen kann. Er:»Ich hätte gerne, dass du so kommst. Du kannst dich aber auch bei mir umziehen. Die Eingangstüre wird offen stehen. Du gehst hinein, glcich auch durch die nächste Türe und ziehst dich im Vorraum um, legst das Halsband an und wartest auf weitere Anweisungen.« Ich:»Ja, werde ich so machen.« Später fragt er:»Alles ok bei dir?« Ich:»Ja! Ist nur gerade ein wenig hektisch. Und ein wenig aufgeregt bin ich auch und gespannt, wann du mir deine Adresse sagst und ob ich pünktlich sein werde …« Darauf er:»Du wirst pünktlich sein. Auf die Minute!« Etwas später schickt er mir seine Wohnadresse, mit genauer Beschreibung, auch wo es eine Parkmöglichkeit gibt. Ich bin etwas unsicher, wie ich kommen soll, frage noch mal nach. Ich soll einfach durch den Vorraum gehen, mich dann umziehen und warten, schreibt er; und zwar in einer bestimmten Position. Er schickt ein Bild, eine Grafik mit einer nackten Frau, die am Boden kniet, die Beine recht weit gespreizt. Die Hände ruhen auf den Oberschenkeln, die Handflächen sind offen nach oben ausgerichtet. Eine empfangende Haltung, so etwas Ähnliches kenne ich vom Yoga. Ich soll so wie diese Frau kniend auf ihn warten.

Ich habe etwas Hektik mit der Arbeit, auch beim Vorbereiten: duschen, Haare föhnen, alles noch mal schön glatt rasieren. Nichts Schweres essen vorher, aber auch keinen leeren Magen haben. Habe ich alle Sachen, die ich mitnehmen soll? Zum Glück bin ich zeitig losgefahren, so konnte ich unterwegs noch kurz stehen bleiben und eine rauchen. Ich habe den Catsuit mit offenem Schritt schon an, Schuhe, Halsband mache ich vor Ort. Total aufgeregt. Ich fahre zu seinem Haus, stelle in der Nähe das Auto ab. Dann schau ich noch mal in die Anweisung, ach so – letzter Parkplatz rechts. Na gut, stell ich mich hin. Irgendwie blöd eingeparkt, ein bisschen in den nächsten Platz hinein, typisch frauenmäßig, tu ich sonst nicht. Noch fünf Minuten warten bis 19 Uhr. Ich werde pünktlich sein, habe keine Lust auf»Konsequenzen«, zumal wir noch nicht festgelegt haben, was Konsequenzen konkret sind. Soll ich das Auto doch noch besser einparken? Es kommt eine Whatsapp von ihm – ich soll das Auto besser hinstellen. Mache ich. Noch eine Minute.

Ich gehe zur Haustür, gehe hinein, durch die nächste Tür durch. Ein typischer Männerhaushalt. Aber nett vorbereitet, dunkel mit Kerzen, es ist ein halboffener Vorraum, rechts geht eine Treppe nach oben, geradeaus gibt es ein paar Stufen nach unten, dann eine Glastür zum nächsten Raum. Links geht es in die Küche, sie ist dunkel. Am Boden liegt ein flacher zusammengelegter Lederpolster zum Knien, rechts davor in der Ecke ein kleiner Spiegel am Boden, exakt ausgerichtet damit ich mich an der richtigen Stelle sehen kann. Ich beginne mich auszuziehen, lege meine Kleider zusammen auf den rechts daneben vorbereiteten stummen Diener, lege das Halsband an und zuletzt die neu gekauften nuttigen Stiefel. Zugleich Schuhe und Stiefel sozusagen, mit hohem Plateau und noch höheren Absätzen. Zum Gehen sind sie nicht geeignet, jeder Schritt ist ein Balanceakt. Eng sind sie, ich bekomme kaum den Reißverschluss zu. Ich knie mich hin, so wie auf dem Bild, das er mir geschickt hat. Ich höre drin Musik oder Fernseher laufen, manchmal raschelt irgendwas. Ich warte. Zwischendurch einen Blick in den Spiegel, wo ich genau meine Muschi sehen kann. Meine Füße, die Unterschenkel schmerzen, diese Stiefel sind zu eng, sie schnüren mir das Blut ab. Ich kann nicht mehr knien. Ich rutsche hin und her, will mich neu einrichten, aber es geht nicht, es tut zu weh. Wie lange will er mich noch warten lassen? Ich kann nicht mehr, jedenfalls nicht so wie angewiesen. Ich erhebe meinen Hintern und entlaste meine Beine, indem ich »normal« knie. Das tut gut, jetzt kommt wieder Blut in meine Beine. Ich kann mich nicht mehr hinsetzen, aber er wird jeden Augenblick kommen …

Er kommt langsam um die Ecke, begrüßt mich und sagt, dass er sich sehr freut, dass ich da bin. Er küsst und streichelt mich, ich fühle mich willkommen. Er stellt sich frontal vor mich, steigt drei Stufen hinab und schaut mich an, lächelnd. Und auf Augenhöhe. Er kommt wieder her, küsst mich, streichelt mich, geht wieder weg und kommt wieder her, alles mit ein bisschen Wortwechsel. Ich entspanne mich zunehmend, obwohl das Knien anstrengend ist. Wieder geht er weg, diesmal etwas länger – holt er irgendwas? Er kommt wieder und sagt, dass das Bild eine andere Stellung zeigt. Ich erkläre, dass mir die Beine zu weh getan haben, die Stiefelschuhe haben das Blut abgeschnürt, das war mir zu unangenehm. Du weißt, dass mich das nicht interessiert, ich habe dir eine Anweisung gegeben, sagt er. Ich bin unsicher, ich sage ja, ich weiß. Aber es ging nicht anders. Über Konsequenzen müssen wir noch reden. Komm, steh auf, sagt er und reicht mir die Hand, damit ich mich erheben kann. Endlich erlöst. Er führt mich links in die Küche, modern eingerichtet. Kaum schaffe ich es mit diesen Schuhen zu gehen, muss die Balance halten. Der Raum ist offen, von der Küche aus nach rechts geht's ein paar Stufen hinab ins Esszimmer. Gemütliche Atmosphäre. Zum Glück bin ich unbeschadet die Stufen herab gestöckelt und bemerke einen beheizten Ofen links neben mir. Davor ein Tisch, er bittet mich Platz zu nehmen, wo ich möchte. Ich soll die Beine spreizen. Ich setze mich mit weit gespreizten Beinen hin. Er schräg gegenüber, sodass er mich gut sehen kann, von oben bis unten und vor allem in der Mitte. Wir beginnen zu plaudern, erzählen uns das eine oder andere. Neben mir brennt der Ofen, in mir auch. Es ist nett mit ihm, ich werde geil.

Das Gespräch schließt an die Themen des vorigen Gesprächs an und vertieft sich. Wir tauschen immer mehr aus, wobei er mehr redet als ich. Ich gewinne Einblick in seinen reichen Erfahrungsschatz, er erzählt von Frauen, die er gekannt hat und was er mit ihnen gemacht hat. Ich frage ihn, wann die Neigung zu BDSM begonnen hat und er erzählt eine Geschichte aus seiner Kindheit, wo er sich vorgestellt hat, dass er im Wald unterwegs ist, ein Mädchen auch, er fesselt sie an einen Baum, halbnackt, aber er führt keine sexuellen Handlungen aus, sondern fesselt sie nur. Das hat er nie gemacht, aber diese Phantasie hatte er. Vielleicht hatten andere Jungs in diesem Alter auch so eine Phantasie, mutmaßt er. Und später, als junger Mann, ist er einer Freundin sexuell wieder begegnet, die ihn gebeten hat, sie auf die Muschi zu schlagen.

Diesen Wunsch hat er ihr erfüllt und gemerkt, dass ihn das sehr erregt. So hat es bei ihm begonnen – er hat mit dieser Frau eine Zeit lang »gespielt«, sie haben ihre Aktivitäten vertieft und differenziert, inklusive Natursekt aktiv und passiv und alles Mögliche andere auch noch. Er hat dabei einen Grundstein für seinen Werdegang als Herr erarbeitet. Diese Kompetenzen hat er später in unterschiedlicher Form immer wieder weiterentwickelt, mit anderen Frauen. Mit einer Frau muss es besonders intensiv gewesen sein, laut seinen Schilderungen, sie hat extreme Schmerzen haben wollen; das war wohl eine sehr exzessive orgienhafte Partnerschaft, indoor, outdoor und jedenfalls extrem. Sie hat sich dann in ihn verliebt, er sich aber nicht in sie. Das passte dann nicht mehr, meinte er und sie haben sich nach einem Jahr getrennt.

Ihm ist es ganz wichtig, dass nichts passiert, was einer nicht will. Er redet davon, dass es – falls es zu einer Vertiefung unserer Partnerschaft kommt – einen schriftlichen Vertrag geben wird, wo alles genau festgelegt ist. Verbindlichkeit ist die wichtigste Voraussetzung, damit das Spiel funktioniert. Mit der Zeit werden wir besser wissen, was der andere möchte, was ihn/sie erregt und das soll dann alles in diesen Vertrag fließen. Wir werden gemeinsam unsere Lustschmerzgrenzen erarbeiten. Im Spiel kann ich zusätzlich zu Stopp, was Abbruch bedeutet, auch die Wörter gelb und rot verwenden. Also gelbe Karte für Foul = grenzwertig, rote Karte für Stopp = Grenze überschritten. Wie beim Fußball, das macht Sinn. Besonders spannend findet er, dass ich eine BDSM Jungfrau bin, die er in die sexuellen Künste des Lustschmerzes einführt. Als seine Novizin soll ich seine Sub werden, er bildet mich aus. Nur wenn ich will. Aber er hätte große Lust dazu. Ich auch. Ich fühle mich beobachtet, herausgefordert und erregt. In meinem Kopfkino laufen mehrere Filme gleichzeitig ab, eine Komödie, ein Drama, eine gesellschaftskritische Satire, ein Actionfilm, ein Fantasyfilm und Werbung, alles zugleich.

Wir reden lange, er lässt sich Zeit und genießt meine gespreizten Beine. Zwischendurch ein Schluck Wein. Er merkt an, dass ich die Stiefelschuhe gut ausgesucht habe – Lack und schwarz, das passt. Ich erzähle, dass es noch andere gegeben hätte, etwa schwarze Stiefel mit einem roten Plateau und Absatz, aber rot würde einer Sub nicht gut zu Gesicht stehen, meint er. Schwarz ist die Farbe der Sub. Wenn wir im Spiel sind, betont er, dann bin ich seine Dienerin, ich gehe z. B. Getränke holen, wenn wir in der Öffentlichkeit sind, bezahle sie auch, er gibt mir Geld. Oder ich assistiere ihm beim Urinieren und lecke den letzten Tropfen ab. Also da tu ich alles, was er möchte. Wenn wir nicht im Spiel sind, dann ist es umgekehrt, dann tut er alles für mich. Aber im Spiel bin ich seine Dienerin. Er möchte, dass ich ihn mit »Herr« anrede. Ich soll ihn immer fragen, wenn ich etwas möchte, er gibt mir dann einen entsprechenden Auftrag oder auch nicht. Ich höre mir das an und versuche mich in diese Rolle zu versetzen – es reizt mich und es ängstigt mich. Anweisungen und Aufträge ausführen, wie wird es mir damit gehen? Und dann »bespielt« werden, auf alle erdenklichen Arten. Er legt mir Brustklemmen an. Es fühlt sich gut an, reden und eingeklemmt sein. Bist ein hübsches Mädchen, sagt er. Meine Beine sind immer noch weit gespreizt. Die Vorstellung, dass ich beobachtet werde, auch von anderen, reizt ihn sehr. Er möchte mich herzeigen und kontrollieren können, was ein Fremder zu sehen bekommt. Diese Vorstellung reizt mich auch sehr. Beobachtet werden bzw. beobachten lassen – das hat was. Er möchte auch meinen Werdegang dokumentieren, mit Bildern, sodass mein Lustleidensweg auch für andere geilheitssteigernd zugänglich wird. Alles anonym natürlich. Ob ich mich gerne zeige, ob ich gerne beobachtet werde, dessen vergewissert er sich mehrfach. Unsere Wünsche vereinigen sich, das trifft sich gut, denke ich und genieße meine bequeme Sitzposition. Ich muss pinkeln und frage ihn, ob ich das machen darf. Habe ihn mit »Herr« angeredet. Er müsste auch pinkeln, ich werde ihm assistieren. Er steht auf, reicht mir die Hand und führt mich zur Toilette. Er stellt sich davor und bedeutet mir, dass ich mich neben ihn hinknien soll.

Das mache ich. Er schaut mich an und deutet auf seine Hose, die zu öffnen wäre. Ach so, das soll ja ich machen. Ich öffne ihm den Gürtel, die Knöpfe und ziehe seine Hose runter, dann nehme ich seinen Schwanz und halte ihn zielgerichtet schräg nach unten. Er zieht sich die Vorhaut zurück und legt ihn mir wieder in meine Hand. Ich halte ihn von unten sanft mit ein paar Fingern, er beginnt zu pinkeln – es funktioniert. Ich treffe seinen Urinstrahl gut in die Kloschüssel. Als er fertig ist, schüttele ich sanft seinen Schwanz und lecke ihm den letzten Tropfen ab. Ich ziehe ihn wieder an und er lächelt zufrieden. Er bedient die Spülung – jetzt bin ich dran. Ich muss nichts ausziehen, mich nur drauf setzen und rinnen lassen. Das geht auch, mit einer kleinen Verzögerung. Er beobachtet mich dabei. Wir gehen zurück zum Wein und reden weiter.

Heute wird er mich fixieren. Er führt mich ins Wohnzimmer, dort ist eine Liege aus Leder mit einer Decke darauf vorbereitet, ich werde mich hier auf den Rücken legen. Zuvor stellt er sich vor mich und sagt bestimmend: Beine auseinander! Er fingert mich kurz, ein kurzes Spiel mit dem Kitzler, dann lege ich mich hin. Ich mag die Art und Weise, wie er sich mir nähert, wie er in mich eindringt und meinen Körper vereinnahmt. Seil oder Kette, was wäre mir lieber? Das letzte Mal hatten wir Kette, diesmal vielleicht Seil? Die Kette ist kalt, das könnte ein Kick sein. Na gut, dann Kette. Er nimmt ein Bein und beginnt es zu fesseln, irgendwie ist es mit den Schuhen nicht ganz einfach, er meint, ich soll sie ausziehen damit sie keinen Schaden nehmen. Ich ziehe die Stiefelschuhe aus, er setzt fort. Am Rücken liegend sind meine Beine gespreizt, die Füße jeweils unten an die Couchbeine fixiert, sodass ich sie nicht bewegen kann. Meine Arme nimmt er hinter meinem Kopf zusammen und bindet sie nach unten an die Couchbeine. Meine Unterschenkel und meine Arme sind nach unten fixiert, ich kann mich kaum bewegen. Er beginnt zu spielen, zunächst sanft, dann härter, mit Hand, Peitsche und Zunge. Es steckt noch ein Tampon in mir; blöderweise habe ich offenbar die

Regel bekommen, habe es ihm auch gesagt. Dass die Schnur heraus hängt, macht nichts, er spielt unverdrossen an den Schamlippen und am Kitzler. Er legt mir die Augenbinde an, nicht ohne vorher zu fragen. Ich kann nichts sehen und werde noch geiler. Er geht weg und kommt wieder – hat er etwas geholt? Nichts passiert. Dann spüre ich Wärme, in der Leistengegend, dann bei den Achseln. Aha, eine brennende Kerze. Dann bei den Brüsten. Es fühlt sich bizarr an. Ich spüre Wärme jetzt an den Innenseiten meiner Oberschenkel, sie kommt immer näher zur Muschi, dann ist sie dort, ich werde geil. Wieder holt er etwas. Plötzlich Kälte – ich zucke zusammen und schreie auf. Er spielt mit einem Eiswürfel an mir, ärgert die Brustwarzen und quält die Muschi. Es ist schmerzhaft und erregend, er fordert mich sehr heraus. Ja, ich möchte wissen, wie das ist. Es ist grenzwertig, zwei Mal sage ich »gelb« und er unterbricht jeweils. Wärme ist besser als Kälte, stelle ich fest.

Ich höre Gummi. Er zieht sich Handschuhe an – aha, jetzt hat er etwas vor. Er zieht den Tampon heraus und beginnt vaginal und anal zu spielen, immer wieder mit sanften oder härteren Schlägen zwischendurch. Er stellt sich hinter mich und zieht mich mit der Decke nach hinten, sodass mein Kopf nach hinten unten hängt. Dann legt er mir eine Kette um den Hals. Die Fixierungen an Fesseln und Händen spannen sich, ich kann mich noch weniger bewegen. Ich genieße es, er entwickelt ein gutes Gespür für meinen Körper. Anal bin ich viel lockerer als das letzte Mal. Einmal seine Finger drin, dann ein kleiner Plug, dann wieder Finger – fühlt sich angenehm an. Dennoch ist irgendetwas anders, ich kann die Schmerzen nicht so gut genießen oder genauer gesagt, ich kann sie vaginal nicht gut genießen. Ich denke daran, dass ich hoffentlich nicht zu stark blute, das wäre mir unangenehm. Offenbar hat er ein Papiertuch unter meinen Hintern gelegt und rechnet mit allem, aber trotzdem, es ist irgendwie anders, ich kann mich nicht gut entspannen. Er scheint das zu bemerken und verringert die Intensität und Geschwindigkeit. Er geht dazu über, meine Muschi zu lecken, sehr sanft und verspielt, sorgt besonders ausführlich für den Kitzler, spielt und saugt daran und penetriert mich mit seinen Fingern zugleich vorn und hinten. Alles irgendwie rhythmisch abgestimmt. Ich genieße es, bin aber trotzdem auch unentspannt und verpasse den Orgasmus-Zeitpunkt. Meine Lust ist erschöpft, ich fühle mich wie nach einer Yoga-Stunde, gefordert und entspannt, bzw. teilweise entspannt. Was soll's, geil war's. Er bindet mich los, ich drapiere mich gekonnt kurvenreich auf das Sofa, wir trinken Wein und besprechen das eine oder andere; wie es mir mit der Kette um den Hals gefallen hat, will er wissen. Gut, es war angenehm, sie war nicht zu fest angebracht. Der Tampon ist gar nicht blutig, meint er. Also doch keine Menstruation? Kann sein, dass ich mich getäuscht habe, kommt öfter vor in letzter Zeit. Wechselbedingte Unregelmäßigkeiten, bin mir jetzt unsicher, ob ich blute oder nicht. Ich stecke immer noch in diesem Catsuit, sein Material fühlt sich gut an auf der Haut, ich komme mir vor wie eine Seegöttin. Er holt eine weiße Baumwollshort von sich und fordert mich auf, sie anzuziehen. Immer noch davon ausgehend, dass ich die Regel habe. Ich ziehe sie an, es fühlt sich gut an. Es fühlt sich einvernehmlich an, mit ihm, mit der vermeintlichen Blutung und mit allen nicht geltenden Moralvorstellungen betreffend weibliche Menstruation.

Wieder tauschen wir die eine und andere Phantasie aus, wobei ich bei einigen sofort anspringe, bei anderen etwas zögere. Es ist spät, ich möchte bald nach Hause. Er bestimmt, wann das Spiel aus ist, sagt er. Ich beginne mich zusammen zu räumen, er fordert mich auf aufzustehen und mich zu bücken. Ich stütze mich mit ausgetreckten Armen auf die Couch. Er zieht mir den Baumwollshort runter und gibt mir einen mittelharten Klaps mit der Hand auf den Arsch. Schon hat er die Gerte in der Hand und setzt fort. Ich kann nicht mehr, ich sage rot. Er stoppt. Dann lässt er mich so stehen, küsst und streichelt mich ein wenig und steckt mir sanft einen kleinen Plug in den Arsch, und zieht dann wieder die Unterhose hoch. Ich soll mit dem Plug schlafen, die ganze Nacht, so lautet der Auftrag. Ein kleiner Teil von ihm steckt in mir – interessante Erfahrung, ja, mache ich. Er hat noch einen Auftrag, den er mir mitgibt: Das Halsband soll ich erst ablegen, wenn ich in meiner Wohnung angekommen bin. Nicht vorher im Auto, erst in der Wohnung. Und noch einer: Morgen würde er mir einen Link für eine Plattform schicken, wo man Fotos und auch Text reinstellen kann – für die Dokumentation, alles anonym, ich habe Perücke und Maske bzw. weitgehende Körperverhüllungen. Andere können das Geschehen – die »Erziehung« – mitverfolgen, eventuell auch anderswie teilnehmen. Das soll meinen Werdegang als Sub festhalten, ich soll ein Profil anlegen. Innerhalb von 24 Stunden. Alles Weitere besprechen wir weiterhin, er wird mir jedenfalls sagen, was in diesem Forum zu tun ist. Ich willige ein bzw. widerspreche nicht. Er begleitet mich zur Tür, wir plaudern noch kurz, er küsst mich und bedankt sich herzlich bei mir. Ich sage auch danke. Wir verabschieden uns.

Etwas später schickt er mir noch ein Danke, ich ihm auch – Danke mein Herr! Er:»Es fühlt sich für mich sehr gut an.« Ich:»Für mich auch.« Er:»Macht sehr viel Lust auf mehr.« Ich:»Ich denke, wir werden viel Spaß haben.« Er:»Ich bin sicher, liebe Sub.« Ich: »Bin gerade bei der Tür rein und hab das Halsband abgenommen wie besprochen.« Er:»Gute Nacht!« Ich:»Gute Nacht.«

4. April

In der Früh fragt er, wie meine Nacht war. Ich antworte:»Gut. Bin mit dem Plug eingeschlafen, hab ihn früher raus genommen. Blutig bin ich nicht, war wohl ein Fehlalarm, komisch.« Er:»Du weißt noch, was wir besprochen haben?« Ich:»Dass ich dir ein Bild von der Unterhose schicke, die jetzt aber nicht blutig ist.« Er: »Ein anderes Mal wird's funktionieren.« Ja, das hoffe ich. Später fragt er:»Du willst also den Weg weiter gehen?« Ja, das will ich. Er schickt mir einen Link zu einer Website für Sklavinnen; er hatte davon gesprochen, er möchte mich hier ausstellen. Ich fühle mich hingerissen, im wahrsten Sinn, nämlich hin und her gerissen zwischen Lust und Angst; das geht alles etwas schnell, ich brauche Sicherheit, ich möchte mit ihm reden. Ob er am Abend Zeit für ein Telefonat hätte, frage ich. Ja, er könnte am Abend reden.

Ich fühle mich gleichzeitig exzentrisch eskalierend und total niedergeschlagen. Habe einen vollen Backslash – meine alte Geschichte ist aufgetaucht, die Trennung von meinem Ex. Na ja, ist ja nicht lange her. Ein überwältigendes Gefühlt von Trauer und Einsamkeit hat sich meiner bemächtigt. Spontane Weinanfälle, alles unkontrollierbar. Das Gefühl von Trauer ist eines der wesentlichen Grundgefühle in unserer Gesellschaft, wenngleich es tabuisiert ist. Von bzw. mit meiner Therapeutin habe ich gelernt, diesem Gefühl einen Platz zu geben, es überhaupt zu erlauben. Scheiß Hilflosigkeit – man ist diesem Gefühlsterror ausgeliefert, den kann man überhaupt nicht steuern oder kontrollieren. Lieber bin ich einem Herrn ausgeliefert, der mir Lust bereitet. Der Trennungsschmerz ist wieder aufgebrochen, ich hatte meine wertvolle Lederjacke bei ihm vergessen und wollte aber nicht wieder hinfahren und sie holen. Sondern ich habe ihn per SMS gebeten, mir diese beim nächsten Mal, wenn er in der Stadt ist, mitzubringen. Der Gedanke daran ihn zu sehen, wenn er sie mir übergibt, aktiviert die alten Trennungsschmerzen – eine Re-Traumatisierung. Draußen regnet es, ich weine immer wieder. Am Nachmittag etwa gegen vier ruft *Costar* an, er klingt besorgt, fragt wie es mir geht. Ich sage, dass ich den Auftrag mit dem Profil im Sklavenforum nicht ausführen kann und will; es geht mir nicht gut, ich will Aufschub. Ja klar, kein Problem, er hätte mir ohnehin keinen Zeitpunkt genannt, es stünde mir frei, wann ich das machen möchte. Oder es wäre sogar besser, wenn wir das gemeinsam machen. Ich hätte verstanden, dass das innerhalb von 24 Stunden geschehen sollte, und wie gesagt, ich kann heute nicht, es geht mir schlecht, ich habe eine depressive Verstimmung. Ich deute an, dass das etwas mit meiner kürzlichen Trennung zu tun hat und dass ich emotional in ein schwarzes Loch gefallen bin. Wasser kommt vom Himmel und aus meinen Augen. Er ist sehr verständnisvoll. Ich lasse anklingen, dass ich Distanz brauche, möchte mich nur mehr auf der Couch verkriechen, jedenfalls brauche ich Zeit. Und dass ich ihn eigentlich nicht mit meiner Ex-Beziehungsgeschichte behelligen wollte, aber jetzt ist sie eben wieder über mich gekommen und wahrscheinlich auch der Grund dafür, dass ich das letzte Mal nicht so entspannt war. Nein, ich kann mich nicht entspannen, wenn ich trauere. Trauer und Lust sind schwer vereinbar.

Ich konnte die Schmerzen nicht so gut genießen wie das erste Mal, sage ich ihm. Wahrscheinlich weil ich keine Entspannungsziga-rette vorher geraucht habe, nun ja, Cannabis entspannt und macht geil. Ja, und dass das sicher auch etwas mit meiner Stimmung zu tun hatte. Die anderen Schmerzen, aus der Trennung vom Mann, den ich einst für die große Liebe gehalten hatte, überwiegen. Soll ich zu dir kommen, magst du reden?, fragt er. In welcher »norma-len« Partnerschaft kommt so etwas vor, dass der Mann die Frau fragt, ob sie reden will? Er würde sofort kommen! Wollte ich aber nicht. Ich möchte lieber allein sein, sage ich. Ich brauche einfach ein paar Tage, dann ist das ausgestanden. Zum Glück kommt ein terminfreies Wochenende, nur mit Yoga und Schreibarbeiten. Und mir wäre Recht, wenn wir zukünftig unsere Spiele zeitlich streng begrenzen, ich beziehe mich auf ihn, wo er vorgeschlagen hatte, dass wir unsere Kalender abstimmen und Zeiten definieren, in denen wir spielen wollen. Er hätte auch gern eine gewisse Regelmäßigkeit, also er stellt sich so ein Mal die Woche vor, und ab und zu auch am Wochenende, da könnten wir im Sommer tags-über draußen spielen. Damit bin ich einverstanden. Und wir wer-den weiterhin immer über alles reden, so lange, bis wir alles über unsere Körper und unsere Lust wissen.

5. April

In der Früh whatsappt *Costar*, ob es mir schon etwas besser geht. Ja, es geht mir besser, habe auch ganz gut geschlafen. Wir schreiben uns das eine und andere, nicht nur Sexuelles, sondern auch über unsere Arbeit. Gegen 11.30 Uhr ist die Übergabe meiner Lederjacke. Der Ex ist sogar pünktlich, er ruft kurz an, dass er da ist. Ich gehe runter, er steht vor der Tür und gibt mir einen Kuss, dann die Jacke. Es ist unglaublich traurig. Aber wütend bin ich auch. Ja, es ist besser so, es hätte nicht funktioniert. Er wünscht mir alles Gute. Bleibt noch ein bisschen stehen, findet keine Worte. Eine bekannte Szene. Ja, so ist es. Er geht zum Auto, ich zurück in die Wohnung und beginne zu heulen. Zum Glück habe ich den nächsten Termin erst am Abend und kann den ganzen Nachmittag auf der Couch verbringen, eingerollt wie meine Katzen in meine unvermeidliche Traurigkeit. Keine Spur von Geilheit oder Lust, jetzt ist was anderes dran. Dieser Liebeskummerrückfall ist echt heftig – er hat mich geküsst! Ja, das wäre es gewesen, aber es war nicht, nicht dauerhaft, und wird nicht sein. Was solls – ich gebe mich diesem Schmerz hin. Vielleicht lerne ich etwas hinsichtlich Hingabefähigkeit. Immer wieder wird er kommen, dieser Schmerz, aber mit der Zeit immer weniger. Es wird auch helfen, ihn nicht zu sehen – aus den Augen, aus dem Sinn. Und Lustgewinn auf eine alternative Art könnte auch helfen, vielleicht. Oder noch schlimmer machen. Ist ja wieder typisch für mich, lasse mich auf Sachen ein und bin dann verwirrt. Aber alles wird sich klären, für den Moment bin ich einmal traurig.

Am Abend meldet sich *Costar* wieder; er ist spät nach Hause gekommen, war mit seinem Sohn bei einer Sportveranstaltung. Wie mein Tag war, fragt er nach. Nicht sehr gut, habe meine Arbeit gemacht und bin froh, dass er vorbei ist. Wenigstens die Nacht soll gut werden, das wünschen wir uns.

6. April

Meine Stimmung schwingt sich ein mit dem trüben verregneten Tag. Ich beginne mich zu sammeln. Aufträge ausführen? Wie wäre das jetzt? Die Sache mit dem Profil auf diesem Sklavenforum ist vollkommen aus meinem Blickfeld gerückt. Ich nehme mir Zeit für mich, so sagt man das unter Frauen. Man muss Zeit für sich nehmen. *Costar* lässt mich wissen, dass er am Nachmittag in meiner Stadt ist, aber zu tun hat, vielleicht geht sich ein kurzes Treffen aus? Wir werden sehen, schreiben uns später wieder. Er lässt mich von seiner Leine, damit ich meine Trauerarbeit machen kann. Ein Treffen geht sich nicht aus, ist auch besser so. Ich möchte mich sammeln und ungestört untersuchen, ob und welche sexuelle Energie aus dem dumpfen Traurigkeitssumpf auftaucht. Die Beine gespreizt bekommen und verwöhnt werden – das hat vielleicht was Tröstendes, vermittelt Geborgenheit.

Es ist schon komisch. In der Theorie über Paarbeziehungen heißt es, dass es quasi drei unterschiedliche Kommunikationsweisen gibt, eine sexuelle Kommunikation, eine Kommunikation der Liebesbeziehung und eine Kommunikation der Partnerschaft. Diese sind aber unterschiedlich bzw. sogar widersprüchlich, weil sie unterschiedlichen Paradigmen folgen. Wobei die Kommunikation der Sexualität mit der Liebe zusammen fällt, zumindest am Anfang. Für die Praxis reicht es, wenn man zwischen Liebesbeziehung und Partnerschaft unterscheidet. Also zwischen diesen unterschiedlichen Paradigmen bzw. Wertesystemen, die ein Leben lang verhandelt werden müssen. Laut Hirnforschung dauert die hormonelle Bindung seitens der Frau an den Mann etwa vier Jahre. Dann sind die nächsten Gene gefragt. Also vier Jahre Bindungshormone, spätestens dann muss der Übergang zur Partnerschaft gelingen, die von Verbindlichkeit, Bekenntnis, Intention und integrativen Außengrenzen gekennzeichnet ist. Nicht so wie in der Liebesbeziehung, die ist unverbindlich, schicksalhaft, Geständnis statt Bekenntnis, und kennt keine Einschränkung von außen, sie ist exklusiv. Und geht mit einem totalen oder partiellen Realitätsverlust einher. In den meisten Partnerschaften kommt aber mit der Zeit die romantische Liebe nicht mehr vor, sie verschwindet zwischen den erdrückenden Verbindlichkeiten – laut Statistik und Studien aus der systemischen und psychologischen Paarforschung, Willi, Retzer u.a. Daher gehen viele Paare zur Beratung, weil sie wissen wollen, was nicht stimmt. Dabei ist der Zustand, dass man zeitweise oder andauernd mit dem Partner im Konflikt ist, nicht die Ausnahme, sondern der Normalfall. Wenn man Glück hat, dann taucht hie und da wieder Liebe auf, begleitet mit Sex, aber eher selten. Am Anfang kann man die Konflikte noch wegvögeln, aber irgendwann überwiegen die nicht erträglichen Eigenarten des Partners, man beginnt ihn zu hassen, wird dick und unglücklich. Und weil man auch keinen guten Sex mehr bekommt, sinkt der Selbstwert und man sehnt sich nach Beachtung, nach Geliebt-Werden, nach Verwöhnt-Werden, nach Gehalten-Werden, alles auf einmal. Beim Spielen im BDSM-Sinn gibt es das, für einen beschränkten Zeitraum: Liebe, Sex, Intimität und Nähe, aber auch Verbindlichkeit und Vertrauen, Geborgenheit, und höchste Lust, Lustschmerzen, Schmerzenslust. Alles in einem.

7. April

Es ist Sonntag, *Costar* hat Familientag mit seinem Sohn. Ich gehe zum Sonntag-Vormittag-Yoga und später walken. Am Nachmittag fragt er nach, ob es mir emotional besser geht? Es geht so, es könnte besser sein. Er möchte wissen, was das Problem ist. Ich schreibe, dass der Trennungsschmerz noch sehr weh tut, und dass ich meinen Ex getroffen habe, um meine Lederjacke wieder zu bekommen, und dass dann die ganze Wut und Ohnmacht wieder hochgekommen sind. Dann fragt er, ob ich später Lust hätte zu spielen oder auf einen erotischen Spaziergang? Sein Sohn würde dann wieder bei seiner Mutter sein. Ich habe heute aber keine

Lust, ein anderes Mal gerne. Wir suchen einen Termin für die kommende Woche, das ist nicht einfach; er ist viel unterwegs, dazwischen kümmert er sich auch um seinen Sohn. Wir vereinbaren den Mittwoch und am Wochenende sollte sich auch etwas ausgehen.

8. April

Von *Costar* bekomme ich einen guten Morgen und einen Gruß aus der benachbarten Landeshauptstadt. Ich schreibe:»Stelle mir vor, wie ich fixiert bin, auch der Kopf, und mich nicht bewegen kann ... und meine Klit und meine Muschi sanft verwöhnt werden ...« Das machen wir, verspricht er. Ich:»Und die Muschi langsam und sanft gedehnt wird und meine Brustwarzen eingeklemmt sind ... und uns jemand beobachtet ...«. Er:»Männer, Frauen oder Paare?« Ich:»Männer vor allem, vielleicht auch ein paar Frauen.« Später schreibt er:»So wie du die Szene beschreibst, sollten wir in einen Club gehen.« Ich:»Das werden wir.« Er:»Hast du schon eine Perücke?« Ich:»Nein.« Er:»Dann müssen wir wohin, wo uns niemand kennt.« Diese Idee verfolgt er sehr konsequent, er schlägt vor, dass wir am Freitag zu einer Party in die benachbarte Hauptstadt fahren, eine Privatparty, da kennt er jemanden. Hier zögere ich, wie läuft sowas ab? Ich schreibe:»Ich weiß nicht, ob ich schon bereit bin für so eine Veranstaltung, wir sollten vorher noch ein paar Mal spielen.« Er versichert mir, dass ich bis auf Weiteres nur von ihm bespielt werden würde, und dann lenkt er ein und meint auch, dass so eine Party für uns noch zu früh wäre.»Aber ein DS Paar könnten wir zusehen lassen«, schreibt er. Ich:»Zusehen lassen? Wie?« Er:»Wir spielen und sie trinken ein Glas und schauen zu. Oder wir schauen erst ihnen zu und spielen danach. Für den Anfang könnten wir aber ganz einfach in einen Club gehen und ich spiele leicht mit dir, so dass uns andere beobachten können.«

Am Abend telefonieren wir. Ich habe mir vorgenommen, ihm genau zu sagen, was ich möchte und was nicht – das mit der Wunscherfüllung üben. Dass ich die Schläge das letzte Mal nicht so richtig genießen konnte, ich war überfordert. Und dass das am Anfang losgegangen ist, weil mir diese Stiefelschuhe das Blut abgeschnürt haben, da hatte ich einen Schmerz, der unangenehm war und deswegen möchte ich ihn nicht, diesen bestimmten Schmerz. Er geht gut darauf ein, betont, dass das immer ganz wichtig ist, ihm solche Rückmeldungen zu geben, weil er das dann entsprechend berücksichtigen kann. Er redet sich an mich heran und erweckt weiter mein Zutrauen. Wir reden wieder über Öffentlichkeit und beobachtet werden, er erzählt das eine und andere über outdoor Aktionen, das weckt mein Interesse. Wenn es im Sommer warm ist, dann könnte man baden gehen, da gibt es einige nette Plätze an Seen oder Flüssen und da könnte man spielen, zum Beispiel am, im und mit Wasser, mit dem eigenen Wasser – Natursekt. Damit kann man verschiedene Dinge machen – er erzeugt Bilder in meinem Kopf. Ich stelle mir vor, wie ich als Kind gerne unten nackt draußen gespielt habe und auf diese Weise eins mit der Natur geworden bin. Vor allem mit meiner körperlichen und (vor)sexuellen Natur. Experimente am Körper in der Natur, das hat was. Mit ihm als Spielgefährten? Nette Vorstellung.

Er redet wieder von Clubs und Partys, da hat er sich umgesehen und dort und da könnten wir hinfahren, oder auf eine Party gehen und dass dann aber alles funktionieren muss, da möchte er kein »gelb« oder »rot« hören, da gibt's so ein Theater dann nicht. Ja, da müssten wir uns wirklich ganz genau kennen, er mich und ich ihn, damit die Performance stimmt. Und wieder – freilich alles so, dass meine Identität verborgen bleibt. Mir geht das zu schnell – das sage ich ihm recht deutlich. Wir haben da unterschiedliche Geschwindigkeiten. Mein Eindruck ist, dass er ein Umsetzer ist – ich äußere eine Phantasie und er plant und organisiert. Ein Macher. Aber es geht mir zu schnell. Ich muss das noch üben, wie es ist, wenn man dann wirklich etwas tut, wovon man bisher kaum gewagt hat zu träumen. Das ist schon komisch, es macht etwas mit mir, mich auf sowas einzulassen. Meinen Körper, meine Intimität und meine Lust hergeben, eine echte Challenge. Er dachte schon, ich würde einen Rückzieher machen; er hatte den Eindruck, dass ich zögerlich bin, dass ich vielleicht zurückweiche, das wäre schade. Aber die Theorie mit den unterschiedlichen Geschwindigkeiten teilt er – nein, nur nichts überstürzen. Für eine Party ist es noch zu früh, dafür brauchen wir noch Zeit. Aber mit einem Clubbesuch könnte man anfangen, das ist für den Einstieg gut geeignet. Es macht ihn an, sich vorzustellen, dass er mich anderen Männern vorführen kann und zugleich mit meiner, mit der Lust der anderen und mit seiner Lust spielt. Lustgewinn durch die Beobachtung der Beobachtung. Gefällt mir auch gut, diese Vorstellung.

Wir verständigen uns darauf, dass wir uns übermorgen, Mittwoch oder am Donnerstag bei ihm treffen werden, aber das kann er noch nicht genau sagen, am Mittwoch muss er vielleicht wieder geschäftlich ausrücken. Er wird mir wieder Aufträge geben, per Whatsapp, so wie das letzte Mal. Und am Wochenende, am Freitag, werden wir in einen Club fahren. Am Ende wird es immer sehr konkret. Ja, alles Schritt für Schritt, er freut sich darauf, ich soll ihm vertrauen.

9. April

Am Vormittag schicke ich ihm ein paar Bilder; ich habe einen neuen Catsuit, unten offen. Er möchte, dass ich ihn auf einer Geschäftsreise begleite, da könnten wir auf dem Rückweg in einen Club fahren. Eine recht spontane Idee von ihm; ich frage nach – wann und wo etc. Aber ich kann nicht, habe Termine. Wir bleiben dabei, dass wir uns morgen bei ihm treffen und am Freitag in einen SM Club fahren.

10. April

Habe heute nicht viel zu tun. Um die Mittagszeit mache ich Selfies, halbnackt, mit der neuen Lackkorsage und einem schwarzen Netzoberteil, und schicke sie ihm. Sie gefallen ihm. Später, etwa um halb fünf, zweieinhalb Stunden vor unserem vereinbarten Treffen, bemerke ich, dass ich menstruiere, ich schreibe:»Ich habe die Regel bekommen. Diesmal wirklich. Bitte Planänderung, mit der Regel möchte ich nicht in einen Club gehen. Und wenn ich stark blute, meistens am 2. Tag, mag ich nicht spielen, da bin ich noch zu unsicher. Kannst du telefonieren?« Ja, er kann. Ich rufe ihn an und schildere noch einmal, dass ich nicht nackt unter die Leute gehen möchte, wenn ich Blutungen habe. Das ist eine Grenze – Schamgrenze, moralische Grenze, Intimitätsgrenze, was weiß ich. Das akzeptiert er anstandslos. Ja, kann er verstehen. Dennoch möchte er nicht haben, dass die Menstruation als Argument verwendet wird, dass wir nicht spielen. Weil sie wird ja in das Spiel eingebaut. Ich bekomme eine Baumwollunterhose, damit er sehen kann, was sich da tut. Und spielt dann mit mir. Herr über meinen Körper sein bedeutet auch, dass alles, was der Körper von sich gibt, auch ihm gehört. Dass er die Kontrolle darüber hat. Inwieweit bin ich bereit, meine Intimität aufzugeben? Wenn ich seine Sub bin, dann sollte ich diese Bereitschaft haben, das beansprucht er als Herr. Und er möchte einfach Zeit verbringen mit mir. Wenn wir etwas vereinbaren, dann sollten wir das auch einhalten, ganz gleich, was vorher passiert. Reden und auch das Profil für das Sklavenforum einrichten – das machen wir gemeinsam. Aber im Rahmen des Spiels. Mit meiner Menstruation. Und ihm fallen da auch noch andere Sachen ein. Mir auch – ich erzähle ihm, dass ich hin und wieder einen Massagestab für die Selbstbefriedigung benutze, das ist sehr praktisch, weil man sich nicht ausziehen muss. Ich liege angezogen vor dem Fernseher und mache es mir mit den Vibrationen des Massagestabs. Oder im Bett habe ich einen richtigen Kitzlermassagestab, der ist auch fein, aber fast ein wenig zu grob, wenn man ihn direkt auf der Haut anwendet. Mit Stoff dazwischen geht's besser; verwende ich aber nicht so oft, die Finger sind zumeist ausreichend. Es kann auch vorkommen, dass ich vor dem Fernseher liege und sehr geil bin, vom Massagestab, dass ich dann noch etwas in die Muschi stecke und etwas Kleines in den Arsch. Und dann Slip und Hose drüber und von außen mit dem Stab massieren. Man fühlt sich dann gut ausgefüllt. Die Orgasmen dieser Selbstfickanordnung sind immer ein Wahnsinn. Ich werde ihm diese Sachen alle mitbringen und vorzeigen, auch die neuen Catsuits. Besonders jener, wo man den Stoff auch über den Kopf ziehen kann, sodass er komplett verhüllt ist, interessiert ihn – ja, das will er alles sehen.

Wir einigen uns dann auf Donnerstag 19.00 Uhr, ich zu ihm; in den Club fahren wir nicht. Wir lassen offen, ob wir am Freitag etwas machen oder nicht. Ich möchte noch von ihm wissen, welches Verhältnis er zum Menstruationsblut hat, auch im Unterschied zu Sperma. Sein Sperma mag er nicht so gern, sagt er auch selber, er wischt es immer gleich weg, wenn er abgespritzt hat. Hingegen scheint er ein unbefangeneres Verhältnis zu meinem Blut zu haben. Man kann es einfach »einbauen« – finde ich irgendwie kreativ. Mal sehen, was er damit anzustellen weiß …

11. April (dritte Session mit *Sir Costar*)

In der Früh whatsappt *Costar*, ob ich telefonieren könnte – ja, kann ich. Er ruft an; es ist etwas dazwischen gekommen, hat zu tun mit Schule und Sohn, da eskaliert gerade wieder was, seine Ex und sein Sohn, da muss er sich jetzt kümmern. Daher kann er nicht genau sagen, ob wir uns am Abend treffen können, weil er unter Umständen seinen Sohn bei sich hat. Aber das sagt er mir noch. Ja gut, kann ich natürlich nachvollziehen, und ja, wir verbleiben so. Kurz vor 18 Uhr, eine gute Stunde vor dem vermeintlich stattfindenden Treffen, schickt er mir ein Bild von mir, mit einer Latexkorsage, Klemmen an den Brüsten und schwarzen Halterlosen; er schreibt:»Ohne die Brustklammer, aber mit Halsband.« Ich habe eher damit gerechnet, dass unser Treffen heute nicht zustande kommt. Jetzt muss ich mich sputen. Kaum aus der Dusche, schnell die Haare geföhnt und rein ins Auto. Noch keine Antwort von ihm betreffend Stiefel ... Ich sitze im Auto am Parkplatz vor seinem Haus und warte. Es ist 18.57 Uhr, drei Minuten vor dem Treffen. Er schreibt:»Ohne.«

Um 19.00 Uhr betrete ich sein Haus. Diesmal kommt es mir schon vertrauter vor, ich war auch nicht mehr so nervös. In den letzten Tagen konnte ich mich trotz Trennungsturbulenzen doch ein wenig sammeln. Ich konnte auch wieder besser arbeiten, konnte mich besser konzentrieren und war nicht mehr so abgelenkt von meinen unsteten emotionalen Innerlichkeiten. Ich gehe hinein und finde ein ähnliches Arrangement wie beim letzten Mal vor. Ich beginne mich umzuziehen, die Strümpfe habe ich schon an. Zum Glück keine Stiefel – er hat also meinen Wunsch berücksichtigt. Das Halsband ist schnell angelegt, aber dieses blöde Gummiding, die Korsage, bekomme ich nicht zu, es hat vorne umständliche Verschlüsse und ist zu eng, da bekomme ich kaum Luft. Es nervt, ich bekomme es nicht zu. Ich mache hinten die Schnüre weiter auf, sodass es nicht mehr so eng ist – ein neuer Versuch, ich bekomme es dann irgendwie hin. Und bringe mich in Position, sodass ich mich im Spiegel an der richtigen Stelle sehen kann. Endlich, ich entspanne mich ein wenig. Welche Lustschmerzen werde ich heute spüren? Werde ich sie besser genießen können als das letzte Mal? Was ist, wenn ich unangenehme oder ungewollte Schmerzen bekomme und wütend werde? Und wie geht es mir mit den Anweisungen? Gehorsam sein und alles machen, was er anordnet?

Ich höre ihn von links kommen, er kramt noch irgendwo in der Küche herum. Ich werfe ihm einen kurzen Blick zu. Diesmal hat er mich nicht lange warten lassen. Geradeaus schauen! Das klingt sehr bestimmt. Ich wage es nicht mehr, meinen Kopf zu bewegen, schaue nur mehr nach vorne. Er kommt her, berührt mich sanft und flüstert mir ins Ohr: Schön, dass du da bist. Dann küsst er mich zärtlich und streicht mir durch die Haare. Ich genieße seine Sanftheit und seine Küsse. Er streichelt mich überall und schaut mir hin und wieder tief in die Augen – ich finde das sehr romantisch und es erregt mich. Rasch hat er seine Finger an der Muschi. Er begrüßt mich noch einmal, diesmal an der unteren Körperöffnung. Ahh, das Mädchen wird nass, merkt er wohlwollend an. Er holt die Gerte und begrüßt mich bzw. meine Muschi auch mit der Gerte. Ich fühle mich willkommen und kann gut in meine Rolle als Sub hinein flutschen. Er hat einen Plan für meine Luststeigerung, und für meine Menstruation, denke ich, er soll einfach mal machen – ich genieße es. Keine Ahnung, was passieren wird, das gibt noch einen zusätzlichen Kick. Wird er mich einen Joint rauchen lassen? Er steht vor mir und steckt mir seinen Schwanz in den Mund – ich soll blasen. Ich soll ihn gut blasen, lautet die Anweisung. Ich bemühe mich redlich, ich möchte ja eine gute Sub sein. Für einen sehr machtbewussten Herrn. Die Arme und Hände darf ich nicht bewegen, nur den Kopf. Er erhöht die Geschwindigkeit, wird immer leidenschaftlicher und immer wilder. Und sein Schwanz ein wenig steifer – er zieht meinen Kopf harsch an sich, an seine Lenden und verharrt kurz viel zu tief in meinem Mund. Ich bekomme keine Luft. Dann zieht er mich wieder weg, an den Haaren. Unmittelbar küsst er mich leidenschaftlich und intensiv. Dann packt er mich wieder an den Haaren und schiebt mir wieder seinen Schwanz in den Mund, noch tiefer in den Hals, und noch länger, ich bekomme wieder keine Luft. Er hält mich ganz fest, ich beginne zu wimmern und zu würgen. Er stößt immer fester zu und verharrt im Hals, ich bekomme einen stärkeren Brechreiz. Er zieht ihn wieder heraus und steckt mir stattdessen seine Zunge in den Mund. Die Küsse sind wieder sanft … Er wiederholt diesen Vorgang noch einmal, mit einer noch höheren Intensität. Der Brechreiz ist unvermeidlich, wenn der Schwanz so tief reingeschoben wird, obwohl er nicht sehr groß ist. Er macht das gut, er unterbricht es, wenn es zu arg wird. Er ist sexuell bestimmend und aggressiv, aber eben auch sensibel, alles zugleich.

Er bittet mich aufzustehen, reicht mir die Hand und küsst mich zunächst zärtlich, dann intensiv auf eine schmutzig-geile Art, seine Zunge ist wild und ungestüm. Wir gehen durch die Küche ins Esszimmer, unterwegs reicht er mir ein Glas Weißwein. Ich nehme Platz, wir plaudern ein wenig; seine Familienangelegenheiten sind sehr präsent, es kann sogar sein, dass er notfallmäßig später weg muss oder telefonieren muss. Er weist mich an, mich halb ins Wohnzimmer zu stellen, zu ihm gedreht, Hände hinten verschränkt, Beine leicht gespreizt. Er gibt mir genaue Anweisungen; mittlerweile habe ich verstanden, dass ich mich nicht bewegen darf, wenn ich in einer bestimmten Stellung bin. Während wir weiter plaudern, betrachtet er mich ganzheitlich und legt mir die Brustklemmen an, diesmal zieht er sie fester zu als das letzte Mal. Der Schmerz ist eindringlich, ich schreie auf, aber er küsst den Schmerz weg. Mit den Brustklemmen lässt er mich wieder stehen, jetzt soll ich meine Arme nach oben, hinter den Kopf geben. Er streichelt mich und küsst mich abwechselnd sanft und leidenschaftlich. Dann setzt er sich wieder hin und schaut mich an. Titten und Muschi, das will er sehen. Er weist an, dass ich mich umdrehe und nach unten bücke, ich bekomme einen Schlag auf den Arsch. Au verdammt, das tut weh, ich schreie auf – »gelb!« Das hinterlässt eine deutliche Strieme. Er macht weiter, aber nicht mehr so hart. Ich empfange noch ein paar Schläge auf den Arsch. Ja, ein wenig muss er mich schon fordern, lässt er mich wissen. Anschließend küsst er mich wieder, er küsst mich einmal freundschaftlich, einmal sexuell leidenschaftlich.

Steh aufrecht! Beine auseinander! Ich darf wieder stehen, er schaut mich an. Ich übe mich in meiner Rolle und rede ihn versuchsweise mit »Herr« an, und ob ich ihn etwas fragen darf. Es fühlt sich eigentümlich bizarr an, unter so einer Sexherrschaft zu stehen. Aber es funktioniert – wir spielen uns mehr und mehr ein. Ja, ich darf ihn etwas fragen; ob ich auf die Toilette darf, ich muss pinkeln. Er lächelt mich an – offenbar macht ihn das an. Später vielleicht. Ich erzähle, dass ich meine neuen Catsuits mitgebracht habe, wie besprochen. Aja? Die soll ich ihm zeigen. Ich hole sie aus der Tasche und bringe sie zu ihm zum Tisch, er begutachtet alles genau. Er bittet mich wieder Platz zu nehmen. Jetzt würde er doch gerne wissen, wie die schwarze Lackkorsage an mir aussehen würde – ich soll sie anziehen, auch den dazugehörigen Stringtanga und mich wieder an meine frühere Position hinstellen. Ich bitte ihn mir zu helfen, die Schnüre hinten festziehen und zubinden. Er macht das sehr sorgfältig, aber er schnürt mich zu fest. Ja, das gefällt ihm. Er lässt mich den Stringtanga wieder ausziehen und weist an, dass ich meinen Tampon herausnehmen soll und mir die Baumwollshort anziehe. Und so stehe ich da, mit Lack und Baumwolle, ohne Schutz für das Blut, das jetzt frei nach draußen rinnen kann. Mit seinen Augen dringt er in mich ein. So eine Intensivbeobachtung ist wie eine Ganzkörperstreicheleinheit, ein Vorspiel mit den Augen, fühlt sich sehr angenehm an.

Nach einer Weile sitze ich wieder bei ihm am Tisch, mit gespreizten Beinen. Er möchte, dass ich mein Profil auf diesem Sklavenforum anlege. Wie ich denn heißen möchte? Wie soll mein Sub-Name lauten? Er hatte mich bereits aufgefordert, mir etwas zu überlegen, weil »Maria« allein reicht nicht, da müsste noch etwas dabei sein, ein Zusatz, ein Eigenschaftswort. Mir ist nichts eingefallen. Wie möchte ich heißen, wenn ich eine andere bin? Also nicht ganz ich, weil ich meinen Körper ja nur kurzfristig hergebe und dann seine Sub bin – welchen Namen möchte ich dann habe? Wir überlegen gemeinsam. Heilige Maria? Ja, warum nicht. Ich lege das Profil an und muss eine Reihe von Kategorien ankreuzen, die auf mich zutreffen, wobei er sagt, was auf mich zutrifft, hier hat er das letzte Wort. Er definiert mich, er formt mich, jetzt ist es schwarz auf weiß. Seine Zielperspektiven für mich sind sportlich und ich bin gespannt, wie er mich dorthin erziehen wird. Die ersten Schritte sind schon getan … So, Profil ist angelegt, wir machen ein anderes Mal weiter. Er wird aber immer wieder Fotos machen, wobei ich entscheide, ob und welche Fotos ich da hineinstellen möchte. Aber ansonsten weist er mich an, welche Aktivitäten wir in diesem Forum darstellen. Gut. Übrigens habe ich die 24-Stunden-Regel eingehalten, ich habe bis vor 24 Stunden keine sexuellen Handlungen an mir selbst vorgenommen. Das erfreut ihn: Sollen wir das so beibehalten? Ich willige ein.

Wir plaudern ein wenig, er überlegt, ob wir irgendwo hinfahren sollen, jetzt gleich, in ein Gasthaus oder ein Tankstellencafé, wo ich nur einen Mantel anhabe und darunter Strümpfe und das Halsband trage, er würde gerne öffentlich experimentieren. Ich gebe zu bedenken, dass man mich in dieser Gegend kennen könnte und dass ich nicht erkannt werden möchte, das hatten wir auch immer so vereinbart. Ich weiß nicht, was er vorhat; wir diskutieren. Die Idee muss ihn extrem reizen, mit mir nach draußen zu gehen und meine Muschi zu verwenden. Hm, reizt mich auch. Dann möchte er wissen, wie ich die heutige Begrüßung empfunden habe und wie es mir lieber wäre, ob ich lieber sanft oder lieber hart begrüßt werde. Sowohl als auch, antworte ich, beides gefällt mir. Das gefällt ihm auch.

Ich soll mir wieder einen Tampon einlegen und den Stringtanga anziehen, wir fahren eine Runde. Zuvor muss er noch pinkeln, ich auch. Nun kenne ich das schon – ich begleite ihn zur Toilette, knie mich neben ihn, öffne seine Hose und ziehe seine Short runter; ich kippe die Klobrille nach oben, halte seinen Schwanz und er beginnt zu pinkeln. Wieder treffe ich gut hinein. Nicht so fest halten, sagt er. Ich will ihn mit meinem Mund ablecken, er lässt mich noch kurz warten – so, jetzt darf ich. Ich ziehe ihn wieder an. Er hält kurz inne und lässt mich nicht pinkeln, das soll offenbar draußen passieren. Die kalte nasse Nacht geht auf mich über, wir fahren irgendwo hin. Ein Lokal am Stadtrand, er stellt das Auto ab. Er küsst mich kurz und drückt mit seiner Hand auf meine Blase, sie ist schon ziemlich voll. Nein, mit dem Halsband gehe ich da nicht hinein, wir diskutieren. Ich verweigere seine Anweisung, das muss jetzt sein, weil das geht mir zu weit. Er zaudert und gibt mir eine neue Anweisung: Ich soll in die Tankstelle nebenan gehen und mir irgendeine Süßigkeit kaufen, mit dem Halsband. Er gibt mir 10 Euro. Ja, das geht, das kann ich machen. Er holt mich dort mit dem Auto ab und will wissen, wie das jetzt für mich war. Es war nicht nur ok, es hat mir irgendwie auch Spaß gemacht. Aber dass das Konsequenzen haben wird, weil ich seiner ursprünglichen Anweisung nicht gefolgt bin, das sollte mir klar sein, sagt er. Das sind nämlich 20 Peitschenhiebe. 20 Peitschenhiebe?? Bitte nicht, sage ich. Er sagt nichts – ich weiß, was das bedeutet. Er drückt mir wieder auf die Blase, ich halte es kaum mehr aus. Dann fahren wir wieder in die Nacht, er bleibt unter einer Brücke stehen, damit ich pinkeln kann. Ich hocke mich neben das Auto, kann endlich mein Wasser lassen und er fotografiert mich dabei. Schön, wenn der Druck nachlässt und wenn man sich mit dem Urinstrahl so hingeben kann. Es tut richtig gut, nicht allein zu sein beim Pinkeln. Hm, eine interessante Art von Kameradschaft, ich finde zunehmend Gefallen daran. Er offenbar auch – er lobt mich, es gefällt ihm, dass ich seine Vorschläge auf eine unkomplizierte Art annehme und umsetze. So wie ich ihm das letzte Mal anal geleckt habe – ja, genau, hatte ich ganz vergessen. Plötzlich hatte er mir seinen Arsch ins Gesicht gesteckt, ich konnte mich nicht bewegen, außer meiner Zunge – war eine geile Erfahrung.

Wieder zu Hause angekommen, deute ich an, dass ich langsam müde werde. Im Gespräch geht es um Vertrauen, er betont, dass ich ihm vertrauen soll, d. h. dass ich seine Anweisungen befolgen soll, ohne Diskussion. Denn es ist für das Spiel wichtig, dass ich tue, was er sagt. Er hätte mich vorhin nicht in das Lokal gehen lassen, mit dem Halsband. Er hätte es mir zuvor abgenommen, kurz bevor wir das Lokal betreten hätten, sagt er. Und das meint er mit Vertrauen; er würde mich nie in eine kompromittierende Situation bringen, zumal es in diesem Fall für ihn noch viel kompromittierender gewesen wäre. Aha, denke ich, er testet mich. Er schaut, wo meine Gehorsamsgrenzen sind. Ich auch; ein paar Grenzen habe ich schon überschritten – Schamgrenzen, aber auch Schmerzgrenzen. Irgendwie ist die Stimmung heute besser, lockerer als das letzte Mal. Immer wieder muss ich lächeln bzw. grinsen, es gibt Momente, die mich entgleiten lassen, dann entspannen sich meine Gesichtsmuskeln. Warum ich lache?, fragt er einmal, und ich sage, weil ich glücklich bin. Seltsam, irgendetwas in mir freut sich, wenn wieder eine Grenze überschritten wird.

Er breitet eine Decke über die Liege aus Leder und lässt mich mit dem Rücken darauf liegen. Jetzt kommt der Hauptteil des Spieleabends. Er hat eine etwa 1,20 Meter lange Holzstange geholt; er spreizt meine Beine weit auseinander und nach hinten, und verbindet sie mit der Stange durch die Kniekehlen, die er jeweils an der Stange mit einem Seil fixiert. Die Arme bekomme ich nach hinten unten fixiert. Dann zieht er mir einen schwarzen, leicht durchsichtigen Stoffsack über den Kopf. Er macht Fotos und lässt mich ein wenig so verharren, bevor er anfängt, mit der Hand, mit einer Peitsche und mit einer Gerte an mir zu spielen, zuerst sanft, dann immer härter. Plötzlich spüre ich einen stechenden Schmerz an meinem Kitzler und an den Schamlippen – »gelb« schreie ich und er reduziert die Intensität. Er findet es verwunderlich, dass ich bei den Schlägen auf den Arsch offenbar sehr viel empfindlicher bin als anderswo. Ja, hatte ich ihm auch schon gesagt, mein Arsch ist äußerst empfindlich. Die Klemmen an meinen Brustwarzen werden fester angezogen. Mund auf! Er steckt mir die Gerte quer in den Mund – Mund zu! Ich beiße auf die Gerte, während er meine Muschi bespielt, aber nur äußerlich, der Tampon steckt noch drin. Er klapst und schlägt mich auf die Schamlippen, auf den Kitzler – mal sanft, mal hart; zwischendurch Küsse, trotz Stoffsack, er küsst mich durch den Stoff durch. Mein Stöhnen wird von Schreien und anderen Schmerzensäußerungen begleitet, ich wimmere und winde mich. Nein, nein, bitte nicht! Er macht weiter und sagt, dass er darauf nicht reagieren wird, er wird nicht aufhören, er macht weiter. Ich bin total nass – echt zu blöd, dass ich menstruiere! Jetzt hätte ich gern etwas in der Muschi, und dass er mich leckt. Aber stattdessen bekomme ich seine harten Instrumente zu spüren, an meinen weichen äußeren Stellen. Bis ich

»rot« sage – es reicht. Er lässt unmittelbar ab, bindet mich los. Er legt sich hin, ich muss ihn blasen – fester! Er herrscht mich an – zwei Minuten hätte ich noch Zeit, wenn er dann nicht spritzt, gibt's Konsequenzen! Ich strenge mich an und besorge es ihm ganz wild, das geilt ihn auch auf, aber er kommt nicht. So, zwei Minuten sind vorbei, jetzt macht er es sich selber und spritzt ab. So, und jetzt kommt noch die Bestrafung für vorhin – 20 Schläge. Vor der Liege stehend soll ich mich bücken, weiter nach unten, Hohlkreuz und Arsch raus! Wieder sehr klare Vorgaben. Ich befürchte das Schlimmste, ich mag nicht mehr. Ich muss mitzählen. Er beginnt, aber die Schläge sind sanft, sie fühlen sich gut an. Rasch sind diese 20 Klapse abgearbeitet, anschließend bedanke ich mich bei ihm.

Noch etwas benommen plaudern wir noch ein wenig. Es kommt wieder die Idee auf, dass wir noch jemanden dazu nehmen könnten, zum Aushelfen, einen Sklaven oder eine Sklavin. Ja, eher einen Sklaven, sage ich. Wie soll er sein?, will er wissen. Na ja, jung und willig, vor allem leckfreudig. Ich erfahre, dass er sehr diszipliniert nach Anweisung vorgehen müsste; er darf die meiste Zeit nur beobachten, manchmal oral aushelfen und wenn er sehr brav war, darf er sich einen runterholen. Oder ich hole ihm einen runter. Nette Vorstellung, so ein junger Mann, der auf Wunsch sexuelle Dienste verrichtet. Ja, sehr gerne! Ob ich noch ein bisschen kuscheln möchte, fragt er. Ist das Spiel jetzt aus? Ja, es ist aus für heute. Nein, kuscheln das nächste Mal, ich fahre lieber heim, es ist schon spät. Ich sinniere noch, dass ich vom Sklaven gern ganz ausführlich geleckt werden würde und dass zugleich meine Muschi sanft gedehnt werden soll. Das kann ja ich machen, wendet er ein. Ja, natürlich, er ist ja der Herr und ich merke, dass meine Wünsche gut bei ihm ankommen. Nun ja, mit lecken und ficken war heute leider nichts, wegen meiner Menstruation. Was solls, geil wars! Er begleitet mich zur Tür, wir erfreuen uns gemeinsam an den zwei prallen Früchten auf seinem Zitronenbaum im Vorraum und wir verabschieden uns herzlich.

Etwas später bedanken wir uns gegenseitig – es war wieder sehr schön heute, er sieht noch sehr viel Potenzial. Lesson learned! Er redet von Vertrauen und meint, dass ich mich seinem Willen hingeben soll. Für mich hat das nichts mit Vertrauen zu tun – was ist Vertrauen? Wenn man nichts oder wenig weiß, muss man vertrauen. Wenn man alles weiß, ist Vertrauen nicht nötig. Aber darum geht's auch gar nicht, sondern um Hingabe. Das ist die Übung für mich. Ich werde mich im sexuellen Gehorsam üben, vielleicht kann ich dadurch meine Hingabefähigkeit ausbauen.

12. April

In der Früh whatsappe ich ihm:»Guten Morgen! Habe mit dem Halsband geschlafen, das war schön ;-)« Er:»Guten Morgen! Wie fühlst du dich heute?« Ich:»Es geht mir sehr gut, fühle mich glücklich.« Er antwortet mit einem Daumen-hoch-Emoji. Gestern war es sehr aufregend mit mir, meint er. Ja, das war es, schreib ich, und:»Habe ich das richtig verstanden, dass wir uns heute eher nicht sehen? Wann können wir uns vor Ostern noch sehen?« Er:»Das kann ich dir heute noch nicht sagen. Muss erst abwarten, wie sich das mit meinem Sohn entwickelt. Würde gerne gleich heute wieder spielen!« Ich:»Ok, wann?« Wir telefonieren – er kann heute leider nicht, es gibt eine krisenhafte Situation mit Ex und Sohn, das muss er beobachten und Feuerwehr spielen. Ja, kein Problem, wir haben ja alle Zeit der Welt.

Später schreibe ich:»Habe gerade an dich gedacht, in meiner Muschi spüre ich noch die Lust von gestern, fühlt sich gut an …« Er:»Freut mich sehr, dass du noch geil bist.« Und später:»Morgen wäre eine SM Party in C (Stadt). Ist das zu früh für dich? Nur zuschauen.« Ich:»Ja, zu früh, außerdem habe ich noch meine Tage. Wir können uns aber gerne bei dir treffen, hast du morgen Abend Zeit? Oder Sonntag?« Wir finden nicht gleich einen guten Zeitpunkt, er zögert; schließlich schreibt er, dass wir uns morgen sehen können, und: »Ich entscheide dann, ob wir uns in die Öffentlichkeit wagen.« Ich: »Ja, ok.«

13. April

Am Vormittag schreibt *Costar*, dass sein Sohn bzw. seine Exfrau Probleme machen, er muss Feuerwehr spielen und kann nicht sagen, ob wir uns am Abend sehen können. Am frühen Nachmittag telefonieren wir – er kann am Abend vermutlich nicht, er muss wegen seiner familiären Eskalation auf Abruf bereit sein. Leider kann er auch für morgen nichts versprechen, man müsste abwarten, wie sich das entwickelt. Es stehen Feiertage bevor, das verschärft die Spannungen im nicht trauten Heim. Ja, da kann man nichts machen – wir haben ja alle Zeit der Welt. Aber am späten Nachmittag oder Abend gehe ich vielleicht mit einer Freundin was trinken, sie hat vorsichtig angefragt. Ja, das soll ich machen, meint er, ich soll nicht auch noch von seinen Troubles betroffen sein.

Im Lauf des Tages schicke ich ihm Bilder von meinen Brustwarzen, umklammert von einem schwarzen Draht und schreibe dazu, dass ich das den ganzen Nachmittag trage. Das gefällt ihm (Emoji Daumen hoch). Am Abend schreibt er, dass er wieder zu Hause ist, aber auf Abruf, die familiäre Stimmung ist furchtbar. Später schicke ich weiter Bilder (eines von meinen Beinen mit Netzstrümpfen, 4 Bilder mit Klammern an meinen inneren Schamlippen bzw. am Kitzler, 2 Bilder mit diesen Klammern beim Pinkeln). Er: »Du bist soooo geil!« Ich: »Da ich nicht weiß, wann wir uns wieder sehen, muss ich keine 24 h Regel einhalten ;-) Ich habe mir einen mittelgroßen Dildo in die Muschi gesteckt und mit dem Massagestab die Muschi stimuliert, während die Klammern noch drauf waren. Bin ganz intensiv gekommen …« Er: (3 Emojis Daumen hoch) »Wolltest du dich nicht mit einer Freundin treffen?« Ich: »Ja, war am späten Nachmittag einen Sprung dort. Ist bei deinem

Sohn alles ok?« Er ist sich nicht sicher, sein Sohn kommt heute vielleicht noch zu ihm – sehr kompliziert das alles. Wir verbleiben so, dass wir uns möglichst morgen sehen sollten, je nachdem, ob er allein ist.

14. April

Bald ist Ostern, das heißt auch, dass der Frühling endgültig da ist. Das dürften langweilige Feiertage werden, ich werde *Costar* heute wahrscheinlich nicht sehen können. Wir whatsappen uns, was wir machen, was wir kochen, fernsehen, Hausarbeit. Am frühen Nachmittag rufe ich ihn an – wie das jetzt mit heute Abend aussieht? Wobei eine innere Stimme sagt, dass ich nichts dagegen hätte, wenn es morgen oder übermorgen Abend wäre. Ich habe gemerkt, dass ich lange Erholungszeiten brauche, auch wenn ich eine Session mit mir allein mache, was ja fast jeden zweiten Tag vorkommt. Ist ziemlich ausgiebig, so eine heftige Session, da hat man fast die ganze Woche was davon. Sein Sohn war bei ihm, ist aber wieder weg – gut, dass meine Kinder schon länger aus dem Haus sind, ihre Pubertät war fürchterlich. Aber das hat die Natur so haben wollen; die Pubertät ist dafür da, dass man sich als Mutter oder Vater daran gewöhnt, dass einen das Kind bald verlassen wird. Und dass man gewarnt wird, dass man nicht an der Kindheit des Kindes festhalten sollte, und an der eigenen auch nicht. Diesen schmerzhaften Prozess machen wohl alle Eltern mit, die irgendetwas richtig gemacht haben. Er ist heute total geschafft, hat geschlafen, wollte Sport machen, aber war zu müde – ja, ich auch, ist wohl auch das Wetter. Wir sind uns einig, dass wir uns heute nicht mehr sehen, dafür am kommenden Mittwoch, wieder bei ihm um 19 Uhr, mit 24 Stunden Keuschhaltung. Gut, einverstanden. Weil wir sollten uns mindestens ein Mal die Woche sehen bitte, das wäre ihm sehr wichtig. Ja, gerne! Ciao, Bussi!

Ich versuche Abstand zu gewinnen von diesen intensiven Erfahrungen, damit ich wieder klar denken kann. Ich sollte zumindest sonst immer die Kontrolle haben, und diese gewinne ich durch Reflexion. Ich denke, also bin ich ... Aha, so ist das also, das mit dem BDSM. Ich habe meine dritte Session hinter mir – es geht mir viel zu schnell und zugleich kommt mir alles schon sehr normal vor. Als wenn ich nur eine Zeitlang pausiert hätte. Eigenartig paradox. Wie soll ich das bloß morgen meiner Therapeutin erklären? Ich war schon ein paar Wochen nicht mehr dort, und da ist viel passiert – ich habe entdeckt, dass ich masochistisch bin und Schmerzen geil finde. Und dass ich beginne, eine sexuelle Identität zu entwickeln, die mit unabsehbaren Ereignissen verbunden sind, die wieder etwas mit mir machen ...?

Das Arrangement, die Spielanordnung und seine Befehlsmethodik waren mir zunächst noch fremd, werden aber immer vertrauter. Aber das, was im Spiel passiert, hatte von vornherein etwas zutiefst Vertrautes, vielleicht, weil es etwas sehr Vertrauliches ist. Und wenn man so viel Intimität auf einmal herzeigt, hergibt, dann entsteht auch Vertrauen. Oder besser gesagt Wissen. Er hat praktisch schon alles von mir gesehen. Vertrautheit entsteht auch, weil er mir beim Überschreiten der Schamgrenzen behilflich ist bzw. mich beim Experiment Luststeigerung fördert. Und Vertrautheit entsteht auch, weil die Spielregeln gut zu funktionieren beginnen. Das letzte Mal war das schon ganz gut, besser als beim zweiten Mal. Da geht es einerseits um die Dynamik von Befehl und Gehorsam; grundsätzlich bin ich ja eher ein loyaler, treuer Mensch. Ich kann gut geführt werden (weil ich auch gut führen kann). Na ja, kann ich das? Das wäre die Frage für dieses Experiment – inwieweit kann ich mich seinem Willen unterordnen, sodass es mir zur Luststeigerung verhilft? Die Grenzziehung zwischen Sklavin und Sub haben wir schon mal ganz gut hinbekommen, das ist eine ganz wichtige Voraussetzung. Ich bin nur eine zeitliche Leihgabe, sozusagen. Und? Wie geht's mir damit? Es erregt mich, wenn er mir Anweisungen gibt, mal mehr, mal weniger. Sein Spiel mit meinem Körper ist experimentell und sorgfältig, mit dem nötigen Gespür und der nötigen Schamlosigkeit.

Andererseits geht's auch um das Erleben, empfinden und spüren, und um Gefühle – alles Dinge, die schwer begrifflich fassbar sind. Das betrifft die Körperebene, auf dieser Ebene findet die Hauptkommunikation statt. Mein Körper bekommt eine neue Funktion bzw. eine Rollenerweiterung als Frau; er ist der Forschungs- und Lerngegenstand für die Erprobung von Grenzüberschreitungen und Luststeigerungen. Bin gespannt, welche Ergebnisse dieses Forschungsprojekt liefert. Besonders interessant finde ich, wie diese Dialektik der Luststeigerung funktioniert – ich bin nackt, er beobachtet. Beobachtet er, weil ich nackt bin oder bin ich nackt, weil er beobachtet? Schlägt er mich, weil ich schreie oder schreie ich, weil er mich schlägt? Wir schaukeln uns hier gegenseitig hoch, ich weiß immer besser, auf welche Schmerzensäußerungen er immer besser reagiert. Ja, das hat er wirklich gut gemacht. Obwohl ich menstruiert habe. Ist schon krass das alles. Ich fühle mich beobachtet, also mein Körper, aber dadurch auch ich – ich werde beobachtet, gesehen, bemerkt, bewundert, begehrt und befriedigt.

Ja, der Körper – was der jetzt alles kann! Ich entwickle ein neues Verhältnis zu ihm. Eigentlich sollte es SIE heißen – mein Körper, da ist alles weiblich. Er spricht zu mir und sagt eigenartige Dinge. Also irgendwie verselbstständigen sich meine Körperaktivitäten, besonders die sexuellen. Beispielsweise werden die Brustwarzen plötzlich ganz hart und fühlen sich angenehm erregt an. Mitten am Tag, auch bei der Arbeit, manchmal mehrmals am Tag. Ich genieße das – sie erinnern sich bzw. mich an die letzten Klemmen und an die Lust, die damit verbunden war. Oder ich sitze vor dem Computer, schreibend, und mein Kitzler und meine Schamlippen beginnen zu zucken. Wenn es möglich ist, befriedige ich mich entweder spontan oder hebe dieses Gefühl für später am Abend auf. Selbstbefriedigung ist vielleicht auch ein Überbleibsel aus meiner

Trennungsphase, da habe ich zur Selbsttröstung sehr oft masturbiert, und es hat kurzfristig geholfen. Aber ich habe mich daran gewöhnt und es hat sich ein Rhythmus ergeben in den letzten Monaten – derzeit also mindestens ein Mal am Tag. Zumindest zum Einschlafen. Das hat sich meine Körperin am Ende des Tages verdient.

Immer, wenn ich pinkle, muss ich an meinen Herrn denken – wie es wäre, wenn er mich jetzt beobachten würde? Oder wenn ich in der Stadt bin und andere Leute um mich herum sind, dann stelle ich mir vor, dass ich unten nackt bin und gerade im Auftrag meines Herrn unterwegs. Mein biologisches Trägersystem macht also sonderbare Dinge, die mir zunehmend Spaß machen. Die Körperfunktionen bekommen einen anderen, neuen Rahmen und eine neue Bedeutung; sie sind nicht mehr biologisch begründet, sondern sexuell. Man pinkelt dann nicht mehr, um Urin auszuscheiden, sondern um Spaß daran zu haben, und auch daran, dass andere Spaß daran haben. So ähnlich könnte das gehen, das mit der Hingabe … Vielleicht habe ich das nächste Mal einen Orgasmus, das wäre das nächste Level in der Hingabeübung. Aber ich denke, dass ich mir noch Zeit lassen möchte; ich möchte besser wissen, wie das mit den Schmerzen ist, mein Körper braucht hier noch etwas Eingewöhnungszeit. Man muss ja auch das Genießen lernen. Oder besser gesagt verlernen. Einfach alles abgeben, die Empfindungen des Körpers bergen eine tiefere Wahrhaftigkeit als jede Wahrheit der Vernunft. Diese Grenzüberschreitung im Lustschmerz ist eine transzendente Erfahrung, für die ich den Körper benötige, er ist Mittel und Zweck zugleich. Und das nicht nur für mich, sondern auch für ihn. Er ermöglicht es letztlich, dass ich mich neu erfahre. Das DANKE am Ende einer Session passt daher gut, man soll sich beim Universum immer bedanken für eine geglückte Körperlichkeit.

Die Rollen sind also angelegt in dieser Herr-Sub-Dialektik. Die Pilotphase ist sehr positiv verlaufen, jetzt kommt die Phase des

Normings, jetzt werden die Spielregeln verfeinert und weiterentwickelt. Die Lustschmerzen und Schamgrenzenüberschreitungen auch. Es ist seltsam, ich spüre eine zunehmende Bindung zu ihm. Ich mag ihn, lasse ihn an mich heran, in einem radikalen Sinn. Ich mag es, was er tut und wie er es tut, er hat sich mir bis jetzt gut als Lehrmeister vermittelt. Ich könnte nicht sagen, dass ich in ihn verliebt bin, aber ich bin vielleicht verliebt in das, was er tut. Sein BDSM Umgang mit mir fasziniert mich. Ich spüre mich auf einmal ganz anders und merke, dass es auch insgesamt etwas mit mir macht.

Jede Frau, die sexuelle Gewaltphantasien hat, sollte sie ausprobieren! Denn so ein Versäumnis ist niemals vor den Enkelkindern zu rechtfertigen. Ja, ich denke wirklich, dass man etwas versäumt, wenn man sexuelle Bedürfnisse und Phantasien nicht auslebt oder nur zum Teil. Wozu diese Verschwendung? Es ist ja seltsam, dass die meisten Menschen in Partnerschaften die Zeit totschlagen und altern, schon lange keinen guten Sex mehr gehabt habend, und trotzdem an der Idee festhalten, dass das jetzt so sein muss, dieser Mann oder diese Frau muss es sein. Warum verkrampft man sich so in diese Vorstellung, dass man verheiratet sein sollte oder zumindest in einer Partnerschaft, jedenfalls in einer Beziehung? Damit man nicht allein ist. Das ist meines Erachtens kein zureichender Grund. Die Zweierbeziehung zwischen Mann und Frau ist biologisch gesehen ein Projekt auf Zeit, aber die ewige Partnerschaft ist ein Projekt der Moderne, entsprungen aus der romantischen Idee von Liebe. Wieso enden wohl alle Liebesfilme mit einer Hochzeit? Was kommt dann, danach? Das wird uns nicht gezeigt, weil es keiner sehen will. Im besten Fall hat man mit der Zeit eine wohlwollende Gleichgültigkeit dem Partner gegenüber entwickelt, im schlechtesten Fall ist die Beziehung vergiftet, man psychoterrorisiert sich. Wozu? Und was macht der Körper in der Zwischenzeit? Er ist dem Verfall ausgesetzt ... Man kann ja alles unter einem sexuellen Gesichtspunkt betrachten. Den Körper, die Liebe, die Partnerschaft, aber auch alles andere auf der Welt –

man kann alles sexualisieren. So, wie wir es von Freud gelernt haben. Man kann das alles aber auch verdrängen und nicht existieren lassen. Oder man kann alles unter dem Gesichtspunkt bzw. unter der Erwartung der Liebe betrachten. Eine Beziehung soll dann mehr den Liebeszweck erfüllen, weniger den sexuellen? Aber die Liebe ist vergänglich – wissen wir ja spätestens seit Precht, dass es ein unordentliches Gefühl ist – und zumeist unerfüllt. Vor allem die körperlichen Bedürfnisse bleiben unerfüllt. Was ist dann also erstrebenswerter – eine große Liebe mit nicht funktionierender Partnerschaft oder eine liebevolle sexuelle Partnerschaft mit BDSM Vereinbarung?

Eine mögliche Antwort auf diese Frage erschloss sich mir kürzlich unverhofft an einem verregneten Tag: Der Film – 50 Shades of Grey – ist ein Schmarrn, da war ich mir einig mit der kokett gekleideten, etwa gleichaltrigen Verkäuferin im Sexshop, die beim Stiefelschuhe anprobieren behilflich war. Sie fand ihn fürchterlich, ihr Mann hat das Buch gelesen und war durchaus angetan, aber der Film – eine Katastrophe! Ja, stimme ich ihr zu, wie kann man nur eine solche Thematik in einen amerikanischen kitschigen Liebesfilm hineinzwängen, das ist das vollkommen falsche Filmgenre, und überhaupt die Story – sie verliebt sich in ihn und kann aber keine Beziehung aufbauen, weil mit ihm etwas nicht stimmt. Oh mein Gott, das ist total dramatisch, weil ihre Liebe so groß ist, dass er ja seine Perversionen überwinden könnte, oder jedenfalls erwartet sie das, weil er ja so schön und erfolgreich ist. Und wie soll das enden? Ja, mit einer Hochzeit, und dann wird sie ihn geheilt haben, mit ihrer grenzenlosen Liebe. Und er wird endlich das Glück einer schlecht funktionierenden Partnerschaft erleben dürfen, genau wie sie auch.

15. April

Am Nachmittag sitze ich bei meiner Therapeutin, ich sage gleich zu Beginn, dass sehr viel passiert ist in der letzten Zeit, wir haben uns einige Wochen nicht gesehen; viel passiert nicht nur hinsichtlich Trennung, sondern dass ich auch jemanden kennen gelernt habe. Aber schön der Reihe nach, zuerst die Trennung – was da noch alles war und wie das noch wirkt und was ich damit mache. Etwas Altes wird abgeschlossen, etwas Neues beginnt. Ich erzähle, dass jetzt ein ganz neues Thema da ist, mein Masochismus! Ich habe jemanden kennen gelernt, der hat mir eine Art Erweckungserlebnis beschert. Ich bin fasziniert und schockiert – dass ich so masochistisch bin! Dass ich es mag, wenn ich »bespielt« werde. Das klingt besser, als »benutzt« werden. Wie auch immer man es nennt, es beschert außergewöhnliche und ekstatische Lusterlebnisse. Sie hört aufmerksam zu, fragt hin und wieder nach. Sie versteht gut, worum es da geht. Ich bin bei ihr in sehr guten Händen, ich kann ihr alles erzählen. Sie wertet nicht, hört zu und hilft beim Sortieren.

Am Abend telefoniere ich mit meinem Herrn, er wollte sich spontan heute treffen, hatte er geschrieben. Vereinbart war der nächste Tag, nicht heute. Heute mag ich nicht mehr, das erkläre ich ihm so, dass er möglichst nicht enttäuscht ist. Und dass wir uns ohnehin am nächsten Tag treffen. Ach ja, da fällt ihm ein, dass er ja an diesem Abend Sport hat (also Sport schauen im TV), und ob es doch am Mittwoch auch gehen würde. Er ist zwar unterwegs im benachbarten Bundesland, aber da müsste er rechtzeitig wieder da sein. Ja, bei mir geht das, bin ohnehin beruflich in seiner Nähe und auch zeitlich so getaktet, dass ein Treffen um 19 Uhr an diesem Abend gut passt. Ja, fein, also Mittwoch um die übliche Zeit.

16. April

Am Vormittag fragt *Costar* nach, ob wir nun für heute oder morgen unser Treffen fixiert hätten. Na morgen, weil er heute ja Sport hat, schreibe ich. Und dass ich morgen ohnehin in seiner Gegend bin und mit meinem Job auch zeitgerecht fertig. Er ist zwar auf seiner Geschäftsreise, aber mit dem Auto unterwegs, sodass er zeitgerecht da sein kann. Gut, also morgen 19 Uhr.

17. April

Es ist einiges zu tun heute, ich muss meine Spielsachen und das Outfit mitnehmen. Gegen Mittag schreibe ich:»Bleibt es bei 19 Uhr? Bist dann schon da? Ich kann Anweisungen bis 15.30 entgegennehmen, danach bin ich unterwegs.« Mitte Nachmittag antwortet er:»Ich schaffe es nicht bis 19 Uhr. Bin noch in Y [Bundesland] und habe noch einen Termin.« Ich:»Später? Oder ein anderes Mal?« Er:»20 Uhr schaffe ich.« Ich:»Ok. Bin schon unterwegs, habe die Stiefel mit und einen Catsuit.« Er: Emoji Daumen hoch. Mein Job ist anstrengend, zum Glück bin ich kurz nach 18 Uhr fertig. Ich kann noch etwas trinken gehen oder eine Kleinigkeit essen vielleicht, ich fahre zu einem kleinen Wanderpark und gehe spazieren. Kurz vor 19 Uhr schreibt er, dass er es erst um 20.30 Uhr schaffen wird.»Sorry, bin gerade noch in C [Bundesland].« Ich:»Kannst du telefonieren?« Ich stehe jetzt mit meinem Auto auf einem Parkplatz, bin eine Runde gefahren, gehe noch eine Runde spazieren. Ob das heute noch was wird? Ich möchte nicht warten – bis 20.30, dann wird es vielleicht auch noch 21 Uhr …? Wir telefonieren kurz, er ist mit dem Auto unterwegs und nicht allein. Dies berücksichtigend halte ich mich sehr knapp, ich sage, dass mir das zu spät ist. Ok, wir verschieben unseren Termin, sagt er kurz angebunden.

Ich fahre nach Hause und bin irgendwie platt. Einerseits froh, dass das heute nichts geworden ist, ich war ohnehin ein wenig geschafft von der Arbeit. Andererseits bin ich verärgert. Da versetzt er mich einfach! Jetzt sehen wir uns einige Tage nicht, Ostern steht vor der Tür und er wird mit seinem Sohn wegfahren. Er hätte wissen können, dass es heute knapp wird, ist ja nicht das erste Mal, dass er in diese Stadt fährt. Da kommt er immer spät am Abend zurück. Ich verstehe es nicht. Und dann kommt noch ein alter Ärger dazu: Fehlende Verbindlichkeit war ein Trennungsgrund bei meiner vorigen Beziehung. Man hat etwas ausgemacht und dann nicht eingehalten. Und vorher nicht rechtzeitig gesagt, dass es nichts wird. Und hinterher hat er so getan, als hätten wir nie etwas vereinbart. Und warum ich mich dann so aufrege, immer diese Vorwürfe! So, aber das ist vorbei, ich habe mich gelöst. Nie wieder die sogenannten Vorwürfe. Nein, mache ich nicht. Auch keinem anderen. Also Altes abgeschlossen. Und dann kommt es beim neuen Mann wieder daher! Das Alte! Ich werde wieder versetzt! Was will mir das Universum damit sagen? Dass ich eine bin, die man einfach so versetzen kann? Nein, das möchte ich nicht sein, nie wieder – eine Frau, die man bestellt und dann nicht kommt. Das geht nicht.

18. April

Wie üblich whatsappen wir uns einen guten Morgen, dann aber den ganzen Tag nichts mehr. Erst am Abend schreibt er, will wissen wie es mir geht. Bei ihm ist es stressig, er herrscht Krieg zwischen seinem Sohn und seiner Mutter, sagt er. Er beklagt sich, dass seine Ex seinem Sohn gegenüber viel zu kontrollierend sei. Später telefonieren wir kurz; er redet von seinen familiären Turbulenzen und dass er mit seinem Sohn wegfahren wird und so weiter. Aha, Familiendienst, d. h. wir sehen uns an den Feiertagen sicher nicht.

Es ist Gründonnerstag, es steht ein langes Wochenende vor der Tür. Ich werde diese kostbare Zeit allein und mit Freundinnen verbringen, rausgehen, wandern, lesen und faulenzen. Meine Muschi fühlt sich nicht gut an heute, offenbar habe ich eine leichte Scheidenentzündung. Einen unangenehmen Ausfluss. Das verheißt nichts Gutes. Immer dann, wenn Entzündungen aufgetreten sind, war das ein untrügliches Zeichen, dass etwas nicht stimmte. Die Muschi sagt mir damit, dass dieser Schwanz nicht mehr rein soll, er bringt Unglück. Also Ausfluss. Ja, das war diese Kränkung, da bekommt die Muschi einen Schleim. Ich will das wieder in Ordnung bringen, das Scheidenklima beruhigen und ausgleichen, sodass sie wieder funktioniert. Ich will auch mich wieder in Ordnung bringen, den Ärger weg bringen und weiter funktionieren. Aber wie jetzt? Mit wem? Mit meinem Herrn, zu dem ich zunehmendes Misstrauen aufbaue? Er schiebt mich da herum, so wie er es gerade brauchen kann. Und ich lass mich herumschieben? Dann fällt mir ein, dass wir auch vereinbart hatten, dass wir unsere Aktivitäten im Forum einstellen und nicht mehr weiter suchen, weil ich ja jetzt seine Sub bin. Ist so vereinbart. Und ich wollte auch wirklich mein Profil löschen, aber das ging nicht, technisch habe ich das nicht hinbekommen. Die Funktion »Profil löschen« gibt es nicht, man kann sich nur »abmelden« (dann ist für andere keine Aktivität sichtbar). Ich hatte ihn gefragt, wie man das macht, und ob er das auch schon gemacht hat (wie vereinbart) – nein, hat er noch nicht, wird er aber.

Mit meinem Ärger liege ich auf der Couch an diesem grünen Donnerstag und bin erdrückt. Ich will da raus. Ob er wirklich nicht mehr im Forum aktiv ist? Das möchte ich jetzt wissen. Rasch ist ein neues Profil angelegt.

Virtuelles Forum: *Devotina,* registriert am 18. 4.

Profil Informationen

Ort: X
Land: Y
Bundesland: YY
Postleitzahl: XX
Geschlecht: weiblich
Sexuelle Ausrichtung: hetero
Kontaktsuche: Suche keine Kontakte
Suche Kontakt zu: Männern
Sexuelle Vorlieben: Analsex; Bondage; Gang Bang; Harter
Sex; Kuschelsex; Oralsex; Outdoorsex; Sextoys; Sperma
schlucken; Swingerclubbesuch
Fetisch & SM Vorlieben: Devot sein; Lack, Leder, Latex;
Spanking; Rollenspiele; Fesselspiele; Gynuntersuchung;
Sexuelle Tabus: Kaviar, Blut

Suche erfahrenen Herrn über 45, mit BDSM Erfahrungen.
Wichtig sind Verlässlichkeit, Erfahrung, Diskretion.

Ich füge einen sogenannten Avatar hinzu, ein Profilbild; ein
selbst gezeichnetes Bild, das eine Frau mit verbundenen
Augen, nach hinten fixierten Armen und gespreizten Beinen zeigt; rechts daneben ein roter Phallus mit einem ange-
deuteten Körper; schwarzer bzw. dunkler Hintergrund.

Dieses Mal habe ich eine andere Postleitzahl genommen und bei
Größe und Gewicht etwas geschwindelt. Tja, eine neue Identität
braucht neue Maße. Das Profilbild habe ich selbst gezeichnet,
weil ich kein geeignetes im Internet gefunden habe. Ich wollte

auffallen, und das ist mit diesem Bild auch gelungen – sehr, sehr viele Zuschriften. Die meisten werden entfernt. Meine Zeit verschwende ich nicht mit sinnlosem Gequatsche mit den immergeilen Hengsten aus den anderen Bundesländern, nein, ich sortiere die Profile nach Männern in meiner Umgebung mit eindeutigen BDSM Merkmalen. Finde ich auch so einige und »folge« ihnen bzw. schreibe sie an. »Folgen« bedeutet nur, dass der andere weiß, dass man ihm folgt, und das scheint in seinem Profil auf. Also je mehr Follower, desto beliebter und interessanter. Zumindest hat es diesen Anschein. Ich folge dieser Handvoll BDSM Profilen, natürlich folge ich als *Devotina* auch meinem Herrn, *Sir Costar*. Und siehe da – sein Profil ist noch da und er ist offenbar auch aktiv …

Na dann – schaue ich auch mal, was da sonst noch so rumläuft. Ich bleibe bei Profilen hängen, die mich sehr ansprechen. Die Bilder sind hier oft aussagekräftig. Wenn jemand ein anonymes Bild hat von einem Herrn im Anzug ohne Kopf, mit einem gespannten Seil in den Händen, dann signalisiert das Seriosität, Diskretion und Konsequenz. Dunkle Bilder, mit einschlägigen Symbolen wie Ketten, Peitschen oder Fesseln sind in der Regel verlässliche Hinweise, dass es hier um echtes BDSM geht. Wenn es kein Bild gibt, bin ich skeptisch – entweder ich habe eine sexuelle Identität oder nicht, das sieht man an einem Bild. Bei den Männern sollte das so sein, bei mir selbst sehe ich das nicht so. Die *Mariaimhimmel* hat kein Bild – keinen »Avatar«, die *Devotina* hingegen schon. Sie ist frivoler und hemmungsloser als die heilige Maria.

19. April

Costar und ich schreiben uns hin und wieder, er verbringt diese Tage mit seinem Sohn; sie arbeiten im Garten, gehen laufen oder machen irgendeinen Männerkram.

Ich bin als *Devotina* im Forum beim schmökern und schreiben, hin und her gerissen zwischen Sehnsüchten und Phantasien und Ängsten und Befürchtungen. Und so vielen vielleicht interessanten oder verrückten Männern – da soll sich noch einer auskennen! Ich antworte auf einige Zuschriften und verliere den Überblick. Wer wollte jetzt was? Wie soll ich reagieren? Dann kommt mir auch noch die beschissene Scheidenentzündung dazwischen – ich kann bzw. will nicht ficken, wenn das Scheidenklima aus der Balance ist. Ich mag dann überhaupt keinen Kontakt mit einem Mann. Oder mit *Costar*. Hm, was relativiert einen Mann? Ein anderer Mann. Vielleicht ist der andere besser, wer weiß? Pfff, nur nicht auseinanderfallen, sondern fokussiert bleiben! Die Flut an Zuschriften erdrückt mich. Die meisten Typen ohne Bild sind sowieso uninteressant, unerfahren oder notgeil, werden sofort gelöscht. Mit der Zeit findet man schnell heraus, wer ein richtiger Dom ist und wer nicht. Einige von den Echten schreibe ich an, die meisten antworten mit unterschiedlicher Reaktionszeit. Dort und da ergeben sich nette Unterhaltungen, aber auch krasses Zeug – es gibt welche, die sich als Dom ausgeben, aber sie können es wohl kaum erwarten und möchten jetzt sofort ein spontanes Treffen. Einer hat angefangen, mich zu beschimpfen, weil ich zunächst einem Treffen zugesagt hatte, dann wieder abgesagt. Dieser Typ wurde zunehmend aufdringlich und da hab ich Schiss bekommen, und habe eben abgesagt mit einer Ausrede. Und dann wurde er aggressiv, ich wurde auch von anderen angeschrieben (in seinem Auftrag) und beschimpft, dass ich zuerst locke, und dann versetze – fürchterlich. Habe alles gelöscht, auch deren Einträge auf meiner Pinnwand. Tja, Idioten gibt's halt auch. Blöderweise habe ich diesem Trottel Fotos geschickt, ohne Gesicht zwar, aber trotzdem – die können auf einmal irgendwo im Netz auftauchen.

Man lernt aus solchen Blödheiten. Ich bin vorsichtiger geworden, schicke keine Fotos mehr, verberge meinen Wohnort, aber ich sage klar, was ich will. Meine Aufmerksamkeit richtet sich auf einen jungen Mann (36); er antwortet auf meine »Anfrage« hinsichtlich seiner Erfahrungswerte mit jugendlicher Leichtigkeit und mit Betonung seiner einschlägigen Erfahrungen. Er wirkt sympathisch. Aber auch andere wirken sympathisch oder geheimnisvoll oder sonstwie anziehend. Z. B. ein anderer junger Mann (36), *Dark Mark*; in seinem Profil behauptet er, dass er schon die Ehre hatte, mehrere Subs auszubilden. Aha? In diesem Alter? Na ja, denke ich, wenn er Erfahrung hat, könnte man ihn testen? Ich sage ihm bereits zu Beginn, dass ich einen Mann ab Mitte 40 suche, aber er überzeugt mich mit guten Argumenten, und dass man sich ja einmal treffen könnte, dann könnte man alles genauer besprechen und schauen, ob es passt. Wir befragen uns gegenseitig über Vorlieben und Tabus – er ist hier sehr sorgfältig, er erhebt die relevanten Daten mit einer technischen Gründlichkeit. Er ist 190, 95, »normale Figur« schreibt er, braune Augen, braune Haare, Single; er arbeitet als Techniker bzw. Teamleiter in einem Konzern. Das klingt alles sehr gut – ein junger Mann mit Erfahrung und mit dieser Größe, der ist bestimmt auch schwanzmäßig gut bestückt. Wir vereinbaren ein unverbindliches Treffen für den 24. am Nachmittag.

20. April

Es ist ein Familienfeiertag – *Costar* macht Programm mit seinem Sohn. Am Abend schreibt er, dass er heute geträumt hätte, dass wir nackt baden waren und auf meinem Arsch waren noch die Spuren des letzten Spiels zu sehen. Es macht ihn echt an, wenn andere wahrnehmen, dass ich unter seinem Befehl stehe. So ein Dominanzbedürfnis ist etwas Seltsames. Ich antworte, dass man tatsächlich noch Spuren vom letzten Spiel sehen kann, was er nicht glauben will. Ich schicke ihm ein Bild von meinem Arsch mit Resten von Striemen. Seine Reaktion – Daumen-hoch-Emoji.

Also, wie soll ich das jetzt machen? Ich möchte *Costar* loswerden und mir einen neuen Dom suchen, der verbindlicher ist und öfter einen Steifen hat. *Costar* war ein guter Lehrmeister, er hat mich eingeschult, aber er hält nicht, was er verspricht. Seinen Schwanz muss ich meistens aufblasen, das ist auf Dauer frustrierend. Ich will einen apriori-steifen Schwanz erleben, das ist das beste Kompliment, das ein Mann einer Frau machen kann. Ein unmittelbares Feedback, das ebenso unmittelbar den Selbstwert steigert. Beim jungen Mann erhoffe ich mir so ein Feedback. Und er geht das Ganze mit einem logisch-technischen Zugang an, das reizt mich. Nur keine Familiengeschichten oder Beziehungsgeschichten oder andere Dinge, denen man schwer anhaftet. Das wünsche ich mir – ein Spiel im abgetrennten Rahmen, ohne Behelligung mit alltäglichen Nöten. Ob sein Sohn kompliziert ist oder nicht – was geht mich das an? Ich befasse den anderen auch nicht mit meinen Nöten. Das ganze normale Leben um den Sex herum hat ohnehin jeder, und daher stellt man den Ausnahmezustand her, indem man den Alltag verlässt und auf die Insel spielen geht. Das könnte mit dem jungen Mann besser funktionieren, hoffe ich.

22. April (vierte Session mit *Sir Costar*)

Costar und ich schreiben uns gelegentlich, u.a. von der Phantasie, dass wir beim Erotiksee (ein See, geographisch zwischen uns gelegen, von dem man sagt, er sei für nackt Badende, für Schwule und Swinger) nackt in der Sonne liegen und ich müsste ihn eincremen … Zufällig bin ich mit einer Freundin unterwegs zu diesem See, zum wandern und reden. Sie hatte auch vor kurzem eine Trennung, war 17 Jahre liiert – da hat man einiges zu erzählen. Am Nachmittag – wir sind schon auf dem Heimweg – schreibt er, ob ich noch mal zum See will, nein will ich nicht. Dann später bei ihm? Hätte ich nicht erwartet, dass sich doch ein Treffen ergibt. Aber gut, warum nicht. Gleiche Uhrzeit, nur diesmal soll ich selber aussuchen, was ich tragen möchte. Ich sage zu.

Ich trage einen schwarzen Ganzkörpercatsuit, im Schritt und bei den Titten offen. Wie üblich betrete ich um 19 Uhr sein Haus. Diesmal sind keine Pölster am Boden zum Knien, sondern nur ein Teppich, auch keine Kerzen. Ich bringe mich in Position – kniend und mit Halsband erwarte ich ihn, im Spiegel sehe ich meine Muschi. Bald kommt er um die Ecke, begrüßt und küsst mich. Ich werde nass. Unvermittelt steckt er mir seinen Schwanz in den Mund, packt mich bei den Haaren und bewegt meinen Kopf rhythmisch und hart gegen seine Lenden. Ich lutsche und sauge ihn … beim Brechreiz hört er auf. Er hilft mir auf und diesmal gehen wir gleich ins Wohnzimmer zur Lederliege – ich soll mich auf den Rücken legen. Er legt mir an den Händen und Beinen Fesseln an und fixiert mich mit einem Seil auf der Liege, sodass meine Beine weit gespreizt und meine Arme zur Seite bzw. nach hinten gestreckt sind. Ich kann mich nicht bewegen. Er zieht mir einen schwarzen Sack über den Kopf, ich kann nur mehr Umrisse erkennen. Er beginnt an und mit der Muschi zu spielen – zunächst eher sanft, mit Gerte und Hand, dann intensiver. Heute hätte er sich etwas Besonderes für mich ausgedacht, für meine Klit. Er geht weg und kommt wieder mit einem summenden Geräusch. Ein Vibrator? Plötzlich zuckt meine Klit – sie wird von einer elektrischen Zahnbürste ohne Bürste massiert. Der dünne vibrierende Metallstab massiert sanft mein Lustfleisch, zugleich massiert er mit einem anderen vibrierenden Ding meine Muschi äußerlich, dann wieder mit den Fingern, auch innen. Heute ist er sehr engagiert. Zwischendurch bekomme ich seinen Schwanz in den Mund gesteckt, wobei er meistens erst aufzublasen ist. Diesbezüglich bin ich immer noch ein bisschen unsicher – liegt es an mir? Sollte der Schwanz nicht viel öfter und dauerhafter steif sein? Wie auch immer. Durch den schwarzen Sack über dem Kopf sehe ich nicht viel, umso mehr spüre ich. Es fühlt sich überirdisch an. Mein Catsuit ist kuschelig auf der Haut, er verhüllt mich, lässt aber die Lustzonen frei zur Bespielung. Ich merke, wie er es genießt, über mich gebeugt oder neben mir auf mich herabschauend mich immer wieder in die Ekstase zu treiben.

Nach einer Weile bindet er mich los, befiehlt mir aufzustehen und mich nach vorne zu bücken, mit meinen Armen stütze ich mich auf der Liege ab; ich soll ihm meinen Arsch entgegenstrecken. Ich bekomme mit der Gerte ein paar hinten drauf. Ja, heute ist er wirklich engagiert und mithin auch etwas grob. Muss mehrmals »gelb«, ein paar Mal auch »rot« sagen. So, eine kurze Pause. Von wegen – er bemerkt einen versäumten Anruf seines Sohnes, da muss er jetzt zurückrufen. Der Sohn hat offenbar etwas bei ihm vergessen, das er ihm jetzt sofort vorbeibringen muss – dauert nur 10 Minuten, er ist gleich wieder da. Ich sage ja, ok, dann rauche ich in der Zwischenzeit einen Joint, während er eilig aus dem Haus springt. Nach einem gemütlichen, in eine Decke gewickelten Aufenthalt auf seiner Terrasse, gut entspannt, gehe ich zurück ins Wohnzimmer, lege mich auf die Couch und spreize weit meine Beine. Mein Vib für die Klit liegt griffbereit neben mir; ich beginne mich sanft zu massieren. Diese Lustwelle könnte stundenlang andauern; es fühlt sich zugleich heimelig und geil an.

Aus den 10 Minuten wird etwa eine halbe Stunde. Er kommt herein und findet mich so vor – auf der Couch liegend, mit weit gespreizten Beinen, während ich sanft meine Klit massiere. Er legt sich halb neben mich und übernimmt. Ich kann meine Arme wieder zur Seite bzw. nach hinten geben und passiv genießen. Ob ich diesen Vib auch schon in der Muschi drin gehabt habe, will er wissen. Der Vibrationskopf hat eine pilzförmige Form mit etwa 5 cm Durchmesser. Nein, drin hatte ich ihn noch nicht. Mehr und mehr massiert er jetzt den Eingang in meine Muschi und schiebt mir dann den vibrierenden Pilzkopf langsam hinein. Es geht nicht ganz leicht, es ist ein großes Ding. Aber er ist konsequent, bis er drin ist. Das Vibrieren ist eine schöne Massage – nach dem anfänglichen Schmerz wird es zunehmend geiler. Er lässt den Vib los, er steckt von selbst drin. Ich bekomme auch die Klit massiert, mit dem kleinen elektrischen Stab alias Zahnbürste. Es ist unglaublich – die zwei unterschiedlichen Vibrationen vereinigen sich zu einem eigenen Vibrationsfeuerwerk. Zwischendrin bekomme ich einen Klaps mit der Hand auf die Schamlippen und Klit – diese Schmerzen befeuern das Werk. Dann kümmert er sich um meinen Anus, auch hier bekomme ich einen kleinen Dildo hinein geschoben. Dann zieht er den Massagevib aus der Muschi, um mit seinen Fingern weiter zu machen. Der Vib kommt wieder an der Klit zum Einsatz; wie viele Finger es wohl schon sind? Es wird schmerzhafter, ich spüre seine Fingerknochen. Er will mit seiner Hand hinein. Es ist ein Lustkampf – mein Loch gegen seine starke Hand. Er lässt nicht locker … mit »gelb« stoppe ich ihn ab. Zwar nimmt er die Hand zurück, quält mich aber mit 4 Fingern weiter. Ich hebe ab … Ich kann zwischen Schmerz und Lust nicht mehr unterscheiden. Das äußert sich auch an meiner Lautstärke – ich schreie und wimmere und je lauter ich werde, desto engagierter wird er. Plötzlich packt er mich mit seinem Mund an der Klit, ich schreie noch lauter auf. Er leckt, saugt und beißt, während er seine Finger in der Muschi etwas bewegt. Ich bin gedehnt und zerfließe … mein Lustfleisch zuckt und vibriert – ich habe einen krassen intensiven Orgasmus. Einen schmerzhaften, aber extrem geilen Orgasmus. Ich schreie laut auf und bewege meine rechte Hand reflexartig zur Muschi, um ihn von der Klit weg zu schieben, aber er hindert mich daran. Nicht bewegen!, befiehlt er. Er hält mich fest – im Schmerz und in der Ekstase. Ich will loslassen, aber er ist noch in mir und lässt mich nicht los. Ich winde mich und schreie, und er steckt noch in mir fest. Keinen Zucker lässt er aus, den ganzen Orgasmus nimmt er sich. Schließlich lässt er von mir ab, er geht aus mir raus, ich kann mich entspannen. Ein gegenseitiges Danke, deutlich ausgesprochen, beendet die Session. Wie üblich ist die Verabschiedung kurz und herzlich.

23. April

Als *Devotina* treibe ich mich wieder im Forum herum, Ausschau haltend nach tollen Doms, die in der Gegenwart und in der Zukunft sind. Es sind zu viele, von denen man zu wenig weiß, oder zu viel – bin wieder maßlos überfordert. Wie soll ich das machen mit der Auswahl? Einfach Schritt für Schritt vorgehen: Man sollte nicht immer alles auf eine Karte setzen! Sich nicht binden bzw. nur so viel, wie es für ein Spiel nötig ist. Aber man sollte sich auf keinen Fall emotional abhängig machen (lassen), das ist ein fester Vorsatz. Ich muss selber die Kontrolle über diesen Suchprozess behalten. Und das geht so: mehrere Interessenten anschauen, schreiben, sich treffen, riechen, und dann weiß man mehr. Nur nicht auf die eigenen Sehnsuchtsfallen hereinfallen, immer vorsichtig und umsichtig bleiben. Ja, so könnte es gehen. So versuche ich mich aus meinen Verwirrungen zu bringen und Gelassenheit zu gewinnen. Sondierungsphase nenne ich diesen Zustand. Jetzt sondiere ich einmal, und trete dann in die Verhandlungen ein. So macht man das. Ich vereinbare weitere Treffen mit Männern, die in der Sondierung im Forum übrig bleiben, von denen ich denke, dass ich sie mir anschauen sollte.

Da wäre einmal *Latex Man*, der sich in seinem Profil als Dom präsentiert; er sucht eine »devote Frau für fantasievolle SM-Spiele«. Wir schreiben ein paar Mal hin und her, er wirkt offen und sympathisch, und er scheint seriös zu sein. Er ist 47, verheiratet und mag gern Latex. Bald sind wir uns einig, dass wir uns unverbindlich treffen werden. Und dann sticht auch ein gewisser *Poseidon* aus der Masse hervor, 46, 190, sportlich gebaut und nicht ganz Single, so schreibt er, aber er hätte eine eigene Wohnung. Auch er wirkt sympathisch und vor allem seriös, das ist das Wichtigste. Laut eigenen Beschreibungen dürften die beiden auch halbwegs gutaussehend sein, auch nicht unwesentlich. Ein weiteres Profil interessiert mich: *Dagnim*, Single, Anfang 40, er scheint eher ein echter Dom zu sein, ich schreibe ihn an; ob er Erfahrungen mit BDSM hat, falle ich mit der Tür ins Haus. Seine Antwort: Ja. Kann ich helfen? Wir beginnen uns zu schreiben. Ich beginne meine Sondierungskompetenzen zu schärfen, indem ich klare Kriterien entwickle. Es ist z. B. wichtig zu wissen, wie groß jemand ist. Nicht deswegen, weil man dann meint Rückschlüsse auf die Schwanzgröße zu ziehen, sondern weil es für mich für das Spiel wichtig ist, dass der Dom größer ist als ich. Nicht nur zwei Zentimeter, weil wenn ich die hohen Schuhe anhabe, bin wieder ich größer. Also die Größe. Auch der berufliche Hintergrund – er verrät etwas darüber, wie sehr jemand in der Rolle als Autorität geübt ist oder nicht. Ein einfacher Mitarbeiter hat im Leben wohl nicht oft die Möglichkeit zu führen bzw. zu dominieren, außer er ist narzisstisch bescheuert. Aber wenn jemand im Beruf Führungserfahrung hat, dann weist es zumindest darauf hin, dass er sich da auskennt. Er hat eine mentale Folie für diese Rolle. Und das ist das wichtigste Kriterium: Er soll ein richtiger, ein echter Dom sein. Kein unechter. Bei den beiden – *Latex Man* und *Poseidon* – bin ich nicht sicher, ob sie echt sind. Ich versuche das natürlich aus ihnen herauszuhören bzw. lesen; man merkt es ein wenig am Jargon, an der Sprache und den Wörtern, und an der Art und Weise, wie sie zu mir ein Verhältnis als Dom aufbauen. Werden zu Beginn Vorlieben und Tabus angesprochen, oder es wird von einer Liste geredet oder von einem Vertrag, dann ist das eine Domdiktion. Wenn hingegen irgendwie herumgeeiert wird, dann ist das eher ein Hinweis, dass die Domrolle nicht gut angelegt ist bzw. dass noch nicht viel Erfahrung da ist. Aber zur Sicherheit muss man mit diesen potenziellen Doms reden, live, spätestens dann kann man feststellen, ob Echtheit vorliegt.

24. April

Mit *Costar* schreibe ich gelegentlich, er hält mich über seine alltäglichen Nöte auf dem Laufenden. Wir hatten verabredet, dass wir uns am kommenden Wochenende treffen werden, sicher am Freitag, vielleicht auch am Samstag. Dann schreibt er, dass es am Samstag eine private SM Party in der nächstgrößeren Stadt gibt und dass er mit mir dort hin möchte, er meldet uns dort an. Ich zeige mich einverstanden, obwohl ich nicht weiß, ob ich das wirklich möchte.

Um 16.00 Uhr bin ich mit *Dark Mark* in einem Café verabredet – es ist hier übersichtlich, man findet sich leicht. Er hat geschrieben, dass er eine grüne Jacke anhat. Ich betrete das Café und finde ihn gleich. Ein sehr sympathischer junger Mann, groß gewachsen, gute Statur, aber eben jung. Er wirkt eher wie ein sanfter Bär, er strahlt nichts Strenges aus. Ganz anders als *Costar*, der ist irgendwie unnahbar und geheimnisvoll, aber dennoch mit seinem Charme sehr einnehmend und freundlich zugewandt. *Dark Mark* redet nicht viel, dadurch wirkt er schüchtern oder distanziert, ich kann es nicht einordnen. Ich spreche das auch an – dass ich mir noch nicht gut vorstellen kann, wie er als Dom ist. Aber immerhin reden wir ganz offen, das ist ein gutes Zeichen. Hinter dem sanften Bärchen kommt aber bald sein technischer Geist hervor, er will meine Vorlieben und Tabus wissen. Wir können nicht gut reden, weil zu viele Leute in der Umgebung sind. Als wir auf die Terrasse gehen zum Rauchen, wird er sehr viel deutlicher. Jetzt blitzt der Dom in ihm auf und es geht zur Sache. Aha, da steckt tatsächlich ein echter kleiner Dom in ihm. Er erzählt ein wenig von seinen Erfahrungen und seinem Werkzeugkasten und durchdringt mich währenddessen mit seinen lüsternen Blicken. Ich werde nass … Ich lasse ihn wissen, dass mir Offenheit und Diskretion sehr wichtig sind und dass ich mich – ehrlich gesagt – jetzt nicht festlegen möchte, ob wir uns wieder treffen oder nicht, weil ich noch in einer Sondierungsphase bin. Das soll er wissen, denke ich, Transparenz ist wichtig. Damit er sich keine falschen Erwartungen macht. Aber reizen würde er mich schon … Wir verabschieden uns und verbleiben unverbindlich.

25. April

Die Sondierung im Forum geht weiter – es macht Spaß, sich hier als *Devotina* herumzutreiben. Viele Zuschriften werden wieder ungelesen gelöscht; man erkennt oft am Nickname, ob es sich um einen Dom oder um einen fickbedürftigen 0815-Typen handelt.

Und siehe da – ein echter Dom schreibt mich an, *Sir Costar*! Ob ich ihm etwas über mich erzählen möchte … diesen Text kenne ich schon. Und abermals spricht er mich an, der Text, aber nicht mehr der Mann dahinter. Tja, ich lass ihn einmal glauben, dass ich eine seit 2 Jahren geschiedene, sexuell unterversorgte Angestellte bin, die gerne etwas Härteres hätte und sich als Sklavin erproben möchte. Ja, da kommt er in Fahrt …

Am frühen Nachmittag treffe ich *Latex Man* im Hinterhof eines Cafés in der Stadt. Mein erster Eindruck ist ernüchternd, er wirkt zwar grundsympathisch, ist aber eher mittelmäßig attraktiv. Wir gehen ins Café und unterhalten uns. Er hat ein Studium, arbeitet jetzt aber als Selbstständiger in einem anderen Bereich und hat daher auch manchmal Tagesfreizeit. Seine Frau ist orientierungslos, sie macht mal das eine und das andere, sie wüsste aber nicht wohin, und wegen der gemeinsamen Tochter ist er noch in dieser Partnerschaft. Aber er sei frustriert, weil seine Frau ihm kaum mehr Beachtung schenkt, er müsste sie immer zum Sex motivieren und vor allem teile sie seine Neigung nicht – er steht auf Latex. Er zeigt mir unzählige Bilder in einer Facebookgruppe, die er anonym betreut, und da gibt es Latex in allen Varianten und Farben, mehr Frauen als Männer, ganzkörperverhüllt oder nur teilweise … Ich zeige mich grundsätzlich interessiert, mache aber auch klar, dass ich nicht auf Latex stehe. Eher auf Nylon, Netz oder Lack. Er geht auch sehr gerne in Swingerclubs; ich teile dieses Interesse – ja, ein Clubbesuch würde mir gefallen. Mehrere beobachtende Männer, der eine oder andere auch aktiv … sehr reizvoll! Aber ich gehe sicher nicht in einen Club in meiner Stadt, da kennt mich bestimmt jemand. Also ausgeschlossen. Wir tauschen noch die eine oder andere Vorliebe aus und plaudern auch harmloses Zeug. Hm, vorstellen könnte ich es mir irgendwie schon – er ist seriös, diskret, weil verheiratet und er scheint einen großen Schwanz zu haben, wenn man seine Körpermaße in Relation zu seiner Nase setzt. Also für den Notfall würde ich wahrscheinlich nicht nein sagen, möchte mich jetzt aber nicht festlegen, das sage ich ihm auch. Ja, ist ja selbstverständlich, man beschnuppert sich unverbindlich, alles weitere ergibt sich oder auch nicht. Wir verabschieden uns.

Am späteren Nachmittag whatsappe ich mit *Costar*, ich sage ihm, dass ich für das Wochenende indisponiert bin, weil ich eine Scheidenentzündung habe. Was das genau ist, will er wissen. Ich erkläre es ihm; das Scheidenklima ist aus der Balance, es gibt einen unangenehmen Ausfluss. Ich kann und mag dann keinen Sex haben. Das wird ihn doch wohl abschrecken, hoffe ich. Aber er lässt nicht locker. Ich schicke ihm einen Link zu Wikipedia: Vaginose. Daraufhin antwortet er, dass mir ihm gegenüber nichts peinlich oder unangenehm sein darf. Darauf antworte ich nicht, ich werde wütend. Bis jetzt war ich verärgert, aber jetzt bin ich wütend: Es geht jetzt nicht um ihn, sondern um mich. Und ich will nicht, das ist zu akzeptieren. Offenbar kommt das auch bei ihm an, er akzeptiert mein Nein. Unausgesprochen wird das Treffen am Freitag und die Party am Samstag gecancelt.

Etwas erfreulicher läuft hingegen das Gespräch im Forum mit *Dagnim*, wir tauschen uns schon recht konkret über Vorlieben und Phantasien aus, er kennt auch schon den Inhalt meiner verbotenen Lade (Wäsche, Spielzeug …). Seine Eckdaten habe ich eruiert, sie passen, er hat meine auch. *Dagnim* ist ein Echter, aber er ist auch gesprächig und einfühlsam, ich erzähle ihm von meinem Erweckungserlebnis, aber dass ich keinen Kontakt mehr mit diesem Dom hätte und dass ich im Forum auf der Suche nach einem Partner für etwas Längerfristiges bin.

27. April

Am Nachmittag treffe ich *Poseidon* in einem Einkaufszentrum in einem Elektrofachshop, bei den CDs in der Abteilung hard&heavy. Zunächst sehe ich dort einen kleinen dicken Mann mit Glatze, mit Kopfhörern, das wird er wohl nicht sein? Nein, er hat ja geschrieben, dass er groß und eher blond ist. Ich schlendere an diesem Typen vorbei und biege um die Ecke, da läuft mir ein groß gewachsener, sportlich wirkender Mann entgegen und blinzelt mir zu. Ob ich einen Halbgott suche, fragt er schmunzelnd. Ja, schmunzle ich zurück. Ein freundlicher, aufgeschlossener Mann, groß und kräftig, sehr sympathisch. Wir kommen gut ins Gespräch, hüpfen aus dem Geschäft hinein ins nächste Café und unterhalten uns eilig, weil er gleich wieder weg muss. So was Blödes aber auch, weil er mich total sympathisch findet und sich alles mit mir vorstellen kann und dass er sich echt freut, dass ich so sympathisch bin. Seine Zugewandtheit sprudelt sportlich aus ihm heraus. Ja, ich freue mich auch, aber ich möchte mehr Fakten hören. Ich frage nach seinen Erfahrungen und da trumpft er auf, bleibt aber konkrete Antworten schuldig. Hm, das ist kein echter Dom, denke ich. Teilweise sind auch Widersprüche in seiner Selbstdarstellung, ich werde skeptisch. Aber eine Klärung ist jetzt nicht drin, er muss ja wieder weg. Wir verbleiben mit der Aussicht auf ein nächstes Treffen – ja, unbedingt möchte er mich wieder treffen und dann könnten wir was machen. Sportlich macht er sich auf und davon.

Die bisherige Sondierung hat ergeben, dass das Ausgangsmaterial nicht schlecht ist. Die Dates sind gut gelaufen, ich habe mir jeweils ein gutes Bild machen könnten. Es fällt mir nicht schwer, eine Auswahl zu treffen; im Vergleich gewinnt *Dark Marc* – er hat Echtheit gezeigt. Ich schreibe ihn an und will noch das eine und andere wissen, wobei wir bald ausmachen, dass wir uns wieder treffen und dann »schauen, was passiert«. Nicht am kommenden Wochenende, da hat er keine Zeit, aber am ersten Mai hat er Zeit. Gut, ich auch. Wir fixieren diesen Tag, 10.00 Uhr bei mir.

29. April

Das Wochenende war verregnet und traurig – immer, wenn es draußen regnet, bekomme ich Nachwehen zur Trennung. Aber sie werden immer weniger. Auch dieser Montag ist verregnet, es drückt von oben herab. Auch von innen drückt etwas – ich muss endlich reinen Tisch mit *Costar* machen. Ich drücke mich davor, weil es schon wieder eine Trennung ist. Aber wenn ich was Neues anfange, sollte ich das Alte fertig machen. Wir sind ja nach wie vor in Kontakt, per Whatsapp, und da habe ich mir bis jetzt nichts anmerken lassen. Wir telefonieren am Nachmittag, ich sage ihm, dass ich aussteige bzw. mich zurückziehe; die Vaginose ist nicht wegen dem Fisten, wie er vermutet hätte, nein, sondern sowas bekomme ich immer dann, wenn etwas in der Beziehung (die auch eine Affäre sein kann) nicht mehr stimmt, wenn da etwas aus der Balance kommt. Ein sicheres Anzeichen dafür, dass etwas nicht stimmt, und das, was nicht stimmt, kommt aus dem Fakt, dass er mich versetzt hat. Unmittelbar danach habe ich so eine Vaginose bekommen, erkläre ich ihm, die war eh bald wieder weg, aber jetzt ist sie wieder da und leider sehr viel hartnäckiger. Ich muss zur Gynäkologin, es wird wohl eine längerfristige Geschichte, und dass mich das eben belastet und dass ich deswegen keine Treffen mehr möchte. So, endlich ist es ausgesprochen. Ich bin klar und deutlich, er akzeptiert das auch. Ich schwäche am Ende noch ab, dass ich ja nicht sage, dass wir uns nie wieder sehen werden, aber derweil möchte ich eben keine Treffen. Gut, dann ist das so, ist seine Reaktion, er ist weder beleidigt noch vorwurfsvoll, sondern nimmt meine Trennungsworte mit Würde.

30. April

Latex Man schickt mir ein Foto von sich, sein Torso mit Latex-Short. Ich soll ihm auch ein Foto mit Latex schicken; ich antworte, dass ich – wie gesagt – nicht auf Latex stehe. In der

Zwischenzeit meldet sich auch der sportliche Halbgott *Poseidon*, er scheint es wirklich eilig zu haben. Unbedingt möchte er mich treffen und »was mit mir machen«. Abermals frage ich ihn, welche konkreten Vorlieben und Tabus er hat, aber da kommen von ihm teilweise diffuse Aussagen. Außerdem erwarte ich mir von ihm dieselbe Neugier – er müsste ja wissen wollen, wie ich sexuell ticke. Auf die Frage, ob er mir seine »Liste« zeigen könnte, antwortet er mit einer Gegenfrage nach meiner Liste, und da wird mir klar, dass er definitiv kein echter Dom ist. Ein echter übernimmt bald die Führung, ist dann sorgfältig im Abarbeiten der Vorlieben, Tabus, Rahmenbedingungen und organisatorischen Voraussetzungen. Er arbeitet sich fragend und forschend an seine Partnerin heran und testet aus, ob es ihr Spaß macht, devot zu sein. In der Kommunikation wird diesbezüglich der eine und andere Probeballon losgelassen, wenn z. B. angekündigt wird, was man als Sub oder Sklavin zu tun hat. Im gemeinsamen Gedankenspiel wird probegehandelt – er als Dom, ich als Sub. Man beginnt sich einzuschwingen in dieses einzigartige Machtverhältnis. Ein ganz sicheres Kriterium für die Echtheit der Domkompetenz hängt auch mit der Thematik der Bestrafung zusammen; die Strafe gehört zum Spiel – es soll das Fehlverhalten der Sub mit etwas Unangenehmen sanktioniert werden. Ein echter Dom möchte sehr bald wissen, welche Strafe gewünscht wird. Sowohl *Costar* als auch *Dark Marc* wollten frühzeitig wissen, wie ich es mir vorstelle, bestraft zu werden. Für *Latex Man* und *Poseidon* war dieses Thema völlig irrelevant.

Dagnim ist wieder am Schirm bzw. im Forum. Es macht Spaß, sich mit ihm zu unterhalten, ich rede ganz offen mit ihm, er ist ohnehin weit weg. Er hatte einmal angemerkt, dass er Anfang Juni wieder da sein würde und mich treffen wollte, aber das ist noch weit weg. Trotzdem oder gerade deswegen erhöht sich mein Interesse an ihm, vor allem als Gesprächspartner. Ich habe ja sonst niemanden, mit dem ich über all diese Dinge reden könnte. Laut Selbstbeschreibung dürfte er ein ansehnlicher Mann sein, treffen könnte man sich ja einmal, denke ich, unabhängig davon, ob ich dann einen Dom habe oder nicht. *Latex Man* werde ich sicher nicht treffen, weil unsere Interessen und Vorstellungen zu weit auseinander liegen. An *Poseidon* schreibe ich auch nicht mehr, er ist kein echter Dom und ich kann mir nicht vorstellen, irgendwas mit ihm zu machen.

1. Mai (erste Session mit *Dark Marc*)

Wenige Minuten vor 10.00 Uhr läutet es, ich mache auf. *Dark Marc* kommt mit einem Rucksack, aus dem er sein Spielzeug auspackt und auf den Tisch legt. Ich zeige ihm meine Lade mit meinen Sachen. Ich trage zunächst Hausschuhe, kündige aber an, später vielleicht die hohen Schuhe anzuziehen. Wir plaudern ein wenig, wobei er diesmal sehr viel präsenter wirkt als zuletzt im Café. Und er hat eine sehr laute Stimme, fast zu laut. Er demonstriert Dominanz, will mich wissen lassen, dass er jetzt der Dom sein könnte. Er packt eine Liste aus, eine A4 Seite mit einer Tabelle, wo schön übersichtlich in der obersten Zeile die Kategorien »Arten, Vorliebe, Tabu, Interesse, Erfahrung« angeführt sind, und links in der Spalte die Arten aufgelistet werden – »Lack, Leder, Latex; Augenbinde; Nylons; Spanking; Rollenspiele (gemeint ist SM Rollenspiel); Wachsspiele; Gyno; Atemkontrolle; Natursekt aktiv; Natursekt passiv; Leine; Gerte; Peitsche; Nippelklemmen; Nervenrad; Würgen; Ohrfeigen; Füße; Deepthroat; Schlucken; Sperma/Körper/Gesicht; Blasen mit oder ohne Gummi; Anal; Bondage; Fisting; Outdoor; Erniedrigung; Gangbang; MMF; MFF; Spucke; Küsse; Knebel; Zunge anal; Safeword.« Dann geht diese Spalte weiter in der Auflistung seiner Tabus: »Kaviar aktiv; Kaviar passiv; Blut; Bleibendes; Verbotenes; Nadeln; Einlauf; Katheter.« Ich soll diese Liste durchsehen und entsprechend ankreuzen, was ich bereitwillig mache.

Selbstverständlich trage ich schwarze halterlose Nylonstrümpfe, darüber einen sommerlichen Rock, darunter ein eng anliegendes Nylonkurzkleid, schwarzen Stringtanga, keinen BH. Eine kurze, halbärmelige Jacke, die im Wesentlichen die Titten verdeckt, aber auf das darunterliegende Nylon verweist. Er trinkt nur Wasser, keinen Kaffee. Alles ist sehr reduziert auf das mögliche Spiel, er wirkt distanziert, aber kompetent. Ich rauche zunächst einmal einen kleinen Joint, sage ihm aber auch, dass ich unsicher bin, ob oder nicht. Ja, es muss ja nicht sein, wie ich eben möchte. Ich schwanke und bleibe aber beim Pol des Spiels hängen. Ich sage, dass ich es probieren möchte und schlage vor, dass wir das so machen könnten, dass wir beginnen, wenn ich das Halsband anlege. Einen kurzen Wortwechsel später lege ich das Halsband an. Er versichert sich noch, ob das jetzt der Beginn ist, ich deute eine Zustimmung. Er weist mich an aufzustehen und den Rock auszuziehen. Dann das Oberteil. Ich folge. Er gibt mir die Maske, ich setze sie auf. Es ist kaum etwas zu sehen durch diesen Stoff; der Mund ist frei. Dann lässt er mich so stehen, ich halte schwer die Balance mit den hohen Schuhen. Es sind neue Schuhe, sehr elegant mit hohem schmalen Absatz. Er begutachtet meinen Körper, berührt mich dort und da. Seine Hände fühlen sich gut an, auch seine Größe. Er spielt mit den Titten, wird auch rasch intensiver und lässt mich erste Schmerzen spüren. Ich werde nass. Er kramt in seinen Spielsachen herum, holt etwas und bringt Fesseln, die ich mir an Händen und an den Fesseln anlege. Begutachtend meint er, dass der Tisch eine gute Höhe hat. Hm, also am Tisch. Er befiehlt wieder gerade zu stehen, spielt mit meinen Titten und weist an, mich auf den Boden zu knien. Er holt zwei Pölster von der Couch und legt sie mir unter die Knie – ja, so geht es besser. Ich soll seinen in ein Kondom eingepackten Schwanz blasen und ich tue das mit Leidenschaft. Mann, ist der prall, dieser Schwanz, sehr schön! Schmeckt nur nicht besonders der Gummi. Er redet wenig, ist sehr still, scheint es aber sehr zu genießen. Na, welcher Mann genießt es nicht, einen geblasen zu bekommen! Dann lässt er mich wieder aufstehen und legt mir die Nippelklemmen an. Es erregt mich, ich werde lauter. Er merkt, dass ich es genieße und er steigert ein wenig die Intensität. Ich soll mich zum Tisch drehen, mich vorneüber beugen und die Beine spreizen. Rasch ist er mit seinen Fingern bei und in meiner Muschi, die schon ganz nass ist. Ah, da freut sich jemand, kommentiert er. Er zieht meine Arschbacken auseinander, auch meine Schamlippen und begutachtet alles, mit den Augen und den Fingern. Er holt eine Gerte und bespielt mich damit, das macht er gut. Sorgfältig, aber er hält sich kurz. Nun soll ich mich auf den Rücken auf den Tisch legen und die Beine spreizen. Er bindet mit einem Seil meine Beine und Arme so, dass die Beine weit nach hinten gespreizt sind und die Arme an den Beinen bzw. an meinen Fesseln fixiert werden. Es spielt mit meiner Muschi, außen und innen, bearbeitet mich auch mit einer Peitsche, auch an den Brüsten und Oberschenkeln. Plötzlich schiebt er mir seinen prallen Schwanz in die Muschi und fickt mich gründlich. Wow, fühlt sich ziemlich gut an, hatte ich schon länger nicht mehr. So richtig gut gefickt werden. Aber er stoppt es, er geht zur nächsten Übung über.

Jetzt will er etwas testen, kündigt er an. Er streift sich Gummihandschuhe über und bespielt kurz meinen Anus, um mir sogleich einen Finger rein zu schieben, dann einen kleinen Dildo, dann wieder die Finger. So fingert er mich, begleitend nimmt er die Muschi noch dazu. Ich stöhne und winde mich … Und dann schiebt er mir wieder seinen Schwanz in meine Spalte, einen Finger noch im Arsch und fickt beide Löcher zugleich. Dann lässt er wieder davon ab, schiebt mich als Ganzes nach hinten, sodass mein Kopf etwas nach unten hängt. Ich bekomme seinen Schwanz in meinen Mund geschoben und blase ihn. Er wird zunehmend heftiger in seinen Bewegungen und als ich einen Würgereiz bekomme, bricht er ab. Wieder wendet er sich meiner Muschi zu, mit einer Gerte und mit der Hand, und dann wieder blasen … Dann zieht er mich wieder nach vorne, sodass er einen guten Zugang zu meinen Löchern findet und spielt abermals kurz daran herum. Dann bindet er mich los, setzt sich auf einen Stuhl und befiehlt mir, dass ich ihn blasen muss, bis er kommt. Diesmal soll ich meine Hände auch verwenden. Ich gebe mir die größte Mühe, denn das sollte nicht all zulange dauern. Nichts gegen blasen, aber besonders erregend finde ich es jetzt nicht. Außerdem hat er noch den Gummi drauf, das macht dann auch nur halb so viel Spaß. Er lässt mich machen ... und hält dann inne, mit dem Kommentar, dass er schon vorhin gekommen ist, aber er wollte es noch länger genießen. So, aus das Spiel. Rasch steckt er wieder in seinen Klamotten und ist bereit zum Absprung. Seine Spielsachen könne er ja da lassen, für das nächste Mal. Oder soll er sie doch mitnehmen? Nein, sage ich, er kann sie bei mir lassen, da sind sie gut aufgehoben. Wir verabschieden uns.

Am Nachmittag aktiviere ich mein zweites Alter Ego im Forum – *Mariaimhimmel*. Zunächst sind unzählige Zuschriften zu löschen, beim einen oder anderen ist das Profil anzuschauen, dann wird auch oft gelöscht, je nachdem. Einige wenige gibt es, mit denen sich die Unterhaltung gut entwickelt und teilweise auch prickelnd wird. Zwei Mitte 40 Jährige schreiben nicht so schlecht, da bleibe ich dran. Gemessen an meinen Kriterien dürften sie echte Doms sein; ich erfrage auch jeweils die Eckdaten, vor allem die Größe und den beruflichen Hintergrund, wobei einer der beiden diese Prüfung nicht besteht. Er scheint wenig oder keine Führungserfahrung zu haben und wird mir auch zu stürmisch. Sich treffen, bald oder jetzt, wann hast du Zeit etc. – hat das etwas mit mangelnder Selbstdisziplin zu tun? Der andere scheidet auch aus, ich weiß aber nicht mehr warum. Und da ist noch einer, der hervorsticht, auch er behauptet, eine Domkompetenz zu haben. Verdammt, so viele schon wieder. Wieder sondieren, auswählen, entscheiden. Der Stürmische scheidet aus. Aber der letzte Mitte 40 Jährige, *JohnSmith*, wird interessanter; er ist gebunden, möchte aber seine Neigung als Dom praktizieren und sucht eine Partnerin für eher was Dauerhaftes. Wir vereinbaren ein Treffen für den Abend des nächsten Tages. Hm, spannend, wie der wohl aussieht?

2. Mai

Um 21.00 Uhr sollte das Treffen mit *JohnSmith* stattfinden. Er hat meinen Vorschlag witzig gefunden, dass wir uns mitten in der Stadt beim Eingang einer Kirche treffen, uns dort kennen lernen könnten und dann, wenn wir wollen, was trinken gehen könnten. Um diese Zeit kann man sich schon in der Dunkelheit verstecken. Schön zurechtgemacht gehe ich zeitig los, um ein paar Minuten früher dort zu sein. Kurz vor dem Ziel werfe ich noch einen Blick ins Forum, ob er noch was geschrieben hat – ja, er würde sich verspäten. Etwa 20 Minuten, ok? Nein, denke ich, ist nicht ok. Ich drehe um und gehe nach Hause, schreibe ihm, dass ich wieder gehe, 20 Minuten warte ich nicht. Was zum Teufel ist das Problem, dass man sich die Zeit nicht so organisieren kann, dass man halbwegs pünktlich an einem Ort sein kann? Sind Männer Menschenaffen ohne Uhr? Ich fasse es nicht. Man kann kein Dom sein, wenn man nicht pünktlich sein kann. Das eine schließt das andere aus. Nein, zu blöd, das tut ihm jetzt aber echt leid, es ist wegen seiner Arbeit, wenn ich nur wüsste, was er tut, würde ich das verstehen, und er hat mich ohnehin zeitgerecht informiert, und wenn er nur meine Nummer gehabt hätte, dann hätte er angerufen, blabla. Ich liege schon wieder zu Hause auf der Couch und lasse mich nicht zu einem doch-noch-schnellen-Treffen bewegen. Dafür ist mein innerer Schelm zu stark – tja, wenn man andere versetzt, wird man selber versetzt. Das ist schicksalhaft. Irgendwie kommen wir in dieser Konfliktaustragung darauf zu sprechen, dass er Experte in einem bestimmten Fachgebiet ist, welches ähnlich zu meinem Fachgebiet ist, und wo ich studiert hätte etc. Plötzlich läuft mir ein kalter Schauer über den Rücken – der kennt mich! Verdammt, wer ist das? Er heißt Paul, ich kenne den einen oder anderen Paul … Und dann fällt es mir ein, der könnte es sein. In der Zwischenzeit hat er mir ein Whatsapp geschickt, ja klar, er hat ja meine Nummer. Ich hatte seine nicht mehr, ich hatte ihn gelöscht, weil ich ihn nicht leiden kann. Ein kleiner, zu kurz geratener Zeitgenosse mit einer stinkigen Ausstrahlung, ekelhaft. Ich mag solche Männer nicht. Oh mein Gott, und den hätte ich fast getroffen. Er fragt, ob ich enttäuscht bin – ja klar bin ich das. Er würde trotzdem gerne mit mir was trinken gehen, denn meine direkte Art hätte ihm immer schon gefallen. Das alles tut ihm leid und er betont noch mal, dass Diskretion ganz wichtig ist. Ja klar, er ist ja verheiratet und hat zwei kleine Kinder. Seine aufdringliche Art habe ich nie gemocht, auch jetzt nicht. Kurz und knapp beende ich die Kommunikation damit, dass wir es dabei belassen werden. Aus. Wieder was gelernt: Checken, ob man sich kennt und unbedingt die Körpergröße prüfen.

3. Mai

Bin im Forum auf meinen Streifzügen, abwechselnd als *Mariaimhimmel* und als *Devotina*. Vorwiegend sind die Nachrichten aufzuräumen, auszumisten und Ordnung zu schaffen. Als *Mariaimhimmel* unterhalte ich mich mit *Wwwscs*; er ist offenbar echt, erfüllt meine Kriterien und zeigt sich sehr interessiert; 184, 90, grünliche Augen und dunkle Haare, ein sportlicher Typ, macht Krafttraining, hat aber dennoch ein kleines Bäuchlein, sagt er. Ich auch, war meine Antwort. Er wirkt sehr nett. Ich erfahre, dass er Programmierer und Projektleiter in einer großen Firma ist, und dass er gebunden ist, sein einigen Jahren. Hm, klingt zumindest so interessant, dass ich ihn treffen möchte. Wir verabreden, dass wir am Nachmittag des nächsten Tages telefonieren werden und so in Ruhe über alles reden können.

Mit *Dark Marc* kommuniziere ich jetzt über kik, wir schreiben uns, dass es uns gefallen hat. Ja, hat mir im Wesentlichen gefallen, aber es hat mir die Zunge gefehlt. Er hat mich nur einmal kurz geküsst und gar nicht die Muschi geleckt. Das hat mich gewundert. Ich frage ihn, ob er oral immer so passiv ist und er bejaht das. Es sei nicht normal in einem SM Spiel, dass der Dom oral aktiv ist, behauptet er. Aha, seltsam. Ich antworte, dass das für mich aber das Wichtigste ist. Ich meine, gut, das Küssen muss ja nicht unbedingt sein, aber die Muschi nicht zu lecken geht aber gar nicht! Ob er das nur als Ausrede oder Vorwand verwendet, mich in Wirklichkeit aber nicht mehr treffen möchte? Wenn es für mich nicht zu 100% passt, dann müsste ich ihn nicht treffen, legt er mir nahe. Ja, er hat recht. Ich sage ab. Aber er hat ja noch seine Sachen bei mir – kein Problem, die kommt er einmal holen, wenn er beruflich in der Nähe ist.

4. Mai (Treffen mit *Wwwscs*)

Um 16.00 Uhr bin ich mit *Wwwscs* verabredet. Zunächst hatte ich vorgeschlagen, dass wir uns in einem Einkaufszentrum treffen, aber er machte einen anderen Vorschlag, den ich auch annehme, ohne Rückfrage. Ein Dom sollte letztlich bestimmen, und das tut er. Gut, dann am Parkplatz vor einem großen Park am Stadtrand. Mittlerweile bin ich eine geübte First Date Absolventin, ich gehe mit ganz niedrigen Erwartungen hin und mit wenig Illusionen oder gar Enttäuschungen wieder heraus. Ich stelle mein Auto ab und suche nach seinem Auto, schreibe ihm, dass ich ihn nicht sehe. Schließlich entdecke ich doch ein Auto, das seiner Beschreibung entspricht (mir ist mit Farbe und Form besser geholfen als mit einer Automarke). Der erste Eindruck ist ernüchternd, er ist mittelmäßig attraktiv, am liebsten möchte ich auf der Stelle umdrehen und wieder gehen. Flucht ist meistens die beste Lösung. Aber die Größe ist ok. Er bittet mich ins Auto einzusteigen, zumal es zu regnen beginnt. Nun sitze ich auf dem Beifahrersitz und wir reden. Schnell kommen wir auf den Punkt – er kennt sich aus. Meine Rückenlehne ist zu steil, ich möchte sie ein wenig nach hinten bewegen, es geht nicht und da ist er natürlich behilflich, lehnt sich halb über mich und versucht mir zu helfen. Ich spüre diesem vom Fitnessstudio geformten Körper mit Bäuchlein, ja, da ist was dran. Mir wird ganz heiß, ich beginne zu schwitzen. Bitte das Fenster auf und Kaugummi in den Mund …

Zunächst werden Interessen, Vorlieben und Tabus grob abgeklopft. Er kann mit einschlägigen Erfahrungen punkten und damit, dass er mir das Gefühl gibt, bei ihm in guten Händen zu sein. Es entsteht Offenheit und eine gute Erotikkommunikationsebene. Mir gefällt seine Art und Weise, wie er mit der Thematik BDSM umgeht, sehr respektvoll. Recht bald teilt er mir mit, dass ich ihm sehr gefalle und dass er mich sehr sympathisch findet. Hui, der geht ab wie eine Rakete.

Unser Gespräch wird immer interessanter, er wird immer interessanter. Unsere Phantasien überlappen sich weitgehend, ich benenne sie immer konkreter und werde immer geiler dabei. Die Sympathie steigt mit jedem neuen geilen Gedanken und ich spüre mehr und mehr Übereinstimmungen. Er ist ein bodenständiger Mann, vor allem kann er offenbar gut mit Fesseln und Peitsche umgehen. Er meint, wir hätten die gleiche Wellenlänge – ja, so fühlt es sich an. Ich springe an, wenn er etwas schildert, was er gemacht hat oder machen will oder was er sich mit mir vorstellt. Natürlich alles nur auf meinen Wunsch! Und diskret, das versteht sich von selbst. Und wie es wäre, wenn ich seine Sklavin wäre, wie er es anlegen würde … und ob ich mir vorstellen könnte, dass noch eine dritte Person mitspielt? Ja, grundsätzlich schon. Weil er kennt da jemanden, eine Sub, mit der er schon einmal gespielt hat, man könnte sie einbauen. Aber sie ist keine Frau, sondern ein Mann. Einer, der sich gern verweiblicht, sich feminisiert, und das macht ihn scharf. *Susi* heißt sie. Aha, ich bekomme ziemlich große Ohren. Also er ist bi? Ja, wobei er sie wie eine Sub behandelt. Sie ist auch bi bzw. eine Frau, mit entsprechendem Outfit, Perücke, Schuhe, geschminkt, alles … Voll bizarr, echt geil! Ob ich mir einmal sowas zu dritt vorstellen könnte? Natürlich kann ich. Wenn ich schwule Pornos sehe, erregt es mich mehr, als wenn ich lesbische Pornos sehe. Ja, Männern zuzusehen macht mich heiß, finde es sehr erregend. Er merkt, dass ich darauf abfahre und das gefällt ihm. Wieder eine coole Übereinstimmung. Mein Gott, in meinem Kopf geht das Kino ab …

Wir tauschen unsere Nummern aus, damit wir auf Whatsapp weiter kommunizieren können. Ja, da bleibe ich dran, den will ich haben. In dieser Subkultur dieser besonderen Menschen gilt die Norm, dass jede sexuelle Neigung, wie auch immer sie geartet ist, sakrosankt ist. Das ist etwas Heiliges. Das kann man weder diskutieren noch in Frage stellen oder anzweifeln. Er verleiht meinen Phantasien gewissermaßen einen hohen Status und eine hohe Würde, damit gibt er auch mir einen besonderen Stellenwert. Er zeigt sich mir gegenüber sehr dankbar, und sagt es auch; dass es sehr schwierig ist, so eine Frau wie mich zu finden, die intelligent und hübsch ist und mit der man so offen reden kann. Ja, es ist schwierig, was Gutes zu finden, aber das Schicksal meint es wohl gut mit mir. Die Zeit ist wie im Flug vergangen, wir kommen langsam zum Ende. Zwischendrin hat er einmal gefragt, ob ich gerne küsse – habe mich da eher verhalten gezeigt. In Wahrheit war ich aber sehr froh, dass er oral offenbar aktiv ist, und überhaupt – er leckt gern! Mariaimhimmel, ein Geschenk für dich! So, nun wird's aber Zeit, ich muss. Wie erwartet will er mich nicht nur auf die Wangen küssen, sondern streckt seinen Mund direkt zu meinem. Ich küsse ihn kurz. Aber dann richtig, unsere Zungen kämpfen und wir tauschen möglichst viel Spucke in möglichst kurzer Zeit. Ein wilder Lustkuss zum Abschied, das passt.

Wir kommunizieren weiter, auf Whatsapp, vertiefen unsere Phantasien, schmieden Pläne. Er hat seine *Susi* informiert, sie wird seine zweite Sub sein, weil er jetzt mir den Vorrang gibt. Sie steht in der Hierarchie unter mir und muss daher auch mir dienen. Er erzählt mir mehr von ihr, von ihren gemeinsamen Aktivitäten. Sie ist 52, verheiratet, Nobelrestaurantbesitzer. Er spielt mit ihr, wobei er ihr keine Schmerzen zufügt, sondern mehr mit Befehlen arbeitet. Es erregt mich, wenn ich mir vorstelle, zu dritt zu sein. Ich könnte ihr dann dabei behilflich sein, sie zu feminisieren, meint er. Geile Vorstellung. Ja, mache ich gerne. Ich bin schon sehr neugierig, sie angeblich auch auf mich. Mir wäre aber auch wichtig, schreibe ich ihm, dass wir uns zunächst nur zu zweit treffen, damit er sich in Ruhe mit mir beschäftigen kann. Ja klar, sie kommt dann später einmal dazu. Wir vereinbaren ein kurzes Treffen für den nächsten Tag um die Mittagszeit, wobei er mich anweist, dass ich ihn wortlos zu empfangen habe, dann wird er zuerst prüfen ob ich geil bin, und erst wenn er mich begrüßt hat, darf ich sprechen. Ich soll ihm Vorschläge machen, was ich anziehen werde – ich nenne ihm ein paar Varianten. Am Ende stellt er es mir frei, wie ich angezogen bin. Später fragt er, ob die *Susi* morgen auch dabei sein könnte, was ich ablehne. Nein, zuerst nur er. Aber dann gerne mit ihr! Ich bekomme noch ein paar Hinweise, wie die Begrüßung stattzufinden hat – grundsätzlich spreche ich ihn mit »Mein Herr« an und bitte ihn um etwas oder empfange Anweisungen mit der Antwort »ja mein Herr«. Die Begrüßung geschieht wortlos – ich darf erst sprechen, wenn er mir die Erlaubnis dazu gibt. Zuerst müsste ich mich vor ihn knien und seinen Schwanz auspacken und blasen – wie ich das konkret machen soll, kommt dann mit genauer Anweisung. Auch wird er mir vorher auftragen, was ich anziehen werde. Wir tauschen noch die eine und andere Phantasie aus; mir ist wichtig, dass er sehr genau weiß, was ich will. Da bin ich mittlerweile schamlos offen, ich sage das alles mit gefesselt werden, gefingert und gepeitscht werden, und dass es meine Muschi sanft und hart braucht, besonders die Klit. Das betone ich immer wieder, damit er sich gut auskennt.

Die *Susi* hat er schon zwei Mal gefickt, schreibt er, aber nur safe. Er selbst lässt sich nicht ficken von einer Sub! Sie ist seine Dienerin und muss ihm gehorchen. Unbedingt will sie sein Sperma schlucken, das durfte sie bislang noch nicht. Sie darf meist auch keine endgültige Befriedigung erhalten, sondern nur gehorchen und den Herrn befriedigen. Bestraft wird sie mit Sexentzug. Welche Art von Bestrafung ich haben möchte, will er wissen. Ich weiß es nicht genau, ich muss darüber noch nachdenken, aber er will eine Antwort haben. Hm, ich schlage figging vor – ich hab's selber an mir getestet, es fühlt sich eigentlich ganz gut an, aber bei heftiger Verwendung wäre es grenzwertig. Oder übers-Knielegen und am Arsch und an der Muschi kurz anständig versohlt werden, auch an den Titten. Das wäre auch eine Bestrafungsart. Aber wie auch alles andere muss sich das erst entwickeln, man muss den Prozess erst mal starten und dann schauen, wie es weitergeht … Meine sexuelle Energie ist gerade überschießend – ein wenig davon bekommt auch *Dagnim* ab; ich schicke ihm Fotos, einige von meiner Muschi von allen Seiten, ein Tittenfoto, Beine mit Strümpfen, überschlagen und gespreizt. Er freut sich sehr! Er will wissen, was ich tragen würde, wenn wir uns treffen würden und ich schreibe ihm einen halben Roman. Wir tauschen aus, wie wir es machen würden, und er will auch ganz genau wissen, wie bei mir der Orgasmus funktioniert, was ich ihm gerne detailreich beantworte.

5. Mai

Wwwscs und ich schreiben regelmäßig, ich freue mich, dass es so gut anläuft. Offenbar setzt er laut seinen Schilderungen gekonnt und viel seine Zunge ein, das ist gut. Mein Eindruck: Er ist ein SM-Handwerker in der Gestalt eines von Fitnessstudio durchtrainierten Muskelprotzes; er ist aber auch ein sensibler Frauenkenner und Verführer – diese Kombination ist selten. Dann hat er auch eine spitzbübische Art, ist zugleich aber total versaut und ein Wortakrobat im Dirtytalk. Er schreibt, dass ich es bestimmt geil finden würde, wenn ich gefesselt zuschauen müsste, wenn er die *Susi* fickt … Ja, fände das tatsächlich geil. Ich schreibe, dass mich 3er grundsätzlich reizen, aber eher MMF als MFF, woraufhin er antwortet, dass er es mir vielleicht gestatten würde, dass ich zwei Schwänze spüren darf, wenn ich ihm gehorche. Er will auch wissen, wie ich dann heiße – ich soll mir einen Namen für das Spiel ausdenken.

Hm, einen Namen? Wie möchte ich heißen als dauerläufige Nymphomanin? Hat dieser Teil von mir überhaupt etwas mit mir zu tun? Na ja, ganz verleugnen kann ich sie nun wirklich nicht, sie soll einen Namen bekommen. Ich höre in mich hinein – nur kurz – höre ich das etwas? Ja, es kommt *Babsi*. Ich schreibe ihm, dass ich so heißen möchte – er begrüßt mich und ordnet mir die Subrolle zu. Ich werde diese Woche noch eine richtige Reitgerte besorgen, und dass ich auch ein neues Halsband benötige, ein robustes… Ich bin schon voll in der Rolle; er gibt mir zu verstehen, dass ich ihn immer bitten muss, wenn ich etwas möchte, z. B. muss ich um ein Treffen bitten, und betteln. Dann macht er mich wieder heiß mit seinen Plänen, was er alles mit mir machen würde und was ich dann machen müsste, und ich gehorche. Und dass der Herr seiner Sub immer seinen Willen aufzwingt, das sei Teil des Spiels. Offenbar mag er es, wenn ich mich schwanz- und spermageil zeige. Und dass er mich nicht so schnell ficken wird, lässt er mich wissen. Was? Wieso nicht?, frage ich. Damit meine Geilheit gesteigert wird und ich ihn noch mehr begehre. Und dass ich ihm durch mein devotes Verhalten erst zeigen muss, dass ich seinen Schwanz verdient habe. Ficken ist eine Belohnung, die man sich erarbeiten muss. Aber die Ausbildung zur Sub wird Schritt für Schritt erfolgen, da hat er noch bizarre Sachen mit mir vor … Diese Schreiberei macht mich dauergeil – ich freue mich auf das Treffen am nächsten Tag.

6. Mai (erste Session mit *Wwwscs*)

Er kommt 15 Minuten früher als vereinbart – das macht nichts, ich war ohnehin 30 Minuten vorher schon startklar. Etwas aufgeregt drücke ich den Türöffner und warte gespannt bei der Tür, die ich einen kleinen Spalt öffne. Er kommt die Treppe herauf auf mich zu und sagt Hallo, ich sage auch Hallo. In diesem Moment dämmert es mir, dass ich ja nicht sprechen soll. Oje, ich sage nichts mehr. Er versucht es noch einmal mit einem Hallo, diesmal halte ich den Mund und schaue ihn nur an. Ich trage ein Kostüm, einen silbergrauen Rock und Jacke. Darunter einen schwarzen Catsuit, im Schritt offen, die neuen schwarzen High Heels. Er begutachtet mich von oben bis unten und wirkt entzückt. Dann weist er mich an, vor ihm zu knien, was ich widerspruchslos mache. Schon hat er seinen Schwanz ausgepackt und steckt ihn mir in den Mund. Was wir denn vereinbart hätten?, fragt er mit einem strengen Unterton. Hm? Wann darfst du sprechen? Ich sage gar nichts. Steh auf, befiehlt er und küsst mich leidenschaftlich. Jetzt darfst du sprechen, sagt er und ich sage Hallo. Er küsst mich abermals leidenschaftlich. Diesmal erfolgt das Küssen im versauten Modus, das klappt jetzt besser.

Wir kommen gut ins Gespräch, reden über Parkplatzsuche in der Stadt. Ich zeige ihm die Wohnung, zuerst das Esszimmer mit dem großen Tisch. Er kontrolliert meine Wäsche und prüft den Feuchtigkeitsgrad meiner Muschi, nicht ohne ein wenig daran zu spielen. Wohlwollend kommentiert er diesen Zustand und lässt wieder von mir ab. Wir gehen in den nächsten Raum, ins Schlafzimmer, da liegen ein paar Utensilien auf der Kommode – die Submaske, ein Seil und 4 Fesseln mit Verbindungsstück. Nachdem er diese begutachtet hat, gibt er mir einen leidenschaftlich intensiven Kuss und fasst mich fest an die Titten, er spielt, kneift, massiert und streichelt sie – das macht er verdammt gut. Er merkt, wie ich mich hingebe, wir genießen es. Seine Hände sind unglaublich. Wieder lässt er von mir ab und weist mich an, ihm den nächsten Raum zu zeigen. Also gehen wir ins Esszimmer, da liegen die Gerte und eine etwas kürzere Peitsche und das Halsband auf dem Tisch. Das Halsband! Er reicht es mir und fragt, warum ich es nicht trage. Ach ja, das Halsband! Wir hatten es aber nicht vereinbart. Na gut, dann diesmal keine Bestrafung. Ich lege es an und wieder fingert er mich, küsst mich, spielt mit meinen Titten. Mein Gott, mach es endlich fertig!, denke ich, dabei ist das erst der Anfang. Ob ich einen Strick oder Gurt hätte, will er wissen; nein, aber Schals hätte ich einige und hole einen. Damit bindet er meine Hände auf den Rücken und bearbeitet mich wieder kurz, und dann gehen wir ins Wohnzimmer. Er setzt sich auf die Couch und lässt mich wieder vor ihm knien. Er streckt mir seinen steifen Schwanz ins Gesicht, aber ich darf ihn noch nicht berühren. Zuerst nur küssen, befiehlt er. Ich küsse seine Eichel anstandslos. Sich Zeit lassend sagt er dann, dass ich ihn jetzt lecken darf, von oben bis unten. Und erst dann darf ich seine Eichel in den Mund nehmen. Ich beginne ihn zu blasen, bald habe ich den ganzen Schwanz im Mund, bis er ansteht. Ein tolles Gerät! Er schmeckt gut und ich bekomme ihn ziemlich weit rein. Das ist wohl die Feuertaufe in einem Spiel – man muss den Schwanz gut und hörig blasen, immer genau so, wie der Herr es will. Und dieser Herr will es – ziemlich lang. Er verlangt hier Ausdauer und Schluckbereitschaft. Aber er zieht ihn wieder heraus und weist mich an, mich auf die Couch zu setzen und die Beine so weit zu spreizen, wie ich das beim Selbermachen auch tue. Ich setze mich so hin, die Arme sind immer noch hinten zusammengebunden. Endlich! Ich entspanne mich ein wenig und genieße es, wie er mich mit Händen und Zunge begutachtet, prüft und spielt. Sein intensives Fingern verstärkt den ohnehin feuchten Einsatzbereich, sodass ich das Gefühl habe, dass ich zerrinne.

Mittlerweile ist er ausgezogen und meine Hände sind wieder frei. Er liegt auf der Couch und sagt, dass ich mich auf sein Gesicht setzen soll, aber nicht ganz, sondern mit kurzem Abstand. Auf Nachfrage ziehe ich die hohen Schuhe aus, die sind unpraktisch für solche Übungen; diese Stellung erinnert mich an Yoga – gut, da bin ich geübt. Ich knie über seinem Gesicht, er beginnt mit seiner Zunge an meiner Klit zu spielen und setzt fort auf das gesamte Lustfleisch. Das macht er sehr ausgiebig, sodass ich Mühe bekomme, in dieser Stellung zu bleiben – aber ich harre aus. Dann soll ich mich verkehrt auf ihn setzen, mit diesem Abstand und zugleich seinen Schwanz blasen – auch wieder sehr ausführlich. Schließlich wechseln wir wieder die Position, ich liege schräg auf der Couch, er halb stehend vor mir – nun soll ich ihn fertig blasen und schlucken. Ich bekomme ihn recht schnell, er spritzt ab, ich schlucke und lecke seinen Schwanz sauber. Und dann – endlich –

darf ich mich hinlegen, mit weit gespreizten Beinen. Jetzt erforscht er mich von oben bis unten, wobei er gut und intensiv mit meinen Titten spielt. Es fühlt sich galaktisch an, weil er mit der anderen Hand oft die Muschi zugleich bespielt. Er hat da eine eigene Tittenmassagetechnik, sodass es sich einerseits fest anfühlt, aber nicht schmerzhaft, und andererseits auch sanft und geschmeidig. Er macht das sehr leidenschaftlich und ausdauernd und das hilft mir, mich noch besser zu entspannen und zu genießen. Wir tauchen in eine andere Lustsphäre ein … und schmusen auch ziemlich viel. Ich habe einen trockenen Mund, weil er dauernd offen ist, er hingegen hat sehr viel Speichel, den er mir gibt. Das ist irgendwie grenzwertig, ich wehre mich und signalisiere, dass ich das nicht will, sage aber nicht »gelb« oder »rot«. Die Grenze zum Ekel ist fast erreicht, aber es überwiegt der Vorteil des Befeuchtetwerdens. Mit dem gleichen Enthusiasmus küsst er meine Muschi, leckt und saugt; das entschädigt die Speichelaktion. Ja, das kann er echt gut! Jetzt beginnt er seine Finger einzusetzen, in der Muschi; zunächst nur einen, dann zwei. Er freut sich, dass ich so nass bin. Dann nimmt er einen dritten Finger dazu, küsst mich und weist mich an, dass ich meinen Kitzler reiben soll. Andauernd flüstert er mir versaute Sachen ins Ohr – immer wieder kommt da auch die *Susi* vor; wie es wäre, wenn ich zuschauen müsste, wie mein Herr von ihr einen geblasen bekommt, während ich fixiert daneben liege und schmachte. Sein Dirtytalk ist zunächst irritierend, kann mich schwer konzentrieren, aber dann lasse ich mich darauf ein und stelle mir vor, wie die *Susi* sein Sperma schluckt – das will sie schon so lang! Jetzt hat er vier Finger und ich verstärke den Druck auf meine Klit. Das schmatzende Geräusch, das durch das Fingern entsteht, turnt mich zusätzlich an. Es ist ein wenig schmerzhaft, aber extrem lustvoll. Es dauert nicht lange, bis ich einen sehr intensiven Orgasmus bekomme.

Ich bedanke mich artig. Das Spiel ist beendet – sehr schön war das. Glücklich und erschöpft reden wir über weitere Aktionen und

Phantasien und geilen uns wieder auf. Er wollte mir seinen Schwanz ganz bewusst nicht geben, das soll etwas Besonderes werden, vielleicht beim nächsten Mal, gemeinsam mit der *Susi*? Ja, gern, aber ich möchte ihn trotzdem noch ein bisschen kennen lernen und allein mit ihm spielen. Aber wenn es passt, dann gerne zu dritt. Vielleicht auch mit einem männlichen Gehilfen, einem Lecksklaven? Oder auch eine zusätzliche weibliche Sub, die auch mich zu verwöhnen hat? Unzählige Varianten fallen uns ein. Er gefällt mir, hat viel Phantasie, ist diskret, aber versaut. Ich zeige ihm meine Zuneigung, umarme und küsse ihn und fasse seine kräftigen Arme und Schultern an. So ein kräftiger Kerl! Die Zeit ist schnell um – er muss wieder los. Gut, schön wars! Wir verabschieden uns.

8. Mai

In der Kommunikation mit *Wwwscs* bin ich schon gut eingeübt. Befehl – Gehorsam geht über Whatsapp ganz gut; er ist forsch, er will was. Ich soll mit *Susi* über ein Forum Kontakt aufnehmen, um ihr bei der Auswahl der Garderobe behilflich zu sein. Das klingt nach Arbeit … Er kündigt an, was er alles mit mir gedenkt zu tut und wir geilen uns gegenseitig auf. *Susi* küsst gut, schreibt er, aber ich dürfte sie nicht küssen. Mit allen Mitteln bringt er mich dazu, ihn zu bitten, ja ihn anzuflehen, dass ich endlich seinen Schwanz spüren darf, ganz tief drin … Denn es ist sein Ziel, mich zu einer schwanz- und spermageilen Sub zu erziehen. Das macht er mit viel Lob und Komplimenten. Aber ich könnte auch ganz normalen Kuschelsex mit ihm haben, wenn ich das wünsche. Ich soll ihn darum bitten, wenn ich ihn treffen möchte. Ich mache es so – ich bitte ihn um ein Treffen. Ja, am nächsten Tag hätte er am Abend Zeit, aber nur eine Stunde und er würde mich sicher nicht ficken! Warum nicht?, schreibe ich zurück. Wenig später ruft er an und erklärt, dass er das am Samstag machen möchte, wenn wir uns zu dritt – mit *Susi* – treffen. Ob das bei mir in der Wohnung gehen könnte? Ich bin einverstanden, ja, Samstag nachmittags geht's. Und morgen hat er nicht so lange Zeit; Anweisungen betreffend Outfit kommen noch per Whatsapp.

10. Mai (zweite Session mit *Wwwscs*)

Er hat mir freigestellt, was ich anziehen möchte, musste es ihm aber mitteilen; ein schwarzer Ganzkörperbody, im Schritt offen, hohe schwarze Schuhe, schwarzer enger kurzer Rock und schwarze Bluse mit viel Ausschnitt. Wir schreiben wieder, teilweise werden Fotos geschickt von neuen Spielsachen oder seinem Schwanz. Er denkt wohl, dass es mich erregt, wenn ich seinen Schwanz sehe, und in der Tat tu ich auch so, als wenn es so wäre. Er gibt mir genaue Vorgaben für das Treffen: Ich sitze korrekt adjustiert im Auto am Parkplatz vor einem großen Einkaufsmarkt am Stadtrand, er kommt zu mir ins Auto, auf dem Beifahrersitz liegt die kleine Gerte. Zur Begrüßung küsst er mich leidenschaftlich. Während wir ein wenig plaudern, prüft er, ob meine Spalte nass ist. Das ist sie, wir freuen uns gemeinsam. Dann fahren wir aus der Stadt raus auf eine nahe gelegene Anhöhe und parken bei einem einsamen Friedhof. Er setzt seine Prüfung fort, diesmal auch mit der Peitsche, die er an und zwischen meinen weit gespreizten Beinen erprobt. Ich werde noch nasser. Seine Küsse lindern diese Lustschmerzen; das Blasen bietet eine willkommene Pause zwischen den ekstatischen Eruptionen. Alles viel zu kurz, nur angedeutet. Keine Aussicht auf Befriedigung heute. Tja, ist wohl auch eine Erziehungsmaßnahme und ich kann sagen, dass sie wirkt. Ich will endlich gefickt werden, sage ihm das auch, mehrfach, was ihn ziemlich freut. Ja, morgen, das wird so geil, mit der *Susi* – er gibt eine Vorschau auf den Ablauf und die Regeln, die wir zum Großteil schon besprochen hatten. Aber nun ist die Zeit um, wir müssen zurück.

11. Mai (dritte Session mit *Wwwscs* und *Susi*)

Der ursprüngliche Zeitpunkt 16.00 Uhr wurde auf 14.00 Uhr vorverlegt, zum Glück komme ich zeitlich zurecht. Ich war noch einkaufen, hatte die Wohnung schön aufgeräumt, das mache ich nur, wenn Besuch kommt. Alles ist vorbereitet, ich bin in meinem Suboutfit, diesmal schon mit Halsband. Jetzt kommt er nur so viel zu früh, dass man es als pünktlich gelten lassen kann. Wir hatten vereinbart, dass wir uns normal begrüßen, da sind wir noch nicht im Spiel. Die Begrüßung ist herzlich und locker, aber auch gespannt – wie wird das wohl werden? Ich kenne die *Susi* nicht, ich weiß nur, dass sie ein Mann ist, über 50, nicht sehr groß, schöne Beine, hat Frauenkleider an inklusive Silikontitten und Perücke. Sie soll nicht sehr hübsch sein, hatte er erwähnt, aber sie bläst gut. Diskretion sei ihr auch sehr wichtig, als Bi-Mann mit devoten Neigungen hat man es ohnehin sehr schwer, gute Leute zu finden.

Von Anfang an stellt er sicher, dass ich nass werde, mit Andeutungen und kurzfristigen Spielzügen, immer so, dass ich mehr will. Aber ich bin auch aufgeregt, auch das macht mich nass. Er bittet mich, ihn zu blasen, immerhin spielen wir noch nicht, daher bittet er darum und ich erfülle ihm den Wunsch. Pünktlich läutet es an der Tür. Er geht ins Wohnzimmer, ich zur Tür und mache auf. Wenig später huscht eine kleine, halbverhüllte Gestalt durch die Tür herein. Ich schaue sie/ihn nicht an, das wurde mir verboten. Mit wenigen Worten leite ich sie ins Schlafzimmer, wo sie sich umziehen kann. Dann gehe ich zu meinem Herrn ins Wohnzimmer, knie mich vor ihm hin, packe seinen Schwanz aus und blase. Nach einer Weile höre ich Schritte ins Wohnzimmer – die *Susi* ist da. Er begrüßt sie, weist ihr an, dass sie her kommen soll, sich auf die Couch neben uns setzen und zuschauen soll. Er kommentiert meine Vorzüge – schau, wie sie das macht … Dann stoppt er ab, ich setze mich neben ihn. Jetzt stellt er uns vor und redet auf sie zu, auch auf mich, er ist freundlich und sanft und schafft eine erste

Verbindung. Er lässt mich auch ihre Silikontitten anfassen; sie sind natürlich sehr fest – kein Vergleich mit meinen echten. *Susi* ist wirklich keine hübsche Frau, sie wirkt fremdartig, wie ein Sex-Alien. Und sie riecht eigenartig. Mein Herr ist sichtlich erfreut und erregt, er lässt sich gleich wieder weiter blasen, diesmal von ihr. Ich beobachte. Wie finde ich das? Es ist geil zu sehen, wie jemand erregt wird und Lust empfindet. Abwechselnd blasen wir ihn, zuerst sitzt er noch, dann steht er auf und wir blasen ihn wieder abwechselnd, die eine nimmt den Schwanz, die andere leckt seine Eier. Wir sollen unsere Aufgeregtheit wegblasen – das gelingt nur halb. Ich merke, dass die *Susi* vorher offenbar was getrunken hat, sie hat eine leichte Fahne. Tja, die Aufregung …

Wir gehen ins Esszimmer, ich setze mich zum Tisch, die *Susi* muss unter den Tisch. Sie stößt sich den Kopf und mein Herr tröstet und streichelt sie. Ich räume am Tisch herum, wir plaudern ein wenig. Dann darf sich die *Susi* auch zu uns setzen. Zaghaft beginnen wir das Gespräch zu dritt, ich nehme vorsichtig Kontakt auf. Sie redet nicht viel, will nur schwarzen Kaffee und Wasser. Mein Herr – und auch ihr Herr – redet ununterbrochen, er redet beruhigend und aufgeilend auf uns ein. Ich genieße die Art und Weise, wie er uns zusammenführt und spiele da bereitwillig mit. Mal kommt er zu mir, spielt an mir, dann geht er zu ihr und spielt an ihr. *Susi* ist ziemlich angespannt, aber das ist mir egal, das muss mein Herr managen. Nach diesem Einstiegsgespräch geht das Spiel weiter; er weist uns an, ins Schlafzimmer zu gehen. Dort legt er sich auf das Bett, das gemeinsame Blasen wird fortgesetzt. Dann lässt er nur sie blasen, um mich zu küssen, während er mir von hinten die Muschi fingert. Immer wieder feuert er mich an – ob ich schon sehr scharf auf seinen Schwanz bin? Aber heute würde die *Susi* sein Sperma schlucken, das hätte er ihr versprochen, aber wenn ich brav bin, und das bin ich bis jetzt, wird er mich ficken. Ob ich seinen Schwanz haben will? Ja, verdammt! Jetzt fick mich endlich! Meine Lustfeuchtigkeit ist aber etwas zurück gegangen, es wird anstrengend, er lässt sich sehr viel Zeit … Dann weist er sie an, mit dem Blasen aufzuhören und sich neben das Bett zu knien, sodass sie uns gut sehen kann. Ich liege auf dem Rücken mit weit gespreizten Beinen. Er kommt über mich, hält noch kurz inne und schiebt mir dann seinen schönen prallen Schwanz in die Muschi – ganz tief. Und fickt mich heftig und leidenschaftlich. Endlich! Ich stöhne und wimmere, es fühlt sich unglaublich an. So ein ordentlicher Fick ist was Tolles! Bin mir aber in diesem Moment nicht sicher, ob ich nicht lieber allein mit ihm wäre. Wir ficken, bis er nicht mehr kann. Dann legt er sich neben mich und lässt sich seinen etwas angeweichten Schwanz wieder von der *Susi* aufblasen. Ich liege neben ihm, wir küssen uns und ich reibe auf Befehl meine Klit. Sein Sperma wird er aber doch mir geben, flüstert er mir ins Ohr; ich erwidere, dass es die *Susi* haben soll, hat er ihr ja versprochen. Gut, wir machen weiter. Die schmatzenden Blasgeräusche machen mich so scharf, dass ich bald komme, mit entsprechend lauten Äußerungen. Er ist noch nicht gekommen, er hält sich noch zurück. Ich soll zuschauen, wie er ihr in den Mund spritzt – wird gleich soweit sein. Einiges an Blasakrobatik später kommt er genüsslich in ihren Mund und spritzt ihr auch ins Gesicht. So, fertig.

Erschöpft gehen wir wieder ins Esszimmer. *Susi* bekommt einen Schluck Prosecco, der sie sichtlich entspannt. Es ergibt sich ein halbwegs flüssiges Gespräch, wir tauschen aus, wo wir uns jeweils gefunden und kennen gelernt haben; wir reden über die Arbeit und essen Torten und Kuchen. Nach etwa einer halben Stunde stellen wir fest, dass es Zeit ist zu gehen. Mein Herr meint, dass das jetzt ein interessantes Erlebnis war, dass wir es aber noch nachwirken lassen sollten. Mein Herr lobt noch einmal die Vorzüge von *Susi* und weist sie an, wie sie die Wohnung zu verlassen hat, nämlich quasi unsichtbar – ich will dich als Mann nicht sehen, sagt er. Sie verabschieden sich und sie geht ins Schlafzimmer, er ins Wohnzimmer. Die Türen mache ich jeweils so weit zu, dass sie sich gegenseitig nicht mehr sehen können. Ich beginne zusammen zu räumen und warte, bis sie fertig ist. Als undefinierbare Gestalt verschwindet sie so schnell aus der Wohnung, wie sie gekommen ist. Ich gehe wieder zu ihm ins Wohnzimmer, wir küssen und kuscheln noch ein wenig und besprechen das ganze kurz. Dass es für mich ungewöhnlich und auch anstrengend ist, wenn wir zu dritt sind, ich konnte mich nicht gut fallen lassen. Aber geil war's dennoch. Ihm hat es sehr gut gefallen. So, nun muss er aber auch los, kommende Woche hätte er nicht viel Zeit, aber wir werden ein kleines Zeitfenster finden.

12. Mai

Magst du eigentlich noch normalen Sex haben?, hat mich einmal einer aus dem Forum gefragt. Ich weiß es nicht. Im Moment kann ich mir alles und nichts vorstellen – dass ich mich unterwürfig benutzen lasse, aber auch, dass ich mich ein bisschen verliebe und versauten Sex habe, wo ich selber dominant bin. Vor allem kann ich mir vorstellen, von zwei Männern zugleich verwöhnt zu werden. Davon habe ich eine recht klare Vorstellung, aber gesamtheitlich gesehen bin ich emotional total durch den Wind. Daher kann ich auch meine Gedanken nicht richtig ordnen, und das ist mitunter ein unguter Zustand, dieses Aushalten von Unklarheit. Mir ist nicht klar, wie viel Beziehung bzw. Bindung ich haben möchte; da schwanke ich, einerseits will ich gebunden sein, andererseits will ich frei sein. Der vorläufige Kompromiss lautet, dass ich angebunden sein möchte, im Sinn von fixiert ... Mit *Dagnim* habe ich über diese Thematik geredet; ob es möglich ist, dass man beides gleichzeitig hat, eine SM Beziehung und eine normale partnerschaftliche Liebesbeziehung? Ich denke, dass das nicht geht, jedenfalls nicht mit einer Person. Liebes- und Sexualleben unter einen Hut bringen – vielleicht sollte man diesen Anspruch einfach aufgeben. Für den Moment brauche ich einen klaren Kopf und Geduld; damit habe ich es nicht so, bin eher schnell begeistert von etwas, dann aber auch schnell wieder von etwas anderem. So hat sich auch meine anfängliche Neugier hinsichtlich BDSM mittlerweile etwas abgeflacht, sie ist ernüchtert; aus Sehnsüchten ist Erfahrung geworden, die ich zum Teil nicht mehr wiederholen möchte. Dennoch bleibe ich dran, werde meine Experimente gezielt in die eine oder andere Richtung weiter verfolgen, vielleicht nicht mehr so engagiert, aber dafür umso gelassener hoffentlich.

Um sich das mal klar vor Augen zu halten, worum es geht: »Bondage«: Hörigkeit, Sklaverei, Knechtschaft, Unfreiheit, beengender Zwang, Fesselungsmanie, Gebundenheit, Gefangenschaft, Gewahrsam, Leibeigenschaft, Verpflichtung. Diese Wörter findet man, wenn man Bondage ins Deutsche übersetzt. Mittlerweile bin ich schon etwas schlauer geworden und habe meine eigene SM-Fibel erstellt:

Zunächst sind die Gesetzmäßigkeiten in der Befehl-Gehorsam-Dynamik zu beachten:
1. Zwang zur Information: Als Sub muss man vor einem Spiel sicherstellen, dass der Dom alles von der Sub weiß; alle Vorlieben, Tabus, Orgasmusmethode und generell der ganze Körper der Sub, den sollte der Dom gut kennen.
2. Zwang zur Bitte: Als Sub muss man dem Dom immer das Gefühl geben, dass man total bedürftig ist und dass man unbedingt (meistens) seinen Schwanz (oder einen anderen Teil von ihm) begehrt; man muss darum bitten und betteln, das erregt ihn und hilft ihm Dominanz zu gewinnen und aufrecht zu erhalten.
3. Befehle empfangen und ausführen: Befehle, Anweisungen oder Aufträge sind unverzüglich und widerspruchslos auszuführen. Die genaue Befolgung ehrt den Herrn und stellt seine Zufriedenheit sicher.
4. Bestraft werden: Wenn man einen Auftrag nicht oder nicht richtig ausgeführt hat, wird man bestraft (Bestrafungsmaßnahmen werden vorher vereinbart). Die Bestrafung soll so weh tun, dass es unangenehm ist, es soll aber nichts sein, was abso-

lut unverträglich ist. Sie ist eine unerwünschte, aber erlaubte Grenzüberschreitung.

5. Belohnt werden: Wenn man die Aufträge gut und richtig ausgeführt hat, wird man belohnt, verwöhnt, befriedigt. Auch wenn man bestraft wird, kann man trotzdem auch belohnt werden; beides kann sein, das hängt vom jeweiligen Verlauf ab.

Diese Gesetzmäßigkeiten basieren auf einer Grundhaltung, die ein beiderseitiges Rolleneinverständnis ermöglicht und als Prämisse für jedes Spiel gilt. Die Grundhaltung der Sub: kniend, alle Körperöffnungen zur Verfügung stellend.

Damit so ein Spiel gut in einem geschützten Rahmen stattfinden kann, müssen die Rahmenbedingungen stimmen:

Zeit: Spielen braucht eine klare zeitliche Begrenzung – auch das ist ein Gegenstand der gegenseitigen Vereinbarung. Wann, wie oft und wie ausführlich oder nicht darf/soll gespielt werden? Auch im Alltag mit Fernbefehlen? Das regt die Phantasie an, kann aber bald für die Bewältigung der täglichen Aufgaben hinderlich oder sogar lästig sein, habe ich festgestellt. Daher ist es absolut unumgänglich, die jeweilige Spielzeit gut vom normalen Leben abzugrenzen.

Ort: Je nach Vorliebe oder Strategie sollte der Ort gewählt werden. Da ist Kreativität gefragt! Ich habe das Glück, besuchbar zu sein, das haben viele nicht. Der Ort, der Raum, die Spielstätte sollte gepflegt und gemütlich sein, und vor allem sollte Ungestörtheit gewährleistet sein, außer man möchte sich stören oder beobachten lassen, dann sind eben hierfür entsprechende Orte zu wählen.

Inszenierung, Atmosphäre, Stimmung: kleine Häppchen zum Essen, eine kleine Auswahl an Getränken, gedämpftes Licht, angenehme Musik etc. gehören auch zu den Rahmenbedingungen. Der Hauptgang ist aber die Erotik und diese will gut inszeniert werden, mit schöner aufreizender oder nuttiger Wäsche und Schuhen/Stiefeln, Schmuck, Schminke etc. Das gesamte Outfit und wie es zur Schau gestellt wird, ist zugleich Rahmenbedingung und Gegenstand des Spiels. Der eine mag eher das Business-Outfit, der andere mehr etwas Sportlicheres, das kann eine breite Palette haben.

Was sind die Grundvoraussetzungen? Was muss gewährleistet sein, damit man an ein Spiel überhaupt denken kann? Die Grundvoraussetzung ist die Person Dom: Ist er geeignet und würdig, dass man sich ihm sexuell unterwirft? Für mich sind folgende Kriterien unbedingt relevant:

Körpergröße: auch Statur, Aussehen und Gesamtwirkung, die aber nur ab einer bestimmten Größe zur Geltung kommt; unter 180 cm funktioniert das sehr schwer.

Sozialer Status: Es ist ein Unterschied, ob jemand Bankdirektor oder einfacher Sachbearbeiter oder Hilfsarbeiter ist. Seriosität, Diskretion, die Wahrung der persönlichen Integrität und eine gewisse Reife im Umgang mit Andersartigkeit in der Sexualität hängen zwar nicht unbedingt damit zusammen, ob jemand studiert hat oder nicht, aber wenn jemand einen gewissen sozialen Status oder eine gute Position in der Firma hat, kann man davon ausgehen, dass er zumindest seriös und halbwegs niveauvoll ist. Ist aber jeweils im Einzelfall zu prüfen.

Oral aktiv: Das ist für mich hinsichtlich der sexuellen Vorlieben unverzichtbar. Wenn die Zunge nicht zum Einsatz kommt, dann ist das kein richtiges Spiel. Kein Geschlechtsverkehr wäre ok, aber keine Zunge ist nicht ok für mich. Oral muss er was drauf haben, ohne geht's einfach nicht. Das wäre so, als wenn man in die Kirche geht und nicht betet. Der Cunnilingus ist das Heilige an sich, da braucht es die totale Aufmerksamkeit inklusive Huldigung und Verehrung aller anderen Lustzonen, die aber nur dazu dienen, um letztlich zum Halleluja der geleckten Muschi zu kommen.

Single/gebunden: Die meisten Männer sind gebunden, verheiratet oder in einer Partnerschaft. Sie suchen das kurzfristige, prickelnde Abenteuer außerhalb ihrer Beziehung; solche Typen trachten vorwiegend danach, entweder schnell mal abzuspritzen oder – das ist noch häufiger – sich einen blasen zu lassen. Das kriegen die wenigsten zu Hause, wahrscheinlich auch deswegen, weil sie ihre Frauen auch nicht richtig lecken. Wenn jemand gebunden ist, dann ist man als seine Sub auch die Sklavin seines Zeitplans und muss sich immer hinten anstellen, hinter die familiären und sonstigen Pflichten. Der Vorteil ist jedoch, dass er nicht zu lästig werden kann, dafür fehlt ihm die Zeit. Ganz anders bei den ungebundenen Männern, da ist die Gefahr die, dass sie zu vereinnahmend oder aufdringlich werden, das bekommt dann schnell die Charakteristik des Zwangs im Alltag, wovon man sich dann mühsam distanzieren muss. Also Singles sind auf Abstand zu halten. Auch ist immer zu hinterfragen, warum jemand Single ist; es kann sein, dass er ein narzisstischer Trottel ist, mit dem es keine aushält. Hier ist Vorsicht geboten – ganz generell, auch bei den gebundenen, insbesondere hinsichtlich der Fähigkeit, von sich selbst abzusehen und ausschließlich auf die Lust der Partnerin einzugehen; darin zeigt sich die wahre Qualität eines Doms.

Ein bemerkenswertes Phänomen in diesem Zusammenhang ist die Geschwindigkeit im Besitzenwollen der Partnerin – der Dom will der einzige sein. Es kann nur einen geben, ein anderer Gott neben ihm wird nicht toleriert. Obwohl er selbst mit seiner Frau oder Partnerin oder auch sonstwo Sex hat, muss die Sub sich exklusiv nur dem einen Dom zur Verfügung stellen. Radikal zu Ende gedacht heißt das, dass die eigene Sexualität ausschließlich von einer Person, dem Dom, bestimmt wird; damit gibt es keine selbstbestimmte Sexualität mehr. Und das ist ein Problem. Ob oder wie es lösbar ist, weiß ich noch nicht. Es wird sich zeigen, wie das geht; grundsätzlich muss jede Dom-Sub-Beziehung das Spannungsfeld zwischen Zwang und Zwanglosigkeit individuell verhandeln.

Es gibt noch eine ganz wichtige Grundvoraussetzung, vielleicht die wichtigste: dass man den Dom ein wenig gern hat. Den Menschen, der der Dom auch ist, sollte man mögen. Ich denke, es braucht ein Mindestmaß an Liebe für die Herstellung eines positiven Kontaktes, immerhin gibt man ihm Macht und Kontrolle. Verlieben sollte man sich aber nicht, weil man dann total hörig wird. Und das ist nicht das Ziel, sondern Ziel sollte sein, eine Teilhörigkeit abzustimmen, einen zeitlichen und örtlichen Rahmen zu schaffen, um die wunderbaren Luststeigerungsaktivitäten ungestört genießen zu können.

13. Mai

Ich habe meine Wohnung länger als sonst gelüftet, der Geruch vom Sex-Alien war kaum raus zu bekommen. Das Erlebnis zu dritt war lehrreich – es war zwar prickelnd, hat mich aber überfordert. Ich bin zu kurz gekommen, wohingegen mein Herr fast ununterbrochen gelutscht, geleckt und gesaugt wurde. Ja, war ein spannendes Erlebnis, muss ich aber nicht wieder haben. Das lasse ich *Wwwscs* indirekt auch wissen. Wir schreiben uns; er hätte gern, dass ich ihm Bilder meiner Beine in schwarzen Strümpfen schicken soll, einmal überschlagen, einmal gespreizt. Ich kann jetzt keine Bilder machen, habe zu tun, vor allem im Forum; ich unterhalte mich mit dem einen und dem anderen. Mittags wollte *Dark Marc* kurz bei mir vorbeikommen, um seine Sachen zu holen – er kommt nicht, meldet sich auch nicht. Ich auch nicht. Am Nachmittag fragt *Wwwscs* nach den Bildern; ich mache sie schnell und schicke sie ihm, er freut sich. Etwas später ruft er mich an, wir reden kurz über vorgestern, ich sage, dass ich das noch verdauen muss. Und ich sage auch, dass ich es schwierig finde, seine zwischendurch-Befehle auszuführen, wenn wir zuvor keinen Zeitrahmen festgelegt haben; dass ich keine Sklavin bin, die immer und jederzeit seine Anweisungen befolgen kann, das versteht er ja, oder? Ja klar, erwidert er, und dass er sich dann melden würde. Dieses Gespräch endet abrupt. Ja, er soll sich melden, er hat angedeutet, dass er vielleicht am Ende der Woche eine

Stunde Zeit hätte. Bin gespannt, ob er hier verbindlich wird. Wahrscheinlich nicht, ich aber auch nicht.

Ein anderer, flüchtiger Kontakt ergibt sich, mit *Direktermann* aus einem anderen Bundesland, der öfter mal in meiner Gegend ist. Ja, den würde ich treffen und er würde dann wieder weit weg sein. Dieser Kontakt wird abgelegt für später. Mit *Athleticlover* (47, 180, 83, relativ muskulös laut Selbstbeschreibung; Lieblingsspielzeug Reitgerte) ergibt sich ein kurzweiliger Austausch; er ist vermutlich ein Dom, die Eckdaten stimmen und er wirkt seriös. Wir vereinbaren ein Treffen. Auch mit *Hangover* (50, 185, normal gebaut, steht u.a. auf Atemreduktion) unterhalte ich mich eine Weile, aber er ist mir dann doch zu versaut und auch etwas niveaulos, vor allem tritt er mir zu schnell zu nahe, ich antworte nicht mehr. Mit den meisten anderen geht es nur kurz mal hin und her, und dann merkt man recht bald, ob es sich lohnt, weiterzuschreiben. Wenn z. B. in einem Satz mehr als ein Rechtschreibfehler vorkommt, wird der Kontakt eingestampft; mit der Zeit erkennt man die notgeilen Trottel nach zwei Sätzen. Kurzfristig tritt *Big-John* in Erscheinung, er ist gebunden, 40, 180, 78, brünett, blaue Augen. Er möchte keinen GV, schreibt er, außer wenn es als Teil des Spiels gewünscht wird. Aha, er will nicht ficken, auch gut; ich stelle aber sicher, dass er oral aktiv ist. Nun denn, den könnte ich mir anschauen. Wir vereinbaren ein Treffen.

Ich bin mit meiner Sondierungsphase noch nicht fertig, aber ich werde zunehmend skeptisch hinsichtlich männlicher Dominanzwünsche. Wenn diese Wünsche keine Entsprechung auf meiner Seite finden, indem meine Lust gesteigert wird, dann verfolge ich das Projekt nicht mehr weiter. Dominanz und Sex sollten sich ausgleichen, und außerdem soll der Mann ein guter und gutaussehender Mann sein. Immerhin kann ich es mir aussuchen – es gibt im Forum einen eklatanten Männerüberschuss und das werde ich nunmehr besser nutzen.

Mein neues SM Hobby hat ein wenig seine Faszination verloren; ich bin vor allem nicht mehr so sehr die Sklavin meiner eigenen Geilheit. Sich virtuell gegenseitig aufgeilen heißt noch lange nicht, dass man mit diesem Menschen einen echten Kontakt haben muss. Aber man kann, wie auch immer. Zuerst live anschauen und reden, und dann entscheiden, ob man den Kontakt fortsetzt. Zu viel Dominanz soll da nicht mehr dabei sein. In dieser Hinsicht wird *Verwöhner* (30, 178, 79, athletisch gebaut, gewandt mit der Zunge, da er Saxophon spielt; hat ein schönes Profilbild von seinem Gesicht, seitlich fotografiert) immer interessanter; nach seiner Zuschrift hatte ich ihm geantwortet, dass er mit seinen 30 Jahren zu jung für mich sei, aber ich habe ihn auch gefragt, wie er das mit dem Spanking meint, das auf seinem Profil steht. Daraus ergab sich eine ganz nette Unterhaltung, wo ich dachte, na, du junger Mann, du weißt auch nicht wohin mit deiner Geilheit? Und lecken würdest auch gern? Er hat eine Freundin, ist aber offenbar schwer unterversorgt bzw. will seine Dom-Neigungen experimentieren. Er versichert mir auch, dass er diesbezüglich schon einige Erfahrungen gemacht hat und dass er mich wirklich sehr gern treffen würde … Schließlich sage ich zu, wir vereinbaren ein Treffen.

14. Mai (Treffen mit *Athleticlover*)

Um 13.00 Uhr bin ich mit *Athleticlover* in einem Einkaufszentrum im Elektromarkt verabredet. Ich bin überpünktlich und helfe einer älteren Frau beim Bedienen des Geräts zum Anhören von CDs. Wer hört heutzutage noch CDs? Etwa drei Minuten zu spät kommt er um die Ecke, von links hinten auf mich zu und begrüßt mich. Der nicht, denke ich. Er wirkt zwar aufgeräumt und gepflegt, er sieht auch gar nicht so schlecht aus, aber ich kann mir nicht vorstellen, ihm zu erlauben, mich zu dominieren. Ich erzähle ihm eine Geschichte, dass ich eigentlich gerade jemanden kennen gelernt habe und gar nicht kommen wollte, aber ich wollte ihn nicht versetzen und zeigen, dass ich real bin. Aber sorry, es ist so passiert, ich bin praktisch vergeben. Ach, wie schade, ich wäre ihm gleich sehr sympathisch. Aber er mir nicht, da kann man nichts machen. Trotzdem lasse ich mich zu einem Kaffee überreden, eine halbe Stunde gebe ich ihm. Er hat etwas Verschlagenes, hockt gern in einem Hinterhalt und wartet auf einen günstigen Moment. Im Gespräch mit ihm bestätigt sich mein erster Eindruck; er ist mir zu schwabbelig, hat zu wenig Ecken und Kanten, außerdem wird er mit seinen Dominanzwünschen übergriffig. Beruflich kommt er aus dem Sozialbereich, hat jetzt aber den Job geschmissen, weil er mehr Motorrad fahren will. Mein Gott, wie langweilig! Jemand, der mit Mitte 40 endlich aus dem System aussteigt, um Motorrad zu fahren und damit Freiheit zu erleben. Das reicht von kindlich-infantil bis lächerlich bis tragische Figur. Diese Art Mann ist mir suspekt – er ist passiv aggressiv, da weiß man nicht, was in diesem Machovulkan noch so brodelt, das kommt dann immer eruptiv und verletzend hervor. Nur nicht mit so einem! Ich bleibe distanziert, aber freundlich, sage zum Abschied, dass ich mich vielleicht melden werde, vielleicht auch nicht.

Das Gespräch im Forum mit *Dagnim* wird immer vertrauter; wir schreiben uns jetzt schon eine Weile, tasten uns die eine und andere Phantasie austauschend aneinander heran; er hat offenbar etwas, das ich brauchen könnte. Auch sonst ist er angenehm, man kann gut mit ihm reden, ich bin sehr offen. Das hat sicher auch damit zu tun, dass er so weit weg ist und ich nicht damit rechne, dass wir uns bald sehen werden. Beim Plaudern kommt das Thema Gürtel auf – was er damit tun würde, will ich wissen. Vorausgesetzt, ich hätte mein entsprechendes Outfit an, würde er folgendes tun:»Ich würde meinen Gürtel aus der Hose ziehen, mich hinter dich stellen, dass du mich spüren kannst. Dann würde ich mit dem Gürtel über deinen Rücken streifen, dir dann den Gürtel um den Hals legen, etwas enger ziehen, abwarten, wie streng ich anziehen kann. Dann den Druck aufrecht halten, während du ein wenig um Atem ringst, um dir mit meiner Hand unter den

Rock zu fahren ...« Das macht mich heiß, ich will wissen, was als nächstes kommt. Er:»Den Rock hoch schieben, und deine Pussy massieren, während ich mit der anderen Hand den Gürtel um deinen Hals halte ... Dich mit dem Gürtel noch näher an mich ranziehen und dir uns Ohr flüstern, ob dir das gefällt, während ich beginne, dir mit der Hand auf den Arsch zu klopfen ...« Ja, das könnte mir gefallen. Zum Dank schicke ich ihm noch etliche versaute Fotos von mir.

15. Mai (Treffen mit *BigJohn*)

Er wollte nicht glauben, dass ich real bin. Ich hatte ihm weder meine Nummer noch sonstige alternative Kommunikationsmöglichkeiten gegeben, ihm aber versichert, dass ich da sein werde. Wir treffen uns vor einem großen Kinobesucherrestaurant am Stadtrand, *BigJohn* kommt pünktlich. Ich sehe sofort, dass er nicht in Frage kommt. Zwar ist er nicht unhübsch, aber für mich zu klein. Er hat eine bodenständige, ja ländliche Seite an sich, riecht etwas nach Kuhstall, aber er hat auch etwas Dominantes, das passt nicht gut zusammen. Von Beruf ist er Elektrotechniker in einer Firma, aber er ist dort der einzige mit dieser Aufgabe – weil neben ihm kann es keinen anderen geben. Mein Gott, diese omnipotenten Dominanzhirsche langweilen mich schon, bevor ich im Kontakt bin. Seine Echtheit ist nicht abzustreiten, aber ich habe keine Lust, mich diesem narzisstischen Trottel anzuvertrauen. Ich gefalle ihm natürlich, er würde sich sehr freuen, wenn wir uns wieder treffen würden. Ich schenke ihm reinen Wein ein, sage, dass ich sondiere und dass er nur einer von vielen ist, die ich treffe. Ich bleibe auf Abstand und lasse ihn zum Abschied wissen, dass ich mich melden werde.

Dagnim ist mittlerweile schon fast eine liebe Freundin geworden. Folgendes schreibe ich ihm:»Du hast ja ein offenes Ohr – darf ich mich ein bisschen beklagen? Ich bin derzeit gerade ein bisschen frustriert. Irgendwie gibt's da nichts Gescheites im Forum, oder kommt mir das nur so vor? Ich hatte ja schon mit 2 Herren das Vergnügen, das war quasi meine Einschulung, und jetzt weiß ich einiges mehr. Aber es war so, dass der erste unverlässlich war (mit Versetzen und so), außerdem auch ein wenig grob, und sein Schwanz leider auch nicht sehr stehfreudig, und das hat dann für mich nicht mehr gepasst. Beim 2. war das so, dass er sich andauernd blasen hat lassen, ich aber kaum dran gekommen bin, also kaum fesseln etc. Nur 1 Mal ficken. Also, ich finde das Spiel mit Unterwerfung und so total geil, aber man muss es nicht übertreiben. Ich knie schon mal oder mach was anderes, aber dafür möchte ich auch was erleben. Das Dienende sollte auf beiden Seiten ausgeglichen sein. Und das habe ich nur zum Teil erlebt ;-(Also, es ist echt nicht leicht … Ich merke auch, dass ich bei einigen Dingen sehr empfindlich bin, z. B. beim Geruch oder auch bei der Statur – er sollte deutlich größer und kräftiger sein als ich … Was ist für dich wichtig, damit du mit jemandem warm wirst?«

Darauf antwortet er:»Meiner Erfahrung nach gibt es hier im Forum nur Freaks, mit ganz wenigen Ausnahmen. Und die gilt es zu finden. Sowohl bei den Damen und noch viel mehr bei den Herren. Deswegen ist die Chance, hier was Vernünftiges zu finden, eher gering. Soweit meine Erfahrung. Für mich ist das wichtigste, dass man sich auf gewissen Ebenen versteht, Gemeinsamkeiten hat. Gesprächsthemen, gemeinsam Spaß hat, lachen kann und natürlich auch beim ficken. Wenn da die Vorstellungen zu weit auseinander gehen, wird's früher oder später ein Ende finden. Aber um das herauszufinden, muss man es probieren, oder sich bis zu einem gewissen Maße vergewissern, dass es klappen könnte. Das Optische ist mir nicht ganz so wichtig, nur zu dick sollte die Dame nicht sein. Oder verklemmt ist auch nicht gut, genau so wenig wie rumzicken, oder wenn sie mit meinem Sarkasmus oder meinem trocken Humor nicht zurechtkommt. Spontanität finde ich gut.«

16. Mai

Ich bin frustriert. Ich will einfach nur schönen Sex haben, mit oder ohne Schmerzen, das wird wohl nicht so schwer sein?! Ich sollte meine Suche ausweiten und vielleicht normale Männer mit dominanten Neigungen suchen, nicht nur echte Doms. Jemand von den blind Dates hat mir von einem anderen Forum erzählt – ich schau es mir an und entschließe mich, mich hier anzumelden, allerdings nicht als Sub oder mit BDSM Ausrichtung, sondern als normale Frau, die es gern aufregend hat, mit outdoor, Swingerclub etc. Dieses Forum ist ein bisschen anders als das andere, es gibt sehr viele Kategorien zum Ausfüllen bzw. ankreuzen. Praktischerweise werden bei den textlichen Passagen Formulierungsvorschläge angeboten, die ich auch prompt annehme – man muss nur einige Stichwörter ankreuzen und der sexerfahrene Algorithmus bastelt dann Sätze daraus. Diese kann ich so stehen lassen, wobei ich sogar witzig finde, dass mir dieser Algorithmus auch ein Motto gegeben hat:»Lieben und lieben lassen«, noch dazu hinterlegt mit einer roten Rose auf schwarzem Hintergrund. Hm, gar nicht schlecht das Motto, es passt zu mir.

Virtuelles Forum: *babsi_joy,* registriert am 16. 5.

Profilinformationen

Profilbild: Torso mit schwarzem Catsuit, aber nacktem Busen

Titel: Babsi_joy, weiblich, 48 Jahre, XX (Bundesland)

Ich suche: Mann
Im Alter: 35 bis 58 Jahre

Neigung: Hetero
Beziehungsstatus: Single
Swinger: ja

»Lieben und lieben lassen«.
Ich bin offen und experimentierfreudig, brauche zum
Spielen einen Partner in meinem Alter

Das mag ich: Ich stehe auf nette und anregende Gespräche,
aufregende Erlebnisse und Natürlichkeit. Wann immer es
möglich ist, suche ich nach Entspannung.
Ich mag Sex mit einer Prise Humor, Menschen mit Lust am
Leben, intelligente Personen und sinnliche Erlebnisse.
Seine Gefühle sollte man nicht unterdrücken. Deshalb mag
ich Leute, die ihre Gefühle tatsächlich ausleben. Gegen-
seitige Offenheit ist für mich ein unbedingtes Muss in jeder
Art Partnerschaft.
Das mag ich nicht: Verlogene Zeitgenossen und Pedanten
mag ich nicht. Toilettensex? Nein danke! Ich bin weder für
Natursekt noch für Kaviar und Co zu haben. Ich stehe nicht
auf ungepflegte Leute und Intoleranz. Gegen Stress bin ich
absolut allergisch.
Rücksichtslose Menschen, Aufdringlichkeit und Leute, auf
die man sich nicht verlassen kann, sind auch nichts für
mich. Wer nur negativ denkt, handelt auch so. Menschen,
die ständig nur negativ denken, brauchen hier nicht weiter
lesen.

Vorlieben:

Unbedingt: besondere Orte, Cunnilingus, Dessous, Intim-
rasur, Nylons

Steh ich drauf: Augen verbinden, Bondage/Fesseln, Dirty-
talk, Fetisch, Handjob, harter Sex, Kamasutra, Korsetts &
Corsagen, Kuschelsex, Küssen, Massagen, Outdoor, Rol-
lenspiele, Selbstbefriedigung, Sexspielzeug, SM BDSM,
Zuschauen lassen

Situationsabhängig: Ältere, Analsex, Blowjob, Dreier
MMF, Erotische Chats, Exhibitionismus, Fisting, Frivoles
Ausgehen, Gangbang, Gruppensex, high heels, Intim-
schmuck, Körperbehaarung, Jüngere, Lack Leder Latex,
normaler Sex, Nymphoman, Squirten, Piercing, Strip,
Tantra, Tatoos, Zuschauen

Mag ich nicht so: Bildertausch, Dreier FFM, FKK,
Fotografie, Fußerotik, mollig, Natursekt, Paarsex MF MF,
Pornos, Spermaspiele

Geht gar nicht: Filmen, Intimbehaarung, Telefonsex, Web-
cam

Kaum online, kommen jede Menge Zuschriften – wieder dasselbe Drama: dutzende Männer, und da drin soll ich jetzt die Guten finden. Ich mache mir gar nicht die Mühe, selbst zu suchen, sondern arbeite die Zuschriften ab; die meisten werden gelöscht, die meisten anderen nach einem kurzen Wortwechsel, einige wenige bleiben übrig – das sind die potenziellen blind Date Kandidaten.

»Lieben und lieben lassen« - dieser digitale Zufall bringt mich ins Nachdenken über die Bedeutungen, die da drin stecken:
1. Sich von einem anderen lieben lassen, wer möchte das nicht? Liebe empfangen, genährt werden, ein ozeanisches Gefühl haben, aufgehoben und geborgen sein ... Es geht um das Zulassen, sich

hingeben, sich aufgeben, sich öffnen. Das kann man im Yoga üben, z. B. die Hüftöffner oder die Herzöffner, beides sollte regelmäßig geübt werden. Es hilft dabei, die Grenzen abzubauen bzw. zuzulassen, dass ein anderer diese Grenzen auflöst.
2. Die anderen sich gegenseitig lieben lassen: Ob Männer mit Frauen oder gleichgeschlechtlich, mit welchen Orientierungen und Vorlieben auch immer, man sollte die anderen Leute lieben lassen, wie sie es möchten. Nicht werten oder urteilen, einfach sein lassen. Und vielleicht zuschauen, weil die Lust der anderen ansteckend ist; sie verdient eine wohlwollende, absichtslose Aufmerksamkeit.
3. Das Lieben lassen: Man sollte von der Vorstellung ablassen, dass es »DIE LIEBE« gibt; man sollte das Lieben-Wollen oder das Geliebt-Werden-Wollen sein lassen. Die hohen Ansprüche an dieses unschuldige Wort überfrachten die realen Versuche, sexuelle und körperliche Lust und Zufriedenheit zu erlangen, und dadurch entstehen Frustration und Unzufriedenheit. Daher sollte man die hohen Ansprüche aufgeben zu Gunsten von echten aufregenden Erlebnissen, die einen auch in den siebten Himmel bringen können.

Ja, ich würde gern in einen Swingerclub gehen, mich so richtig verwöhnen lassen und einen oder mehrere gute Ficks erleben. Einmal schauen, wie es ohne SM geht. Kurzentschlossen sage ich das Treffen mit *Verwöhner* am nächsten Tag ab und reserviere ein billiges Hotelzimmer in der Hauptstadt. Und wenn ich schon dort bin, könnte ich mich auch mit *Scontrol*, einem Dom, treffen; ich schreibe ihn an und wir vereinbaren ein Treffen für den übernächsten Tag mit einer ungenauen Zeitangabe.

17. Mai (Swingerclub)

Am Nachmittag bin ich auf dem Weg in die Hauptstadt. Mein Hotel ist günstig gelegen, in der Nähe gibt es gleich drei Swinger-

126

clubs, die man zu Fuß erreichen kann. Ich bin unschlüssig über das Outfit – ein Swingercluboutfit ist anders, als ein Sub-Outfit, es ist sozusagen hausfraulicher, harmloser, soll aber dennoch frivol und aufreizend sein. Ich entscheide mich für eine 0815 Variante; ein schwarzes transparentes Kleidchen, kaum über den Arsch reichend, in der Taille verstärkt mit lackartiger Corsage, darunter einen schwarzen Stringtanga, schwarze halterlose Strümpfe, schwarze hohe Schuhe. Einiges habe ich schon an, einiges müsste ich vor Ort noch anlegen. Welchen Club soll ich als erstes testen? Ich entscheide mich für die Bar Frivol, eigentlich eine zunächst »normale« Bar, wo man elegant gekleidet herumsitzt und sich erst später, wenn man nach hinten geht, entkleidet. Das wird mir beim Eintritt so erklärt und auch, dass noch nicht viel los ist; ich will wieder gehen, in den nächsten Club, lasse mich aber doch zu einem Getränk überreden und bleibe hier. Mein Outfit ist ok, habe ein passendes Kleid an. Mir werden die Räume gezeigt, es gibt nicht viele, nur drei und noch ein kleiner, und eine Raucherlounge. Ich setze mich an die Bar in die Nähe eines jüngeren Mannes, der sympathisch wirkt. Kaum bestelle ich einen Gin Tonic, bin ich schon im Gespräch mit ihm; Matthias, ein netter mittedreißigjähriger gutaussehender Mann. Unser small talk ist unverfänglich; er ist öfter da, kennt sich auch mit den anderen Clubs aus und erzählt mir über das eine oder andere interessante Event in der Hauptstadt. Er ist kein großer Unterhalter, sondern mehr ein Beobachter; er hatte ein Pärchen im Visier, das am anderen Ende der Bar auf einer Eckbank gesessen hat, und die sind jetzt weg. Auch ein Mann, der vorher woanders gesessen hat, ist jetzt weg. Wie ist das jetzt gegangen, dass sie zu dritt weg sind, interessiert ihn. Ich ermutige ihn, beobachten zu gehen, immerhin ist die Bar jetzt fast leer, die meisten sind nach hinten gegangen. Er geht zuschauen, kommt aber bald wieder. Passiert da was, will ich wissen. Ja. Ich möchte auch schauen gehen, wir gehen zusammen. In einem Raum mit gedämpftem Licht sehe ich gemeinsam mit ihm durch ein Guckloch eine nackte Frau mit weit gespreizten Beinen auf dem Rücken liegen, ein Mann neben ihr, der ihr die

Titten massiert, der andere leckt sie. Zwei große, kräftige Männer. Ihr lautes Stöhnen entschleunigt das Tagesgeschehen, die Macht der Lust erfüllt den Raum, die Zeit steht still. Ich spüre Matthias' Hände, er steht seitlich hinter mir und beginnt mich zu streicheln. Es fühlt sich gut an, an der Lust dieser Frau mitzunaschen. Seine Finger prüfen nun den Feuchtigkeitsgrad meiner Muschi und spielen ein wenig. Dieser Anblick lässt mich erstarren, ich bin meiner Geilheit total ausgeliefert. Aber das stärkste Gefühl ist gerade der Neid auf diese Frau – das, was sie hat, will ich auch! Bekomme ich heute Abend aber ziemlich sicher nicht, weil man dazu einen Partner braucht, der einen gut kennt. Der neue Matthias kennt zu wenig die Lustinterventionen für meine Muschi, der will nur einen schnellen Fick. Ist auch ok. Wir gehen wieder zur Bar und betrinken uns weiter. Ob mich das jetzt überrascht hat, will er wissen. Nein, hat es nicht, weil sowas ja erwartbar ist in einem Swingerclub. Ich habe Erfahrung, war vor vielen Jahren ein paar Mal mit einem verheirateten Mann in einem Club, er hat mich eingewiesen und betreut, und es hat mir sehr gut gefallen. Es ist noch immer nicht viel los und ich möchte einen Lokalwechsel. Jetzt bin ich geil, ich will Cunnilingus und Fick, daher überrede ich Matthias, mit mir in den anderen Club zu gehen.

Wir kommen ins Paradiso, es sind einige Leute da, mit wesentlich weniger Textilien als vorhin, die Stimmung ist ausgelassener, die Musik lebendiger und die Leute frivoler. Hm, da gibt es mehr Action, mehr Männer, mehr Beobachtung, mehr Möglichkeiten. Wir bestellen ein Getränk, unterhalten uns und beobachten die Szenerie mit Argusaugen. Auch hinten auf den Spielwiesen ist einiges los, wir gehen zuschauen. Das Ambiente allein macht einen schon geil, hier gibt es phantasievoll gestaltete Räume, Ecken und Nischen, Hochbetten als Spielwiesen, offen oder geschlossen zugänglich, sehr fein alles. Und die Lust- und Stöhngeräusche, ausschließlich von Frauen, wirken erregend, am liebsten möchte ich sofort irgendwo mitmachen. Wir gehen wieder an die Bar, hier kann man rauchen, das ist super. Es gibt einen dunklen Raum gegenüber der Bar, nur mit einem Schnurvorhang verdeckt, drin gibt es gemütliche Sitzgelegenheiten und man kann auch rauchen. Wir schauen uns kurz um, aber es ist kein Platz frei. Wieder bei der Theke beginne ich mit anderen zu kommunizieren; es gibt einige Männer, die ich näher kennen lernen möchte. Matthias wird konkreter; immer wieder streichelt er mich ein wenig oder küsst mich – er küsst nicht schlecht. Ein nächster Blick in den dunklen Raum zeigt, dass er nun fast leer ist, Matthias möchte hinein. Die Sitzanordnung ist halbrund, wir setzten uns, trinken unsere Getränke und schmusen. Er nimmt meine Hand und legt sie auf seinen steifen Schwanz, ich beginne ihn zu streicheln. Er holt ihn heraus, ich streichle weiter – dieser Schwanz lacht mich an, ich nehme ihn in den Mund und blase, zuerst sanft, dann kräftiger. Als ich mich wieder aufrichte, sehe ich, dass der Raum plötzlich voll ist, fast alles Männer, bestimmt acht bis zehn. Einer sitzt neben Matthias, abgetrennt durch die Rückenlehne der Barbank, und schaut mir tief und lüstern in die Augen – Beobachtung total. Ein Geilheitsblitz durchfährt mich, ich bin sehr motiviert, weiter zu machen und mir zuschauen zu lassen. Ich genieße es, ihn zu blasen, immer so, dass ich mich wieder zurücknehme, sobald er sehr erregt ist und immer mich vergewissernd, dass mich möglichst viele sehen. Zwischendurch ein Schluck Gin Tonic, das hält die Feuchtigkeit im Mund. Nach ein paar guten Blaseinheiten gehen wir wieder raus an die Bar und schauen uns um. Es sind wieder ein paar andere Männer (auch Frauen) da, wir werfen uns ins Getümmel. Matthias möchte mit mir auf die Spielwiese, ich denke, ja, bringen wir es hinter uns, damit ich mir einen anderen anlachen kann. Wir gehen auf ein Hochbett, unten verschlossen, sodass niemand hinzukommen kann – nur wir zwei ganz allein. Das Blasen geht weiter, aber bald protestiere ich und werfe mich auf den Rücken; er soll mich lecken, verlange ich. Er macht es sehr sanft, auf eine 0815 Art, nichts besonderes. So werde ich nie kommen. Nach einer Weile reiche ich ihm ein Kondom, er zieht es über und fickt mich. Es ist ganz nett, aber nicht megageil; am Ende blase ich ihn fertig, wir ziehen uns wieder an und gehen zurück zur Bar. Nun muss er den ausgezeichneten Kartoffelsalat essen, den es hier immer gibt. Ich nutze diese Gelegenheit für die Kontaktaufnahme zu anderen Leuten, was auch schnell gelingt. Ein recht gutaussehender Mann, etwas älter als ich, beobachtet mich schon länger. Ich bewege mich in seine Nähe und beginne mit ihm zu plaudern. Er ist mit seiner Frau hier, die zwei Leute weiter weg sitzt – eine Frau, etwas älter als ich, mit einem Halsband. Rasch kommen wir auf dessen Bedeutung zu sprechen – ja, sie ist eine Sub in Ausbildung, sie hat einen Dom, mit dem sie sich trifft. Und sie kennt sich da voll gut aus, ich soll mit ihr reden, weil sie mir viel von ihren Erfahrungen geben kann. Mittlerweile ist Matthias mit Kartoffelsalat vollgegessen zurückgekehrt und tänzelt herum, er möchte wieder zurück in den anderen Club. Dort ist nämlich gerade ein Pärchen bei der Tür rein, wo wir raus sind, und er hat sie gekannt, sie haben sich begrüßt, er war da ein wenig aufdringlich. Sein Interesse an ihr lässt ihn zurückkehren, ich bleibe aber da und wünsche ihm viel Spaß. Weiter geht es mit dem Gespräch mit der Sub in Ausbildung – aha, ihr Dom kommt aus einem anderen Bundesland, sie haben sich zwei Mal getroffen, ihr Ehemann schaut zu. Nein, der eigene Mann könnte nicht ihr Dom sein, das muss ein Fremder sein. Ich stimme ihr voll und ganz zu.

Neben der Sub i.A. sind ein paar Männer herum, dort und da ergibt sich ein Smalltalk. Einer davon ist offenbar schon länger auf meinen Fersen, ein sehr gutaussehender Mann, nicht sehr groß. Wir kommen ins Gespräch und lachen beim dritten Satz. Ein äußerst sympathischer, netter, intelligenter und vor allem sexy Typ, witzig und charmant. Volltreffer! Du schaust aus wie George Clooney, nur etwas kleiner, sage ich – er lacht. Wir erzählen uns gegenseitig ein wenig von unserem Leben, lachen viel, trinken Alkohol und machen Party. Die gegenseitige Anziehung ist deutlich spürbar, mein Höschen ist wieder nass. Rund um uns lichten sich schon die Reihen, es ist schon spät. Die noch verbleibenden Anderen nehmen wahr, dass wir zwei jetzt exklusiv sind – er küsst mich leidenschaftlich. Wir gehen nach hinten in einen gemütlichen Raum, Tür zu. Nur wir zwei allein, Beobachtung von außen möglich. Wir sind nackt und wild, wir nehmen uns von allen Seiten, mal wilder, mal sanfter. Er fickt gut, er macht alles gut. Dazwischen wird gelacht. Schon etwas erschöpft beginnt er mich nochmal zu lecken, gibt mir zuerst einen, dann zwei Finger in die Muschi; ich sage, er soll noch einen Finger nehmen und gebe ihm ein paar Anweisungen, wie er es machen soll, reibe mich selbst am Kitzler und habe einen kleinen, aber feinen Orgasmus. Erschöpft zufrieden ziehen wir uns an, scherzen wieder über das eine oder andere und stolpern über ein Thema, mit dem wir beruflich zu tun haben. Aha, er macht etwas ganz ähnliches wie ich, interessant, wie und wo? Ein Detail in dieser Thematik fällt auf, er meint, dass seine Frau auch damit zu tun habe. Ach ja? Ich auch. Dann kenne ich sie wahrscheinlich, ich werde sehr neugierig. Der schöne George Clooney will nicht gleich damit herausrücken, aber dann sagt er doch ihren Vornamen – und ich ihren Nachnamen. Ich habe gerade mit dem Mann einer lieben Kollegin wunderbaren Sex gehabt. Wieder wird das mit Humor unterlegt; tja, was nicht alles so passiert kann, wenn die Frau im Ausland ist und man das erste Mal aus Neugier in einen Swingerclub geht und dann unabsichtlich mit einer Kollegin der Frau vögelt. Er begleitet mich dann noch fast zum Hotel, während wir unser nettes Gespräch fortsetzen. Ich bin etwas neidisch auf diese Kollegin, dass sie so einen tollen, gut fickenden Mann hat, der aussieht wie George Clooney, nur kleiner.

18. Mai (Treffen mit *Scontrol*)

Ob ich nur in meiner Region suche oder auch in der Hauptstadt, hat *Scontrol*, ein vermutlich echter Dom, gefragt; ich hatte das bejaht. Dann kein Kontakt mehr, bis ich ihn angeschrieben habe, dass ich in der Hauptstadt sein würde und ob wir uns treffen könnten. Wir vereinbarten keinen genauen Termin, sondern »um die

Mittagszeit«. An diesem Tag bin ich verkatert vom gestrigen Abend, der um halb fünf in der Früh endete. Trotzdem war ich um neun wach, habe gefrühstückt und denke, dass ich noch bis Mittag warten werde und am frühen Nachmittag heimfahren kann. Ich stelle mich auf 12 Uhr ein, bekomme von ihm dann aber die Nachricht, dass er es frühestens um halb zwei schafft. Wir verständigen uns auch darüber, woran wir uns erkennen; ich nenne ihm ein paar Merkmale (Haarfarbe, Augenfarbe, aber auch z. B. weißes Buch liegt auf dem Tisch), und er schreibt, dass er einen wild gewachsenen weißen Bart hat und ergrautes Haar. Ich schaue noch einmal in sein Profil – er ist 42. Mmh, entweder ein Intellektueller oder ein Verrückter? Soll ich auf so jemanden so lange warten? Was mache ich bis dahin? Ich gehe spazieren, es ist ein schöner Tag und die Sonne entschädigt das Warten. Pünktlich erscheint er im vereinbarten Café, er hat tatsächlich einen in der Mitte des Kinns getrennten Bart, schneeweiß, und lange ergraute Haare, zu einem hochstehenden Zopf zusammengebunden, so wie es viele junge Männer heutzutage tragen. Er setzt sich zu mir – es gibt ein kurzes Verlegenheitsschweigen, man weiß nicht, wo man anknüpfen könnte. Aber bald kommen wir ins Gespräch und es stellt sich heraus, dass er in einem Museum arbeitet, aber auch selber »künstlerisch etwas macht«. Ein linker Einzelgänger, seine jahrelangen Endlosdiskussionen in einem elitären politischen Zirkel haben ihn gezeichnet; biologisch ist er wie ein etwas ungepflegter Mittevierzigjähriger, aber sonst wirkt er antiquiert. Wir reden über Politik, diese Tage gibt es sehr aufregende Ereignisse, einige reden sogar von Staatskrise. *Scontrol* ist politisch nicht nur aktiv, sondern aggressiv, links natürlich, geht auf Demos und legt sich mit allen Autoritäten an, gnadenlos. Ich rede ein wenig gegen seine Ideologie, ich relativiere das eine und das andere und da wird er ziemlich wütend und auch laut. Linke Gewalt ist nicht ok, auch nicht in der Sprache, ebenso wie rechte Gewalt. Sein Gewaltpotenzial zeigt er deutlich und ich kann mir vorstellen, wir stark sadistisch er ist. Ist ihm ja auch nicht so wohl dabei, meint er, weil es ja politisch nicht zusammenpasst, dass man jemandem den eigenen Willen nimmt und Gewalt ausübt. Tja, politisch korrekt ist SM nicht. Einmal bin ich begeistert von seiner Kraft, das andere Mal bin ich ebenso gelangweilt von den ewig gleichen politischen Narrativen. Er ist ziemlich aufgewühlt, weil er jetzt zu einer Demo gehen wird; das erste Mal ist er jetzt wieder auf so einer Demo, seit seiner denkwürdigen Verhaftung vor 10 Jahren, wo er dann auch Strafe zahlen musste. Chronifizierte Demonstranten sollte man nicht aufhalten, denke ich, und wir gehen auseinander. Ich schreibe ihm noch einmal, dass ich mich freue, ihn kennen gelernt zu haben, aber mir ist klar, dass ich ihn nicht wieder treffen werde.

19. Mai

In der Früh bekomme ich ein Whatsapp von *Sir Costar*, von dem ich seit unserem Beendigungstelefonat damals nichts mehr gehört habe:»Liebe Maria, wir haben zwar vereinbart, dass ich dich in Ruhe lasse. Sorry, dass ich mich jetzt trotzdem melde, aber ich finde es sehr schade, dass wir uns nicht mehr treffen. Wünsche dir alles Gute. Tilman« Das trifft mich wie ein Blitz aus dem heiteren Himmel, mitten ins Herz. Nach dem Lesen dieser Zeilen weine ich. Was passiert da mit mir? Er, der mich versetzt hat, was bei mir einen vielleicht unangemessen starken Kränkungsschmerz verursacht hat, meldet sich, zeigt wieder Interesse. Ich bin gerührt, aber noch viel mehr läuten auch die Alarmglocken – Achtung, da gibt es Verletzungsgefahr! Emotional könnte er mich verletzen bzw. hat das schon getan. Zugleich freue ich mich aber auch, auch meine Muschi freut sich. Ja, *Costar* ist toll, keine Frage. Folgendes antworte ich ihm:»Lieber Tilman, ja, hatten wir so vereinbart, freue mich aber trotzdem, dass dich meldest. Wie geht's dir? Maria.« Dann antwortet er, dass es ihm gut geht, sein Sohn ist gerade bei ihm, und was es bei mir Neues gäbe. Nicht viel, schreibe ich zurück, dass ich am Wochenende in der Hauptstadt war und es mir gut gehen habe lassen. Er darauf, dass er kom-

mende Woche auch wieder in diese Stadt muss. Na dann, viel
Spaß, meine kurze Reaktion. Etwas später fragt er, ob wir uns wiedersehen würden. Ich antworte, dass ich es nicht weiß, ob er will?
»Ja sicher!« – seine klare Aussage. Wieder später schreibe ich,
dass wir uns unterhalten sollten, über die Rahmenbedingungen,
falls wir uns treffen wollten. Er fragt zurück, was ich meine und
ich wimmle ihn ab; das könnten wir am besten in einem Gespräch
klären, ich will jetzt nicht schreiben. Wann er in Ruhe telefonieren
könnte? Wir vereinbaren, dass wir am nächsten Tag, am Nachmittag telefonieren.

20. Mai

Per Whatsapp verständigen wir uns, wann wir telefonieren können. Am Nachmittag ruft er an. Ich bin wie erstarrt, was soll ich
sagen? Ich hatte mir alles gut ausgedacht, eine Rede sozusagen,
aber jetzt ist mein Kopf leer. Etwas spröde fragt er nach den Rahmenbedingungen, was ich etwas relativiere, von wegen Rahmenbedingungen, aber … ich kann wieder reden, habe jetzt einen
Aufhänger. Wie es war, und was mich gestört hat, das mit dem
Versetzen, er hat sich gerechtfertigt, aber wie und was hätte man
da anders machen sollen. Jedenfalls steige ich aus, sage ich ihm,
wenn ich merke, dass ich emotional verletzt werden könnte, durch
Zurückweisung, Nichtbeachtung oder knallharte Ignoranz,
grundsätzlich, ich weiß aber auch, dass ich hier alte Sachen aus
der alten Beziehung noch mal reinbringe, unabsichtlich, und mich
deswegen nicht immer mit mir auskenne, aber jedenfalls sehr sensibel bis überempfindlich bin. Und dass er mich angelogen hat,
weil wir uns gegenseitig versprochen hatten, dass wir die Kommunikation im Forum einstellen, was er aber nicht gemacht hat.
Ich bin *Devotina*!, sage ich, er hat mich angeschrieben und wollte
mich kennen lernen! Und das vor unserer vierten und letzten Session. Ha, erwischt! Ich nehme ihm das aber gar nicht so übel, wie
das mit dem Versetzen, aber es hat einfach gezeigt, dass er nicht

ehrlich ist. Ja, er hat sich das ohnehin dann auch gedacht, sagt er, dass ich das bin, diese *Devotina*. Ich hatte ihm nur einmal geantwortet, um zu sehen, ob er reagiert, und das hat er, mit dem Wunsch mich kennen lernen zu wollen; ich hab mich dann aber nicht mehr gemeldet. Und auch die Sache mit seinem Sohn bzw. seinen familiären Turbulenzen, die angeblich nur von seiner Ex ausgehen, da weiß ich oft nicht, was ich damit machen soll. Einerseits möchte ich einen Konflikt bearbeiten, wenn man ihn mir anbietet, andrerseits denke ich, was geht mich das an? Seine familiären Angelegenheiten gehen mich nichts an. Das versteht er, aber wieder reden wir über den Sohn ... Wie auch immer, sage ich, mir ist wichtig, dass er weiß, wie es mir damit geht. Und insgesamt war für mich mit unserem Beendigungstelefonat die ganze Geschichte gegessen, für mich war klar, dass ich aussteige. Er hört gut zu und geht auf mich ein, das lässt mich weich werden. Ich spüre eine unwiderstehliche Anziehung, für mich ist es sonnenklar, dass ich ihn treffen möchte. Das wusste ich gestern schon. Aber eine gut hörbare innere Stimme warnt mich vor ihm; sei vorsichtig, pass auf!, sagt sie, geh nicht zu diesem Mann, er könnte dir weh tun! Sein einnehmendes Charisma überwiegt aber meine Zweifel, allein seine Stimme stimmt mich sanftmütig in eine frei flottierende Geilheit. Ob wir weiter tun (sollen) oder nicht, das wäre jetzt zu entscheiden. Aber wie? Wir verhandeln, ich spreche auch seine starre Strenge an – man könnte das Ganze auch lockerer halten? Und dennoch streng im Spiel sein? Ja, alles kein Problem, ich soll ihm sagen, wie ich es gern hätte! Wir können auch einfach nur reden oder wir könnten auch etwas unternehmen, oder sich bei mir treffen, nicht immer bei ihm ... Seine Angebote sind einladend, aber ich signalisiere eine gewisse Vorsicht und versuche, Distanz zu behalten. Wir vereinbaren ein Treffen für den nächsten Tag, am Abend, nur zum Reden und vielleicht auch sonst was, vielleicht auch nicht, man wird sehen. Und ich soll ihm noch sagen, wo wir uns treffen. Gut. Etwa zwei Stunden später schreibe ich, ob er morgen zu mir kommen mag? Er antwortet, dass ich das entscheide. Und ich schreibe:»Komm zu mir.« Er: »Sehr gerne.« Ich: »Freu mich. Ich werde dich normal empfangen, ohne Halsband, ganz ungezwungen. Ob wir dann was machen, sehen wir ja. Ok?« Darauf antwortet er mit einem ok und dass er sich auf morgen freut, mit Rufzeichen. Und ich: »Ich mich auch! Du musst nicht pünktlich sein (2 Smileys), sollst keinen Stress haben (Emoji Schnecke) wenn es halb 8 wird, ist auch gut.«

21. Mai (fünfte Session mit *Sir Costar*)

Ich bin verwirrt, aufgeregt und geil. Heute Abend werde ich es so richtig besorgt bekommen, benutzt werden, innen und außen, mit Schlägen, Maske und allem drum und dran. Aber zuerst werden wir lange reden. Ich räume die Wohnung zusammen, überlege mir, was ich anziehen werde und lege ein paar neue Spielsachenanschaffungen auf den Tisch: Fesseln, Seil, Submaske, lange Reitgerte, kurze Gerte. Auch die Nippelklemmen und das Halsband. Zur Entspannung rauche ich einen kleinen Joint. Bin geduscht, rasiert, Haare gewaschen und schön geföhnt. Den ärmellosen Ganzkörpercatsuit im Netzstyle, bei Titten und Muschi offen, ziehe ich wieder aus, stattdessen nehme ich den neuen schwarzen Body, unten offen, mit einem schönen Muster am Rücken; schwarze halterlose Nylonstrümpfe. Derweil habe ich darüber eine graue sportliche Kapuzenjacke und einen kurzen, eher sportlichen Rock und pinke Pantoffeln.

Er kommt kurz vor halb 8, wir begrüßen uns und küssen uns liebevoll. Seine Küsse sind heiß … Ich bin etwas unsicher, wie ich an ihn anknüpfen soll; standardmäßig biete ich ihm was zu trinken oder essen an, aber er mag nichts, nicht einmal Wasser. Wir gehen ins Wohnzimmer, setzen uns auf die Couch, im TV laufen die Nachrichten. Es gibt interessante politische Turbulenzen, die ich beobachte, das ist auch schon mal ein unverfängliches Gesprächsthema. Nach und nach kommen wir aber dennoch gut auf uns zu sprechen, wobei ich versuche, Abstand zu halten. Ich bin nicht mehr verbindlich, wenn er es auch nicht ist - das signalisiere ich ihm. Wie bzw. was wir miteinander tun könnten oder nicht, ist vollkommen offen. Die Verhandlungen diesbezüglich laufen aber recht gut, könnte man sagen, dennoch gibt es für mich einige offene Punkte, die ich anspreche, ohne etwas festlegen zu wollen. Da ist einmal diese Art von Streng-Sein, die zum Teil fast ein Angestrengt-Sein ist; die Spielanordnung und Inszenierung sind streng, und es ist sehr viel »du musst das und du musst das« ... mit ihm nach draußen gehen, in die Öffentlichkeit, auf Partys, und »dann will ich kein gelb oder rot hören«. Allein die Ankündigung dieser Zwangsmaßnahmen erweckt meinen Freiheitsdrang, das geht sich dann nicht mehr aus. Ich muss gar nichts. Diese Argumentation kommt bei ihm an, ja, wir können es ja lockerer anlegen – was heißt dann lockerer? Wir können das ja auch anders anlegen, ohne Ritual, ist einer seiner Vorschläge. Also unser Einstiegsritual, das mit dem Knien, finde ich gut, Rituale sind gut und wichtig! Das sollten wir beibehalten, aber vielleicht auch variieren, einmal streng, einmal weniger streng. Wieder wirft er ein, dass wir ja einfach nur mal was unternehmen könnten, irgendwohin fahren und reden ... Ich erlebe ihn zunehmend gelöster, es kommt mir vor, als wenn ich ein wenig Strenge aus ihm heraus nehme. Aber dennoch unterstreiche ich, wie wichtig es mir ist, wenn er klare Anweisungen gibt, und wenn er dabei auch ein wenig gemein ist, ist das ok; auch schätze ich sehr seine harschen Befehle zum Beine spreizen ... Ich kenne die Bedeutung der Strenge für ihn und er bestätigt es, es erregt ihn und macht ihn glücklich, wenn ich tue, was er sagt. Und wenn er mich dorthin züchtigen darf – zur Lust. Ist mir schon klar, davon lebe ich ja auch, dass ich machen darf, was er mir anschafft, mit aller Härte.

Und dann die Sache mit seinen familiären Alltäglichkeiten, da sage ich ihm ganz klar, dass ich mich nicht auskenne, wenn er mir viel davon erzählt – was soll ich damit machen? Zuhören, beraten, helfen, oder einfach nur zur Kenntnis nehmen, überhören, ignorieren? Also was ist sein Appell an mich, wenn er mir diese

Sachen erzählt? Ich wollte das ja nur gesagt haben, er soll weitermachen wie bisher, aber einfach auch mitdenken, was er mir antun will mit seinen familiären Umständen. Auch wird in den Raum gestellt, dass wir im Moment unverbindlich zueinander sind, bzw. seit meinem Ausstieg damals auch waren, ich jedenfalls, ich deute an, dass ich weiterhin Ausschau halte und erzähle ihm, dass ich am Wochenende im Swingerclub war. Ganz große Ohren bekommt er da. Später geht er wieder darauf ein, er meint, dass ihm da doch irgendwas nicht passt, weil da wäre er sehr gern dabei gewesen, beim Swingerclubbesuch. Aha, er will immer noch der Einzige sein. Für ihn wäre es total ok, wenn ich mit anderen Männern Sex habe, aber dass er da nicht dabei sein darf, das beschäftigt ihn aber schon. Hm, gut so. Warum ich ihn nicht mitgenommen habe, will er wissen. Na, weil ich von vornherein allein hingehen wollte, und weil wir außerdem nicht mehr im Kontakt waren. Außerdem dachte ich, er sei kein Swinger – hat er ja gesagt. Nein, das hätte ich wohl falsch verstanden, korrigiert er. Und was ich noch so alles gemacht habe in dieser Zeit, wo wir keinen Kontakt hatten, fragt er. Ich sage, dass ich mich hin und wieder mit Interessenten zum unverbindlichen Kennenlernen getroffen habe, aber ohne Abschluss sozusagen; einmal habe ich mich mit jemandem getroffen zu einer Session, aber das war nicht so toll, weil er oral nicht aktiv war; gefickt haben wir auch, aber alles safe. Und dann will ich von ihm wissen, wie er das jetzt bewertet, dass ich mit einem anderen gespielt habe. Er wirkt irgendwie ernst, er sagt, dass er froh ist, dass ich so ehrlich bin.

Das Programm im TV wird nun auf Eishockey gewechselt, ich möchte es ihm so angenehm wie möglich machen, und auch zeigen, dass es ok ist, wenn Eishockey läuft, er darf das bestimmen. Ich habe Mühe, bei Verstand zu bleiben, ich fühle mich extrem zu ihm hingezogen und zugleich fürchte ich mich, vor ihm, vor mir, vor der verbindlichen Unverbindlichkeit … Nur nichts festlegen oder sich festlegen lassen, außer den Körper, den möchte ich heute von ihm festlegen lassen. Er beginnt mich am Kopf zu kraulen, es fühlt sich total gut an, ich merke, wie die Glückshormone ins Hirn schießen. Der Fortschritt der Verhandlungen ist für mich zufriedenstellend, aber noch nicht ganz fertig, aber jetzt wäre der nächste Schritt angesagt. Ich muss pinkeln und sage es ihm. Er muss auch. Hm, wie machen wir das jetzt, gehen wir getrennt oder zusammen zur Toilette? Auch das wird verhandelt, mit dem Ergebnis, dass wir zusammen gehen. Ich klappe die Klobrille hoch, knie mich vor ihm auf den Boden, öffne seine Hose, ziehe sie runter und lege vorsichtig seinen Schwanz frei. Ich bekomme den einen und anderen Hinweis – die Vorhaut etwas mehr zurückschieben, nicht zu fest zusammendrücken, aber gezielt zur Zielscheibe halten. Gekonnt befolge ich das alles, ich halte sanft, aber gezielt seinen Schwanz. Geduldig warte ich, bis er fertig ist, schüttle ihn so ab, dass möglichst wenig Urin an seinem Schwanz haftet, zögere ein wenig und lecke ihn ab. Währenddessen streicht er mir über den Kopf, weist mich an, aufzustehen und küsst mich liebevoll. Dann ich, er geht einen Schritt nach hinten, ich setze mich aufs Klo, aber es geht nicht gleich. Ob ich nicht mein Höschen ausziehen möchte beim Pinkeln, will er wissen. Nein, nicht nötig, ich habe den Schritt offen und kann da durch pinkeln. Seine Augen funkeln. Ich bitte ihn, den Wasserhahn aufzudrehen – dann geht es, ich pinkle, er schaut mir zu.

Wieder im Wohnzimmer plaudern wir noch ein wenig, ich bin innerlich startklar. Ich sage, dass wir loslegen können, wenn ich das Halsband anlege. Zuvor rauche ich einen kleinen Joint am offenen Fenster, sitze auf der Fensterbank mit gespreizten Beinen, sodass er mich gut sehen kann. Ich merke, wie er sich einstimmt, seine Gesichtszüge bekommen einen frivolen Schwung. Dann gehe ich ins Schlafzimmer, ziehe Jacke und Rock aus, und die schönen neuen schwarzen Schuhe mit den Riemen an, auch das Halsband. Ich gehe ins Wohnzimmer, er immer noch auf der Couch halb sitzend, halb liegend, ich stelle mich vor ihm etwa in die Mitte des Raums, wortlos. Unsere Augen funkeln sich an. Ich spüre die erste Welle, der regressive Sog setzt ein, ich beginne zu schweben. Er weist mich an, die Beine weiter zu spreizen, es ist mit den Schuhen nicht einfach, die Balance zu halten. Er kommt zu mir, beginnt mich dort und da zu berühren, um dann auch die Nässe meiner Muschi festzustellen – aha, ist sie nass?, provoziert er. Er lässt mich eine Weile so stehen, kommt und geht, zieht mir die Submaske über, sodass ich nur Schatten sehen kann. Ich schwanke, es geht nicht mehr lange mit diesen Schuhen. Dann weist er mich an, mich hinzuknien; es sind Pölster am Boden, er führt mich dort auf die Knie und steckt mir seinen noch etwas weichen Schwanz in den Mund. Die erste Begrüßung – ich empfange ihn freundlich und sanft, beginne zu lutschen, ohne Hände. Dann nimmt er ihn wieder raus, streichelt und küsst mich, schiebt ihn mir wieder rein, das geht eine Weile so, und er wird immer härter. Forsch presst er mich plötzlich mit Gewalt gegen seine Lenden, sodass sein Schwanz vollkommen in meinem Mund, bis nach hinten in den Rachen reicht. Ich konzentriere mich. Offenbar hat er vor, diesbezüglich das Level zu erhöhen. Er geht an die Grenze, erst, als ich intensiv würge, zieht er ihn heraus. Und küsst mich unmittelbar leidenschaftlich. Nächste Runde, wieder den mittlerweile recht harten Schwanz im Mund, im Rachen, zwischendurch mit festen Stößen. Beim Würgen winde ich mich und mir fällt ein, dass es ihm gefällt, wenn ich Unangenehmes oder Schmerzen entsprechend äußere, und so versuche ich auch meine Stimme mehr einzusetzen, damit er besser weiß, woran er ist. Also stöhne ich auch, wenn ich gerade Luft bekomme, ansonsten macht mein Körper alles reflexartig. Eine letzte Runde noch – sein Schwanz steckt tief und gewaltvoll in meinem Rachen fest, ich flehe, er okkupiert mich, ich bekomme keine Luft mehr, er gibt mir noch einen extra Stoß, bevor er ihn herauszieht.

Nun stehe ich wieder, er führt mich zur Couch zum Knien, er beugt mich nach vorne, sodass mein oberer Oberkörper aufliegt und legt sich schräg neben mich. Er nimmt mir die Maske ab. Jetzt werden die neuen Gerten zum Einsatz gebracht; sorgfältig testet er die eine und die andere, zunächst an seiner Hand, dann an mir.

Lange spielt er sanft herum, an nahezu allen Körperstellen, besonders am Arsch und inneren Schenkeln. Immer wieder bekomme ich dazwischen kurze Einheiten mit Fingern und Klit-Massagen. Eine nächste Entspannungswelle überkommt mich ... Bald geht er aufs Ganze, ich bekomme die ersten härteren Schläge auf den Arsch, ich schreie auf. Dann intensiviert er das Spiel mit der langen Reitgerte an meiner Muschi – ganz viele leichte Streichelklapse und dann auf einmal etwas mehr, bis ich vor Scherz aufheule. Und dieser Schmerz wird dann jeweils wieder weitergeleitet in eine Lustwelle, die er mir mit seinen Fingern an und in der Muschi beschert. Die Lust beginnt sich von meiner Muschi auszubreiten, sie durchfließt die umliegenden Bereiche. Meine Titten kommen auch dran, sie werden geküsst, geknetet, gezwickt und massiert; er macht das alles ziemlich ganzheitlich. Nach einer Weile ändern wir die Position, ich darf mich nun kurz auf den Rücken legen, das entspannt mich kurzfristig von der Lustspannung. Sein unablässiges Spiel an mir – mit kurzen Verschnaufpausen – hält mich jedoch konstant in der Welle. Wieder weist er mir eine andere Position an, ich knie jetzt am Boden schräg vor der Couch, meine Oberarme nach vorn oben verschränkt, den Kopf zwischen den Armen – so ähnlich wie beim Yoga die Stellung des Kindes, nur mit Knien. Wieder betätigt er sich mit Hand und Peitsche an mir, zwischendurch mit Befehlen zur Körperhaltung – hohles Kreuz, Arsch heraus! Dann lässt er ab und setzt sich auf die Couch, eine kleine Pause? Er legt seine Beine, überschlagen, auf meinem Rücken ab. Sein Gewicht drückt mich leicht in den Boden, es verbindet sich mit meinem Gewicht, da kommt etwas Kraftvolles zusammen. Demonstrativ sieht er dabei fern, es läuft immer noch Eishockey, er scheint sehr zufrieden zu sein. Wie ein Pascha liegt er halb schräg auf der Couch, seine Beine auf meinem Rücken, in meinem Hohlkreuz. Eine seltsame Wärme kommt auf, ich spüre zugleich eine robuste Stabilität dieser Position, aber auch eine unglaubliche Entspannung – ich falle in eine tiefe Trance, fließe und löse mich auf. Ich grinse vor mich hin und genieße es in vollen Zügen. Die Zeit steht still, ich schwebe irgendwo im Universum. Hoffentlich möchte er noch lange so bleiben! Er kann mein Gesicht nicht gut sehen, weil es meine Haare verdecken, ich habe die Augen durchgehend geschlossen. Dann fragt er mich, ob ich weine? Ob ich weine? Nein, ich bin total glücklich, sage ich und strahle ihn an. Eine kurze Weile lässt er uns noch in dieser galaktischen Glücksstellung und löst sie dann auf.

Nun liegt er längs auf der Couch, auf dem Rücken und weist mich an, ihn zu blasen. Ich knie neben ihm am Boden, beginne langsam zu blasen. Sein Schwanz ist anfänglich noch etwas weich, ich blase ihn sanft und sorgfältig. Immer wieder einmal packt er mich am Kopf und steckt mir den Schwanz tief in meinen Mund, um ihn eine Weile drin zu behalten, so lange, bis es nicht mehr geht. Er wird härter, mein Blasen rhythmischer, gleichmäßiger. Jetzt ist er ziemlich hart, wow, und ich falle wieder in eine Trance – das Blasen geht wie von selbst, sein Schwanz und mein Mund sind eine Symbiose. Er möchte, dass ich ihm die Eier streichle, ich mache das ganz sanft und merke, wie er sich dabei sehr entspannt. Sehr schön ist das, dieses Hineinsinken in die große Lust. Plötzlich packt er mich, reißt mich von sich weg, gibt mir einen Klaps auf den Arsch, kommt hinter mich und fickt mich – kurz und heftig. Anschließend leidenschaftliche Küsse. Ich bin immer noch am Boden, er legt mich mit dem oberen Rücken auf die Couch, sodass ich ihn anschauen kann, die Arme auf die Seite, Kopf nach hinten. Er setzt sich auf mich, auf meinen Bauch – ich hab seinen Schwanz direkt vor meinem Gesicht und schaue zu, wie er sich wichst. Er ist heftig und leidenschaftlich, ich spüre sein Beben. Bald spritzt er ab, mir ins Gesicht, es ist herrlich! Glücklich und ein wenig erschöpft kuscheln wir uns aneinander auf die Couch und plaudern ein wenig.

Die Zeit ist schnell vergangen, wir haben sie gut ausgefüllt, im wahrsten Sinn. Er holt seine Sachen zusammen, zieht sich an und macht sich fertig zum Gehen. Ich nehme den Fusselroller und befreie ihn damit von oben bis unten von den Katzenhaaren – das ist wie Streicheln, meint er, und genießt meine sorgfältige Pflege. Ja, das nächste Mal bekommst du eine Ganzkörperstreicheleinheit, denke ich mir, damit du mehr Bindungshormone bekommst … Tief befriedigt verabschieden wir uns.

22. Mai

Ich bin immer noch wie in Trance, die Arbeit geht nicht leicht von der Hand, ich habe Mühe, mich zu konzentrieren. Irgendwas passiert da im Hirn, wenn man in eine starke Sextrance fällt, da kriegt man einen Cocktail aus Dopamin, Serotonin, Noradrenalin, Oxytozin und jede Menge Endorphine. Klares Denken ist dann auch am nächsten Tag noch nicht möglich. Also wie mache ich das jetzt mit *Costar*? Einerseits reizt er mich, aber seine Strenge erdrückt mich auch. Und wieder ist er so forsch, er hat uns bei einer privaten SM Party in der Hauptstadt des benachbarten Bundeslandes angemeldet, da will er unbedingt mit mir hin. Ich habe ein bisschen Bauchweh bei der ganzen Sache, aber ich bin weich wie Butter, bekomme keinen geraden Gedanken aus mir heraus. Das Einzige, was mir einfällt – Geduld haben, vorsichtig sein, ja, das wäre jetzt wichtig. Wir schreiben uns, er schickt mir Bilder vom gestrigen Abend, die ich für unsere Dokumentation entsprechend ablege. Ich schicke ihm ein Foto von meinen Arschbacken, wo immer noch ein paar Striemen zu sehen sind. Und wir freuen uns gemeinsam, dass es gestern so toll war.

23. Mai

Dagnim erkundigt sich, wie es mir geht; ich hatte mich die letzten Tage nicht mehr so oft gemeldet. Ich schreibe ihm, dass ich abgetaucht war, in erotische Abenteuer und erzähle ihm vom Clubbesuch. Mit *Costar* schreibe ich auf Whatsapp, heute bin ich schon etwas klarer im Kopf, meine innere Vernunftstimme drängt sich vor und sagt ganz klar, dass ich vorsichtig sein soll; wieder rastet ein altes Muster ein, er denkt, er ist der Einzige und wird übermäßig herrisch und bestimmend. Die andere Stimme stöhnt hingegen nur, aber mit der klaren Botschaft, ihn wieder treffen zu wollen. Dieser Konflikt ist vorerst auszuhalten, die Zeit wird entsprechende Klärungen mit sich bringen, hoffentlich. Ich bin akut unruhig und will mit ihm reden. Wir telefonieren, reden ein wenig über das letzte Mal, ich kann ihm aber nicht das gesamte Ausmaß meiner inneren Zerrissenheit darlegen, das wäre zu entlarvend für mich. Wir vereinbaren ein Treffen für das Wochenende, er hätte nämlich sein freies Wochenende ohne Sohn; tja, ich habe am Samstag ein Seminar den ganzen Tag, aber am Abend können wir uns treffen. Oder auch am Sonntag, da wäre der ganze Tag zur Verfügung. Oder wir könnten auch an beiden Tagen etwas machen? Das bleibt offen.

25. Mai (sechste Session mit *Sir Costar*)

Er hatte mich angewiesen, dass ich outfitmäßig bei der Muschi offen sein soll, bei den Titten auch; das andere stellte er mir frei. Mitbringen soll ich meinen Vib, die Fesseln, Tittenklemmen, kleine Peitsche, die Submaske; ohne Auftrag eingepackt habe ich auch noch zwei Analhaken, die gerade heute mit der Post gekommen sind, noch eingepackt, und einen ebenfalls neuen, noch eingepackten Klit-Vibrator. Vereinbart ist 20.00 Uhr, wobei ich einfach reinkommen soll, wenn ich früher da bin, hat er geschrieben. Aha, nicht mehr so streng alles. Na ja, obwohl er auch geschrieben hat, dass er heute kein »gelb« und kein »rot« hören möchte! Ich bin pünktlich, korrekt adjustiert und leicht erregt. Um 20 Uhr betrete ich sein Haus, ziehe mich bis auf das Nötige aus und sehe eine handschriftliche Botschaft bei einer Flasche Parfüm: ich soll mich damit einsprühen. Ich knie in meiner Position, es ist bequem und lauschig. Bald kommt er um die Ecke und begrüßt mich freundlich – Hallo, schön, dass du da bist. Er begrüßt mich auch mit seinen Händen, es fühlt sich vertraut an. Schnell kommt er zur Sache – ich habe seinen halb steifen Schwanz im Mund, im Rachen, er hält ihn fest und testet meine Kondition. Heute ist er heftig, mehrmals recke ich nicht nur, sondern mein ganzer Körper windet sich – konzentriere dich!, herrscht er mich an. Er lässt mir keine Wahl, er hält mich bei den Haaren fest und penetriert mich immer wieder, immer etwas zu lang und zu heftig, um mich anschließend jeweils leidenschaftlich zu küssen.

Es geht ins Wohnzimmer, er lässt mich auf der Lederliege, auf der eine Decke ist, Platz nehmen. Er hat nicht viele Spielsachen hergerichtet, u.a. sehe ich einen Trichter aus Metall; mit etwa 5 cm Durchmesser, davon ausgehend einen Trichter, das Ganze ist ca. 10 cm lang. Ich sitze, er steht vor mir und befiehlt mir, den Mund aufzumachen. Dann steckt er mir den Trichter in den Mund. Weißt du, was das bedeutet?, fragt er. Ich schüttle den Kopf. Er: Du weißt, was das bedeutet! Ich schüttle wieder den Kopf. Er fragt, ob ich mich vor Urin ekeln würde – ich bejahe. Tja, daran müssen wir arbeiten!, stellt er in Aussicht. Er ist nämlich unzufrieden mit der Art und Weise, wie ich ihm das letzte Mal beim Pinkeln assistiert habe; da hat er nämlich ein kleines Zögern meinerseits bemerkt, beim Ablecken des letzten Tropfens, und das möchte er nicht mehr sehen! Ich stimme ihm zu, sage Ja, mein Herr. Dann streicht er mir über den Kopf, kommt in die Hocke, sodass wir auf Augenhöhe sind und blickt mir tief durchdringend in die Augen. Ich sage, dass ich sicher keinen Urin trinke, das mache ich nicht. Ich mache ihn gern nach dem Pinkeln sauber, so wie er das haben möchte, aber trinken werde ich ihn nicht. *Costar* grinst mich an. Was ich denn trinken möchte, will er wissen. Er würde sich ein Bier aufmachen, ob ich auch einen Schluck möchte? Ja gern. Wir stoßen an und plaudern ein wenig, er auf der Couch liegend, ich immer noch sitzend. Dann kommt er wieder her, stellt sich vor mich hin und lässt mich abermals blasen, diesmal etwas sanfter. Heute hat er sich etwas Besonderes für mich ausgedacht, kündigt

145

er an. Hm, was denn? Er bleibt geheimnisvoll und lässt mich wieder kurz blasen. Dann legt er mich auf den Rücken, ich spreize weit meine Beine, er beginnt zu spielen …

Unvermittelt rasch bringt er mich in die Ekstase, ich stöhne, schreie und winde mich, je nach Intensität seiner Jobs. Er zieht mir die Maske über und behandelt mich weiter, immer abwechselnd intensiv und sanft. Je lauter ich bin, desto intensiver sind seine Tröstungsküsse. Als die Lustspannung auf einem sehr hohen Level ist, hält er mir mit seiner Hand Mund und Nase zu, während er mich intensiv fingert. Es ist irgendwie wohltuend, wenn man auf ein Loch reduziert wird und der ganze Körper nur mehr das Eine spürt. Bevor ich zu stark zucke, gibt er seine Hand wieder weg; wobei er mir auf die Nase eine Klemme gesetzt hat und mit der Hand meinen Mund verschließt, das ist noch intensiver. Das macht er ein paar Mal und ich genieße es sehr. Dann eine kleine Pause. Er geht weg und holt irgendwas, befiehlt mir, dass ich meine Beine spreizen und nach hinten geben soll; er legt mir an den Händen und Füßen Fesseln an. Auch dieser Vorgang hat etwas sehr Vertrautes – ich werde in die gewünschte Position gebracht, das erregt mich sehr. Nichts sehend höre ich jetzt peitschenartige Geräusche – aha, das dürfte ein Rohrstock sein, so wie sich das anhört. Ja, es ist einer, ich bekomme ihn zu spüren. 10 Hiebe bekomme ich jetzt, sagt er, ich soll mitzählen. Ich jaule auf – Eins! Verdammt, tut das weh. Zwei, au!, drei, auauau, ich zucke, er verbietet mir zu zucken. Da muss ich jetzt durch, sagt er. Und dann – vier, wieder in dieser Qualität – nein, bitte nicht, nein, wimmere ich, und er macht weiter … bis 10, ein letztes Mal schreie ich auf und wimmere nach. Unmittelbar wird das belohnt mit schönen Aktionen seiner Finger in meiner Muschi und mit seiner Zunge an meiner Klit. Oh, so nass ist das Mädchen, meint er und setzt fort; ich hebe ab … Er ist sehr gut drauf heute. Dann geht er wieder weg, kramt herum und kommt wieder, die Submaske nimmt er weg. Mit einem Seil verbindet er nun meine rechte Hand mit den Beinen und meiner linken Hand; dann spannt er das Seil, sodass meine gespreizten Beine noch näher am Körper sind, und meine Hände noch näher an meinen Füßen (für Yogis: liegender Schmetterling). Ich kann mich nicht bewegen. Eine Weile lässt er mich so liegen, legt sich nebenan auf die Couch, trinkt einen Schluck Bier und betrachtet mich. Wie geht es dir?, fragt er. Sehr gut, sage ich und genieße diese entspannte Position.

Er kommt wieder her und hat etwas mitgebracht, ich sehe es nicht. Er beginnt an meiner rechten Schamlippe etwas zu machen, plötzlich spüre ich da einen stechenden Klemmschmerz – Au! Verdammt, was ist das? Ich hebe meinen Kopf, um zu sehen, was das ist. Harsch weist er mich zurück – bleib liegen! Ich bekomme offenbar eine Klemme gesetzt, es ist schmerzhaft. Dann nimmt er die linke Schamlippe, um auch dort eine Klemme anzubringen, auch wieder schmerzhaft. Ich beginne tief zu atmen … Mit Gerte und Rohrstock spielt er sanft in der Gegend der Klemmen herum, nicht ohne zwischendurch einen etwas festeren Schlag zu riskieren, den ich ausdrücklich schmerzerfüllt quittiere. Die Schamlippenschmerzen verteilen sich, es ist aushaltbar und ja, es erregt mich. Dann nimmt er meine Klit zwischen seine Finger, zieht etwas daran und spielt, auch ein wenig mit der Zunge. Wow, fühlt sich galaktisch an. Das war aber nur die Vorbereitung, denn jetzt setzt er auch auf die Klit eine Klemme – oh nein! Ich schreie, kann mich aber nicht bewegen, ich muss diesen Reflex kontrollieren, es ist sehr schmerzhaft. Konzentrier dich!, befiehlt er und lässt mich versinken in die große Schmerzlust. Mit ganz sanften Interventionen bewegt er mein Fleisch rund um die Muschi, das bringt die drei Klemmen in eine schmerz-lusthafte Bewegung. Dann holt er wieder was, ein dünnes Seil oder eine starke Schnur. Er sagt, dass er jetzt die Klemmen mit meinen Beinen verbinden wird, sodass meine Beine, wenn sie sich bewegen, an den Klemmen ziehen. Zuerst wird wieder die rechte Schamlippe genommen und nach rechts unten gezogen, von mir aus gesehen. Und dort mit der Fessel auf meinem Fuß verbunden. Keinen einzigen Millimeter kann ich mich bewegen, das würde Höllenschmerzen verursachen.

Dann wird die linke Schamlippe befestigt und zuletzt die Klit nach unten gezogen und ebenfalls festgebunden. Ich spüre nur mehr Schmerz und Spannung; wenn ich mich auch nur ein klein wenig bewege, egal wo, bekomme ich es in der Muschi zu spüren. Diese Position gefällt ihm sichtlich – meine Muschi ist aufgespannt und ausgeliefert. So, und jetzt musst du tapfer sein, sagt er und holt den Rohrstock, den er zart am ganzen Körper erprobt, es ist wie gestreichelt werden. Seine Choreographie ist aufbauend, er nähert sich mit seinen Streicheleinheiten meiner Muschi und kündigt damit an, was als nächstes kommt. Er setzt sich neben mich, blickt auf mich herab und fragt: Wie viel willst du haben? Und sag bitte! Ich sage fünf. Er noch mal: Wie viel willst du haben? Ich zögere und sage wieder fünf. Er: Wie viel? Wieder zögere ich und sage zehn. Er: Du wirst sie mitzählen und mit Würde empfangen! Er fängt an – eins … auf den inneren rechten Oberschenkel. Zwei, er steigert sich, er trifft den Rand der Muschi. Ich kann mich überhaupt nicht bewegen, umso lauter schreie ich – drei! Vier! Fünf! Er ist hurtig, peitscht mich da durch. Und dann sechs – au, verdammt genau in die Mitte, ich sage gelb. Er macht weiter, ich flehe ihn an – nein, bitte nicht, bitte nicht – sieben, acht, neun, zehn. Aus. Ich kann aufatmen. Vorerst. Ich bin immer noch eingespannt. Er wird mir jetzt die Klemmen abnehmen, zuerst den rechten, dann den linken und zuletzt den mittleren. Ich weiß, was das bedeutet; im Selbstversuch habe ich gemerkt, dass das das Schmerzhafteste ist. Es tut richtig weh, die Abnahme, sodass ich wieder aufschreie. Ein wenig lässt er mich rasten, befreit mich von dieser Stellung und leckt mir zu guter Letzt noch schön die Muschi, inklusive Innenmassage.

Wieder liegt er auf der Couch, trinkt Bier, ich trinke auch Bier auf meiner Liege, wir plaudern. Er sagt, dass ich heute sehr brav war und alle Schmerzen mit Würde ertragen habe und dass er kein gelb und kein rot gehört hat; das mache ihn sehr glücklich. Ich widerspreche, dass ich einmal gelb gesagt habe, daraufhin er, ja eh, aber er hat es nicht gehört. Sehr brav war ich. Komisch, das schmeichelt mir, wie ein kleines verliebtes Mädchen grinse ich ihn an und bin ganz selig. Wir kommen auf die Analhaken zu sprechen, die ich mitgenommen habe, er will sie natürlich sehen. Sie werden ausgepackt und genau begutachtet. Ja, das nächste Mal dann, sage ich, und er legt sie wieder weg. Es ist eigenartig, ich habe nie das Bedürfnis zu rauchen, so zufrieden bin ich dann offenbar. Das Bier schmeckt zwar auch nicht, aber ich trinke es wegen der Geselligkeit. So, nun soll ich mich vor die Couch stellen und mich nach vorne bücken, Arsch heraus, es gibt noch etwas hinten drauf. Ich folge seiner Anweisung und bringe mich in Position, mit gespreizten Beinen. Er beobachtet immer ganz genau, wie ich das mache und rückt dann noch das eine oder andere zurecht, und setzt mir wieder die Maske auf. Aha, er will noch was machen? Seine Finger sind an bzw. in meinem Arsch, er bereitet mich vor. Ja, den Haken bekomme ich heute noch, denke ich, und schon schiebt er dieses kalte Metallding vorsichtig hinein. Er hat den Haken mit den zwei Kugeln genommen. Hm, fühlt sich gut an, aber ich tue so, als wenn es unangenehm wäre. Aber dann entkommt mir doch ein Stöhner, ich beginne es zu genießen, und das merkt er natürlich. Er schiebt ihn noch weiter rein, sodass er ganz drin ist; ich spüre den Haken innen und außen an meinem Arsch bis zum Steißbein herauf. Er befestigt das Ende des Hakens an einer großen kalten Metallkette, die er mir fest um den Bauch wickelt. Fotos werden gemacht, ja, das schaut toll aus. *Costar* ist entzückt, als er die Nässe meiner Muschi überprüft – er beginnt zu spielen. Nun habe ich hinten und vorn etwas drin, es flutscht und sabbert, es ist zauberhaft. Wieder holt er sein Schlagwerk und wieder muss ich bis 10 zählen. Oh nein, bitte nicht, für heute habe ich genug; denke ich, sage aber nichts. Er scheint mich trotzdem zu verstehen, ich bekomme 10 streichelartige Interventionen auf meinen eingespannten Arsch. Danach bedanke ich mich.

Von allen Fesseln und Gegenständen befreit schmusen wir und umarmen uns ganz fest. Wir haben heute eine tolle Sache gemacht, das sagen sich unsere Körper. Vom großen Glück beseelt mache ich mich auf, um wieder in die Normalowelt zurück zu kehren. Ob wir morgen noch was machen? Wir denken an, dass wir am Nachmittag zum Erotiksee fahren, wenn es schön ist, oder dass wir Essen gehen. Hier bleibt er unverbindlich, obwohl er immer wieder angekündigt hat, auch sonst was mit mir unternehmen zu wollen. Na ja, man wird sehen, es ist wetterabhängig, wir lassen es offen. Er begleitet mich zur Tür, wir verabschieden uns herzlich.

26. Mai

Ob das heute noch was wird mit unserer Freizeitgestaltung? Ich hatte *Costar* erklärt, dass es mir wichtig ist, ihn als Mensch besser kennen zu lernen, ein wenig Zeit mit ihm zu verbringen, weil ich dann auch besser mit seiner Strenge umgehen kann. Außerdem benötige ich das Gespräch, wir sollten immer wieder reden, damit ich mich eben auskenne. Beim Hin und Her schreiben jetzt bin ich aber eher abwartend und möchte beobachten, ob er eine Initiative hinsichtlich Freizeitaktivität zeigt. Am Vormittag schickt er mir ein Bild, wo er mit dem Rad unterwegs ist. Hm, ja, man kann die Freizeit auch allein verbringen, das wird heute wohl nichts mehr mit uns.

Ich hatte *Dagnim* von meinen Clubbesuch erzählt, sehr ausführlich, und ich habe ihm auch eine ausführliche Beschreibung einer Session mit *Costar* geschickt, anonymisiert natürlich. *Dagnim* und ich geilen uns gegenseitig immer wieder auf, u.a. auch, indem ich ihm vom Analhaken erzähle, den ich gestern erleben durfte und wie es damit war. Mittlerweile ist er ja eine Freundin und daher sollte ich meine gegenwärtigen Verhältnisse transparent machen, ich schreibe ihm: »Der derzeitige Status bei mir ist folgender – damit du dich auskennst: Ich hab (meinen ersten) Dom im Forum kennen gelernt, der hat mir mein Erweckungserlebnis beschert, dann haben wir ein paar Mal gespielt; das ist der vom 22.

Ich hab das aber beendet, weil es ein paar Sachen gab, die nicht gepasst haben (er hat mich versetzt, war nicht ehrlich etc.) und dann hab ich aktiver weiter geschaut und sondiert. Einige habe ich unverbindlich kennen gelernt (ohne Sex), aber die meisten haben mir nicht gefallen. Mit 2 Männern hab ich was gemacht, mit einem ein Mal (der war oral nicht aktiv) und mit dem anderen 2 Mal, der wollte andauernd nur geblasen werden, da bin ich zu kurz gekommen. Dann hat sich wieder der erste Dom gemeldet und mich rumgekriegt sozusagen, jetzt treffe ich mich wieder mit ihm … Danke auch für deine Anmerkung betreffend Mitspieler. Ja, daran hab ich noch gar nicht gedacht, dass er vielleicht zu stark mit dem Kopf arbeitet, aber das ist plausibel, er ist wirklich sehr mit der Inszenierung beschäftigt und was er alles mit mir machen will … dann werde ich versuchen, da den Druck rauszunehmen.« Wie das wohl bei *Dagnim* ankommt, wenn ich ihm erzähle, wie ich bespielt werde? Ich weiß, dass es ihn scharf macht, sagt er ja auch. Aber könnte ihn das eifersüchtig machen? Wie auch immer, jedenfalls ist er ziemlich motiviert, er sagt, dass er mich gern ficken würde. Er hatte seinen Schwanz als eher dick beschrieben – das könnte mir gefallen. Aber ein Treffen ist nicht in Sicht, zumal mir auch nicht klar ist, wie ich das mit *Costar* mache, wenn es ihn dann noch gibt.

Costar whatsappt am Abend, ob ich noch die leichten Blutungen habe, was ich bejahe. Er wird über das verlängerte kommende Wochenende mit seinem Sohn wegfahren, schreibt er, er hat schon gebucht. Wir hatten auch darüber geredet, dass wir wegfahren wollen – er hat von einem Wochenende irgendwo am Strand (FKK, ich nur mit Halsband) geträumt, ich hatte eingewendet, dass wir es einmal mit einer Übernachtung versuchen sollten. Das ist zeitlich ohnehin schon schwierig genug. Er träumt und ich werde konkret:»Sehen wir uns noch, bevor du wegfährst?«, will ich wissen. Er hofft es. Ich schreibe, dass ich von Montag bis Mittwoch am Abend Zeit hätte, und er? Er bleibt unkonkret, er muss seinen Sohn am Montag zum Training begleiten, aber falls er nicht hin geht, würde er sich melden. Schon wieder! Ich werde hin und her geschoben, das gefällt mir nicht. Trotzdem schicke ich ihm Bilder aus dem Internet – schöne Bilder mit Analhaken …

27. Mai

Costar whatsappt mir in seiner Mittagspause, dass er sich überlegt, wann wir uns noch sehen könnten, bevor er wegfährt, und dass es mit mir sehr viel Spaß machen würde. »Ja, macht echt Spaß, nur schade, dass du so wenig Zeit hast«, antworte ich. Dann, etwas später, schreibt er, dass sein Sohn heute kein Training hat und ob ich kommen möchte, nach etwas Zögern sage ich zu. Ach nein, geht ja nicht, ich habe kein Auto, es ist in der Werkstatt. Ob er zu mir kommen könnte? Keine Antwort. Ich biete noch an, mit dem Zug zu kommen, er müsste mich vom Bahnhof abholen, aber das verwerfe ich wieder. Aha, er ist also nicht bereit zu mir zu kommen, interessant. Es kommt wieder Ärger auf; er hält mich warm, bemüht sich selber aber nicht dementsprechend. Am Abend schreibt er, dass er doch am nächsten Tag Zeit hätte, weil er keine Geschäftsreise machen müsste. Mit Widerstand willige ich ein, aber wortkarg. Später schreibt er, dass er gerne der *Devotina* eine Aufgabe geben würde, ich frage nach, welche Aufgabe das wäre. Er schreibt: »Dein Profil ist ohne Fotos. Zeig dich!« Das reizt mich, ich werde nass. Da ich aber vorsichtig sein sollte, sage ich, dass ich nicht viele Fotos habe (meine bzw. unsere gemeinsamen Fotos hatte ich auf einem Stick, der kaputt ging, alle Fotos sind weg), woraufhin er mir einige schickt. In seinem Bestand sind ja noch alle da. Es sind ein paar sehr schöne dabei; ich bin im Forum und finde zunächst nicht die richtigen Funktionen, um Bilder reinzustellen. Schließlich gelingt es, ich stelle sechs Bilder rein, ohne Gesicht natürlich (z. B. Beine mit den lackartigen Stiefelschuhen, Muschi frontal und von hinten, mit Spankingspuren, Arsch mit Hook, Rückenansicht mit hinten gefesselten Händen). Innerhalb von wenigen Sekunden habe ich 60 sog. Hinweise, also

Leute, die auf die Hinweistafel posten, mit begeisterten Kommentaren. Das überfordert mich total, ich lese sie nicht einmal. Auch Zuschriften bekomme ich, etwa 10 innerhalb von wenigen Minuten. Oh mein Gott, das hätte ich nicht tun sollen! Das schreibe ich ihm auch. Dann meint er, dass ich ins Profil schreiben soll, dass ich einen Herrn habe und nur mit ihm gemeinsam D/S Paare, Sklaven, Sklavinnen und weibliche Zofen suche. Darauf schreibe ich, dass es mir jetzt zu viel wird und ich daher aus dem Forum rausgehe, offline. Er:»Nein, bitte bleib!« Ich bin schon draußen. Etwas später er:»Ändere deinen Profiltext so, wie ich es geschrieben habe!« Jetzt ist mein Ärger ziemlich angeschwollen, ich schreibe zurück:»Wir sind nicht im Spiel. Du gibst mir keine Befehle.« Kurz später er:»Ich hab Bitte gesagt.« Darauf ich: »Und ich hab Nein gesagt.« Er:»Schade.« Ich antworte nicht mehr.»Warum willst du das nicht machen?«, will er wissen. Ich antworte wieder nicht. Schon wieder hat er den Bogen überspannt, der leichtfüßige Schütze. Sein Zwang erdrückt mich. Ich bin enttäuscht und traurig.

28. Mai

In der Früh schreibe ich an *Costar* ein»Guten Morgen«, und das: »Weil es keine Vereinbarung zwischen uns ist, dass wir Sklaven/Zofe haben bzw. auch nicht, dass ich sie suche. Wir haben gar keine verbindliche Vereinbarung, es ist alles offen.« Er beantwortet das mit einem einfachen»Guten Morgen«. Mein Ärger hat sich zwar ein wenig gelegt, aber umso mehr tritt meine Vorsicht hervor; ich bleibe auf Distanz, nähere mich nicht mehr an und schau mal, was von ihm kommt. Um die Flut an Besuchern im Forum einzudämmen, ändere ich den Text in meinem *Devotina* Profil; aber nicht so, wie *Costar* es wollte, sondern ich schreibe: »Ich bin nicht auf der Suche, ich habe einen Herrn. Zuschriften sind nicht nötig.« Das müsste fürs erste reichen. Ob wir uns am Abend treffen werden, ist offen. Meine Enttäuschung stecke ich weg, indem ich mich wieder aus der Costardynamik hinausdenke – nein, er ist nicht der einzige, es gibt andere auch noch. Ich möchte wieder Sex ohne Schmerzen haben, ich werde am Feiertag in einen Swingerclub gehen, im benachbarten Bundesland, und ich unterhalte mich mit zwei potenziellen Kandidaten im neuen Forum. Das hilft mir, wieder Souveränität zu gewinnen. Und siehe da – der eine interessante Kontakt, ein Dom, sucht eine devote Frau, wir vereinbaren ein Treffen für den nächsten Tag.

Den ganzen Tag nichts von *Costar* gehört. Was wird das jetzt, wie heißt dieses Spiel? Er meldet sich nicht, ich melde mich nicht, für 19 Uhr wäre ein Treffen ausgemacht. Aber es kommt nichts, keine Anweisungen oder sonst was. Machtkampf? Mein Ärger kommt wieder auf. Etwas nach 17 Uhr schreibe ich:»Keine Anweisung? Kein Treffen?«Er antwortet erst kurz vor 18 Uhr, er sagt»doch«. Ich:»Wann??«Er:»19 Uhr haben wir gesagt.«Ich:»Du hast dich nicht gemeldet, deswegen dachte ich, das wird nichts mehr heute.«Dann er, es ist schon nach 18 Uhr:»Kommst oder kommst nicht?«Ich hatte es eigentlich schon entschieden, dass ich nicht zu ihm fahre, weil wenn er sich nicht meldet und keinen Kontakt hält, dann tue ich das auch nicht, bin da konsequent. Aber dennoch bin ich hin und her gerissen, schreibe ihm schließlich:»19 Uhr schaffe ich nicht. 19.30?«Als ich das schreibe, befällt mich ein fürchterlicher Bauchkrampf; mein Körper schreit auf, er sagt mir, dass ich es lassen soll – lass es, entspann dich! Er tut dir nicht gut, er stresst dich. Das ist eindeutig, also verwerfe ich diesen Vorschlag und schreibe:»Nein, ich komme nicht.«Dann er:»19.30«. Wieder will er es mit Zwang durchsetzen. Ich kann nicht mehr, ich riskiere den totalen Abbruch, ich schreibe:»Sorry, hab heute keine Lust auf Zwang. Ich steig aus.«Dann geht das so weiter, er versteht nicht, welchen Zwang ich meine, und dass ich Verbindlichkeit wollte, und dass wir gestern 19 Uhr vereinbart hätten. Ich erwidere, dass er sich den ganzen Tag nicht gemeldet hat, keine Anweisungen gegeben hat und ich daher davon ausgegangen bin, dass das Treffen nicht stattfinden wird. Wieder reitet er auf dem

Begriff Verbindlichkeit herum – weil ich das ja eingefordert hätte – und dass die Vereinbarungen immer einzuhalten wären, auch wenn er sich nicht meldet, und dass er sich heute »bewusst nicht gemeldet« hätte. Wie bitte? Ich möchte den Grund dafür wissen – »Weil du über mich zu Recht verärgert warst.« Aha. Also weil ich zu Recht über ihn verärgert war, hat er sich nicht gemeldet. Dass ich diese Logik nicht verstehe, schreibe ich zurück; und dass man gerade dann mit mir reden müsste. Nein, diese Männerlogik verstehe ich nicht, dass gerade dann der Kontakt vermieden wird, wenn er am nötigsten gebraucht wird. Daran ist meine vorige Beziehung gescheitert, an der systematischen Verleugnung, Ignoranz und Nichtbeachtung von Gefühlen. Das kränkt mich schwer, dieser aktuelle Anlass vermischt sich mit meinem alten Schmerz. Dieser intelligenzbefreite Glaubenssatz, dass man mit einer Frau nicht reden soll, wenn sie emotional ist, ist an sich schon beleidigend. Na gut, *Costar* tickt auch so, das ist bedauerlich. Er hatte geantwortet, dass er jetzt am Abend mit mir reden wollte. Ach ja, er will reden? Ich whatsappe ihm diese Frage. Dann er: Ja. Einige Minuten später ich: Mittels Telefon wäre das möglich. Er: Ja.

Was ist da los? Welche Spielchen spielt er jetzt mit mir? Ein paar Minuten später ruft er mich an und fragt, was los sei? Das frage ich ihn auch. Wieder bekomme ich ein paar Runden lang zu hören, dass ich es ja war, die Verbindlichkeit eingefordert hätte und jetzt würde ich mich nicht daran halten. Er schimpft mir das immer wieder vor, dass das Vereinbarte einzuhalten sei. Das frustriert mich. Ich versuche zu erklären, dass es ohne halbwegs freundlichen Kontakt zwischendurch nicht gehen wird. Und nein, es geht nicht darum, dass er noch einmal nachfragt, ob seine Anweisungen angekommen sind, sondern es geht um den Kontakt an sich; wenn man ihn nicht aufrecht erhält, dann gibt es eben keinen. Dann haben wir gut aneinander vorbei geredet und nicht zusammen gefunden. Ja, so ein Missverständnis! Das Problem ist, dass ich mir nicht sicher bin, ob ich es wirklich mit ihm versuchen möchte oder ob ich mich mehr auf neue Möglichkeiten konzentrieren sollte. Aber eines weiß ich, wenn er sich nicht wenigstens ein bisschen um mich bemüht, dann lasse ich es sein. Das wäre zwar schade, aber ich möchte mich nicht auf eine Situation einlassen, die für mich dann insgesamt frustrierend und emotional unbefriedigend ist. Ich versuche, Abstand zu ihm zu halten und erinnere ihn an unseren derzeitigen Status: Wir hatten was angefangen, hatten Vereinbarungen und dann bin ich ausgestiegen, auch aus den Vereinbarungen. Dann haben wir wieder was angefangen, aber die Vereinbarungen sind nicht mehr gültig. Wir müssten alles neu aushandeln. Er muss das natürlich zur Kenntnis nehmen; mein Argument gewinnt jetzt Oberwasser. In diesem Zusammenhang reden wir über unsere zeitlichen Möglichkeiten, seine sind sehr beschränkt, das macht das Ganze nicht einfacher. Und das wäre ihm aber total wichtig, die knappe Zeit ist so wertvoll und daher ist es so schade, dass ich heute nicht gekommen bin; diesen Vorwurf bekomme ich auch noch hinten nach serviert. Tja, bist selber schuld, denke ich, dann behandle mich halt nicht wie eine Maschine. Das nächste Mal hätte er erst kommenden Montag Zeit, nach dem verlängerten Wochenende, weil er dann danach wieder auf Geschäftsreise ist. Sehr mühsam das alles. Ich wünsche ihm einen schönen Urlaub mit seinem Sohn, und dass er sich danach melden soll, wenn er möchte.

In der Geschichte mit *Costar* hat das Thema Strenge ein drückendes Gewicht bekommen. Die mühsame Anstrengung von Versuchen zu einem halbwegs vernünftigen partnerschaftlichen Verhältnis zu kommen mögen nicht gelingen. Es zeigen sich kaum positive Perspektiven für die Zukunft. Das große Ich in diesem um sich selbst drehenden Planeten hat keinen Platz für ein Du, das wird mir zunehmend bewusster und macht mich traurig. Es erinnert mich an meine Beziehung, die aus diesem Grund gescheitert ist – weil dann kein Du mehr da war, nur mehr Ich, und zwar sein Ich. Hm, in Beziehungsfragen lasse ich mich normalerweise gerne beraten, ich brauche hier Diskussion, ich schreibe an *Dagnim*: »Kann ich dich was fragen? Wie war dein Kontakt zu den

Frauen, mit denen du gespielt hast? Ich meine die Art der Beziehung zur Partnerin – eher distanziert oder partnerschaftlich, hat man zwischendurch auch Kontakt oder nicht, macht man auch was in der Freizeit zusammen? Man mag sich ja meistens irgendwie, wie entwickelt sich das dann? Hast du dich schon einmal in eine Partnerin verliebt oder sie sich in dich? Was sind da deine Erfahrungen? Hast du schon längerfristige Beziehungen auch gehabt bzw. ›normale‹ Beziehungen?«

29. Mai

Mit *Costar* bleibe ich vorerst auf Abstand, schreibe ihm kein routinemäßiges »Guten Morgen«. Ich warte ab, ob von ihm etwas kommt. Wenn nicht, dann bestätigt das meinen Verdacht, dass ihm das alles doch nicht so viel wert ist, wie er behauptet hatte. Weil wenn mir etwas wichtig ist, dann kümmere ich mich darum. Ich bin sehr traurig, kann kaum aus dem Haus gehen, weil die Tränen unkontrolliert aus mir heraus kommen. Ich verstehe das einfach nicht: Er hat ja eingesehen, dass ich zu Recht verärgert war, weil er was falsch gemacht hat. Eine angemessene Reaktion wäre gewesen, dass er sich dafür entschuldigt. Aber es kam keine Entschuldigung. Oder habe ich das überhört? Im Ohr sind mir jedenfalls seine sich wiederholenden Schimpftiraden geblieben, übrig geblieben ist ein zerknirschter Nachgeschmack. Eigentlich bräuchte ich nur ein bisschen Liebe, sozusagen, bekommen habe ich aber den strengen Zeigefinger.

Das bevorstehende Treffen am Nachmittag mit *EwaldXX* lenkt mich ab. Er ist 48, 176 cm, 75 kg, braune Haare, braune Augen, hat Kinder, ist gebunden. In seinem Profil im neuen Forum ist folgendes zu lesen: »Motto: Genieße das Leben jeden Tag. Ich bin ein optisch durchaus herzeigbarer, geselliger, interessierter Mann. Das Neue reizt mich immer, am Schönsten ist es, aufgeschlossene Menschen mit der bestimmten Neigung kennen zu lernen. Bin junggeblieben vom Denken und mache gerne Sport, auch wenn es kein Leistungssport ist. Also ran an die Tasten, freu mich über nette aufregende Kontakte. Bin zuverlässig und steh mit beiden Beinen fest im Leben. LG, Peter. Das mag ich: Alles, was Spaß macht, bin gern draußen. Schöne Körper. Schöne Orte. Gutes Essen. Glas Rotwein. Das mag ich nicht: Machos. Wenn man auf Mails oder Anfragen keine Antworten bekommt.« Die vielen Rechtschreibfehler stören mich nicht besonders, weil der Rest freundlich rüberkommt. Beim Hin-und-Her-Schreiben stellt sich schnell heraus, dass er mit der »bestimmten Neigung« eine devote Frau meint und so kommen wir ins Gespräch. Für unser Treffen beschreiben wir die Kleidung, damit wir uns erkennen. Gegen Mittag verwerfe ich mein Alltags-Jeans-Outfit und schreibe ihm, dass ich stattdessen ein Kleid, Strümpfe und Stiefeletten tragen werde. Was ihn natürlich sehr freut. Ich möchte aus der bedrückenden Stimmung heraus kommen, draußen regnet es auch noch, da nehme ich halt meinen Körper und mache schöneres Wetter damit.

Er ist schon da, als ich ins Café komme, er erkennt mich gleich und gibt mir einen Wink mit seinen Augenbrauen. Ein auf den ersten Blick recht sympathischer, bodenständiger Kerl vom Land. Die ersten Verlegenheitssekunden sind bald überwunden, wir beginnen zu plaudern. Es stellt sich heraus, dass er ein echter Dom ist, das lässt er mich vorsichtig spüren. Seine Augen haben ein versautes Funkeln, wenn er mich anschaut; er begutachtet mich von oben bis unten, mir wird ganz heiß. Er hat eine eigene Firma, seine Frau arbeitet da mit, aber in der langjährigen Ehe ist vieles unbefriedigend, und da will er sich noch ausleben. Ich rede auch ganz offen mit ihm, erzähle ihm von meiner Situation und sage, dass ich jetzt in einer Sondierungsphase bin, um einen guten Herrn zu finden. Ich bin nicht sicher, ob er ein ernst zu nehmender Kandidat ist, halte mich diesbezüglich bedeckt. Einiges spricht dafür – er ist zugänglich, offen und freundlich, aber dagegen spricht, dass er weder mit Intelligenz bewaffnet, noch mit gutem

Aussehen gesegnet ist. Jedenfalls ist viel Energie da, er ist ausgehungert und scharf wie eine Haubitze. Für einen Moment denke ich, ja, den würde ich gern erproben, und grinse ihn an. Wir vertiefen unser Gespräch in Richtung Interessen, Wünsche, Vorlieben – da zeigen sich einige Gemeinsamkeiten. Irgendwie gefällt es mir, dass er ein gefühlvoller Mensch ist, sozusagen, er bewirkt, dass ich mich wohlfühle. Wir kommen auf das Thema Analhaken zu sprechen; zunächst weiß er nicht, was ich meine, dann zeige ich ihm Bilder im Internet. Ja, sehr geil! Er geht auf die Toilette und als er zurückkommt, frage ich ihn, ob er Bilder von mir sehen möchte – ja klar, möchte er. Ich zeige ihm ein paar Fotos, unterschiedliche Bilder (Beine mit Netzstrümpfen und Lackstiefel, Muschi mit und ohne Spuren von Schlägen, Arsch mit hook, Ganzkörpercatsuit im Schritt und bei Titten offen etc.). Wie gebannt starrt er auf diese Bilder, ich merke, wie er sich mit purer Geilheit füllt, er hat Mühe, bei Verstand zu bleiben. Ja, das wollte ich! Dass er diese Bilder sieht und weiß, womit er es zu tun bekommt. Er ist hin und weg, und dass ich ihm diese Bilder gezeigt habe, interpretiert er als Vertrauensbeweis. Die Zeit vergeht schnell, ich versuche mich zu sammeln und klar zu denken. Er würde die nächsten Tage wegfahren, aber wenn er wieder da ist, könnten wir uns wieder treffen … Wir tauschen schon mal unsere Telefonnummern. Beim Rausgehen begleitet er mich zum Auto und zur Verabschiedung steckt er mir kurz, aber heftig seine Zunge in den Mund. Ja, der nimmt sich, was er will, er ist engagiert. Ich steige ins Auto und fahre aus dem Parkplatz raus, er fährt vor mir, hält dann rechts neben der Straße, ich bleibe hinter ihm stehen. Er steigt aus und kommt her, öffnet meine Autotür und küsst mich, diesmal noch heftiger und versauter, währenddessen fährt er mir mit seiner linken Hand ins Dekolleté und bekommt meine Titte fest in den Griff, gibt mir eine Andeutung von Massage und Spielerei – es fühlt sich geil an. Ich lasse ihn machen, bewege mich kein bisschen, sondern genieße seine forsche Lustintervention. Kurz und explosiv war jetzt diese Verabschiedung, wir gehen bzw. fahren wieder auseinander.

Am Abend erhalte ich eine Reaktion von *Dagnim* auf meine vielen Fragen an ihn, er schreibt:»So jetzt … Ich würde das Verhältnis zu den Frauen, mit denen ich gespielt habe, als freundschaftlich bezeichnen. Ich hab die meisten immer ganz gut gekannt. Öfter was unternommen, Kino, essen gehen, Kurzurlaub usw. Und da ich die Person gerne näher kennen lerne, hat sich da ein intensiverer Kontakt ergeben. Hab jetzt noch Kontakt zu der einen oder anderen, aber nur telefonisch, oder mal auf einen Kaffee oder so. Oder mal zum Quatschen. Es gab aber auch kurze intensive Begegnungen. Ein geiles Abenteuer, ein schneller Fick, und danach nur mehr ab und zu Kontakt. Das waren meist Frauen in Beziehungen. Ich hatte auch schon normale Beziehungen, aber normal ist oft so unspektakulär ;-) Und es entwickelt sich so wie alles andere im Leben. Entweder geht's in die eine oder andere Richtung. So, ich hoffe, ich konnte das fürs erste halbwegs beantworten? Manche suchen hier im Forum die große Liebe. Ich persönlich glaube nicht, dass man das hier findet. Aber man findet hier tolle Leute, tolle Erlebnisse, tolle Ergänzungen, und ja, es gibt auch für manche hier den großen Jackpot ;-)«

Meine Antwort an ihn:»Ja, man hat tolle Erlebnisse, das kann ich bestätigen ;-) Danke für deine ausführliche Antwort, ist sehr aufschlussreich. Ich mache mir da die einen oder anderen Gedanken, ist ja noch recht neu das Ganze für mich. Irgendwie hab ich das Bedürfnis, dieses neue ›Hobby‹ besser in mein Leben zu integrieren. Also nicht nur so nebenbei oder kurz und heimlich meinen Lüsten nachgehen, sondern das zu einer Art Lebenseinstellung machen. Und da orientiere ich mich noch; ich möchte spielen! Aber ich brauch auch etwas fürs Herz, ein bisschen zumindest. Also am besten eine nette, halbwegs verbindliche SM Partnerschaft. Und dahingehend sind deine Erfahrungen sehr aufschlussreich, danke.« Aha, so ist das also. Alles Mögliche ist möglich. Der gemeinsame Wille beider ist jederzeit gut, solange er gut vergemeinschaftet wird – das bedeutet reden, zuhören, verstehen wollen, verhandeln, abgrenzen, einfordern, übereinstimmen. So wie in »normalen« Partnerschaften, wo das auch nicht funktioniert. *Dagnims* Beratung hilft; *Costar* bekommt jetzt eine eigene Schublade in meinem inneren Kasten mit der Aufschrift »Es ist kompliziert«, Deckel drauf und wie eine Schuhschachtel verstaut. Ich weiß noch nicht, ob ich sie wegwerfe, diese alten Schuhe, vorerst werden sie aufgehoben, wer weiß. Ich habe schon öfter in meinem Leben irgendeinen narzisstischen Trottel an mir haften gehabt, die bin ich alle elegant losgeworden. Weil ich selbst ausgeprägt narzisstisch bin. Männliche Egotrips gehen sich auf Dauer neben meinem Ego nicht aus.

Nüchtern betrachtet hat man es hier mit einem unauflösbaren Widerspruch zu tun: Die männlichen Omnipotenzphantasien stehen im krassen Widerspruch zu meiner sexuellen Selbstbestimmtheit. Man kann diesen Widerspruch nur insofern behandeln, dass man versucht, beide Seiten in einen Ausgleich zu bringen, sodass beides sein kann. Aus meiner Sicht stellt sich das Ganze derzeit so dar, dass ich meinen Teil in diesem Widerspruch stärker wirksam werden lassen sollte. Meine Unterwürfigkeit ist ein Geschenk, mit dem man sehr pfleglich umzugehen hat. Darüber hinaus bin ich als Person ein Gewinn, auch das wäre mit einer entsprechenden Aufmerksamkeit zu quittieren. Künftig werde ich also mehr darauf achten, ob mein Gegenüber auch wirklich würdig ist für meine Beschenkung.

30. Mai

An einem verregneten Feiertag wie heute ist es fast unvermeidlich, dass man sich irgendwo in die Untiefen der Sehnsüchte, Hoffnungen und Ängste einnistet. Zurückgeworfen auf sich selbst bleibt dann der Körper übrig, der ist heute auf Stand-by, heute mag er nicht. Die Maso-Lust ist unter den beziehungstechnischen Ärgerlichkeiten begraben. Ein Bild von *EwaldXX* (Fessel und Halsband halb aus Leder, halb aus Kette) heitert mich ein wenig auf – wenigstens einer, der an mich denkt. Ich soll ihm spontan ein paar Worte zu diesem Bild sagen, was nicht lange auf sich warten lässt. Wir hatten vereinbart, dass wir uns diese Tage – das verlängerte Wochenende – nicht whatsappen, weil er mit seiner Familie unterwegs ist; und er hatte auch erwähnt, dass er von seiner Frau kontrolliert wird. Daher hat er ein zweites Telefon. Ist mir sehr recht, habe ohnehin keine Lust zum Schreiben. Nur diese paar Worte, dann Funkstille. Schon wieder so einer; gebunden, sexuell und machtmäßig schwer unterfordert, hat vielleicht ein Mal pro Woche zwei bis drei Stunden Zeit, und will dann aber der einzige sein! Diese Logik geht nicht auf. Ich habe ihm ganz klar gesagt, dass ich am Sondieren bin, dass ich ein paar Vergleiche brauche, immerhin kann ich es mir aussuchen.

Als *babsi_joy* unterhalte ich mich mit dem einen oder anderen. Da gibt es einen Verrückten, der schreibt mir jeden Tag, oft mehrmals pro Tag. Ich habe am Anfang den Fehler gemacht, dass ich auf sein Kompliment zu meinem Profilbild ein Lächeln geschenkt habe (dies sind automatisierte Funktionen in diesem Forum). Seitdem reagiere ich nicht mehr, er aber umso mehr – ein fürchterlich aufdringliches Monster. Ich kann ihn nicht blockieren, finde diese Funktion nicht. Auf der erfreulichen Seite gibt es hingegen ein paar interessante Anwärter, u. a. einen jungen Mann, *overandout*, 38, 189, 90 kg, grüne Augen, braune Haare, lässig, dominant, in offener Beziehung, sucht Kontakte zu Frauen – laut Profilangaben. Sein Motto lautet: Wer nicht wagt, der nicht gewinnt. Ein kleiner Odysseus auf seiner Reise zu erotischen Abenteuern, ein Dom laut Selbstbild, im Finanzbereich tätig. Wir schreiben ein paar Mal und es läuft darauf hinaus, worauf es immer hinaus läuft: Trifft man sich? Wir vereinbaren ein unverbindliches Kennenlerntreffen für den nächsten Tag, am späten Nachmittag.

Als *Devotina* schreibe ich *Dagnim*, dass ich doch nicht in den Club fahre, weil ich Blutungen bekommen habe. Er will wissen, wie ich zu Sex mit Frauen stehe. Ich schreibe: »Sex mit Frauen?

Ich bin nicht lesbisch, also Frauen erregen mich nicht wirklich. Allerdings finde ich Frauen oft durchaus erotisch und bekomme Phantasien, wobei ich da eher dominant bin, in der Phantasie. Also dass ich was mit ihr mache … ich habe ein paar wenige Erfahrungen, geschmust mit Frauen, ein wenig gefummelt und 2 x habe ich schon eine Muschi geleckt. Das ist ganz einfach, weil ich ja weiß, was gut tut ;-)))«. Ich denke, das ist das, was ein Mann hören möchte. Ja, er würde da gern zuschauen, eh klar. Dann stelle ich klar:»Das mit Frauen, wie gesagt, ist nicht meine Priorität, es muss passen als nebenbei-Spielerei. Lieber ist mir ein männlicher Partner! Oder zwei männliche Partner. In meinen Phantasien kommen ausschließlich Männer vor ehrlich gesagt. Ich bin ein wenig exhibitionistisch denke ich ;-)« Ob ich dann besonders geil bin, wenn ich die Regel habe, will er wissen. Natürlich bin ich das: »Ja, ich bin ziemlich geil während der Regel, ich glaub, da geht es vielen Frauen so. Hm, ein praller Schwanz wär jetzt echt was Tolles …« Da möchte er natürlich wissen, was ich jetzt damit machen würde …?

31. Mai

Das Wetter wird besser, meine Stimmung auch. Ich bin *Dagnim* noch eine Antwort schuldig, ich schreibe:»Ich würde ihn zunächst sanft in meine Hände nehmen, ein paar Küsse zur Begrüßung, dann mit der Zunge an der Eichel anfangen zu spielen … dann würde ich die Eichel in den Mund nehmen und abwechselnd lecken und ein wenig saugen … dann nehme ich etwa die Hälfte des Schwanzes in den Mund und blase ein bisschen, und dann wieder nur die Eichel. Und dann teste ich, wie weit ich ihn hineinbekomme in den Hals, das probier ich ein paar Mal, lasse ihn drin, so lang bis es nicht mehr geht … und blase ihn zunächst sanft, dann etwas mehr und rhythmischer, sauge daran und schau, wie du reagierst … Ich lecke zwischendurch auch mal deine Eier, dann wieder den Schwanz – saugen und blasen, auch mit der Hand wichse ich ihn und zum Finale blase ich dich so lange tief und intensiv, bis ich alles aus dir herausgesaugt habe … und was machst du dann mit mir? ;-)« Er antwortet: »Ich werfe dich auf das Bett oder die Couch. Öffne weit deine Schenkel, und stoße mit meinem Kopf in Richtung deiner geilen Pussy. Fange langsam an sie zu lecken, steck dir zwei Finger rein, und beginne dich zu fingern. Schön langsam. Dann zieh ich dein Häutchen hoch, lege den Kitzler frei, lecke daran. Sauge daran. Dann hole ich einen Vibsi und beginne damit an deinem Kitzler rumzuspielen, während ich dich schneller fingere. Zwischendurch greife ich mit einer Hand nach deinen Titten, knete sie abwechselnd, kneife deine Nippel … Wenn ich dann merke, dass du richtig in Fahrt kommst, steck ich dir einen Finger langsam in den Arsch und fange an dich dort zu fingern. Und während ich mit einer Hand deine Titten massiere, deinen Arsch fingere und dich lecke, verwöhne ich noch deine Klit, bis es dir kommt.« Wow, das wär jetzt genau das Richtige für mich!

Mein Körper ist wieder aus dem Feiertagskoma erwacht und vermeldet Bewegungslust. Am Nachmittag bin ich mit dem Fahrrad in der Natur unterwegs und genieße die grüne frühlingshafte Unschuld. Ich bekomme ein Whatsapp von *Costar*, einen Gruß aus seinem Badeurlaubsort mit Foto – er, die Sonne genießend. Etwas später antworte ich, auch in diesem Modus, ein Foto von mir mit Natur im Hintergrund, auch mit Gruß. Er meldet sich also – soll ich mich freuen? Eine unangenehme Beklemmung breitet sich um mein Herz aus, ich trete in die Pedale, Flucht ist jetzt wohl das Beste. Ich sollte später noch den jungen Mann treffen, auf einem Parkplatz, eingestimmt bin ich dafür nicht. Es ergibt sich dann auch so, dass er erst später mit seiner Sache fertig wird, für mich ist das dann aber zu spät, und so verschieben wir unser kurzes Sympathie-Check-Treffen, wie er es nennt, auf nächste Woche vielleicht.

1. Juni

Der schöne Tag heute sollte genutzt werden für Outdooraktivitä-
ten, mein Körper braucht frische Luft und meine Seele braucht
Erholung von der Costar-Kränkung. Ich verabrede mich mit
einem alten Bekannten, Norbert, den kenne ich aus der Kindheit,
er hat mir seinerzeit das Blasen beigebracht, als ich 15 war. Er ist
etwa 10 Jahre älter als ich, alleinstehend, ein alter Freund von
meinem Bruder, wir haben ein sexloses, sozusagen nur mehr
geschäftliches Verhältnis; ich kaufe mein Gras immer bei ihm.
Wir erzählen uns alles, die Sexgeschichten, also er mir mehr als
ich ihm, er weiß nicht, dass ich neuerdings SM-mäßig aktiv bin.
Ich möchte zum Erotiksee und da ist es mir lieber, wenn ich einen
Begleiter habe. Wir finden einen sehr schönen Platz, wobei das
Wasser zum Baden noch zu kalt ist. Wir sitzen in der Sonne, plaudern, er macht Fotos von meinen Yoga-Übungen (ich nur mit Höschen), ich rauche einen Joint – es ist idyllisch, fast schon kitschig.
Man sagt, dass an diesem See frivole erotische Abenteuer stattfinden; es gibt einen eigenen Schwulenstrand, der ist am hinteren
Ende dieses Sees, sonst gibt es alles Mögliche an Leuten, aber
vorwiegend nackt oder oben ohne Badende, Pärchen und Einzelne. Wenn man als Frau alleine da her geht, bleibt man meistens
nicht lange allein bzw. unbeobachtet. Der Wald rings um den See
bietet diesbezüglich gute Versteckmöglichkeiten.

Norbert und ich haben einen der wenigen guten Liegeplätze ergat-
tert, er spannt seine Hängematte auf. Da kommt von hinten ein
schlanker nackter Mann daher, etwa 50, und fragt ihn um Feuer für
seine Zigarette. Dieser Typ ist schon eine Weile um mich herum-
geschlichen, ist ein paar Mal vorbeigegangen und hat geschaut.
Einmal kamen zwei nackte Männer vorbei, wobei da nicht klar
war, ob das ein schwules Pärchen war. Der Nackte raucht seine
Zigarette und bleibt etwa 10 Meter von uns entfernt, steht da ein
Weilchen herum und geht dann wieder. Sowas finde ich irgendwie
prickelnd – man weiß nie, wer als nächstes vorbeikommt und was

er machen wird. Die Sonne ist noch nicht sehr kräftig, das ist angenehm; ich beobachte die sehr aktiven Fische im Wasser, offenbar ist gerade Paarungszeit. Ich muss pinkeln und ich weiß, dass Norbert auf Natursekt steht; ich sage ihm, dass ich pinkeln muss. Bitte, ich soll mich dort zu ihm stellen oder hocken, damit er zuschauen kann. Seiner Bitte komme ich nach und platziere mich so, dass ich etwas erhöht auf einem kleinen Felsen hocke, schon halb im Wald. Er liegt schräg vor mir in der Hängematte. Als ich lospinkeln will – es geht nicht gleich – will er sich in der Hängematte der Länge nach umdrehen, damit er mich besser sehen kann, und macht das so ungeschickt, dass er rückwärts aus der Matte fällt, mit dem Kopf voran, und mit dem Rücken knallt er hart am Boden auf. In dem Moment bekomme ich einen Lachanfall und mach mich an, im wahrsten Sinn des Wortes – mein Urin spritzt aus mir heraus wie aus einem Feuerwehrschlauch vor lauter Lachen. Er hat sich voll weh getan, aber vor allem nichts gesehen, weil er dann von mir weggedreht war, total starr und unbeweglich, und hat nicht gesehen, wie ich gepinkelt habe. So ein Pech! Und zuvor hatte er mir noch lang und breit erklärt, dass er extra diese Hängematte aus Marokko mitgenommen hat, weil sie so gut ist, so stabil, dass man da nie rausfallen kann …

Der Abend ist angebrochen, die Sonne beginnt den Rückzug. Ein Mann ist aufgetaucht, vielleicht Mitte 30, den habe ich schon früher beim Hergehen gesehen, jetzt ist er noch einmal vorbeigekommen. Er ist etwa 25 bis 30 Meter von uns entfernt, versteckt sich im kleinen Wäldchen bzw. steht da zwischen den Bäumen. Ich lege mich so hin, dass er meinen Arsch gut sehen kann, dann stehe ich auf und gehe herum, bücke mich … wir sind bereits am Heimgehen, es ist schon spät. Ich gehe etwas näher hin und sehe, wie er sich wichst – ein harter Schwanz mit großen Eiern. Ich lächle ihn an, drehe mich aber wieder weg, rede mit Norbert und räume meine Sachen zusammen. Ein paar Mal schaue ich noch hin, er wichst immer noch, dann kommt Norbert und schaut auch hin, und auf einmal ist er weg, der Spanner.

2. Juni

Wieder so ein schöner Tag, der mich hinauslockt, aber meine Naturlust wird jäh unterbrochen von einer Whatsapp von *Costar* am Vormittag, er sagt Guten Morgen, er sei wieder zuhause. Ja, und jetzt? Wieso kann er nicht kurz anrufen, denke ich, also denken wäre übertrieben, ich bin verwirrt, der Ärger kommt wieder hoch. Ach ja, mein letzter Satz bei unserem letzten Telefonat war, dass er sich melden wird, wenn er wieder da ist. Ich antworte: »Guten Morgen! Ich bin nicht sicher, was ich mit dieser Info machen soll. Bitte ruf mich an, wenn du mir etwas sagen willst«. Will er aber nicht, er ruft nicht an. Er schreibt, dass er sich nur zurückmelden wollte. Dabei belasse ich es dann. Etwas später frage ich, wie es war und er sagt irgendwas von technischen Problemen beim Boot fahren. Hm, das hat wieder alles nichts mit mir zu tun. Unsere Kommunikation ist maschinenartig schwarz-weiß, kaum emotionale Färbung, keine Untertöne, ein kalter Sound, der mir nicht gefällt. Ich antworte nicht mehr, steige aufs Fahrrad und versuche meine Traurigkeit wegzutreten.

Man sollte sich nie mit dem Erstbesten zufriedengeben. Dies erhebe ich zum Spruch des Tages. Er wird meistens in der Wirtschaft angewandt, denn da will man sich auch immer verbessern, damit das bessere Produkt noch teurer verkauft werden kann. Das Erstbeste kann gut sein, aber es kann auch daran hindern, das Nächstbeste kennen zu lernen. Der Kapitalismus ist im Grunde so angelegt: Das Neue wird in der Zukunft das Alte sein, daher muss man es jetzt schon verbessern. In der Sexual- und Liebesökonomie ist dieses Prinzip ebenso zweckmäßig, meine ich, immerhin liegt es im höchsteigenen Interesse, für sich das Beste herauszuholen, und das legitimiert praktisch auch alle Mittel für die Zielerreichung.

3. Juni

In der Früh meldet sich *EwaldXX* per Whatsapp, er will wissen, wie es mir geht. So früh bin ich noch nicht sehr kommunikativ, antworte aber trotzdem, man will ja nicht unhöflich sein. Dann ruft er mich an und plaudert los, will alles Mögliche wissen, ich versuche ihm zu vermitteln, dass ich viel zu tun habe. Er hätte gern ein Foto von mir in meiner Arbeitskleidung, ich soll ihm eines schicken. Etwas später erhalte ich ein Foto von ihm, in seinem heutigen Arbeitsgewand; er hatte mir ein paar Gesichtsfotos aus seinem Kurzurlaub geschickt, die schauen fürchterlich aus. Gut, ich schicke ihm also auch ein Foto von mir. Hier entschließe ich mich, dass ich das nicht mehr tun werde; ich werde keine Anweisungen oder Bitten erfüllen, wir haben ja noch keine Vereinbarungen, nichts. Mir scheint, dieser Typ ist nicht gut bei Verstand.

Von *Costar* höre ich nichts – ich hatte ihm in der Früh gewhatsappt, ob es heute dabei bleibt, dass wir uns am Abend treffen. Erst am frühen Nachmittag meldet er sich, fragt, ob um 19 Uhr bei ihm eine Session oder um 17 Uhr zum Erotiksee? Ich überlege kurz und entscheide mich für den See, zum einen weil es heute sehr heiß ist, aber vor allem, weil ich ja mit ihm reden möchte. Ich bin fast genau so überpünktlich beim vereinbarten Ort wie er (5 – 7 Minuten vorher). Wir begrüßen uns freundlich, würde ich sagen, ohne Kuss. Aber wir kommen gut ins Gespräch, ich frage ihn, er erzählt vom Urlaub mit dem Sohn. Um zum See zu kommen, muss man ein gutes Stück in den Wald gehen, teilweise schwierige Wege in Kauf nehmen, um dann beim kitschig idyllischen See anzukommen, wo die schönsten Badeplätze bereits belegt sind. Er will ein lauschiges Plätzchen ohne Nachbarn finden – so ein kleiner Wandertag ist ja auch nett, immerhin macht man etwas zusammen. Der Wald ist schön, aber auch geheimnisvoll und tückisch; Kindheitserinnerungen kommen hoch … Endlich lassen wir uns nieder, es sind auch noch andere Badende in der Nähe, ein einsames Plätzchen war nicht zu finden. Wie auch immer. Er ist nackt, ich habe eine Badehose an, gehe sogar ins Wasser und schwimme eine kleine Runde.

So, nun sind wir da, ich beginne das »ernsthafte« Gespräch, das ich heute mit ihm führen möchte. Kann ich dir etwas sagen?, so eröffne ich es. Nämlich dass ich nach unserem letzten Telefonat sehr unglücklich war, über das Ergebnis und über den Verlauf, weil dies und jenes; und dass ich auch die letzten Tage gelitten habe, weil wir so gut wie keinen Kontakt hatten, andererseits war diese Zeit aber auch gut, weil ich in Ruhe nachdenken konnte und mir jetzt klar ist, was ich will: Ich will spielen, aber das allein ist mir zu wenig. Ich möchte darüber hinaus auch das Gefühl haben, als Mensch wahr- und ernstgenommen zu werden, also ein Verhältnis auf Augenhöhe, wo ein Mindestmaß an Wertschätzung da ist, das hätte ich ihm ja schon gesagt – dass ich außerhalb des Spiels auch ein wenig Zeit mit ihm verbringen möchte bzw. mit ihm kommunizieren möchte, ganz zwanglos, und das heißt u.a. auch öfter reden, nicht nur whatsappen. Weil sonst komme ich mir zu stark benutzt vor, wenn es nur das eine ist. Das versteht er, und er stimmt sogar zu, also für sich, er sagt auch, dass ihm das Spiel allein zu wenig ist. Aha? Ja, und wie jetzt – was kann das sein, das »Darüber-Hinaus«? Keine Ahnung, wie man das macht, wir haben beide keine Erfahrung darin. Ich sage, dass ich sehr wohl einen Beziehungswunsch habe, also ich möchte das Gefühl haben, dass mein Mit- (oder Gegen?-)Spieler wenigstens ein bisschen auf mich steht, und mir das auch zeigt, indem er sich ein bisschen um mich bemüht. Wenn das nicht kommt, dann kann ich das nicht machen. Das versteht er, und er akzeptiert auch, dass wir unser Verhältnis daher unverbindlich handhaben. Er sieht ja ein, dass ich mich umschaue und dass ich mich ihm bezüglich nicht festlegen möchte.

Er möchte keine Beziehung, so sein Wortlaut. Hier frage ich nach, was er unter Beziehung versteht, worauf er ein Bild zeichnet, wo er sich eingeschränkt fühlt – wenn man jeden Tag am Nachmittag sagen muss, was man am Abend essen möchte. Hm, verstehe. Er möchte allein sein, wenn er von der Arbeit nach Hause kommt, das ist einfach das Beste, befindet er. Ja, unsere Zeitbudgets für die Egopflege sind unterschiedlich – er zu wenig, ich zu viel. Wir besprechen verschiedene Möglichkeiten, ob und wie man eine gemeinsame Zeit gestalten könnte, wobei ich feststelle, dass in seinem Leben aus meiner Sicht aber kein Platz ist für noch etwas. Da widerspricht er, es sei halt wenig Platz, die Zeit ist knapp, aber diese Zeit wäre ihm sehr wichtig. Wie auch immer, wir kommen darauf zurück, dass es ohne Wertschätzung für die Person hinter dem Sexobjekt nicht geht. Wenn ich in ihn verliebt wäre, dann wäre alles anders. Wie bitte? Er ist verwundert über diese Aussage. Ja, wenn ich in ihn verliebt wäre, dann würde ich ja alles in Kauf nehmen, weil ich ihn idealisieren würde. Ich würde in Kauf nehmen, dass er sich lange nicht meldet und wenn, dann hat das nur mit dem Spiel oder mit ihm zu tun. Ich bin aber nicht verliebt, daher brauche ich eine freundliche Kommunikation auf Augenhöhe, wo mein Ego adressiert wird. Das sickert bei ihm langsam.

Das Gespräch tut gut; zwar versucht er immer wieder zu flüchten, aber ich hole ihn zurück, da kann er jetzt nicht weg. Irgendwann hat es sich aber fertig geredet, ich creme ihn am ganzen Körper ein und wir genießen noch ein wenig die Sonne. Dann brechen wir auf in den Wald, gehen kreuz und quer, schließlich auf eine felsige Anhöhe, wo es oben ein kleines Plateau gibt, rundherum nur Wald und eine Stromleitung. Er wirft sein Handtuch auf den Boden, prüft kurz die Nässe meiner Muschi und weist an, dass ich mich hinknien soll. Er steckt mir seinen noch schlafenden Schwanz in den Mund, langsam blase ich ihn auf. Kaum ist er ein bisschen härter, bekomme ich ihn hart in den Mund gepresst, sodass auch meine Nase zugedrückt ist. Mein Würgen und um-Luft-Ringen erregt ihn, er küsst mich. Dann muss ich ihm in der Hundestellung meinen Arsch hinstrecken, er beginnt mich zu fingern und merkt an, dass es ihm nicht gefällt, dass ich nicht gut rasiert bin. Dafür bekomme ich einige auf den Arsch – wie viel will ich haben? Ich sage fünf. Wie viel?, fragt er. Ich sage wieder fünf. Er – gut, dann fünf, ich bekomme den Arsch versohlt, mit einer mitgebrachten Peitsche, und muss mitzählen. Anschließend fingert er mich – oh, sie ist ganz nass, meint er wohlwollend und fingert mich etwas härter. Dann bekomme ich wieder seinen Schwanz in den Mund, wieder reizt er mich aus, er erhöht das Level. Sein Spiel ist aber flüchtiger als sonst, wahrscheinlich weil wir im Wald sind. Wieder bekomme ich fünf auf den Arsch, etwas härter, ich schreie leicht auf und wimmere. Sei still!, befiehlt er: Sei still und beweg dich nicht! Weiterzählen! Nach dem letzten Schlag packt er mich bei den Haaren, reißt mich nach hinten, hält mich fest, und wichst sich mit der anderen Hand, mein Gesicht und mein offener Mund sind knapp unter seinem Schwanz. Er wichst sich hart und spritzt mir ins Gesicht und in den Mund. Ich werde weiter gefingert, habe mich umgedreht und liege auf dem Rücken, er neben mir. Die Luft, die er mir vorhin in die Muschi gepumpt hat, verschafft sich Freigang, das ist mir unangenehm. Meine Muschi furzt vor sich hin, das ist nicht besonders prickelnd. Und weil es schon spät ist, brechen wir auf bzw. aus dem Wald heraus, machen noch Fotos (nackte Muschi und Natur) und verabschieden uns herzlich. Ich bin überglücklich, die Welt ist wieder in Ordnung. Wir wollen beide mehr als spielen, was und wie wissen wir zwar nicht, aber wir versuchen da mal etwas.

Später am Abend amüsiere ich mich über eine Unterhaltung, die ich als *Mariaimhimmel* mit *Hallogauting* führe:
(1. 6.), Er:»Unterhaltung beginnen: Hast du schon Erfahrungen in dem Bereich gemacht, wie stark ist deine SUB – Neigung aus gebrüht?« (2. 6.), Ich:»Bist du ein Computer?« Er:»Warum soll ich ein Computer sein« Ich:»Weil meine Neigung zur Sub nicht ausgebrüht, sondern ausgeprägt ist« Er:»Das tut mir leid, hab mich wohl vertippt und das Wörterbuch hat's dann korrigiert! [Telefonnummer] Bei Whatsapp können wir besser schreiben.« Ich:»Ich gebe meine Nummer nicht her, wir können auch hier

schreiben.« Er:»Ok, sehr gerne. Beschreite mir bitte deine Neigung und was du dabei fühlst!«Ich:»Ich finde es erregend, wenn ich Anweisungen befolge, angefangen von blasen bis zu bestimmten Haltungen oder Stellungen; mag Fesseln, Augenbinde oder Maske. Leichte Schmerzen mit Hand, Gerte, Peitsche ... wie hört sich das an fürs erste?« Er:»Hallo, ich empfinde deine Ausführungen als Teil eines sexuellen Rituals oder als Teil wenn man miteinander schläft. Um in den Zoo zu sein gehört natürlich einiges mehr dazu als der klassische Geschlechtsakt. Es geht um Vertrauen, Unterwerfung, Gehorsam und dergleichen. Für den Anfang ...« (3. 6.), Ich:»In den Zoo??«
Er:»War wieder das Wörterbuch, sollte SUB heissen« Ich:»Die Vorstellung, dass man diesbezüglich im Zoo was machen könnte, ist durchaus reizvoll ... ich meine jetzt nicht mit Tieren! sondern Dom-submäßig, die Tiere schauen zu ... Ich merke, die Unterhaltung mit dir hat immer was Lustiges ;-)«

Nicht so amüsant finde ich, dass mich *EwaldXX* sehr spät noch anruft – ja, selber schuld, ich habe abgehoben. Er wird aufdringlich, er hat sich meine Homepage angeschaut und möchte, dass ich ihm ganz genau erkläre, was ich mache, und ob ein normaler Mensch wie er das auch verstehen würde. Er kommt von seiner Baustelle und hat Bier getrunken – das interessiert mich jetzt aber herzlich wenig. Seine Aufdringlichkeit muss ich abdrehen, ich sage, dass ich nicht eingestellt war auf so ein spätes Telefonat und beende das Gespräch. Dann kommt noch ein Whatsapp, ich soll ihm ein Bild von meiner Spielzeuglade schicken. Den Teufel werde ich tun. Er ist nicht mein Herr und wird es auch nicht werden, keine Chance, zu doof, zu aufdringlich, zu hässlich.

4. Juni

Heute ist Dienstag; diese Woche ist arbeitsmäßig turbulent, ich komme kaum zurecht. Trotzdem kaufe ich in der Mittagspause im

Sexshop ein neues Outfit für die Party am Samstag. Es sollte nicht zu nuttig sein, eher dezent, aber dennoch soll es ein eindeutiger SM Style sein. Ich finde eine Art Bikinibody, schwarz, wetlook, bei Muschi und Titten offen. Am Abend schicke ich Bilder davon an *Costar*, er will zum Vergleich auch die schwarze Korsage noch mal sehen. *EwaldXX* schickt mir Whatsapps, er will mich treffen und mit mir reden; ich habe ihn schon längst auf stumm geschaltet bzw. lösche seine Nachrichten. Er versucht es über das Forum, macht mich blöd an – ob ich schon was gefunden hätte. Ich antworte nicht.

5. Juni

Zur Mittagszeit finde ich wieder ein Zeitloch, um noch mal shoppen zu gehen und kaufe teures Zeug – einen schwarzen lackartigen Body, der sich später als nicht gut tragbar herausstellt. Davon schicke ich Bilder an *Costar* – ohne Reaktion.

Ich schreibe an *EwaldXX*, dass ich – wie ich ihm schon gesagt hatte – weiterhin sondiere und dass ich mich jetzt nicht festlegen möchte, daher möchte ich auch nicht hin und her schreiben. Das wars dann hoffentlich, der ist abgestellt. Im anderen Forum unterhalte ich mich als *Mariaimhimmel* nicht nur mit *Hallogauting*, sondern auch mit *Beekeeper*, 35, 179, sportlich, Single, Raucher und Dom. Er wirkt irgendwie jugendlich, es ist nett, sich mit ihm zu unterhalten, er hat etwas Erfrischendes, aber auch etwas Flüchtiges. Sein Profilbild zeigt seinen Torso, einen schön strukturierten Oberkörper ohne ein Gramm Fett. Er macht mich neugierig und ich teste ab, wie verbindlich bzw. spontan er wäre hinsichtlich der Frage, ob wir uns treffen sollten. Er spielt aber auch ein wenig damit, letztlich bleiben wir unverbindlich.

Am Abend rufe ich *Costar* an, ich möchte über die SM Party reden, es sind nur noch 3 Tage bis dahin. Anscheinend ist er müde, er gibt sich wortkarg; er meint, dass ich wieder zu viel nachdenke; ja, ich bereite mich eben vor und da möchte ich mich etwas mit ihm abstimmen. Das Gespräch verläuft trocken und kurz.

7. Juni

Habe gestern und heute nichts von *Costar* gehört, das ist seltsam. Unser Ausflug zum See war doch nett, wir hatten ein gutes Gespräch und etwas Sex im Wald mit vielen Mückenstichen. Wie auch immer, ich ersticke in Arbeit und leide unter der plötzlichen Sommerhitze. Morgen ist die SM Party, da brauche ich noch die eine oder andere Info. Am Abend schicke ich ihm ein Whatsapp mit der Frage, wann wir morgen losfahren. Seine Antwort:»Wir werden nicht fahren.« Ich:»Aha, warum nicht?«Er:»Weil ich Zeit zum Nachdenken hatte und spüre, dass es nicht zu 100 % passt und ich daher lieber nicht weiter mache,« Das endet mit einem Beistrich – kommt da noch was? Etwas später antworte ich: »o.k. d. h. wir sehen uns nicht mehr« da mache ich auch kein Satzzeichen. Was ist das? Per Whatsapp Schluss machen und dann keinen Punkt machen? Das ist es mir dann auch nicht wert diesen Punkt zu machen, es endet dann eben punktlos. Und nahezu emotionslos; ich verspüre nur einen leichten Ärger hinsichtlich dessen, dass ich es nicht war, die Schluss gemacht hat. Na, gut. Alles hat auch sein Gutes, ich bin irgendwie erleichtert, aber dennoch auch etwas zerknirscht.

Für solche Fälle ist *Dagnim* die richtige Adresse; auf seine Frage, ob ich das schöne Wetter gut nütze, schreibe ich:»Nein, diese Woche hab ich leider keine Zeit fürs schöne Wetter, hab total viel Arbeit, muss auch morgen wieder ;-(und ansonsten kann ich leider nicht viel Erfreuliches berichten. Hin und wieder treffe ich jemand für ein unverbindliches kennen lernen, aber da ist nichts für mich dabei. Ich hatte allerdings 2 Sessions mit meinem ersten Spielgefährten und es hat auch so ausgeschaut, dass wir weiter machen, wir wollte am WE zu einer privaten Party, aber das hat er auf einmal abgesagt, und auch dass er nicht weiter machen möchte. Finde ich komisch, wenn man mit einer Whatsapp abserviert wird. Du siehst also, da gibt es derzeit nicht viel Erfreuliches …« Er antwortet:»Ja schade, das tut mir leid für dich. Das mit der vielen Arbeit, und das mit der Absage. Aber es kommen sicher wieder bessere Zeiten. Bei mir geht's auch drunter und drüber. Hab jetzt echt langsam Urlaub notwendig, und ordentlich ficken wäre auch nicht schlecht. Mal richtig Druck ablassen. So und so. Aber ich versuche mich jeden Tag zu motivieren und voller Energie neu in den Tag zu starten!« Ich:»Ich auch, es bleibt eh nichts anderes übrig. Zum Glück kommt jetzt ein verlängertes WE, vielleicht geh ich einmal Baden. Aber nicht zum Erotiksee, da mag ich allein nicht hin. Ist es bei dir auch so heiß wie bei uns? Es ist wie im Hochsommer, ich mag die Hitze nicht. Wie viele Stunden arbeitest du die Woche durchschnittlich? Ich bin sexmäßig auch hungrig, ich hätte total gern meine Muschi geleckt, ganz ausführlich, ohne dass ich irgendwas dafür tun muss …«

8. Juni

Die Unterhaltung mit *Dagnim* geht weiter. Er:»Bei mir hat's jetzt auch um die 30 Grad. Nach einer sehr langen Regenphase. Ich bin kein Fan von der Hitze. Mag lieber die kühlere Jahreszeit. Wobei es bei dem Wetter ja auch ein paar Vorteile gibt. Bei mir ist es total unterschiedlich. Ich hab eine 40 Stunde Woche, aber auch mal eine mit 60 oder 80. Zurzeit ist die Stundenbelastung eher höher. Angebot: ich leck dich fein und besorg es dir, wenn du mir dafür den Schwanz entsaftest? Deal? ;-)« Ich:»Ja, auf diesen Deal würd ich mich einlassen ;-) Wann kommst dann vorbei?« Er:»In zwei Wochen komm ich zurück. Deshalb musst du und ich noch ein wenig selbst Hand anlegen … Gute Entscheidung ;-)« Ich:»In 2 Wochen? Sicher? Bleibst du dann da oder musst wieder weg? Was ist das für eine Firma? Ich würde gern wissen, wie du ausschaust … mich kennst du ja schon ganz gut, von den Bildern, schickst mir was?« Er:»Ja zwei Wochen. Ich arbeite für den Staat. Ich werd mal nachschauen, ob ich irgendwo noch ein Bild finde. Hab davon nicht so viele, aber ich schau morgen mal nach. Oder doch heute … Ein Hobby von mir …« (Bild: Er beim Holzhacken, mit dunklem T-Shirt und dunkler kurzer Hose, feste Schuhe; seine Arme verdecken sein Gesicht. Seine Kappe verdeckt die kurz geschorenen Haare, sein Bart ist auch zu erkennen; er ist eher hellhäutig, helle Haare, groß und schlank). Ich:»Ah danke! ;-) Dein Gesicht sieht man nicht, schade, aber immerhin etwas ;-) Da bist auf dem Land, wohnst du dort auch?«

Natürlich wusste ich, dass er irgendwann wieder aus dem Ausland zurückkehren würde, aber jetzt wird es konkret. Und ich weiß noch nicht einmal, wie er heißt. Was ist, wenn er mir nicht gefällt? Das wäre sehr schade, denn ich mag ihn. In unseren Gesprächen gibt es schöne Übereinstimmungen, er kommt auf mich zu, ich auf ihn, das ist ein gutes Zeichen. Das persönliche face-to-face Kennenlernen wird unsere Beziehung jedenfalls verändern, so oder so. Ich hoffe dahingehend, dass ich gute Ficks und gute Gespräche mit einem netten Mann habe werde.

9. Juni

Er:»Ja, ich lebe am Land. Bin dort aufgewachsene und könnte mir auch schwer vorstellen in der Stadt zu leben. Kurze Zeit geht ja, aber auf die Dauer …« So geht das eine Weile weiter, er erzählt von seinen Aufenthalten im Ausland, dass er aber wieder zurück möchte, sich niederlassen und in der Natur leben. Schöne Vorstellung, an sowas denke ich auch oft. *Dagnim* ist nicht nur ein Sexphantasienlieferant. Das ist komisch, weil ich eine Bindung zu ihm spüre, aber diese Person nicht live kenne, nur vom Schreiben und von den wenigen Bildern. Nicht einmal seine Stimme kenne ich.

11. Juni

Auf einmal habe ich eine Beziehung? Mit *Dagnim*? Wir schicken uns schweinisches Zeug – die Hitze hat ihn darauf gebracht, mich nackt vor dem Kühlschrank sehen zu wollen. Diesen Wunsch habe ich ihm auch erfüllt, über die Fotos hat er sich sehr gefreut. Wir reden aber auch über unseren Alltag, was wir am Wochenende machen wollen und was ich mit den Erdbeeren mache, die ich im Erdbeerland gepflückt habe. Ist so eine Vorausfreundschaft eine günstige oder eine ungünstige Voraussetzung für unser baldiges Treffen? Wenn es körperlich auf sexueller Ebene nicht passt, könnten wir dann befreundet sein? Oder schreiben wir uns weiter? Was, wenn er mir sehr gut gefällt und ich mich sogar verliebe? Tja, diese Fragen müssen vorerst offen bleiben.

Die Hitze erreicht ihren vorläufigen Höhepunkt, mein Hirn schmilzt dahin. Vor allem beim Anblick meines bislang noch unbekannten Nachbarn, den ich manchmal abends von meinem Fenster aus beobachten kann (ich befinde mich im zweiten Stock des Hauses) – er hat gegenüber im Haus ebenerdig ein Atelier. Ein auf den ersten Blick gutaussehender Mann, Mitte bis Ende vierzig, grau-melierte Haare und ein späthippie-artiges Künstleroutfit, weiß, Leinen. Er ist schon lange da, hat aber bisher kaum meine Aufmerksamkeit erregt. In letzter Zeit dachte ich des Öfteren, dass es seltsam ist, dass man sich für längere Zeit in der Nähe befindet und sich nicht einmal grüßt. Eine günstige Gelegenheit ergibt sich, als ich mein Auto fast vor seiner Tür einparke – ich fasse mir ein Herz und klopfe an der offen stehenden Tür, er schaut mich an, ich sage: Hallo, ich bin die Nachbarin und wollte kurz Hallo sagen, damit wir uns jetzt kennen und fortan grüßen, wenn wir uns sehen. Er scheint gerührt zu sein, grüßt mich ebenso, wir plaudern ein wenig. Ich bewundere sein Atelier – das macht man immer am Beginn einer Kommunikation mit einem Fremden, um herauszufinden, wie selbstverliebt er ist. Wenn er sehr geschmeichelt ist – und das ist er – dann hat man seine volle

Aufmerksamkeit gewonnen. Es gibt nichts Einfacheres zu manipulieren, als einen eingebildeten Mann. Er bearbeitet gerade ein besonderes Holz für seine nächste Vernissage, welches ich auch bewundere und sogar anfasse. Wir flirten und ich stelle fest, dass er ziemlich gelbe Zähne hat und einen Bauchansatz, er scheint dem Alkohol zugeneigt zu sein. Aber ich freue mich – dieser nachbarschaftliche Kontakt ist gut gelungen, ganz sexfrei.

12. Juni

EwaldXX will es nicht akzeptieren; er versucht mich anzurufen, schickt mir Nachrichten, will unbedingt mit mir reden und mich sehen. Ich muss deutlicher werden. Im Forum schreibe ich ihm, dass ich jemanden kennengelernt habe und ihm noch viel Glück bei seiner Suche wünsche.

Ich schreibe an *Dagnim*: »Wie heißt du eigentlich?«»Ich bin der Mike, und du?« »Hallo Mike, ich bin die Maria«, schreibe ich zurück. Wenigstens hat mein Phantom jetzt einen Namen. Also noch einen, seinen echten. Aber vom Namen kann man keine Rückschlüsse auf den Charakter ziehen, also was soll's, es wird so oder so eine Überraschung. Ich schreibe ihm, dass ich unter der Hitze leide und dass mein Laptop seit drei Tagen in der Reparatur ist und dass ich dann auch mal meine Nerven wegschmeiße.

13. Juni

Dagnim schreibt, dass er auch oft anstrengende Tage hat und dass man da halt durch muss. Am Abend schickt er ein Schwanzbild von sich und meint, dass er am besten so entspannen könnte …
Ein schöner großer Schwanz, tatsächlich. Zum hineinbeißen, oder besser gesagt lutschen und saugen.

14. Juni

Ich bedanke mich bei *Dagnim* für sein Schwanzfoto – es hat mir als Wichsvorlage gedient und meine Lust angeregt. Sein Lustpegel ist offenbar auch hoch, er bittet mich um ein Foto mit Büro und Titten oder neues Outfit. Aber gerne – ich schicke ihm einige Bilder mit den gewünschten Inhalten. Die Bilder gefallen ihm, er freut sich. Mir gefällt es auch, dass er sich freut, wir geilen uns gegenseitig auf. Ich schreibe, dass ich mir vorstelle, wie er mich fesselt und fixiert, mir die Augen verbindet. Er antwortet:»Wobei sich da ein paar Fragen auftun … Sollte ich dich so echt am Bett fixieren, dir die Augen verbinden und es dir mit Zunge, Fingern und Toys besorgen … Oder lieber doch an den Haaren durch die Wohnung zerren, und dich so ordentlich durchficken!? (Smiley teuflischer Grinser) Fragen über Fragen …« Ich will natürlich beides, aber in umgekehrter Reihenfolge.

15. Juni

Ja, das wäre was – so eine Szene mit einem sehr gutaussehenden kräftigen Mann, gut ausgestattet und sozial gut verträglich, so stellt man sich das vor. *Dagnim* alias Mike liefert die Vorlage, die Zukunft wird den Realitycheck liefern. Ende nächster Woche kommt er zurück.

16. Juni

Ich bin wieder einmal total zerrissen, folgende Widersprüche wirken im innerlichen Hintergrund: Beziehungswunsch – ja, nein? In der letzten Sitzung mit meiner Therapeutin ist dieses Thema aufgetaucht und ja, es ist ein Beziehungswunsch da. Aber er ist nicht sehr stark ausgeprägt, denke ich, weil ich zugleich auch feststelle, dass ich keinesfalls eine Partnerschaft haben möchte. Hm, da funkt mir noch meine letzte unangenehme Partnerschafts- bzw. Trennungserfahrung zu stark herein. Außerdem fange ich an, das Singleleben zu genießen – meine neue Freiheit, das fühlt sich großartig an. Ich bin frei von schuldhaften Verpflichtungen gegenüber (ehemals) geliebten Menschen, ich bin nicht rechenschaftspflichtig gegenüber irgendwelchen lebens- und beziehungsbestimmenden Vereinbarungen. Das Freisein von engen Beziehungen ermöglicht einen sehr hohen Autonomiegrad, den ich nicht aufgeben möchte. Mein Leben fühlt sich an wie ein Lied von Falco, alles dreht sich gerade um mich, ich bin mir am nächsten und am wichtigsten. Das ist eine seltsame Eigendrehung, die mich gleichzeitig auch irritiert. Ich bekomme eine leichte Sorge um mich, dass ich abheben könnte in den zynischen Distanzhimmel, wo man den Kontakt zur Erde verliert. Dieser selbstbezügliche Horrortrip erlaubt kein Du und somit keine Beziehung, es ist zu viel Ich da. Das ist ein existenzieller Widerspruch. Hinzu kommt der körperlich-sexuelle Widerspruch: Fickwunsch – ja, nein? Da bin ich mir nämlich auch nicht mehr sicher. Ich habe es mir ganz gut eingerichtet, mit mir und meinen Toys, habe regelmäßig Orgasmen, muss dann nicht einmal mit jemandem reden, ja, ich muss mich nicht einmal ausziehen. Es ist sehr praktisch mit mir selbst. Ich kann danach immer meine Zigarette rauchen oder den Apfelstrudel aufessen, auf der Couch furzen und fernsehen. Das kann man allein viel besser als zu zweit. Aber Ficken kann man besser zu zweit. Und da sich ein Minimum an Beziehung zum entsprechenden Objekt nicht vermeiden lässt, kommt man wieder in den Konflikt im Spannungsfeld zwischen Bindung und Autonomie. Gelassenheit ist wieder einmal angesagt. Wenn das Leben ein Seminar wäre, dann lautet die Übung: Widerspruchstoleranz einüben, erproben und zur Exzellenz bringen.

17. Juni

In den Foren ist einiges los – ich bekomme immer wieder Zuschriften. Als *Mariaimhimmel* begegne ich *Nunkratai,* sportlich, 178, 74 kg, dominant, liebt geile devote Frauen. Zu seinen Vorlieben gehören auch Outdoorsex, Swingerclubbesuche, hartes Ficken, versautes Reden, frivoles Ausgehen uvm. Wir beginnen eine Unterhaltung, die zunächst recht nett anläuft, und dann schreibt er:»Du bist also ein schönes versautes, devotes Fickstück?« Darauf antworte ich:»Ja das bin ich … Und ein Mensch bin ich auch noch, dem man mit Respekt und Wertschätzung zu begegnen hat.« Er:»Respekt ist ja wohl selbstverständlich. Wie machen wir es mit dem Date?« Hm, ich antworte nicht. Kurz später schreibt er:»Sorry, wollte dir da nicht zu nahe treten.« Diese Antwort stimmt mich gnädig, ich greife den Vorschlag mit dem Date auf und wir vereinbaren ein Treffen am übernächsten Tag am Abend. Die humorige Unterhaltung mit *Hallogauting* nimmt eine Wende, er zeigt ernsthaftes Interesse. Ich hatte ihm ein Foto von mir geschickt, schwarze Strümpfe und Body, ohne Gesicht. Das hat ihn gefreut, er hat mir auch eines von sich geschickt – er liegt auf einer Liege im winterlichen Schiurlaub, Gesicht unkenntlich. Wir tauschen uns ein wenig aus, er schickt mir ein sexy Foto von sich, hat außerdem sein Profilbild ersetzt mit seinem steifen, aus der Hose schauenden Schwanz; ich weiß jetzt mehr über ihn – er ist gebunden, lebt in meiner Stadt, ist 182, 82, braun-graue Haare, 47 und zwei erwachsene Kinder. Er fragt, ob wir einen »facecheck« machen wollen und vereinbaren ein Treffen für den übernächsten Tag. Aus Effizienzgründen mache ich wieder eine Blockabfertigung, zwei an einem Tag.

19. Juni

Ein Date ist für mich keine aufregende Sache mehr. Ich mache es trotzdem, nur um sicher zu gehen, dass mir keiner durch die Lappen geht. Derzeit habe ich *Dagnim* auf meinem Radar, da passt kein anderer dazu. Dennoch werde ich *Hallogauting* in einem Einkaufszentrum in einem größeren Shop bei den Herrenanzügen treffen; diese Idee hätte von mir sein können. Ich schreibe ihm, was ich anziehen werde – ein Kleid und eine Kurzjacke, woraufhin er antwortet, dass ich kein Höschen unter dem Kleid haben soll. Mal sehen – schreibe ich zurück. Um 17 Uhr sind wir verabredet, ich bin etwas früher dort und befinde mich nebenan bei den Kinderkleidern. Tatsächlich habe ich kein Höschen an. Er kommt pünktlich, geht direkt zu den Anzügen, ich gehe auch hin und spreche ihn an. Er schaut, als wenn er vor einem leuchtenden Christbaum stehen würde; er kennt mich von meinem vorigen Job, aber nur vom Hörensagen bzw. von einer Veranstaltung. Obwohl er nicht schlecht aussieht, hat er einen Nimbus, der mich abstößt. Seine Jeans erinnern an junge Proletenmachos beim Erwachsenwerden. Er sagt, dass ich ihm sehr gut gefalle – ja, das höre ich immer. Ob ich seinen Wunsch erfüllt hätte, dass ich kein Höschen tragen soll, will er wissen. Nein, sage ich, beim ersten Mal mache ich das nicht, ich erfülle keine Wünsche für jemanden, den ich nicht kenne. Ich erzähle ihm die Geschichte von der Sondierung, dass ich mich umsehe und mich daher nicht festlegen möchte, und außerdem sei ich gerade sehr kurz angebunden, muss wieder weiter. Nicht einmal einen Kaffee trinken? Nein, es geht sich nicht aus, wir können uns im Forum schreiben. Ich husche davon. Dieser Typ würde auf meiner Liste für die einsame Insel an vorletzter Stelle stehen. Später, um 20 Uhr bin ich mit *Nunkratai* verabredet, auf einem Parkplatz. Er kommt nicht, nach 10 Minuten fahre ich wieder. Später schreibt er, dass es ihm sehr leid täte, seine Freundin wäre überraschend erschienen und er konnte nicht weg, und hat ein schlechtes Gewissen deswegen. Ich bin gnädig und antworte, dass es vielleicht ein anderes Mal klappen wird.

20. Juni

Es ist wieder ein Feiertag. Mit Norbert fahre ich zum Erotiksee und als wir dorthin kommen, zieht sich die Sonne zurück. Diesmal kommen keine Spanner vorbei, heute wird man nicht beobachtet.

Als *Babsi_joy* werde ich von *Gentlyhard1975* angeschrieben – er hat seine Bilder für mich freigeschaltet. Zu sehen ist ein äußerst gutaussehender Mann in Zivil (also bekleidet, elegant-sportlicher Typ), erinnert an den jungen Sean Connery. Seinem Profil ist folgendes zu entnehmen: Er ist 44, sucht eine Frau zwischen 30 und 50, lebt in einer festen Beziehung; Sternzeichen Jungfrau, 184, 85, braune Haare, braune Augen, dominant, Nichtraucher. Sein Motto:»Ein Gentleman beschützt ein Frau so lange, bis er mit ihr allein ist …« Und weiter:»Hallo, ich freue mich sehr über deinen Besuch auf meinem Profil! Da ich mich in einer Beziehung befinde, bin ich nicht an einer solchen interessiert. Es wäre schön, wenn es hier eine gleichgesinnte Frau gibt, die diesen Umstand so wie ich auch, moralisch vertreten kann. Sollte das für dich zutreffen, freue ich mich über ein Zeichen von dir! Was ich mir wünsche, wäre eine gewisse Verbindlichkeit in der Unverbindlichkeit. Wer bin ich? Ein Mann, der sich als charmant, niveauvoll, humorvoll, ironisch, erfahren, sinnlich und triebhaft bezeichnet. Ich genieße manchmal die Abwechslung ohne wahllos zu sein und kann die Lust mit allen Sinnen genießen. Wenn man versucht sich selber zu beschreiben ist dies zwangsläufig der Anfang von anderen missverstanden zu werden. Daher ist es sinnvoll einem Fremden seine ›Sicht der Dinge‹ zu erläutern. Solltest du dich in einem der folgenden Zitate wiederfinden, ist das eine gute Basis für einen ersten Kontakt: ›Viele Frauen wissen nicht, was sie wollen, aber sie sind fest entschlossen, es zu bekommen.‹ (Peter Ustinov) ›Manche Männer bemühen sich lebenslang, das Wesen einer Frau zu verstehen. Andere befassen sich mit weniger schwierigen Dingen, z. B. der Relativitätstheorie.‹ (Albert Einstein) ›Wenn man genug Erfahrungen gesammelt hat, ist man zu alt, sie auszunutzen.‹ (William Somerset Maugham) ›Ein Gentleman beschützt eine Frau so lange, bis er mit ihr allein ist.‹ (Benicio Del Toro) Das mag ich: Spaß an der Erotik und am Spiel! Viel gegenseitigen Haut- und Körperkontakt Küssen! Massagen! Zuverlässigkeit! Natürliche Eleganz und Geilheit … Eine gebundene, eher schlanke Frau mit der Möglichkeit für Treffen am Tage … Das mag ich nicht: Moralapostel und Bevormundung auf einer derartigen Plattform! Frauen die Niveau einfordern, selbst aber nicht genug Klasse besitzen, um auf eine höfliche Nachricht zu antworten (egal ob Interesse besteht oder nicht!) Unzuverlässigkeit! Wahllose Bekanntschaften. In einem Profil den Satz zu lesen ›Niveau ist keine Hautcreme‹ … Nikotingeschmack Swingen …«.

Mit dem würde ich sofort ficken, da muss man vorher nicht reden. Meinen Nikotingeschmack müsste er in Kauf nehmen. Aber leider ist er aus dem Nachbarland, etwa 200 km weit weg. Ob dieser Distanz schicke ich ihm auch Bilder von mir, Gesichtsfotos und anderes, da zeige ich mich von der schönsten Seite. Er sei Ende Juli in meiner Nähe, er macht da Urlaub, und da wäre er offen für erotische Abenteuer. Ja, da bleibe ich dran, keine Ahnung, ob ich dann Zeit haben werde, aber dieses Goldstück möchte ich genauer erforschen.

In diesem Forum schreibe ich auch schon einige Zeit mit *Robby1900*, auch so ein Schönling, aber mehr von der Sorte Don Juan; nicht in der Version mit Jonny Depp, sondern eher wie der Spiderman von Toby Maguire, der in Wirklichkeit ein Don Juan ist. Er ist Single, 45, Sternzeichen Fische, 190, 95, schwarze Haare, braune Augen, Switcher, Nichtraucher. Er wirkt mehr wie ein Endezwanzigjähriger; er hat ein Porträtbild und eine Ganzkörperansicht, auf beiden wirkt er sehr jugendlich. In seinem Profil steht:»Ich bin sehr kommunikationsfreudig und freue mich auf neue Bekanntschaften. Ich bin schlank gewachsen. Ich fühle mich jung. Ich mache nicht aus jeder Mücke einen Elefanten. Ich bin auch wählerisch und aufgeschlossen. Ich bringe gerne andere Menschen zum Lachen. Ich bin ein sehr liebenswürdiger, hartnäckiger und gefühlvoller Mensch. Das mag ich: Ich liebe körperliche Nähe und nette Gespräche. An Menschen mag ich besonders, wenn sie flexibel und spontan sind. Auch auf unterhaltsame Stunden und sinnliche Erlebnisse lege ich Wert. Ich bin immer für ein romantisches Dinner bei Kerzenschein zu haben. Mir sind Dinge für den besonderen Kick und Sex an ungewöhnlichen Orten wichtig. Lieber querdenken! Mich faszinieren Menschen mit neuen Ideen. Bescheidenheit ist der Anfang aller Vernunft. Ich brauche keine Prahlhanse. Das mag ich nicht: Egoisten, Leute, die anderen Geringachtung entgegenbringen, Abseitiges und Menschen, auf die man sich nicht verlassen kann, sind nichts für mich. Der Mensch sollte sich nicht darüber definieren, was er besitzt, sondern wer er ist. Ich mag nichts Illegales und keinen Natursekt und Co. Ich mag keine Leute, die meinen, sie könnten andere Menschen besitzen. Spießer und falsche Leute kann ich auch nicht leiden.« Zunächst schreiben wir uns eher sporadisch, ich hole mir aber seine Aufmerksamkeit, als ich schreibe, dass ich gern in einen Swingerclub gehen möchte und ihn daher gefragt hätte, ob er mich begleiten würde, wenn er da wäre. Er befindet sich am Meer, also keine Chance auf ein Treffen. Aber das macht ihn neugierig, wir tauschen uns aus. Er ist offenbar ein leidenschaftlicher Swinger und bietet mir die Phantasie an, dass wir als Ehepaar auftreten würden und er würde mich von zwei jungen Männern lecken und ficken lassen. Sehr geile Vorstellung – ich bedanke mich mit Bildern mit Swingeroutfit, das befeuert ihn wieder, er würde es sehr gerne sehen, wenn ich von zwei Männern gefickt werden würde …

21. Juni (Swingerclub)

Heute wendet sich die Sonne, es gibt den längsten Tag und die kürzeste Nacht. Ich hadere mit mir, ob ich die eineinhalb Stunden lange Autofahrt auf mich nehmen soll, um in einen guten Swingerclub zu kommen. Und was soll ich anziehen? Ich habe nicht viel Swingeroutfit, mehr SM-Outfit. Jedenfalls brauche ich Sex, egal ob auf SM-Art oder vanilla. Soll ich auf *Dagnim* warten? In drei Tagen wäre er da ... andrerseits bin ich jetzt geil und wer weiß, ob das mit ihm was wird? Er hat sich jetzt schon zwei Tage nicht mehr gemeldet, das ist ungewöhnlich. Ich entscheide mich für ein sehr frivoles schwarzes Netzoutfit, es bedeckt den Oberkörper bis zu den Oberschenkeln, die Brustwarzen sind mit einem größeren Knoten im Netz bedeckt. Darunter einen schwarzen Netzstringtanga. Ich habe in letzter Zeit ein paar Kilo abgenommen, jetzt passe ich viel besser in diese Dinger. Dazu meine schwarzen hohen Schuhe, fertig das Erotikpaket. Ich komme spät weg, genieße aber dennoch die lange Fahrt, es hat geregnet, fast niemand ist unterwegs, es ist wie ein Ausflug in eine andere Welt. Dort angekommen bleibe ich noch kurz im Auto sitzen und rauche einen kleinen Joint.

Am Eingang werde ich von einem etwas rundlichen Mann freundlich begrüßt, er redet nicht viel, ich zahle 10 Euro Eintritt, bekomme ein Handtuch und einen Schlüssel für den Spind. Es ist etwa 22 Uhr, im Club ist schon einiges los, es sind vorwiegend Paare da (zwei Gruppen, bestehend aus jeweils 3 Paaren und ein paar einzelne Männer). Das Ambiente ist sehr nett, eine gepflegte Bar, gedämpftes Licht, gute Musik, angenehme Stimmung. Ich gehe langsam zur Bar, um genau schauen zu können, wer da ist. An der Bar bestelle ich ein Getränk und beginne eine Unterhaltung mit dem Mann neben mir; ich dachte, er wäre zu zweit da, weil auf dem Barhocker neben ihm ein Handtuch liegt. Aber es stellt sich heraus, dass er allein da ist. Er bietet mir seinen Hocker an, den ich gerne nehme. Er ist Kroate, spricht aber sehr gut

Deutsch, weil er hier arbeitet. Er hat zwar eine Freundin, aber sie konnte heute nicht mitkommen. Er ist ein Swinger, die hedonistische Lebensweise sagt ihm zu, er kommt gern her. Ich versuche, ihm ein wenig Aufmerksamkeit zu schenken – er wäre ein möglicher Spielgefährte – aber ich versuche auch, das Umfeld nicht aus den Augen zu verlieren. Nun beginnt etwas Aktivität, eine Gruppe zieht sich nach hinten auf die Spielwiese zurück, einige Männer gehen nach. Ich bemerke einen blonden Mann mit einem im Fitnessstudio geformten Körper, mit Tattoos auf seinen Oberarmen, einer Art Vollbart und Ohrringen an beiden Ohren. Er ist hübsch, ich werfe ihm immer wieder einen freundlichen Blick zu. Dafür entschuldige ich mich beim Kroaten, der mich gerade versucht intensiv bei Laune zu halten; aber er findet das schon ok. Etwas später geht der Hübsche zur Theke, jetzt kann ich ihn besser sehen. Ich proste ihm mit meinem Getränk zu und bedeute, dass er herüber kommen soll, was er auch macht. Als ich ihn anspreche, stellt sich heraus, dass er mich kaum versteht; er ist Slowene, arbeitet zwar hier, aber kann kaum Deutsch, nur passiv. Aha. Aber ihr beide versteht euch wahrscheinlich dafür umso besser – sie beginnen sich zu verständigen, der eine redet kroatisch, der andere slowenisch, sie verstehen sich. Manchmal lasse ich den Kroaten übersetzen, irgendwie geht das, es wird sogar eine ganz nette Unterhaltung. Zwischendrin fragt mich der hübsche Slowene mit Hilfe des Kroaten, ob wir dann zu dritt etwas Spaß haben wollen – ja, werden wir, ist meine Antwort.

Ich genieße die Anwesenheit von zwei kräftigen und zum Teil gutaussehenden Männern und freue mich auf das, was kommt. Der Slowene beginnt nonverbal mit mir zu kommunizieren, er berührt mich und spielt an meiner Brustwarze. Es wird Zeit für die Spielwiese; zu dritt gehen wir nach hinten in einen Raum mit einem hohen Wasserbett; die Handtücher werden darauf ausgebreitet und die Körper von den Stoffen befreit. Ich lege mich auf das Bett, spreize die Beine und lade damit den Slowenen ein, mich zu lecken. Der Kroate kniet neben mir und hält mir seinen sehr großen Schwanz ins Gesicht – ich blase ihn. Sehr schön, zwei auf einen Streich. Bald zieht sich der Kroate einen Gummi über, er verständigt sich kurz mit dem Slowenen; dieser gibt mich frei, der Kroate nimmt meine Beine, dreht mich zu sich und steckt mir seinen Schwanz in die Muschi. So ein großes Teil füllt die Muschi gut aus, er fickt mich heftig. Der Slowene hockt sich neben meinen Kopf, ich nehme seinen Schwanz und wichse und blase ihn abwechselnd. Die beiden haben eine gute Kondition, sie sind offenbar auf ein längeres Spiel mit mir eingestellt. Der Kroate ist geschickt, er nimmt mich von allen Seiten, hält meine Beine mal in diese, mal in die andere Richtung, damit er alles ganz genau sehen kann. Für die Beobachter draußen (offenbar schauen einige zu) ist das eine klassische Szene aus einem guten Porno – zwei Yugo-Ficker besorgen es der geilen Hausfrau. Dann wird gewechselt, jetzt bekomme ich den Schwanz vom Slowenen; er ist etwas kleiner, fühlt sich aber auch gut an. Den großen Schwanz vom Kroaten bekomme ich maximal zur Hälfte in den Mund, den Rest bearbeite ich mit meinen Händen. Der Fick ist sehr ausführlich – auf Nachfrage übersetzt der Kroate, dass der Slowene wahrscheinlich auch morgen noch nicht fertig ist. Ich deute an, dass man gerne zum happy end kommen könnte; wir machen eine kleine Pause, wechseln wieder die Position und setzen fort, mit einer kleinen Leckeinlage vorher, damit ich wieder schön nass bin. Meine Fickkondition ist nicht gut, ich bräuchte mehr Leckeinheiten. Nun habe ich wieder den Schwanz vom Slowenen, er fickt mich zuerst von hinten, vorne blase ich den anderen; dann machen wir in der Missionarsstellung weiter, beide bearbeiten mich von oben bis unten, meine Titten werden schön massiert … Er zieht den Schwanz heraus, streift das Kondom ab und spritzt mir seine ziemlich große Ladung auf den Bauch. Sehr schön! Aber jetzt brauche ich wirklich eine Pause. Der Kroate möchte den Raum wechseln, wir sehen uns um, es ist ein bisschen was los da. Es gibt einen Raum, wo sich gleichzeitig drei Paare vergnügen, da möchte er sich dazugesellen, ich wehre mich und auch eine Frau von den Paaren meint, da wäre kein Platz mehr. Wir gehen zu einem anderen, leeren Raum mit einem Bett in L-Form. Ich lege mich auf den Rücken, spreize meine Beine und bitte den Kroaten, mich zu lecken, das hat er früher sehr gut gemacht. Diesmal lässt er sich viel mehr Zeit, fingert mich ausführlich mit unterschiedlichen Geschwindigkeiten. Schön – er macht, was man ihm sagt. Ich genieße es so lange wie möglich, lasse ihn lecken und reibe mich zwischendrin auch selber. Mit der Zeit tut alles weh, aber die Geilheit steigert sich … Schließlich habe ich einen Orgasmus – jetzt soll er mich noch ordentlich ficken. Nach diesem abschließenden harten Fick gehen wir duschen und zurück zur Theke. Wir tauschen Kontaktdaten aus dem Forum aus, damit wir uns eventuell verabreden können für einen nächsten Besuch.

Es ist spät geworden, ich denke ans Heimfahren; da kommt ein junger Mann, etwa Anfang 30, zu mir und möchte mich kennen lernen und mehr, aber ich bin zu müde. Ich gehe noch einmal nach hinten, um den Slowenen zu treffen und ihm meinen Nicknamen vom Forum zuzustecken; mit einem Kuss verabschieden wir uns. Auch den Kroaten küsse ich zum Abschied und steige beseelt ins Auto.

23. Juni

Komisch, von *Dagnim* habe ich die letzten Tage nichts gehört, heute kommt er angeblich zurück. Wieder schaue ich ins Forum – diesmal eine Nachricht von ihm. Er wäre morgen eventuell in meiner Stadt, ob wir uns treffen würden. Ja, sicher möchte ich ihn treffen.

24. Juni (Erste Session mit *Dagnim*)

Dagnim alias Mike hat in der Früh in der Stadt zu tun, um halb zehn könnten wir uns treffen. Ich schlage eine Bäckerei in der Innenstadt vor, er ist etwas vor mir da. Wir hatten uns geschrieben, was wir anziehen, ich erkenne ihn sofort. Er entspricht weitgehend dem Bild, das ich bisher von ihm hatte – ein robuster Naturbursche, am Kopf fast kahl, im Gesicht mit blond-rotem Bart behaart, groß und kräftig, ein Mann nach Holzfällerart. Im ersten Moment bin ich dennoch überrascht, weil ich bisher kein konkretes Bild von seinem Gesicht hatte. Jetzt sehe ich ihn – ein freundliches Wesen, kaum zu glauben, dass er dominant ist. Etwas zurückhaltend, aber neugierig nähert er sich mir an, wir kommen ins Gespräch, indem wir anschließen an das, was wir uns schon geschrieben haben; wir beleuchten gegenseitig noch genauer unsere beruflichen Hintergründe. Irgendwann lässt sich nicht vermeiden, das Hauptthema anzusprechen – vorsichtig tasten wir uns diesbezüglich ab. Ich merke, dass er zu allem bereit wäre, jetzt gleich. Ich bin aber unsicher, es ist Montagvormittag und ich hätte zu tun … Er hat in der Stadt noch zu tun, aber erst etwas später und dann müsste er nach Hause; am nächsten Tag fährt er für drei Tage in die Bundeshauptstadt. Plötzlich wird er sehr direkt – er dachte, er könnte meine Pussy bearbeiten? Hm, ich schwanke – soll ich ihn gleich jetzt mit nach Hause nehmen? Ich entscheide mich dagegen, ich bin zu sehr abgelenkt von meinen Alltagspflichten. Und so verabschieden wir uns, wir verbleiben unverbindlich, wobei für mich klar ist, dass ich es mir mit ihm gut vorstellen kann.

Bevor ich einige Telefonate und E-Mails erledige, schreibe ich ihm im Forum ein Dankeschön – er hatte die Rechnung bezahlt. Und ob sich vielleicht bei ihm am Nachmittag doch ein Treffen ausgehen würde? Er antwortet, dass er Zeit hätte, wir vereinbaren 13.30 Uhr bei mir. Er kommt pünktlich; diesmal habe ich unter meinem Kleid weder BH noch Höschen. Ich bitte ihn herein, zeige ihm kurz die Wohnung und gebe ihm was zu trinken, es ist sehr heiß heute. Wir plaudern ein wenig, ich frage ihn, wie er es anlegen würde. Zunächst wäre das Kleid auszuziehen bzw. ein anderes Outfit anzulegen – wie ich es gern hätte. Dann würde er gern spielen, wobei er sich ganz nach mir, nach meinen Wünschen richten würde. Wir kennen uns bereits ganz gut vom Schreiben, er weiß über meine Phantasien und Vorlieben Bescheid. Da muss man nicht mehr viel reden oder verhandeln. Selber stellt er keine großen Ansprüche, das finde ich gut. Ich schlage vor, dass ich ihm zunächst meine Spielzeuge zeige – ich hatte zuvor das Wichtigste aus meiner Wunderlade herausgelegt. Wir besprechen kurz den Ablauf – er gibt Anweisungen, ich befolge. Gelb und rot, wie beim Fußball, sind die Safewords. Wenn ich das Halsband anlege, geht es los. Ich lege es an und ziehe mein Kleid aus; er hatte schon zwei Mal angemerkt, dass ich es ablegen soll. Er sitzt auf dem Bett und stellt mich vor sich. Ich soll mich umdrehen; er beginnt mich an den Beinen zu streicheln – seine Hände sind abgesehen davon, dass sie sehr groß sich, auch sehr sanft und weich. Rasch hat er meine Muschi erfasst, sie ist nass und in Erwartung. Ich bekomme zunächst eine sanfte Massage außen, gleich auch innen – das erste Kennenlernen. Er stellt sich hinter mich und nimmt mich etwas fester in seine Hände, drückt mich an sich, ich kann seinen steif werdenden Schwanz spüren; er streichelt mich, massiert meine Titten, küsst mich auf den Hals und fingert mich mit unterschiedlichen Geschwindigkeiten. So führt er mich in eine erste feine Ekstase, meine Knie werden weich. Er stützt mich, packt mich an den Haaren, zieht meinen Kopf nach hinten unten, küsst mich und fingert mich weiter; dann zieht er mich vor den Spiegel des Kleiderschranks und sagt, dass ich mich anschauen soll und setzt fort. Ich kann meine Augen kaum offen halten, ich rinne aus und versinke. Er legt seine Hand um meinen Hals und prüft, wie viel er zu fassen bekommt, drückt auch ein wenig zu. Meine Knie werden noch weicher, ich stöhne und lasse mich in seine Lustkünste fallen. Dann dreht er mich um und beugt mich mit meinem Oberkörper zum Bett, sodass ich ihm meinen Arsch entgegenhalte. Er setzt sein Spiel fort, von hinten, mit ebenso gro-ßer Leidenschaft und Hingabe. Ich bekomme auch ein paar Schläge auf den Arsch, nicht zu fest, sondern gerade so, dass ich noch geiler werde. Immer wieder macht er sich an meinen Titten zu schaffen, prüft, wie stark er in die Brustwarzen zwicken kann –

erster Belastungstest. Wenn ich zu laut werde, reduziert er die Intensität – ja, er stellt sich sehr gut auf mich ein. Dann packt er mich an den Haaren, zieht mich zu seinem Becken und steckt mir seinen halbsteifen Schwanz in den Mund bzw. in den Hals, er macht das sehr heftig. Ich würge und winde mich, stelle mich darauf ein, dass es jetzt blowjob gibt. Aber er setzt nicht fort, sondern wirft mich aufs Bett, spreizt mir weit die Beine und beginnt mich zu lecken – er macht das wunderbar! Bald spielen seine Finger mit und machen einen Wasserfall aus mir. Ja, das kann er sehr gut, bitte mehr davon! Dann holt er die Fesseln, legt sie an meinen Händen und Füßen an und verbindet sie, sodass jeweils ein Arm mit einem Bein zusammengebunden ist; ich kann meine Beine nicht schließen, sie sind aufgespreizt. Er holt etwas und setzt das Spiel fort, mit elektronischer Unterstützung. Mein neuer Muschistimulator kommt zum Einsatz. Auch das macht er sehr gut, er ist sehr einfühlsam. Abwechselnd werde ich geleckt und mit diesem Vib bespielt, ich zerfließe. Zwischendurch bekomme ich Klapse auf den Arsch. Nach einer kurzen Abstimmung betreffend Kondom (er möchte keines, ich schon, lasse mich aber überreden, denn er macht regelmäßige Gesundheitschecks, berufsbedingt) schiebt er seinen schönen großen dicken Schwanz in meine nasse Muschi – ich explodiere. Er fickt mich außerordentlich gut, recht hart, aber zugleich zärtlich – es ist nicht nur seine Schwanzergonomie, sondern auch die Technik, er kann mich sehr gut ausfüllen und schön massieren.

Er unterbricht aber diesen schönen Fick, hebt sich offenbar noch für später auf. Wieder bespielt er mit Händen und Zunge meine Muschi, auch die Titten und die Oberschenkel. Jetzt holt er die kurze Peitsche und spielt damit streichelnd an mir herum; auch das scheint ihm zu liegen, er gibt mir eine kleine Kostprobe auf das, was heute vielleicht noch zu spüren sein wird. Dann setzt er die schöne Muschibehandlung fort und steckt mir zunächst einen Finger, später einen kleinen Dildo in den Arsch, und auch etwas in die Muschi. Beides bewegt er mal sanfter, mal fester, diese Lustfülle ist apriorisch und aposteriorisch begründet. Ja, ich weiß, dass er den Arsch gern hat, aber da muss er sich erst hinarbeiten.

Fürs erste fühlt sich diese Kostprobe jedenfalls sehr geil an; er lässt den Dildo im Arsch und fickt mich – zart und hart, es ist unglaublich. Wobei der Dildo bald einmal herausrutscht. Ungeachtet dessen stößt er mich heftig, diesmal ist er ausdauernder, es ist noch intensiver und ich wünsche mir, dass er abspritzt, sage aber nichts. Er steigert die Intensität, ich werde lauter und er spritzt ab – es fühlt sich galaktisch an. So, kleine Pause, er macht meine Beine und Hände los und wir liegen Pause habend auf dem Bett und reden ein bisschen. Also ich wäre noch nicht so pausenbedürftig, wir könnten noch weitermachen, deute ich an. Ich gebe ihm ein kurzes Feedback, sage, dass er das gut macht, dass seine Hände sehr geschickt sind, und auch seine Zunge – ja, das gefällt mir. Nach einer Weile macht er weiter, fixiert mich wieder wie vorher und beginnt zunächst mit Peitsche und Gerte – ich bekomme sanfte Schläge auf Muschi und Oberschenkel, er setzt dann fort mit seiner Zunge an meiner Klit. Ich sage ihm, wie ich es gern hätte, dass er mich nicht zu heftig fingern soll, sondern nur »halten«, dehnen und die Klit bespielen, was er auch so macht. Er merkt, dass ich abhebe und spielt mit meiner Lustkurve, lässt mich aber immer wieder herunterkommen. Eine lustvolle Kneippkur ohne happy end. Das gehört wahrscheinlich zum Plan, den er angeblich hat. Ein abschließender Fick beendet diese Sequenz. Wieder liegen wir nebeneinander auf dem Bett, reden ein bisschen. Ich bin nicht sicher, ob und wie er es mag, dass ich ihn berühre, ich bleibe eher vorsichtig und spiele mit meinen Beinen an seinen Beinen. Seine Hand wandert Richtung Muschi, wobei das Ziel mein Anus ist; er spielt mit einem Finger zuerst äußerlich herum, prüft die Beschaffenheit und die Spannung. Die Neugier seines Fingers ist spürbar, und bald dringt er in mich ein, mit sanften rhythmischen Bewegungen. Immer noch liege ich neben ihm, stöhne ein bisschen und lächle ihn an. Er meint, dass ich jetzt erahnen könnte, was für die folgenden Spiele ansteht …

Die Session ist beendet, ich lege das Halsband ab. Er nimmt noch eine kalte Dusche, wir plaudern ein wenig und trinken Wasser. Bei der Verabschiedung umarme ich ihn und drücke ihn fest an mich – fühlt sich gut an, so ein kräftiger Männerkörper. Ich bin noch im Rauschzustand. Er küsst mich heftig und leidenschaftlich, ich bekomme noch ein abschließendes Zungenlustgeschenk samt herzlicher Umarmung und festem Griff auf den Arsch, sehr schön. Nachdem er gegangen ist, schlendere ich in die Stadt und genehmige mir einen Eiskaffee.

25. Juni

Ich möchte ihn so bald als möglich wieder treffen. Er schreibt, dass seine Abende gerade sehr ausgebucht sind, Freunde und Verwandte beanspruchen ihn. Wie auch immer, um mich soll er sich auch kümmern, da bleibe ich jetzt dran. Er schreibt, dass ich ihm noch keinen Bericht vom Clubabend erstattet hätte – ich schicke ihm meine Tagebucheintragung.

26. Juni

Dagnim schreibt, dass das wohl ein gelungener Abend gewesen sein muss. Und ja, er würde sich auch sehr gern wieder mit mir treffen, aber am kommenden Wochenende ist es nicht gut möglich, am ehesten am Freitag tagsüber oder am Montag … Ich antworte:»Der Clubabend, ja war eh nett, aber wenn ich es mir aussuchen kann, dann ist mir ein Spiel mit dir lieber. Ich hab das sehr genossen! Du hast sehr geschickte Hände, auch eine sehr geschickte Zunge und einen tollen Schwanz! Also, wenn du es dir Freitagnachmittag einrichten könntest, würde ich mich echt freuen. Montag habe ich auch Zeit. Was mache ich so? Ich versuche zu arbeiten, morgen und Freitagvormittag hab ich Seminar. Und du? Wie erträgst die Hitze? Was hast am WE vor?« Er antwortet, dass er mit Freunden übers Wochenende wegfährt, es wird also eher der Montag werden, wo wir uns treffen können. Und dass er sich überlegt, mich zu seiner Sub auszubilden, denn ich hätte das Talent dazu …

27. Juni

Dagnim fragt mich, wann ich am nächsten Tag Zeit hätte, er könnte es sich einrichten, wir vereinbaren ein Treffen. Diesmal erwartet er, dass ich halterlose Strümpfe anhabe, wenn er zu mir kommt.

28. Juni (Zweite Session mit *Dagnim*)

Es ist wieder einer dieser heißesten Tage im Jahr, jede Hautpore ist ein Schlauch zur Flüssigkeitsabfuhr. Ich habe Hektik, bringe kaum meine Arbeit fertig und muss noch was essen, bevor er kommt. Halterlose sollte ich auch anlegen bei dieser Hitze. Er kommt pünktlich, ich öffne ihm die Tür mit meinen Halterlosen, darüber das olivgrüne Sommerkleid mit dem Reißverschluss vorne, kein BH. Ein kurzes Hallo und ein eindringlicher Blick – er packt mich bei den Haaren, reißt mich nach hinten und steckt mir seine große kräftige Zunge in den Mund, küsst mich versaut-leidenschaftlich. Meine Knie erweichen, ich stöhne, er nimmt mich ein und verschlingt mich. Seine Finger sind in meiner Muschi, sie ergreifen fordernd mein Lustfleisch und holen alles Flüssige aus mir heraus. Heute schmeckt er besser als zuletzt. Nach dieser feucht-fröhlichen Begrüßung unterhalten wir uns, trinken Wasser und stellen den Ventilator ins Schlafzimmer. Damit wir etwas Luft bekommen. Auch Handtücher habe ich herausgelegt für die kommenden Sauereien. Er fordert mich auf, das Halsband anzulegen. Wieder legt er seine Hände an mich, fingert mich, zwickt und massiert die Brüste, zerrt mich von den Spiegel und befiehlt mir, das Kleid auszuziehen. Ich komme kaum heraus aus dem Stoff, er bearbeitet mich gerade sehr intensiv. Immer wieder reißt er meinen Kopf an den Haaren nach hinten und küsst mich. Dann wirft er mich aufs Bett, streckt mir seinen fast steifen Schwanz ins Gesicht, ich blase ihn. Diesmal viel härter, er drückt ihn mir in den Hals, mittlerweile ist er ganz steif, ich bekomme maximal die Hälfte hinein. Sein Schwanz würgt mich, ich winde und wehre mich, werde laut; schreien kann ich nicht, mit vollem Mund, aber ich versuche so laut wie möglich zu sein. Diesmal werde ich sehr gefordert, es ist grenzwertig, wenn ich dieses Riesenteil mit dem Hals blasen soll.

Er weist mich an, mich auf die Bettkante zu setzen, legt mir Augenbinden an, ich kann nichts sehen. Ein wenig dreht und wendet er mich, platziert mich dann rückwärts aufs Bett – ich liege auf dem Rücken, er spreizt meine Beine und beginnt mit einer ausführlichen Ficken&Lecken Einheit – meine Muschi wird mit allen möglichen organischen und anorganischen Dingen bespielt. Auch mein Arsch bekommt bald seine Aufmerksamkeit, zunächst vom kleinen Dildo, dann seinen Finger. Alles wird schön hergerichtet, die Titten sind zwischendrin auch dran. Seine Hände finden auch meinen Hals und schnüren mir kurzfristig die Luft ab, während er mich hart stößt; dazwischen gibt er mir eine leichte Ohrfeige. Die Löcher am Körperanfang und Körperende werden auf- und zugemacht, von Zunge, Hand und Schwanz. Heute habe ich eine gute Empfängnisbereitschaft, ich lasse ihn wirken und genieße. Ich werde wieder umgedreht und bekomme das alles noch einmal von hinten – Finger, Schwanz und Toys. Ich ahne, was heute kommt – next Level im Analbereich. Zuvor bekomme ich aber noch ein wenig die kurze Peitsche und die Gerte zu spüren, zart, aber auch heftig; ich muss zwei Mal gelb sagen. Er dreht mich wieder auf den Rücken, fesselt mich wie das letzte Mal und macht weiter, ich spüre seinen Schwanz – er fickt mich einnehmend heftig. Offenbar ist er geladen wie tausend Kanonen. Nun beginnt er mit der Aufbereitung meines Arsches, ich spüre einen kleinen Dildo bzw. seinen Finger, er steigert seine Bewegungen und massiert mich – es fühlt sich gut an. Mit noch mehr Gleitgel wird es noch angenehmer und unterstützend werde ich auch noch geleckt. Dann dreht er mich mit dem Becken auf die Seite (halbe Drehung im Yoga) und fickt mich kurz in dieser Stellung in die Muschi – quasi wie von hinten. Aber davon lässt er wieder ab, um mit der analen Vorbereitung fortzufahren. Das macht er mit seinem Schwanz, diesmal will er hinein. Er beginnt mit sanften, rhythmischen Bewegungen, er bleibt aber zunächst äußerlich im Eingangsbereich, mein Arsch ist sehr eng. Wenn er durch das Arschtor durch ist, dann ist er drin, aber da muss er sich mal reinkämpfen. Ich versuche mich so gut wie möglich zu entspannen, äußere aber auch den unangenehmen Schmerz mit entsprechender Lautstärke. Er wartet ab und macht geduldig weiter, orientiert sich an meiner Lautstärke. Nach einer Weile verstärkt er den Druck und dringt durch das Tor – jetzt ist er drin und füllt mich ganz aus. Er genießt das sichtlich – endlich am Ziel. Mit schneller werdenden Bewegungen beginnt er mich zu ficken und sagt:»Na, was machen wir jetzt?«

»Du fickst mich in den Arsch«, sage ich.»Lauter«, befiehlt er, »sag es lauter!« Ich bemühe mich, bekomme aber kaum ein Geräusch aus mir heraus, weil er seine Hände um meinen Hals hat und ihn zudrückt.»Sag, dass ich dich in den Arsch ficken soll!«, befiehlt er. Ich versuche so laut als möglich zu schreien»Ja, fick mich in den Arsch!« Er fickt mich hart, spießt mich auf mit seiner harten Phalluswaffe – ich flehe ihn an, mich in den Arsch zu ficken, und das ist sogar ehrlich gemeint. Es ist berauschend und zugleich erfüllend, ich bekomme seine Lust von hinten hineingestopft.»Ja, fick mich in den Arsch!« Nun ist auch von ihm ein leichtes Stöhnen zu hören – er spritzt ab, lang und ausführlich, in meinen Arsch.

Ich liege auf dem Bett, auf dem Rücken, er ist im Bad. Eine kleine Pause tut jetzt gut. Wir reden ein bisschen im Sinn von Nachbesprechung. Stimmungsmäßig sind wir heiter miteinander, das tut mir gut. Er ist unkompliziert, lernfähig, aber auch sehr dominant, das habe ich heute mehr zu spüren bekommen. Wobei ich seine Befehle teilweise wie verhaltene Aufforderungen wahrnehme, vielleicht steigert er sich da noch. Wir sprechen uns auch ab bezüglich Kommunikation – wie hätte er es gern? Na ja, man muss es nicht übertreiben mit »mein Herr« oder so, aber ich muss ihn immer fragen oder um Erlaubnis bitten, wenn ich etwas möchte. Ja, gut. Ich erinnere ihn an meinen großen Wunsch – eine geduldige Muschisession mit Zunge und Fingern – dehnen, lecken, saugen, dieses Programm samt dazugehöriger Orgasmusbedingungen. Er meint, dass das alles Kopfsache sei und erzählt von seinen Erfahrungen, dass Frauen squirten, wenn man sie mit einer bestimmten Technik fingert, aber da muss eben der Kopf mitspielen, man muss es zulassen. Bzw. loslassen und etwas anderes lernen, ein anderes Lustmuster. Währenddessen zeige ich ihm die Stelle an meiner Klit, die orgasmustechnisch prädestiniert ist und ja – da müssen wir noch üben und uns aufeinander einstellen. Ich reibe meinen Kitzler, er hat einen Finger in meiner Muschi und beginnt mich langsam zu massieren. Wir unterhalten uns ein wenig weiter, dann falle ich wieder in meine Lustohnmacht und lasse ihn machen – jetzt hat er schon drei Finger drin. Ich sage, dass er mich nur halten soll, ohne viel Bewegung. Das geht eine gute Weile so dahin; ich experimentiere mit den klitoralen Bedingungen der Luststeigerung, er die vaginalen. Da werden wir noch einiges zu tun haben ... Irgendwann tut mir alles weh, wir beenden die Session.

In aller Gemütlichkeit bricht er auf, wir taumeln befriedigt Richtung Tür, ich fordere noch einen Kuss ein. Den gibt er mir auch – mit der mittlerweile gewohnten Geilheitsintensität, er steckt einen Teil von sich noch einmal ordentlich in mich rein und saugt an mir. »Hm, du bist gierig«, sagt er halb fragend, halb feststellend. »Ja«, sage ich, »das bin ich.« Mit diesem Abschied hüpft er aus der Tür hinaus in die Hitze.

29. Juni

Als *Mariaimhimmel* ergab sich in letzter Zeit mit zwei Kandidaten eine unverbindliche Unterhaltung; angesprochen hat mich jeweils die korrekte Verwendung der deutschen Grammatik, und bei einem sein Profilbild; eine Männerhand in der Hosentasche steckend, mit einer scheinbar teuren Uhr, rundherum ein Anzug. Das ist *Spontan44*, 185, 90, dunkelblonde kurze Haare, blaue Augen, gebunden. Der hat mich irgendwie neugierig gemacht, vor allem sein Motto: Unterwerfung ist ein Geschenk … Er würde sich freuen, mich kennen zu lernen, schreibt er zu Beginn. Wir tauschen uns ein wenig aus und ich schreibe, dass ich jemanden suche, der mich ausbildet. Ob ich noch etwas von ihm wissen möchte, bevor wir uns auf einen Kaffee treffen? Was er beruflich macht, will ich wissen. Mal sehen, ob da was zustande kommt. Anschauen könnte man ihn ja. Der andere ist *Komma*, 48, 189 und recht »fit« gebaut, mehr der rassige Typ, nach eigenen Angaben, auch gebunden. Er möchte sich mit mir treffen – ja, könnte man sich auch anschauen. Aber Schauen reicht mir dann erst mal, spielen möchte ich mit Mike (*Dagnim*).

Auch der zweite Real-Check hat ergeben, dass Mike meine gewünschten Basisvoraussetzungen erfüllt. Allein seine körperliche Präsenz vermittelt Dominanz und die Art und Weise, wie er mich begreift, ist überzeugend – er hat eine gute Finger-, Zungen- und Schwanztechnik, ein Naturtalent, der sich Tipps und Tricks aus Pornos holt. Er ist groß, seine Statur ist stattlich, man kann gut unter ihm sein. Auch die weiteren biologischen Kriterien passen, Größenordnungen und Ergonomie, außerdem riecht er gut und schmeckt gut. Auch seine soziale Anschlussfähigkeit ist gut, man kann Smalltalk betreiben und über Lebensträume reden. Er verstellt sich nicht, macht nicht den großen Macker vor mir, ist auch nicht nötig, da er ohnehin groß ist. Unkompliziert und ehrlich – ein echter Kumpel. Außerdem hat er nicht nur einen Zauberstab zwischen seinen Beinen, sondern auch den Schalk im Nacken – das bringt Leichtigkeit und Humor herein.

30. Juni

Am späten Nachmittag bekomme ich ein Whatsapp von *Dagnim* – endlich hat er das hingekriegt, er hatte die letzten zwei Tage offenbar keinen Empfang. Ob wir uns morgen sehen werden? Ja, er würde sehr gern, aber er hat einiges zu tun, weil am übernächsten Tag fliegt er weg. Wie bitte? Er muss für einen Kollegen einspringen, am Balkan. Und das bei dieser Hitze! Vier bis acht Wochen würde er weg bleiben. Na toll – kaum hat etwas gut angefangen, ist es wieder beendet, vorerst. Die Zukunft ist immer ungewiss – für jeden. Wer weiß, was in vier bis acht Wochen sein wird? Ich hasse Abschiede.

2. Juli

Am Vormittag treffe ich *Komma,* er ist von der bodenständigen Sorte, mit gepflegtem Äußeren; seine Angaben in der Selbstbeschreibung stimmen. Er ist eher rassig, außer am Kopf, da ist er kahl. Vom Beruf Tierarzt und Kleinunternehmer, in Partnerschaft lebend mit zwei Kindern, sucht die Abwechslung. Wenn ich allein auf einer Insel wäre, würde ich alles mit ihm machen bzw. würde alles machen lassen, und vielleicht greife ich auch mal auf ihn zurück? Man kann sich halbwegs vernünftig unterhalten, aber insgesamt ist das Ergebnis nicht so wahnsinnig prickelnd. Wie immer erzähle ich die Geschichte von der Sondierung und kann somit unverbindlich verbleiben. Er könnte es sich mit mir sehr gut vorstellen, ich gefalle ihm, er findet mich attraktiv. Schön, Komplimente hört man gerne. Auch danach schreibt er noch, dass er sich freuen würde, mit mir was zu machen. Na ja, mal sehen. Im Forum meldet sich *Nunkratai,* der mich versetzt hatte; er will mich unbedingt treffen, ich schreibe, dass ich nächste Woche zeitlich flexibel wäre. Den schaue ich mir auch noch an, der Vollständigkeit halber. Auch mit *Spontan44* basteln wir an einem Termin; diese Woche hat er keine Zeit, aber nächste dann – ja gut, er soll sich dann melden, dann vereinbaren wir etwas.

Dagnim ist gut angekommen. Ich schreibe ihm, dass er mir irgendwann ein Bild von seinem Gesicht schicken soll, damit ich nicht vergesse, wie er aussieht. Er glaubt nicht, dass ich es vergessen werde … Dennoch hätte ich es gern – das Bild, sein Bild für meinen Kopf, damit der Lustknabe auch ein Gesicht hat.

3. Juli

Dagnim und ich schreiben uns im Forum, ich frage ihn, ob er gut angekommen ist, was er bejaht – Wohnen und Essen sind einfach, aber ok. Und dass ich gestern so geil war, dass ich es mir drei Mal selber gemacht habe. Da hätte sein Schwanz gefehlt, meint er. Wir beginnen uns gegenseitig aufzugeilen, in einer Nachbetrachtung unseres Treffens; er meint, dass ich beim Arschficken wohl auf den Geschmack gekommen sei, oder täuscht ihn das? Nein, das täuscht nicht, tatsächlich hat's mir sehr gefallen! Er würde mich aber anal noch richtig zureiten, prophezeit er. Und er will wissen, ob schon wider etwas über diesen *Dagnim* in meinem Tagebuch stehen würde. Selbstverständlich steht da was – ich schicke ihm den Eintrag vom 28. bis 30. Juni.

4. Juli

Dagnim schreibt, dass er meinen Text interessant findet und sinniert darüber, was wohl die Frauenwelt sagen würde, wenn sie das lesen würde. Das würde mich auch interessieren, immerhin ist es für die Frauenwelt geschrieben. Unglücklicherweise wählt er hier die Formulierung »Frauen Schundroman«. Er fragt auch, warum ich ein zweites Profil habe. Ich antworte: »Schundroman?!?!?! Das ist kein Schund! Aber ich weiß, was du meinst und ja, es ist für Frauen geschrieben. Ich stelle mir immer vor, dass ich das alles einer neugierigen Freundin erzähle, aber diese Freundin gibt es nicht, und deswegen schreibe ich. Die Frauenwelt wäre geschockt und begeistert zugleich, weil's geil ist und weil das ein Gegenprogramm ist, zum ›50-Shades-of-Grey-Mythos‹, wo sich die schöne junge Frau in den schönen erfolgreichen Mann verliebt, der aber leider pervers ist, sie schafft es aber mit ihrer grenzenlosen Liebe, seine ›Perversion‹ zu heilen. Das ist der abgedroschene Mädchentraum – es kommt der Prinz und wird mich ewig glücklich machen … das ist ein Märchen, wo viele – vor allem Frauen – noch gern daran glauben. Tja, das Leben belehrt einen eines besseren … Ich habe nicht nur ein zweites Profil, sondern auch ein drittes. *Mariaimhimmel* war mein erstes; damit habe ich meinen ersten ›Herrn‹ kennen gelernt, den du auch kennst, der mit den Steh-Problemen. Den hab ich eigentlich mögen, aber ich bin auch misstrauisch geworden, weil wir hatten vereinbart, dass wir sonst keine Anderen treffen und die Aktivitäten im Forum einstellen. Ich hab mich dran gehalten, aber wie gesagt, ich wurde misstrauisch, hatte das Gefühl, dass er mich kontrolliert, im Forum. Er wollte überhaupt alles kontrollieren. Dann habe ich das zweite Profil angelegt, *Devotina*, mit einem ansprechenden Profilbild und ganz ähnlichen Angaben. Und siehe da, er hat mich angeschrieben und so getan, als wenn er mich kennen lernen möchte. Mit dem gleichen Text, den er mir als *Mariaimhimmel* geschrieben hat. Also ich habe sozusagen mit einem Trick herausgefunden, dass er sich nicht an unsere Vereinbarung hält. Ich auch nicht, das ist mir schon klar, aber ich wollte sehen, was er tut. Und dann dachte ich, ok, schauen kann ich ja auch, ich halte mich nicht mehr an diese Vereinbarung. Und dann habe ich als *Devotina* weiter gemacht. Wenig später habe ich Schluss gemacht mit ihm, aber auch aus anderen Gründen. Und da haben dann wir zwei angefangen, uns zu schreiben. Einige Zeit später – ich war frustriert, notgeil und nicht gut drauf hinsichtlich SM, weil ich jemand getroffen hab bzw. auch mit ihm gespielt hab, 2 Mal, aber beim 2. Mal hat er übertrieben und er war dann auch irgendwie komisch, sodass ich das abgebrochen hab. Und dann habe ich schwer daran gezweifelt, ob ich wirklich Schmerzen haben möchte, um geil zu werden, oder ob's auch ohne geht. Also Sex ohne Schmerzen bzw.

ohne Befehle. Da bin ich auch auf die Idee gekommen, in einen Swingerclub zu gehen (hab dir einen Report geliefert) und hab auch ein drittes Profil angelegt, in einem anderen Forum. Dort bin ich die *babsi_joy*, da bin ich nicht so devot, sondern eher durchschnittlich. Mich hat einfach interessiert, was außerhalb der SM-Sphäre auch noch möglich ist, was sich da so tut, wer mich anschreibt und sich da so herumtreibt. ...« Ich schreibe ihm das eine und andere Erlebnis, einen halben Roman. Am Ende resümiere ich:»Mittlerweile ist das alles so eine Art Forschungsprojekt geworden - eine Feldforschung, wo ich sexuelle Bedürfnisse, Phantasien, Vorlieben etc. erforsche, vorwiegend an mir selber, aber auch an anderen. Ich gehe aus Neugier zu blind Dates, keine Ahnung, was dabei herauskommt. Jetzt bist bestimmt irritiert oder denkst dir, was ist das für eine verrückte Alte? Was wohl die Frauenwelt zu dieser Geschichte sagen würde...?« Das erste in seiner Antwort ist die Relativierung des Wortes Frauenschundroman, dann findet er meine Forschung interessant, aber er glaubt nicht, dass ich verrückt bin. Und was die Frauenwelt zu dieser Geschichte sagen würde, wäre in einer eigenen Studie herauszufinden. Schließlich will er auch noch wissen, wie es gerade mit meiner Notgeilheit steht. Und ob mich auch Paare oder Frauen anschreiben.

5. Juli

Ich antworte, dass immer wieder einmal Paare anschreiben, meistens er, aus verschiedenen Motiven. *Dagnims* Phantasien gehen in Richtung zwei Frauen oder auch ein Paar... was würde ich dazu sagen, wenn er sich wünschen bzw. mir befehlen würde, dass ich mal mit einer Frau oder mit einem Paar etwas machen soll, fragt er. Wenn er sich das wünscht bzw. mir befiehlt, würde ich es machen, lautet meine Antwort. Ja, das würde ich spannend finden ... Ich frage ihn auch, wie es ihm damit geht, wenn ich immer wieder mal ein blind Date habe, Männer unverbindlich treffe. Wobei ich keinen Sex mit denen habe, aber vielleicht hätte er ja diesbezüglich irgendwelche Ideen? Er meint, dass er es sich spannend vorstellt, wenn ich von einer Frau geleckt werde, während ich seinen Schwanz lutsche. Oder er könnte zuschauen, wie mich ein anderer fickt, und ihn dann zugleich blase. Er meint, dass es für ihn ok ist, wenn ich mich mit anderen treffe, und auch dass ich in einen Swingerclub gehe, und dass es für ihn ein geiler Gedanke wäre, wenn ich ihn fragen bzw. bitten würde, dass ich mich von jemandem ficken lassen kann. Oder dass er mir befiehlt, mit einem bestimmten Outfit in einen Club zu gehen und dieses und jenes zu machen … Und was ich zu all dem sage? Ich antworte, dass mir das gefallen würde; ich fände es erregend, seine Befehle auszuführen. Ja, es könnte mir gefallen, wenn er meine Wünsche aufnimmt und sie neu rahmt, um sie dann als Befehl auszugeben und mich als Werkzeug für diese Wunscherfüllung zu verwenden. Sehr geil!

7. Juli

Mit *Dagnim* rede ich abwechselnd über das Forum und über Whatsapp. In letzterem fragt er mich, was ich heute so treibe – es ist Sonntag. Ich werde nicht viel machen, schreiben, kochen, Rammstein hören, am Nachmittag in die Stadt gehen, um eine kalorienreiche Süßspeise einzunehmen. Er schickt mir ein Bild von einem Analplug und einem Knebel und fragt, was mir dazu einfallen würde. Mir fällt ein, dass wir das brauchen und dass ich diese Toys besorgen werde. Später schreibt er, dass ich frivol in die Stadt gehen könnte, ohne BH und Höschen. Ja, werd ich machen! Etwas später schicke ich ihm Fotos von meinen Titten und von meiner Muschi – er freut sich, findet die Bilder sehr geil. Dann schreibt er, dass ich meine Muschi wieder einmal bearbeiten lassen soll. »Ja! Von dir!« – schreibe ich zurück. Er: »Auf alle Fälle!« Und dann: »Aber du könntest auch jemanden anderen ran lassen.« Hm, ich antworte: »Ja, könnte ich … soll ich jemanden suchen und dir einen Vorschlag machen? Oder suchst du?« Er:

»Du suchst und machst einen Vorschlag. Ich beurteile dann!« Ich: »Ok. Schicke dir dann was im Forum.« Später, am Nachmittag, schicke ich ihm im Forum drei Vorschläge: »*Komma*, 48, 180, sportlich gebaut, eher der rassige Typ, gebunden, mag angeblich ›Gyn-Untersuchungen‹; den hab ich unverbindlich getroffen, ich gefalle ihm und er würde gern was mit mir machen, aber ich habe mich dann nicht mehr gemeldet. Er ist Tierarzt, seriös, Halbglatze. *Hallogauting*: 47, 182, 82 kg, braungraue Haare; den hab ich auch getroffen, er ist auch gebunden, wirkt seriös und ich würde ihm gefallen. Der schreibt mich immer wieder einmal an, dass er mich benützen möchte … *Spontan44*: 185, 90, dunkelblond, blaue Augen, Motto: Unterwerfung ist ein Geschenk. Er möchte mich treffen … Also den kenne ich noch nicht, nur vom Schreiben. Bin gespannt auf deinen Befehl …«. Etwas später erhalte ich ihn, den Befehl: »Du wirst den Tierarzt treffen! Du wirst mir berichten, wann und wo ihr euch trefft. Dein Arsch bleibt tabu. Der wird nur von mir gefickt. Du wirst mir dein Outfit präsentieren, welches du anziehen wirst. Und danach gibt's einen ausführlichen Bericht, wie ich es von dir gewohnt bin.«

Ich erkläre mich einverstanden. Über Whatsapp berichte ich ihm davon, dass ich ohne BH und Höschen in der Konditorei war, was er goutiert – da bekäme er einen leicht Steifen … Im Forum schreibe ich als *Mariaimhimmel* an *Komma*. Ob er noch interessiert sei? Prompt die Antwort – ah, es hätte sich bei mir also nichts ergeben? Ganz im Gegenteil, antworte ich, da hat sich sehr wohl etwas ergeben; ich erzähle ihm von meinem Herrn, der mich angewiesen hat, meine Muschi bearbeiten zu lassen, und ob er einverstanden wäre, das zu tun; mit Gummi und anal ist tabu. Natürlich ist er einverstanden und will mich so bald als möglich treffen. Wir vereinbaren ein Treffen für die kommende Woche, am Donnerstag, tagsüber einmal. Er will noch wissen, was ich darunter verstehe, wenn es heißt, dass meine Muschi »bearbeitet« werden soll. Meine Antwort: »Muschi bearbeiten bedeutet, dass sie in allen möglichen Varianten verwöhnt und massiert wird, außen und innen. Meine Klitoris ist besonders verwöhnungsbedürftig, da muss eine Zunge ran; ich kann mich am besten entspannen, wenn ich geleckt werde bzw. wenn an der Klit gesaugt und geleckt wird … und einen oder mehrere Finger drin … dazwischen ein bisschen ficken … aber da sind deiner Phantasie keine Grenzen gesetzt! Du darfst alles Mögliche machen, auch leichte Schmerzen zufügen (z. B. leichte Klapse). Meine Titten stehen aber auch zu Verfügung – also eigentlich alles, außer anal ficken. Wie gesagt, du darfst mich nach deinem Belieben benutzen …«

Einige Fragen habe ich aber noch an *Dagnim*:»Soll ich das Halsband anlegen? Darf er auch Toys verwenden? Oder Gerte, Peitsche, Fesseln? Ficken nur mit Gummi, ist eh klar. Wie lange darf das maximal dauern?«

8. Juli

Dagnim möchte wissen, was ich anziehen werde und gibt mir Antworten auf meine Fragen:»Toys ja, keine Gerte oder Peitsche. Kein fesseln, diesmal nicht. Ist das der mit den Gynospielen? Das könnt ihr machen, wenn du das möchtest. Kein Halsband. Du kannst dir Zeit lassen so viel du möchtest.« Ich schreibe, dass ich einen schwarzen, netzartigen Catsuit tragen werde, im Schritt und bei den Titten offen, und dass ich ihm dann ein Foto schicken werde. Was ist mit blasen und schlucken? Er:»Du wirst ihm einen so was von lutschen! Hart und tief, kombiniert mit einem geilen Handjob! Geschluckt wird nicht. Du wirst ihn abmelken und jeden Tropfen rausstreifen, wenn es soweit kommt. Wo trefft ihr euch?« Ich bestätige, dass ich die Anweisungen verstanden habe; treffen werden wir uns bei mir. Später möchte er wissen, ob ich mich schon darauf freue? Ja, irgendwie schon – ja, ich freue mich darauf. Ich erzähle ihm von einem Anwärter, der mich einmal versetzt hatte, mich aber unbedingt treffen möchte; er ist gebunden und möchte Abwechslung. Aber ich frage ihn, er soll bitte entscheiden, ob ich mich mit ihm treffen soll. Und das tut er – er entscheidet; vorerst keine neuen Treffen. Gut, keine neuen Treffen.

Komma schickt mir ein Whatsapp, ich antworte nicht, schreibe ihm aber im Forum, dass ich nur hier kommunizieren möchte. Er will offenbar mehr Kontakt, ein bisschen Liebesgeflüster, aber das mag ich nicht am iPhone machen und auch nicht andauernd herumschreiben. Im Forum kündigt er an, dass er mich sehr verwöhnen wird und ob ich dann auch abspritzen werde? Das kann ich nicht garantieren, antworte ich, aber wir werden sehen; und dass ich keine Erwartungen diesbezüglich habe – ob Orgasmus oder nicht, beides ist ok. Ich schreibe ihm auch, dass mein Herr angewiesen hat, dass ich ihn ordentlich blasen soll, aber nicht schlucken darf. Wir fixieren einen genaueren Termin, Donnerstag 10.30 Uhr, bei mir. Er möchte Wein oder sonstige Alkoholika mitbringen, er legt es auf romantisch an. Wir werden aber keinen Rosamunde Pilcher Film haben, sondern eher einen deftigen Hausfrauenporno, für Frauen. Ich sage ihm klar, dass ich die Anweisungen meines Herrn befolge und dass ich ihm das alles noch genau erklären werde.

9. Juli

Ich schreibe *Dagnim* – ob der Tierarzt meinen Arsch lecken darf, er hat gefragt. Seine Antwort:»Lecken ist erlaubt. Er kann damit machen, was euch gefällt. Aber gefickt wird er nur von mir!« Gut, alles klar. In den Arsch werde ich nur von meinem Herrn gefickt, das leuchtet ein. Ich schreibe ihm auch, dass ich ihn vermisse. *Komma* möchte wissen, in welchem Outfit ich ihn empfangen werde. Ich werde keine Strümpfe haben, bedingt durch die Außentemperatur. Und ansonsten auch nicht viel Stoff, da soll er sich überraschen lassen. Und dass anal lecken ok ist, aber wie gesagt – ficken ist das Privileg meines Herrn. Und dass ich mich auch schon freue!

10. Juli

Ich schicke Bilder von meinen neuen Errungenschaften an *Dagnim*: einen Knebel (mit Luftlöchern) und einen Analplug (mit schimmerndem pinken Stein am »Griff«). Ob ich den Plug schon probiert habe, will er wissen. Nein, der ist noch jungfräulich. Ich denke, dass ich auf ihn warte, um den Plug einzuweihen. An *Komma* schreibe ich, wie er in mein Haus kommt, und dass wir zuerst ein bisschen reden werden und anschließend all das machen werden, was uns Spaß macht.

11. Juli (Erstes Treffen *Komma*)

Ich freue mich sehr auf diesen Tag, habe ihn mir weitgehend von Arbeit frei gehalten. Ich nutze die Zeit am Morgen um noch fertig aufzuräumen, die Wohnung und mich. So eine Vorbereitung braucht ihre Zeit, ich rauche einen kleinen Joint, ziehe mich an, zuerst den Body (im Schritt offen) und darüber ein schwarzes Kleid, schwarze hohe Schuhe mit Riemen, mache Fotos und schicke sie an Mike. Um halb 11 kommt *Komma*, pünktlich. Ich bitte ihn herein, er gibt mir einen flüchtigen, fast schüchternen Begrüßungskuss. Das Parkplatzproblem in der Stadt eignet sich als Eisbrecher-Gesprächsthema, ich gebe ihm Wasser und rauche eine, bin ja doch ein bisschen aufgeregt. Wir setzen uns zum Tisch, er sitzt mir gegenüber. Er raucht auch, ist zwar nur Gelegenheitsraucher, aber jetzt raucht er eine. Gut, dann stinken wir beide wie ein Aschenbecher. Wir betreiben so etwas wie small Talk, noch ein bisschen kennen lernen und ausleuchten, was der andere tut und wie er ist. Aber wir sind nicht zum Quatschen zusammen gekommen; ich lenke das Gespräch zum Hauptthema und erkläre den Kontext: Also, es gibt bestimmte Spielregeln bei SM-Beziehungen und ein gewisse Logik, wie das abläuft. Und das, was wir hier machen, ist ein Teil von so einem Spiel – ich habe einen Herrn und eine Vereinbarung mit ihm, dass er mir befehlen darf, was ich tun soll oder nicht tun soll, und dass er entschieden hat, dass ich mich mit ihm treffen soll. Für *Komma* ist das etwas Neues, er kennt das so noch nicht. Aber er findet es spannend, ungewöhnlich und ist offensichtlich ziemlich scharf. Das eine oder andere will er noch von mir wissen, z. B. ob ich Dirtytalk mag. Ja, mag ich, wenn es nicht zu erniedrigend ist. Mal sehen, das wäre auszutesten … Ich bin ziemlich geil – allein wenn ich darüber rede, werde ich nass. Als ich kurz aufstehe, um noch einen Krug Wasser in der Küche zu holen, merke ich, dass ich schon tropfe, mein Saft rinnt an meinen Oberschenkeln herunter. Ich erkläre weiter, wie das jetzt ablaufen wird; die Tabus sind bereits besprochen, ficken nur mit Gummi, kein Halsband, keine Fesseln, keine Gerte etc.; wir können uns Zeit lassen, so viel wir wollen und dass er machen kann, was er möchte. Ich werde von mir aus nichts tun, ihn nicht angreifen, sondern passiv sein. Aber ich mache alles, was er verlangt, was im Rahmen dessen ist, was wir besprochen haben. Ich bin sozusagen von meinem Herrn für ein Spiel mit ihm freigegeben worden. Aha, eine Freigabe, seine Mimik zeigt Interesse. Es geht jetzt los, sage ich, noch am Tisch sitzend. Er steht auf, kommt zu mir und beugt sich, um mich zu küssen – ganz zärtlich, mit viel und sanftem Zungenspiel. Es ist ein Kuss wie von zwei Verliebten, wie man ihn in einem Rosamunde Pilcher Film sehen kann. Eine ganz zarte Annäherung … Na ja. Ebenso sanft annähernd schiebt er mein Kleid nach oben, berührt mich kurz an den Schenkeln und prüft die Feuchtigkeit meiner Muschi – da gibt es schon die höchste Punktezahl. Oh, das freut ihn – die ist aber saftig, sagt er mit leuchtenden Augen und beginnt mich zu lecken. Wow – wie ein Blitz fährt die Lust in mich hinein. Ich stöhne – endlich bekomme ich meine Muschi geleckt, es ist wunderbar. Er macht das sehr gut, ist sehr sanft und vorsichtig; er macht es nicht dominant sozusagen, sondern eher frauenverstehermäßig. Wir gehen ins Schlafzimmer, ich habe nicht viele Toys herausgelegt (einen Vibrator, einen Muschivib und noch einen anderen Muschivib, sowie Kondome). Ich zeige sie ihm, aber vorerst sind sie uninteressant. Lieber öffnet er den Reißverschluss von meinem Kleid und erforscht meine Lustregionen, vor allem die Muschi. Ich lege mich aufs Bett, spreize die Beine und er leckt und fingert mich, das ist offenbar sein Element. Ich liege auf dem Rücken und lasse mich verwöhnen, nach Strich und Faden, er macht das echt gut, ich genieße es sehr. Hin und wieder kommentiert er das, was er vorfindet, vor allem freut ihn, dass meine Muschi so aktiv ist. Das geht eine Weile so, er erforscht mich mit Zunge und Finger und ist auch ganz entzückt, wenn er meinen Arsch auch mitleckt. Ob wir das eine oder andere Spielzeug verwenden wollen? Nein, derweil wäre ich mit seinen Fingern und Zunge sehr zufrieden. Dann kniet er sich neben mich und lässt mich seinen Schwanz blasen; ich habe mich schon gewundert, dass er damit so lange zuwartet. Er hat keinen großen Schwanz, er ist auch noch nicht ganz steif, ich blase ihn zunächst vorsichtig. Dann nehme ich seinen ganzen Luststab in den Mund, bis zum Anschlag, das geht, weil er noch nicht steif ist. Da stöhnt er – aha das gefällt ihm, ich mache das noch ein paar Mal. Bei den Eiern soll ich ihn nicht berühren, sagt er. Ich blase ohne Eierberührung weiter. Gleichzeitig fingert er mich.

Er macht etwas Zauberhaftes mit seinen Fingern, da hat er eine Technik, die mir rätselhaft ist. Er bewegt seine Hand bzw. Finger sanft stoßend, aber mehr mit kreisenden Bewegungen, innen und außen, zum Teil mit beiden Händen, wobei die andere Hand bzw. deren Finger meinen Kitzler massiert – auch mit einer zauberhaften Technik. Stundenlang könnte ich mir das gefallen lassen … Er würde mich gern ficken, sagt er, aber er mag keinen Gummi, er mag es einfach nicht, aber er kann mir garantieren, dass er gesund ist, weil er regelmäßig Blutbild macht und sonst nur mit seiner Frau Sex hat. Aber ich will nicht ohne Gummi – nein, das geht leider nicht. Wir diskutieren nicht viel, sondern machen weiter. Ich brauche sowieso keinen Schwanz bei diesen Fingern. Jetzt will er mich von hinten lecken; ich drehe mich um, hänge mit meinem Oberkörper vom Bett herunter und strecke ihm meinen Arsch entgegen – er leckt und fingert mich weiter, mit der gleichen Leidenschaft … Offenbar verwendet er beide Hände für diese Vaginalerforschung; ich werde ein wenig gedehnt und bekomme sehr sanfte Bewegungen. Dann liege ich wieder auf dem Rücken, er schräg neben mir und betreibt weiter seine Gynuntersuchung. Tja, als Arzt kennt er sich aus mit Anatomie, sehr gut, ich lasse ihn machen. Zwischendurch küssen wir auch, aber nicht mehr frauenverstehermäßig, sondern versaut, mit mehr Zunge. Auch meine Titten legt er frei, leckt und saugt daran, sanft und zärtlich. Bis jetzt habe ich keine Schmerzen gespürt. Hm, die Titten könnte er schon mal fester anfassen oder ein bisschen zwicken, aber das ist vermutlich nicht so sein Ding. Irgendwie schafft er es, meine Muschi sehr nass und geil zu machen und sie auf diesem Niveau zu halten; jetzt intensiviert er ein wenig sein Spiel, gibt mehr Druck dort und da; er dürfte drei oder vier Finger in mir haben. Ich mische mich da ein und massiere mich mit meinem rechten Zeigefinger an der Klit. Schon längst bin ich in einem tranceartigen Zustand, hebe ab … ich bekomme einen Orgasmus. Er ist irgendwie anders als sonst, sehr intensiv, aber es fühlt sich dennoch anders an – keine Ahnung, wie er das gemacht hat, das dürfte ein Zaubertrick gewesen sein. Vollkommen erschöpft liege ich da, sage danke und bin glücklich. Eine kleine Pause? Wir gehen wieder zum Tisch, rauchen eine, trinken Wasser und reden. Wir sind zufrieden, das war gut, das bestätigen wir uns gegenseitig. Wir reden über dies und jenes, Politik, Gesellschaft, Leben auf dem Land etc. Er ist intelligent, man kann sich gut unterhalten. Ach ja, und das mit dem Gummi – er erklärt, dass er kein Kondom auf seinen Schwanz drauf bringt, weil das irgendwie mit seiner Vorhaut nicht geht; er demonstriert mir das und ja, ich verstehe. Er hat eher einen kleinen Schwanz und das geht dann nicht gut. Aber wie gesagt, ohne Gummi möchte ich nicht, nicht nur weil ich das meinem Herrn versprochen habe, sondern vor allem, weil ich es nicht möchte. Ich bin da sehr vorsichtig, immer. Wer weiß, vielleicht, wenn man sich länger kennt, dann könnte man wieder drüber reden, aber jetzt geht's ohne Gummi nicht. Ficken muss ja nicht sein, wir können ja auch so schön spielen.

Er möchte noch eine zweite Runde drehen, wir gehen ins Schlafzimmer, er legt mich aufs Bett. Er lässt mich ein wenig blasen und beginnt wieder sein Fingerspiel an meiner Muschi – ich bin wieder entsprechend nass. Dann nimmt er seinen Schwanz selber in die Hand, mit der anderen bespielt er meine Muschi, innen und außen. Das verlangt einiges an Koordination. Ich würde ihn ja weiter blasen, aber er macht es selber, auch gut. Diesmal konzentriert er sich mehr auf sich – ja, er soll auch kommen. Ich stöhne und merke, wie ich ihn mit meinen Geräuschen anfeuern kann. Nun ist er schon sehr gespannt, ich merke, dass er bald kommen wird. Mit meinem offenen Mund biete ich Unterstützung an, aber er wichst sich selber, ganz nahe an meinem Gesicht und spritzt schließlich ab, in mein Gesicht. Ich schlucke nicht, lecke aber noch ein wenig an seiner Eichel und gebe ihm einen abschließenden, tiefen Schwanzkuss, der ihm offenbar sehr gut tut. Gut war das, da sind wir uns einig. Wir liegen auf dem Bett und reden; er erzählt, dass er ursprünglich Frauenarzt werden wollte und dass ihn die weibliche Anatomie sehr interessiert; da gäbe es so etwas wie Orgasmustechniken, wo man eine bestimmte Massagetechnik anwenden muss, weil da gäbe es den G-Punkt und dahinter noch einen anderen Punkt und einen Punkt auf der Klit auch noch. Und wenn man mit bestimmten Techniken und Druckpunkten arbeitet, da kann man sehr viel bewirken. Angeblich kann man von außen, nur durch eine Bauchmassage einen Orgasmus erzeugen, wenn man die richtigen Nervenpunkte erwischt. Einige seiner Fachbegriffe habe ich noch nie gehört. Ja, und dass man mit Technik und Übung viel erreichen kann; er wusste von einer Erfahrung zu berichten, wo er mit einer Frau in einem Hotelzimmer gespielt hat und die hat so abgespritzt, dass das ganze Zimmer nass war. Sowas interessiert ihn besonders, da möchte er weiter experimentieren. Ich bekomme ganz große Ohren – ja, solche Experimente möchte ich auch machen. So ein Glück, dass ich auf einen Muschiwissenschaftler getroffen bin, und das habe ich *Dagnim* zu verdanken.

212

Wir verbleiben unverbindlich. Ich sage, dass ich meinem Herrn einen Bericht über diese »Session« geben werde und dass grundsätzlich er entscheidet, ob und wie das weiter gehen könnte. Es ist so, dass ich meine Wünsche bei meinem Herrn deponieren kann und dass er sehr großzügig ist und mir sicher das eine oder andere erlaubt, aber wie gesagt, ich halte mich an diese Spielregeln, weil das eben eine verbindliche Vereinbarung ist. *Komma* versteht das und findet es auch spannend, und natürlich würde er sich sehr freuen, wenn er mich wieder treffen könnte. Ich begleite ihn zur Tür und wir verabschieden uns mit einem Kuss, einem Rosamunde-Pilcher-Kuss.

Später schreibe ich an *Komma*, dass es mir sehr gefallen hat und dass er eine wunderbare Fingertechnik hat – was ihn sehr freut; seine Technik, Frauen zu »streicheln« sei noch lange nicht ausgereift und ich wäre ein guter Partner für weitere Übungen diesbezüglich. Meine Grenzen könnte ich dabei austesten; Frauen muss man lieben, aber sie müssten es auch zulassen, meint er.

An *Dagnim* schicke ich meinen Bericht (Tagebucheintrag vom heutigen Treffen mit *Komma*). Seine Reaktion kommt am Abend: Er lobt, dass der Bericht wieder sehr geil und ausführlich geschrieben ist und dass es uns anscheinend Spaß gemacht hat – gut so! Vor allem, dass ich einen Orgasmus gehabt habe. Und er fragt, ob es in meinem Interesse wäre, wenn wir in diese Richtung, mit *Komma*, weiterspielen würden? Da wir uns an die Regeln halten, würde nichts dagegen sprechen. Er hätte einen wunderbaren Ständer bekommen, als er meinen Bericht gelesen hat, und dann noch sein eigenes Kopfkino – sehr spannend das Ganze! »Aber so ein dominanter Typ ist er nicht, oder?«, fragt er. Ich antworte: »Echt, du hast einen Ständer bekommen? Das freut mich, sehr geil ;-) Ja, der ist ein Muschispezialist, finde ich echt cool, dass er da eine gewisse Expertise hat. Und ja, ich kann mir vorstellen, dass wir in diese Richtung weiter spielen. Er ist kein dominanter Typ, ganz und gar nicht. Sein Motto lautet: Man muss die Frauen lieben; also er ist eher der Verwöhner. Kann sein, dass er auch noch eine dominante Seite hat, aber gesehen habe ich das nicht. Ich finde das super, dass wir das machen, ich meine dass wir auf diese Art spielen können ;-)))« Das sieht *Dagnim* auch so.

12. Juli

In aller Früh bekomme ich schon Nachricht von *Komma* – er gibt mir Infos bezüglich Beckenbodenmuskulatur mittels Lustkugeln; am besten leichtere kleine aus Silikon. Seine Muschiexpertise kommt ungefragt, aber ok, er ist halt der Herr Doktor und gibt mir Tipps. Lust- oder auch Liebeskugeln sollte man mindestens eine halbe Stunde am Tag tragen, sich dabei bewegen, einkaufen gehen oder so, weiß er. Und dass ich dadurch meine Orgasmen steigern könnte – ob das überhaupt noch gehen würde bei mir?

Ich schreibe mit *Dagnim* – er hinterfragt noch einmal, ob *Komma* dominant sei, aber vielleicht ist er ja auch devot, dann könnte ich ihn fesseln. Nein, ich kann mir nicht vorstellen, einen Mann zu fesseln, eine Frau schon eher … Das würde *Dagnim* besser gefallen, wenn ich eine Frau fesseln würde.»Weißt du, was mir jetzt gefallen würde?«, frage ich,»Wenn ich deinen Schwanz spüren könnte – das würde mir gefallen!!!«, werfe ich zurück. Ihm fällt ein, dass man das schön kombinieren könnte, ich bekäme währenddessen seinen Schwanz zu spüren … Am Abend schicke ich ihm einen Kurzbericht über eine Self-made-Session:»Ich hab's mir grad selber gemacht, habe mir dabei vorgestellt, dass ich gefesselt bin, meine Beine sind weit gespreizt, du gibst mir ein paar mit der Gerte in / auf die Muschi … und dann fingerst mich, fickst mich, und gibst mir zwischendurch einen Klaps auf meine inneren Schamlippen und auf den Kitzler … bis du mich schließlich in den Arsch fickst … Habe dieses Bild im Kopf gehabt, wie du mich in den Arsch fickst, und hab dann einen geilen Orgasmus gehabt ;-)«

Mit *Komma* tauschen wir noch Infos betreffend Lustkugeln aus. Er möchte auch wissen, was mein Herr zu meinem Bericht gesagt hat. Ich berichte ihm von der Reaktion von *Dagnim,* dass es ihm gefallen hat etc. und dass wir in diese Richtung weiter spielen können.

13. Juli

Es ist Wochenende – dieser Samstag ist frei, ich kann mich gut von der Arbeitswoche befreien und schwinge mich ins Wochenende ein. *Komma* ist ein früher Vogel; er teilt mir übers Forum mit, dass wir auf jeden Fall weiter machen sollten, und dass ich mich dann einige Tage zuvor nicht selber befriedigen soll, damit die Muschi dann noch feuchter wird. Mein Liebessaft würde ihm übrigens sehr gut schmecken; und wann ich gedenke, dass wir uns unserer Leidenschaft wieder hingeben würden? Ich weiß jetzt keine Antwort darauf, ich werde ihm später antworten.

Dagnim ist auch früh dran, er schickt mir per Whatsapp ein kurzes Video, wie er seinen Schwanz wichst, noch vor dem Aufstehen. Im Forum schreibt er, dass es ein Teufelskreis ist, ich muss es mir selber machen, dann muss er es sich wieder selber machen usw. Und dass er meinen Arsch noch so ficken wird, dass mir Hören und Sehen vergeht. Und jetzt würde er gerne den neuen Plug in meinem Arsch sehen. Ich antworte, dass ich es mir andauernd selber mache und oft an ihn denke. Und dass *Komma* ein echter Muschispezialist ist und dass er mir empfohlen hat, meine Beckenbodenmuskulatur mit Liebeskugeln zu trainieren, damit ich die Orgasmen noch intensiver erleben kann. Und dass ich gerade welche drin hätte. Entsprechende Bilder hänge ich noch dran – eine Dokumentation darüber, wie ich mir die Liebeskugeln einverleibe. Wenige Minuten später ruft er mich an (Videotelefon per Whatsapp), es ist das erste Mal, dass wir auf diese Art reden. Mir wäre das gar nicht in den Sinn gekommen; ja, schön, er ruft mich an. Wo ich bin?, will er wissen. Ich bin zu Hause, sitze vor dem Computer. Ich soll mich ausziehen, sagt er, laut und deutlich. Ich platziere das Telefon so, dass er mich gut sehen kann. Ich stehe nackt vor ihm bzw. vor dem Telefon, er befiehlt mir, meinen Kitzler zu reiben. Ich befolge seine Anweisung und mache das eine Zeitlang. Ich habe gerade die Liebeskugeln drin, sage ich; die soll ich herausnehmen. Dann frage ich, ob ich mich setzen könnte – ja, ich kann mich setzen. Ich setze mich auf meinen Bürostuhl, spreize die Beine weit auseinander und setze fort mit der Klitmassage. Zwischendurch ziehe und kneife ich meine Brustwarzen. Es fällt mir nicht ganz leicht, mich zu entspannen, ich schalte in meinem Kopfkino einen Gang höher und versuch mir vorzustellen, dass er richtig da ist, körperlich. Es dauert; er beobachtet und sagt nichts. Ich bin schon total nass, zeige es ihm auch, und reibe mich weiter und weiter, immer fester, bis ich schließlich komme. Dann bittet er mich, dass er mein Gesicht sieht – er fragt, ob ich gern seine Schlampe bin? Ja, ich bin gern deine Schlampe, antworte ich. Jetzt soll ich die Liebeskugeln und den Analplug herrichten, und ein Kleid anziehen, mit dem ich dann in die Stadt gehe; und wenn ich das gemacht habe, soll ich ihn wieder anrufen. Gesagt – getan, ich rufe ihn wieder an. Jetzt weist er mich an, dass ich das Kleid hoch ziehen soll und dann zuerst die Kugeln, dann den Plug einführen soll, er möchte es sehen. Und dann soll ich damit in die Stadt gehen, mit der Straßenbahn fahren, meine Einkäufe und Sonstiges erledigen, ohne Höschen und ohne BH, und dass er dann einen Bericht darüber lesen möchte. Die Kugeln flutschen hinein, das geht ganz leicht. Beim Plug ist es schwieriger, der erste Versuch scheitert, es schmerzt zu stark, obwohl ich ausreichend Gleitgel verwende. Er meint, ich soll es noch mal versuchen, vorsichtiger. Beim zweiten Mal gelingt es, allerdings unter Schmerzen.

Einige Stunden später schicke ich ihm meinen Bericht: »Zuerst muss ich sagen, dass ich den Plug nicht leicht hinein bekommen hab; das hat weh getan, ich war da zu unsensibel, ich spüre es jetzt noch. Der Plug ist ein ›medium‹, ich hätte einen ›small‹ auch kaufen sollen, werde ich noch machen. Und dann, wie er drin war, hat es zwar nicht mehr so weh getan, angefühlt hat sich das aber recht intensiv; ich spüre den Plug viel mehr als die Kugeln – die spüre ich dann fast nicht mehr. Bevor ich in die Stadt gegangen bin, habe ich zu Hause noch herumgekramt und getestet, wie sich das anfühlt beim Gehen und Sitzen. Wie gesagt, den Plug habe ich sehr intensiv gespürt, ich könnte aber nicht sagen, dass es weh getan hat. Es ist eher so, dass man einen Knüppel im Arsch hat bzw. dass beide Löcher zugestopft sind. Insgesamt fühlt sich das geil an … Dann bin ich in die Stadt, zwei Stationen mit der Straßenbahn, Lebensmittel einkaufen und wollte irgendwo was trinken. Beim Gehen gewöhnt man sich an das Zugestopft-Sein, und zu wissen, dass die anderen alle ›normal‹ durch die Stadt gehen und ich unten nackt und zugestopft … das hat schon einen eigenen Kick! Ich habe meine Sachen gekauft, dann bin ich noch zur Bäckerei ein Brot kaufen gegangen. Wie ich dann wieder vom Einkaufszentrum raus bin, kommt ein Gewitter daher, hat gerade angefangen zu regnen; zuerst nur ein paar Tropfen, ich dachte kein Problem, geh ich trotzdem raus. Die Leute haben sich alle schon untergestellt, aber ich bin ins beginnende Gewitter hinaus gegangen, mit meinem frivolen schwarzen Kleid. Und dann hat es voll zum Schütten angefangen, ich bin nur bis zum Hohen Platz gekommen und hab mich dann bei einem Geschäft vors Schaufenster untergestellt. Und habe gewartet, halb nass, Kugeln in der Muschi, Plug im Arsch. Der Regen war super! Dieser heftige Schauer, diese Naturgewalt hat gut zu meiner Stimmung und zu meinem Geilheitszustand gepasst. Ich bin da eine Weile gestanden, bis sich diese Regengewalt wieder beruhigt hat. Es hat zwar immer noch recht stark geregnet, aber ich habe meinen Heimweg fortgesetzt. Dass ich noch irgendwo was trinke, mich hinsetze oder so, kommt mir nicht in den Sinn; auch deswegen, weil ich fürchte, dass ich jeden Stuhl mit meinem Muschisaft versauen würde. Es ist sehr nass – drinnen und draußen. Immer noch spüre ich den Arschplug recht intensiv, teilweise ist es an der Grenze bzw. es fühlt sich unangenehm an. Aber es ist beides – es macht mich geil und es hält mich sehr fest ... Dann musste ich mich wieder unterstellen, oben in meiner Gasse, weil es jetzt zum Hageln angefangen hat. Eine Familie steht neben mir, der Sohn spielt mit den Hagelkörnern. Auch da hab ich noch eine paar Minuten innegehalten, in mich hinein gespürt und aus mir heraus gespürt. Echt geil. Bis zu meiner Haustüre waren es noch etwa 50 Meter, ich bin dann in die Wohnung, war vollkommen nass, innen und außen. Hab das Kleid ausgezogen und mir etwas Wärmeres über gezogen. Da ich hungrig war, hab ich mir was zum Essen gemacht. Beim Kochen hab ich die Toys zuerst noch drin gehabt, aber dann war mir der Plug irgendwie unangenehm und ich hab mich hingelegt, auf den Rücken und versucht, ihn ganz vorsichtig heraus zu bekommen. Das muss ich noch üben, wie viel ich dann die Muskeln anspannen soll oder nicht, da bin ich echt ein Anfänger. Aber ich hab ihn dann raus bekommen, eher unsanft, hat etwas weh getan. Die Muschikugeln sind hingegen ganz leicht herausgeflutscht. Dann hab ich eine andere Öffnung zugemacht - meinen Mund, mit meinem Essen ;-) Ich habe vergessen, ob du gesagt hast, dass ich Fotos machen soll. Hab ich jetzt nicht gemacht. Hm ... Haben wir eigentlich schon darüber geredet, ob es so etwas wie Bestrafungen gibt, wenn ich deine Anweisungen nicht korrekt befolge ...?«

Er antwortet per Whatsapp – klar würde es Strafen geben! Er hofft aber, dass ich es nicht darauf anlegen würde. Natürlich lege ich es nicht darauf an, sage ich. Etwas später gibt er mir wieder einen Auftrag: Ich soll im Forum oder auch im realen Leben Ausschau halten nach einer Frau oder einem Paar, ich soll ihm dann berichten und er würde das evaluieren. Gut, kann ich machen, ein Spiel zu dritt oder zu viert wäre spannend. Ich schreibe, dass ich jetzt shoppen gehe, um mir einen kleinen Plug zu kaufen; vielleicht würde ich auch was Geiles zum Anziehen finden, überlegt er. Tatsächlich finde ich neben dem Small-Plug auch zwei elegante schwarze Outfits (einen Body, wo man die Titten- und Muschiteile herunter nehmen kann, im Schritt offen und einen Dreiteiler: einen Halb-BH, der die Titten herausschauen lässt, Strapse und String-Tanga, in der Mitte offen). Gegen Abend mache ich eine Anprobe und Bilder davon und schicke sie ihm. Sie gefallen ihm sehr gut, er meint, dass er voll drauf abfährt und ich eine brave Schlampe sei.

Komma hat sich im Forum gemeldet – er möchte Bilder von meinen Liebeskugeln und von meinem Arschplug sehen, oder darf nur mein Herr solche »Wünsche« aussprechen? Ich bin von dieser Anfrage etwas überfordert, hatte einen sehr schönen geilen SM Nachmittag. Jetzt bin ich ausgefüllt und zufrieden, ich werde ihm morgen antworten.

14. Juli

Es ist ein gemütlicher Sonntagmorgen, ich hänge noch in der Nachträglichkeit der gestrigen Geilheit. Per Whatsapp melde ich mich bei *Dagnim*, er beginnt das Thema Treffen mit Frau oder Paaren zu forcieren. In dem einen Forum habe ich bereits mein Profil dahingehend geändert, dass jetzt für die anderen klar ist, dass wir ein Paar sind und eine Mitspielerin bzw. ein Paar für gemeinsame Spiele suchen. Mir ist immer noch nicht klar, was er vorhat, das ist auch nicht aus ihm herauszubringen. Er möchte, dass ich »mit einer Frau was mache, oder auch mit einem Paar« und später würde er »dazu kommen«. Na gut, ich probier es einmal, schreibe einige Frauen und Paare an (als *Devotina* und als *babsi_joy*). Er möchte auch, dass ich die *Devotina* mit mehr Bildern ausstatte. Ich hänge drei laszive Fotos dazu, das wird mit hunderten Likes quittiert. Ich hänge den ganzen Tag im geilen Netz und werfe Angeln aus. Zwischendurch frage ich ihn, ob ich den Muschidoktor wieder treffen dürfte? Zuerst möchte er Ergebnisse aus meinen Sondierungen sehen, dann überlegt er es sich. Laufend gebe ich ihm die neuesten Infos über meine Suchergebnisse, inklusive Bildern. Den ganzen Tag verbringe ich in dieser unbestimmten Virtualität, nicht wissend, was ich eigentlich suche.

Am Nachmittag schreibe ich an *Komma* meine Antwort auf seine Frage:»Hallo, ich würde das alles nicht so streng sehen, du sagst einfach, was du möchtest. Was ich aber nicht machen kann, ist dass ich dir Bilder schicke oder unter der Zeit Dinge mache, zu denen du mich aufforderst. Das ist etwas, das mache ich nur mit meinem Herrn; mit ihm ist das etwas Exklusives, d. h. auch, dass ich daneben keinen zweiten Herrn habe, ich bin ihm sozusagen treu. Hin und wieder kann ich auch außerhalb spielen, in dem Fall mit dir, aber wie gesagt, auch das ist etwas, was ich gemeinsam mit ihm entscheide (bzw. er»entscheidet« das, was ich ihm vorher nahe lege). Gestern haben wir z. B. schön gespielt, er hat mich angerufen per Videotelefon Whatsapp und mich angewiesen, dass ich mich ausziehen soll und es mir selber machen soll, und er hat mir dabei zugeschaut, bis ich gekommen bin. Dann wollte er, dass ich die Kugeln und den Plug hinein tue, sodass er es sehen kann und dass ich damit in die Stadt gehen soll … Was ich dann auch gemacht habe. Und später habe ich ihm berichtet … Für uns 2 kann ich mir vorstellen, dass wir uns hin und wieder treffen und in diesem Zeitraum spielen, dass du da deine Muschiakrobatik verfeinern kannst und ich ebenfalls meine Muschifähigkeiten ausbauen kann … sodass wir beide unsere Lust steigern, aber wie gesagt, innerhalb von einem abgegrenzten Zeitraum. Und mit seiner Erlaubnis ;-) Könntest du damit leben? Kuss«.

Am Abend bin ich immer noch mit der Suche beschäftigt, bis jetzt gibt es nicht die Resonanz, die ich erwarte. Entweder sind es solo Männer, die mich anschreiben, oder Paare aus dem benachbarten Staat. Also nichts ernst zu nehmendes. Ich bin frustriert, meine anfängliche Neugier bzw. auch Geilheit bezüglich Frau hat sich verflüchtigt. Ich sitze in einem schwarzen Loch und habe einen steifen Hals.

15. Juli

Dieser Tag ist der erste in der Woche, er ist antigeil. Ich habe viel zu tun und ein undefinierter Ärger stört mich dabei. Ich hadere mit mir – wie viel Gehorsam tut mir jetzt gut? Wie viel Selbstbestimmung brauche ich? Das alte Thema … Am späten Vormittag schreibe ich an *Dagnim*, ob er sich schon überlegt hat, ob ich den Muschidoktor treffen darf. Er antwortet, dass er zuerst einen Zwischenstand über meine Recherche sehen möchte, erst dann würde er eine Entscheidung treffen. Ich denke aber daran, ihn sehr wohl zu treffen, ich bräuchte eine liebevolle Betreuung, nicht nur für meine Muschi, sondern auch für mich. Mitten am Nachmittag whattsappe ich *Komma*, ob er diese Woche am Mittwoch oder Donnerstag Zeit hätte. Natürlich hätte er Zeit – und Lust, wir vereinbaren ein Treffen für Donnerstagvormittag.

Am Abend finde ich ein wenig Abstand vom Tag, nach einer kurzen, aber intensiven Radtour mit Rammstein in den Ohren. Ich schreibe an *Dagnim*: »Ich habe von den angeschriebenen Damen keine einzige Antwort bekommen, dafür ein paar Zuschriften von Männern. Ich bekomme jede Menge ›Komplimente‹, fast alle aus dem Ausland. Die, die ich angeschrieben habe, haben nicht geantwortet. Irgendwie tut sich da nichts Gescheites, aber vielleicht auch deswegen, weil ich nicht wirklich an einem Paar interessiert bin. Auf eine Frau hätte ich mich eingelassen – aber auch da meldet sich nichts. Wie auch immer, es ist nicht mein Wunsch, mit einem Paar etwas zu machen, weil ich mich da einem neuen Herrn unterordnen müsste und das möchte ich nicht. Es hat mich einer auch blöd angemacht – ich hab ihn bzw. das Paar angeschrieben und er hat geantwortet, dass er nicht weiß, ob seine Partnerin mich kennen lernen möchte. Ja, jetzt nicht mehr. Auf solche Reaktionen hab ich echt keinen Bock. Daher bin ich ehrlich gesagt nicht sehr motiviert, ein Paar zu suchen, zumal das dein Wunsch ist – sollte nicht jeweils der Herr die Partner aussuchen? Mich nimmt ohnehin keiner ernst. Ich muss das Ganze überdenken, ob ich in diese

Richtung weiter machen möchte. Ich denke, ich brauche eine Pause …«

16. Juli

Den ganzen Tag fast nicht an Sex gedacht. Das mache ich mit Absicht, damit ich nicht an *Dagnim* denken muss, sonst würde ich mich womöglich ärgern. Sein letzter Befehl hat mich überfordert. Erst am Abend schaue ich ins Forum, um zu sehen, wie er auf meine Distanzierung reagiert. Er schreibt:»Ok. Verstehe. Wie wäre es, wenn du in der Pause den Doktor zu dir nach Hause bestellst?«. Hm, ja, das ist ohnehin vorgesehen, ich brauche eine vaginale Behandlung. Nach einigem Zögern antworte ich:»Ja, mach ich …«. Später er:»Vielleicht kann er ja diesmal das Problem mit dem Gummi lösen, er soll dich diesmal auch ordentlich durchficken.« Meine Antwort:»Ich werde schauen, was ich machen kann.« Er:»Sollte sicher was möglich sein. Würde dir einen geilen Fick gönnen bzw. ein paar andere Schweinerein :-)«. Ja, die gönne ich mir auch.

17. Juli

Wieder ein fast sexfreier Tag, aber nur fast. Meine Vorfreude auf den morgigen Vormittag mit *Komma* erfasst vor allem meine Körpermitte und ich denke daran, heute keine sexuellen Verrichtungen an mir selbst vorzunehmen, damit es morgen intensiver wird. Ich freue mich darauf, nicht nur auf den Sex, sondern vor allem auf die liebevolle Gesamterfassung durch den Muschidoktor. Ja, Liebe! Es zeigt sich wieder einmal – Sex allein reicht nicht. Wenn das soziale Drumherum nicht liebevoll gelebt wird, dann kann es dazu kommen, dass man sich auf das Objekthafte reduziert. Dann wird man nur benutzt, aber nicht geliebt. Erstrebenswert ist beides zugleich.

Am späten Vormittag whatsappt *Dagnim*, wie es bei mir so geht? Aha, er fragt nach meinem Befinden? Später antworte ich, dass ich einen Familientag habe, meine Nichte und ihre Kinder kommen zu Besuch und wir gehen baden. Er wünscht mir viel Spaß dabei. Am Abend versucht er es frivol; er würde sich jetzt gerne meinen Arsch vornehmen. Ich bin müde vom Badetag und habe keine Lust zu antworten. Später schreibe ich ihm doch noch, im Forum; ich sage »Fick oder nicht, das ist für mich nicht so prioritär, Hauptsache meine Muschi wird gut massiert, innen und außen. Morgen Vormittag kommt der Doktor, der wird das fein machen.«

18. Juli (Zweites Treffen mit *Komma*)

Dagnim wünscht mir per Whatsapp in der Früh viel Spaß und fragt, was ich anziehen werde; und dass er natürlich auf meinen Bericht gespannt ist. Ich antworte ihm im Forum, dass ich den neuen schwarzen Body anziehen werde, den man im Schritt und bei den Titten öffnen kann. Keine Strümpfe, hohe Schuhe. Ich erwähne auch, dass ich jetzt eine neue Frisur habe, meine Haare sind jetzt kürzer. Seine Reaktion: »Sehr sexy! Habe deine Haare so eigentlich gemocht. Aber du schaust mit der neuen Frisur sicher auch toll aus. Geiles Kopfkino …« Ich lasse ihn noch wissen, dass ich heute doch Strümpfe anziehen werde, die Temperaturen lassen es zu.

Komma ist etwas früher dran als vereinbart, ich putze mir gerade noch die Zähne; bin aber fertig adjustiert, unter meinem sommerlichen Kleid trage ich den Body, Strümpfe und nicht ganz so hohe Schuhe. Zur Begrüßung küssen wir uns, diesmal bin ich etwas aktiver, ich berühre und streichle ihn ein bisschen. Es erinnert mich wieder an einen Rosamunde-Pilcher-Film, aber diesmal empfinde ich es stimmiger und nutze seine Zungenspiele, um feucht zu werden. Er hat ein Massageöl aus der Apotheke mitgebracht, er denkt daran, es zu verwenden. Wir reden ein bisschen und rauchen eine, das scheint ein Ritual zu werden. Wir gehen ins Schlafzimmer und setzen fort mit der Schmuserei, er spielt mit meinem Kleid und prüft bald den Feuchtigkeitsgrad meiner Muschi. Da tut sich schon was, das animiert ihn. Seine Zunge im Mund und seine(n) Finger in meinem Loch – das lasse ich mir eine Weile gut gefallen. Er macht das wieder sehr sanft, tastet sich vorsichtig an mein inneres Lustfleisch heran. Er kennt da alle Punkte, den G-Punkt, den anderen dahinterliegenden, und natürlich den Kitzler. Ein richtiger Muschispezialist, der seine Experimente an mir ausführt – sehr schön. Ich habe zwei große feste Pölster vorbereitet, er soll mich gut sehen können bei seinen Untersuchungen. Aber zunächst liege ich flach auf dem Rücken, meine Beine weit gespreizt und er behandelt alle Punkte gleichzeitig. Eine schöne Lustwelle erfasst mich, ich liege nur da und genieße. Das könnte ich jeden Tag haben, stöhne ich. Immer wieder hebt er seinen Kopf aus meinen Untiefen, um mich zu küssen. Jetzt fühlen sich die Küsse anders an, versauter. Er hat echt Ausdauer und offenbar macht ihn das ziemlich geil. Stellungswechsel; ich liege auf dem Bauch, habe zwei Pölster unter meinem Becken – er möchte die Untersuchung von hinten weiterführen. Das macht er mit der gleichen Leidenschaft wie zuvor, nur dass er meinen Arsch auch mitversorgt. Mit Küssen und Lecken auf und von meinen Arschbacken, aber auch das Loch wird mitbehandelt. Seine Zunge ist wirklich sehr geschickt, das fühlt sich angenehm an. Aber am meisten erregt mich sein Spiel an meiner Klitoris.

Ich denke an das Thema Ficken bzw. Kondom, spreche es aber noch nicht an, er soll mal machen. Wir machen wieder einen Stellungswechsel – ich liege auf dem Rücken, unter meinem Becken die Pölster, so hat er mich frontal vor sich. Es geht weiter, wieder werde ich gefingert, massiert, gestreichelt, geliebt, es ist wunderbar. Mit der Zeit intensiviert er die Dehnung meiner Muschi und behandelt die äußeren Teile abwechselnd mit Finger und Zunge. Einmal bekomme ich leichte Klapse auf den Kitzler bzw. Venushügel, das fühlt sich gut an. In meinem Kopfkino sehe ich Peitschen, Fesseln, Augenbinde, ich sehe große Schwänze, harte Ficks – männliche Dominanz über weibliche Lust. Derweil massiert mich der Doktor so schön, immer intensiver … Sein Schwanz ist steif, er küsst mich und ich merke, dass er ficken möchte. In diesem Moment spüre ich auch schon seinen nackten Schwanz in meiner Muschi, er beginnt mich zu ficken. Das fühlt sich ebenso sanft an wie alles andere. Er hat keinen großen Schwanz, er ist eher übersichtlich. Aber dennoch ist es angenehm, ihn zu spüren, er massiert mich gut. Der Fick ist aber nicht sehr ausführlich, ich bekomme dann wieder seine Zunge und die Finger. Er hat einige Stellungen im Kopf, die er gerne ausprobieren möchte. Aha, welche zum Beispiel? Er legt sich auf den Rücken und stellt seine Beine auf. Ich lege mich auf ihn, mit meiner Spalte zu seinem Gesicht gerichtet, die Beine links und rechts angewinkelt, sodass ich fast auf seinem Gesicht sitze. Mein Oberkörper ist nach hinten gebeugt und wird von seinen Beinen abgestützt – so setzt er seine Behandlung fort. Ist mit der Zeit etwas anstrengend, aber nicht weniger geil. Schließlich darf ich dann wieder auf dem Rücken liegen, passiv sein … Wir kommen ins nächste Level, er intensiviert seine Gynuntersuchung, dehnt mich etwas, ich werde immer nasser, rinne aus. Jetzt halte ich es nicht mehr lange aus, ich werde bald kommen. Will ich schon kommen? Darüber sollte man eigentlich nicht nachdenken, sondern es kommen lassen. Seine nun intensiven Spiele an meinem Kitzler, sein Saugen daran und die gleichzeitigen inneren Massagen treiben mich in eine Ekstase. Ich habe einen sehr intensiven Orgasmus, der sich wieder etwas anders anfühlt, als meine selbstgemachten; irgendwie wohliger und gesamthafter. Meiner ganzer Körper hat gebebt und gezittert, ich bin explodiert. Und jetzt total erschöpft. Ich bekomme noch eine Art Nachbehandlung, Küsse und Streicheleinheiten da und dort, brauche aber eine Pause.

Wir plaudern ein wenig und trinken einen Schluck Wasser, bis meine Fitness halbwegs wiederhergestellt ist. Ich spreche das

Thema Kondom an, es ist ihm etwas unangenehm. Tja, tut ihm leid; aber er kann garantieren, dass er nur mit seiner Frau Sex hat, und das ziemlich selten. In seiner Ehe ist er sexuell vollkommen unausgelastet, sie will kaum mehr ficken oder an sich spielen lassen. Der Arme leidet schwer darunter, wo er ja so ein leidenschaftlicher Auskenner der vaginalen Verfassung ist. Es folgt eine zweite Runde. Wir gehen ins Schlafzimmer, stehen neben dem Bett und küssen ein wenig; er bittet mich, seinen Schwanz zu wichsen. Dieser ist zunächst noch weich, wird aber bald härter. Währenddessen verwöhnt er mich mit seinen Fingern, ich werde wieder sehr nass. Dann gehe ich auf die Knie und beginne ihn sanft zu blasen. Sein Schwanz ist halbsteif, ich blase ihn rhythmischer und tiefer und erreiche eine schöne Härte. Dann legt er mich aufs Bett, ich liege auf dem Bauch mit den Pölstern unter meinem Becken und werde von hinten weiter bespielt – mit Zunge und Fingern. Zugleich wichst er sich. Das kann er gut, sich selbst wichsen und mich zugleich fein verwöhnen, ich genieße das sehr. Das hört man auch; bald spritzt er ab, auf meinen Arsch bzw. Rücken. Sehr geil. Wir reden noch eine Runde und richten uns zusammen für den Alltag. Fein war das wieder, stellen wir fest. Wir könnten uns etwa ein Mal in der Woche treffen, das wäre eine realistische und wünschenswerte Möglichkeit. Mit diesem Ausblick verabschieden wir uns.

Viel ist an diesem Tag nicht mehr anzufangen; frisch gefickt denkt es sich nicht leicht. Mein Körper soll noch ein wenig bewegt werden – ich mache meine Runde mit dem Rad und notiere am späteren Abend mein geiles Vormittagserlebnis ins Tagebuch. Und schicke diesen Bericht an *Dagnim*, der sich unmittelbar danach per Whatsapp meldet, mit einem Bild von seinem steifen Schwanz, Kommentar »sehr geil«. Er will mich sehen. Wie? Er möchte, dass ich den neuen Plug hernehme – ich möchte aber nicht; wir machen das ein anderes Mal bitte, schreibe ich. Er fragt nach: Keine Analspiele? Hm, ich bin total zufrieden, hatte heute schon zwei Orgasmen (habe mir am Nachmittag selber einen gemacht), und jetzt auch noch spielen? Er schickt mir noch ein Schwanzbild, offenbar ist er total geladen. Na ja, warum nicht? Ich hole den kleinen Plug und Gleitgel, ziehe mich aus, führe den Plug in meinen Arsch ein, mache ein paar Fotos und schicke sie ihm. Ja, jetzt freut er sich. Er will mich live sehen!, schreibt er. Immerhin ruft er nicht gleich an, sondern fragt vorher. Na dann – ich rufe ihn an (Whatsapptelefon). Er möchte sehen, wie ich mich wichse, und auch den Arschplug. Ich liege auf der Couch, auf dem Rücken; mit einer Hand halte das Telefon so, dass er mich sehen, wie ich mich mit der anderen Hand wichse. Ich kann ihn auch sehen, theoretisch, habe aber die Augen meistens zu. Es ist nicht einfach, sich gut zu entspannen, wenn man darauf achten muss, dass man immer gut im Bild ist. Aber ok – es ist dennoch geil. Wir wichsen uns gegenseitig selber, verbunden durch den virtuellen Luststream, der unseren Erregungszustand gleichschaltet. Es dauert gefühlt sehr lange; zwischendrin demonstriere ich ihm die Nässe meiner Spalte. Er möchte auch, dass ich mir selber die Finger hart reinschiebe – das steigert meine Feuchtigkeit. Ich verstärke den Druck auf die Klitoris und phantasiere, wie er mich hart fickt, und wir wichsen weiter … Irgendwann kündigt er an, dass er bald kommen wird. Verdammt, er soll warten, ich brauche noch ein bisschen. Eine Weile geht das so dahin, er kündigt noch einmal an, und etwas später kommt er. Sehr intensiv, wie er sagt. Sehr schön, ich werde noch ein bisschen weiter machen, und so verabschieden wir uns. Ich mache weiter – ohne mich dabei zu filmen, das ist jetzt wesentlich entspannter und ich komme auch bald, wieder sehr intensiv. Der dritte heute.

19. Juli

Am frühen Vormittag ruft mich *Komma* an; er möchte ein wenig plaudern, ich nehme mir die Zeit. Er bastelt an seiner erotischen Geschichte und freilich bestätigen wir einander, dass das etwas ganz Tolles ist, was wir da machen. Wir hätten typischen Akademikersex, meint er. Ach ja? Wenn es uns gut tut, ist es egal, wie es heißt. Und mir gefällt es, dass er es so wissenschaftlich anlegt und dass seine Expertise wichtige Grundlagen zur Luststeigerung liefert.

Am Nachmittag erkundigt sich *Dagnim*, ob das mit dem Muschidoktor zu einem wöchentlichen Fixpunkt werden soll? Ich antworte:»Ja, ich denke schon. Ich brauche eine regelmäßige Muschibehandlung, der Doktor macht das sehr fein. Das Tolle ist, dass ihm das total gefällt und dass er nicht sehr schwanzfixiert ist; ich auch nicht, in dem Fall. Gleichzeitig vermisse ich aber die härtere Gangart; ich brauche ebenso eine Peitsche, harten Sex, Ausgeliefert sein, Dominanz bzw. Unterwerfung, das alles geht mir ziemlich ab …«. Tja, die Mischung und die Abwechslung, das macht es aus – schreibt er. Auf die Frage, wie lange er noch diesen Job im Ausland machen wird, meint er, dass er noch gute drei Monate dort ist; eventuell hat er dazwischen ein paar Tage Urlaub. Aha, da kann ich mich auf eine längere Durststrecke einstellen …

20. Juli

Dieser Wochenendtag ist zäh und heiß, die Einkäufe nach Hause schleppend denke ich daran, einen netten erotischen Abend zu haben. Am frühen Nachmittag whatsappe ich *Dagnim*, ob er Zeit und Lust hätte, am Abend eine Videosession zu machen. Natürlich hat er. Ich habe mir eine Stellung bzw. Anordnung überlegt, wo er mich einerseits gut sehen kann und ich zugleich aber meine Hände frei habe für meine Verrichtungen (das Handy würde ich an einen Schrankspiegel kleben und mich davor auf dem Boden platzieren); alles mit entsprechender Wäsche und Toys. Gegen Abend kommt eine Reaktion von ihm, dass es heute leider nicht geht, er hat Dienst, und morgen leider auch nicht, erst nächste Woche wieder. Hm, schade. Aber macht nichts, ich mache es eben mit mir selbst, ich bereite alles vor: Wäsche, Toys, Gleitgel, Peitsche, das wird ein netter Abend. Mitten in meinen Vorbereitungen erreicht mich ein Whatsapp von *Sir Costar* – er würde mich sehr gerne wieder sehen. Na sowas, ich hätte darauf gewettet, dass der sich wieder meldet. Was nun? Vorerst einmal nicht antworten …

Der nette Soloerotikabend verläuft wie geplant. Ich kleide mich an, gehe in der Wohnung herum, suche meine Toys aus – der kleine und der medium Analplug, ein vibrierender Dildo, eine Muschiplug aus Glas und der Massagevib. Zunächst wichse ich mich, bis ich gut nass bin, dann kommt zuerst der Arsch zugemacht, dann die Muschi, dann die Klit massiert, alles zugleich. Das sind sehr geile Orgasmen, die man da hat. Jede Phase in diesem Ablauf wird mit Fotos dokumentiert; einige davon füge ich dem *Devotina*-Profil hinzu, etwas mehr davon schicke in an *Dagnim*. Ich schreibe ihm auch, dass mich *Sir Costar*, mein erster Herr, angeschrieben hat und mich treffen möchte; und dass ich wieder einmal ein paar Klapse und Hiebe vertragen könnte und dass ich es spannend fände, wenn ich ihn treffe und mich benutzen lasse, aber ohne Geschlechtsverkehr. Und was er über so eine Art von Freigabe denken würde?

21. Juli (siebente Session mit *Sir Costar*)

Für meine neuen Bilder habe ich hunderte Likes bekommen, und auch einige Nachrichten, in denen mir ausdrückliche Komplimente gemacht werden. Einer schreibt, dass ich sehr schön aufbereitet bin und mich sehr gut präsentiere – ja, das verwenden jetzt viele als Wichsvorlage. Diese umfangreiche positive Resonanz freut mich. Am Vormittag antworte ich *Sir Costar*, dass es jetzt bei mir so ist, dass ich einen Herrn habe. Da er aber gerade länger im Ausland ist, gibt er mich frei; Bedingung kein GV. Ob das ok für ihn wäre? Ja, schreibt er, und dass er sich freut, dass ich zurückgeschrieben habe und dass ich einen Herrn habe. Wir vereinbaren ein Treffen für den Abend dieses Tages.

Um 19 Uhr betrete ich sein Haus, versperre die Tür hinter mir und knie mich auf den kleinen Teppich im Vorraum. Ich trage den neuen schwarzen Bikinibody (von hinten schaut er aus wie ein Bikini, von vorn wie ein Badeanzug, Titten sind frei, der Schritt ist auch frei) und das Halsband; von innen hört man das Radio. Seltsam, ob überhaupt jemand da ist? Ich warte. Nach einigen Minuten kommt er um die Ecke und begrüßt mich – er ist sichtlich erfreut, dass ich da bin. Er beginnt mich zu streicheln, an den Armen und Beinen, am Oberkörper, streicht mir zärtlich durch die Haare. Dann geht er weg und kommt wieder und streichelt mich noch ein wenig. Dann bittet er mich aufzustehen und reicht mir hierfür die Hände. Mit einer Hand führt er mich ins Haus, bleibt im Wohnzimmer kurz stehen, schaut mich an und nimmt meine Muschi; mit Daumen und Finger nimmt er meine Schamlippen und zieht mich damit auf die Terasse. Dort nehme ich Platz auf einem Gartenstuhl, er sitzt um die Ecke neben mir, es gibt Weißwein und Wasser. Er weist mich an, meine Beine zu spreizen, schaut mich an und lächelt. Wir kommen nicht leicht ins Gespräch; er zeigt sich verwundert, dass ich gekommen bin, er hätte nicht damit gerechnet. Ja, jetzt bin ich da, breitbeinig mit offener Muschi vor ihm sitzend. Ich habe jetzt einen Herrn, erkläre ich, und dass wir eine Vereinbarung haben und dass das jetzt eine Freigabe ist, weil er länger im Ausland ist. Dennoch wundert er sich, dass ich das Halsband trage, er hätte auch damit gerechnet, dass ich »normal« komme, anläute und wie ein Gast daher komme. Hm, ich denke, das mit dem Halsband hätte wirklich nicht sein müssen, aber jetzt ist es eben so. Na ja, ich wusste nicht, wie ich kommen soll und daher bin ich so gekommen wie früher. Aber jetzt ist eben der Unterschied, dass ich jemandem anderen unterstehe, was er voll und ganz respektiert, er freut sich sogar für mich.

Unser Gespräch ist eine Mischung aus Alltagsgeschichten, kurzen Rückblenden auf unsere Zeit und kürzeren oder längeren Schweigephasen. Bald einmal teile ich ihm mit, dass ich demnächst pinkeln müsste. Das nimmt er schweigend grinsend zur Kenntnis. Dazwischen berührt er mich immer wieder, einmal ist es ein Kuss, dann wieder Streicheleinheiten oder Küsse auf die Titten und Brustwarzen, aber er lässt meine Muschi aus; rundherum gibt es zärtliche Ankündigungen, aber die Spalte berührt er nicht, nicht einmal den Kitzler. Er hat wohl einen perfiden Plan für diesen Abend. Ich hole die Sachen, die ich mitgebracht habe: den small und medium Analplug, den großen Muschiplug aus Glas, Nippelklemmen mit Kette, die zwei Analhaken, einen Vibrator und den Knebel. Er legt mir die Nippelklemmen an, um mich ausgiebig zu beobachten. Ich sage noch einmal, dass ich pinkeln müsste, was er wieder mit einem diabolischen Grinsen quittiert. Jetzt verbindet er die Kette von den Klemmen mit einem dünnen Seil, welches am Halsband festmacht, sodass die Klemmen nach oben gezogen werden. Der Wein schmeckt gut, es ist ein lauer Abend und der schön gepflegte Garten vor bzw. um seine Terrasse ist eine passende Kulisse für das Herzeigen meiner eingeklemmten Warzen und meiner Lustgrotte. Jetzt möchte er, dass ich mich vor ihm hinknie, er hat eine gepolsterte Matte zusammenfaltet, sie dient als Polster für meine Knie. Wieder bekomme ich zärtliche Streicheleinheiten, er krault mir den Kopf und liebkost meine sonstigen Oberflächen. Außer die Muschi. Er ist immer noch angezogen – T-Shirt und kurze Hose. So knie ich vor ihm, er schaut mich an, ich muss jetzt die Arme hinter meinem Kopf verschränken. Seinen Schwanz auspackend und ihn mir zeigend genießt er auch diese Anschauungsseite, lässt sich Zeit und schaut mich an … Jetzt nimmt er meine Hand, führt sie zu meiner Spalte und möchte, dass ich prüfe, wie nass ich bin. Es rinnt mir bereits an den Oberschenkeln herab – diese Quelle ist schon ein reißender Bach, aber er lässt mich noch eine Weile so verharren. Dann weist er an, dass ich mich zu meinem Stuhl drehe und dort den Oberkörper ablege, sodass durch mein Hohlkreuz eine deutliche Arschformung zustande kommt. In meinen Arsch bekomme ich den kleinen Plug hinein geschoben; offenbar ist er sehr angetan von meiner analen Devotheit.

Ich kann unter dem Tisch durch hinaus in den Garten sehen, zum lebenden Zaun, wo draußen immer wieder Leute vorbeigehen. Die Nippelklemmen sind wieder entfernt, stattdessen spüre ich hier seine frechen Finger. Er geht immer wieder weg und bleibt weg oder holt etwas, trinkt Wein und streichelt mich dazwischen am Arsch. Jetzt setzt er sich hin und legt seine Beine auf meinem Rücken ab, ich diene ihm als Bank (Vierfüßler beim Yoga, eher Richtung Kuh). Immer noch kein Vaginalkontakt, auch keine Peitsche oder Klapse. Er liest etwas, trinkt Wein, sagt nichts, ich auch nicht. Die Zeit scheint still zu stehen. Ich spüre nach einer Weile die Schwere seiner Beine, es ist aber trotzdem eine recht entspannte Situation – einfach dienen, es über sich ergehen lassen. Dafür wird man später belohnt. Hin und wieder bekomme ich die Titten gestreichelt oder die Brustwarzen gekniffen. Wie es mir geht, fragt er einmal; es geht mir gut, sage ich. Für ihn ist das offenbar sehr entspannend, er genießt es sichtlich. Die Bankstellung bleibt noch eine Weile, bis er seinen Artikel oder was auch immer fertig gelesen hat. Beim Aufstehen hilft er mir, meine Beine sind vom Knien eingerostet; ich darf mich wieder hinsetzen. Beine auseinander!, fordert er. Wir reden wieder oder besser gesagt wir schweigen geil miteinander. Zwischendrin bekomme ich ihn zu spüren, einmal sogar seinen Finger in meiner Muschi, aber nur ganz kurz, nur eine Andeutung. Er lässt mich diesen Finger ablecken, um ihn dann wieder kurz und heftig in mich zu rammen. Hier kommt ihm ein Wasserfall entgegen, wieder lässt er mich diesen Finger ablecken. Nach dieser kurzen Neckerei setzt er sich wieder gemütlich in seinen Sessel, schaut mich an und genießt meine dringende Geilheit. Welche Wünsche ich für heute habe, möchte er wissen. Ich meine, dass ich gefesselt werden möchte und dass meine Muschi eine gute Behandlung haben sollte, und keine festen Schläge bitte. Wieder öffnet er seine Hose und lässt seinen Schwanz heraus schauen, der sich immer noch im natürlichen Zustand befindet. Die beiden schauen sich an – meine Muschi und sein Schwanz – und kommunizieren nonverbal miteinander. Es ist eine prickelnde Unterhaltung über die nächsten

Überraschungen, die jetzt noch nicht bekannt sind. Dieser Dialog währt nur kurz, er wird wieder eingepackt, ich werde weiter angeschaut. Jetzt nimmt er den großen Plug aus Glas und spielt damit an meiner Spalte – den wird er mir wohl nicht einführen, der geht sehr schwer hinein, besonders im Sitzen. Und doch, er macht es, er schiebt ihn in meine Spalte, zuerst nur die Spitze, dann immer weiter hinein, ich beginne zu jammern – ich soll still sein! – er macht weiter, treibt ihn trotz Widerstand immer weiter in mich hinein – nein, bitte nicht!, wimmere ich, aber das ist ihm egal. Au, bitte nicht, aber er gewinnt den Kampf gegen den vaginalen Widerstand – er schiebt ihn mir ganz hinein. Mir bleibt die Luft weg, es schmerzt und ich kann mich keinen Millimeter bewegen, weil jede Bewegung noch mehr Schmerzen bringen. Den Analplug spüre ich jetzt auch wieder ganz deutlich. Reflexartig hebe ich mein Becken, um da los zu kommen, aber das erlaubt er nicht; setzt dich darauf!, befiehlt er und presst mein Becken auf den Stuhl bzw. auf den Plug. Lass ihn drin! Verschränkt die Beine! Es geht nicht, ich kann meine Beine kaum bewegen, er hilft nach und legt ein Bein über das andere, presst sie zusammen; ich schreie auf, mein Gesicht ist schmerzverzerrt, ich bin wie versteinert. Ich soll so bleiben, befiehlt er und geht weg. Irgendwas macht er in der Küche, keine Ahnung, ich soll ihn wohl richtig spüren. Er kommt zurück, setzt sich hin und genießt sichtlich meinen Schmerz. Bald lässt er meine Beine wieder auseinander gleiten, aber die Spannung bleibt, ich ringe immer noch nach Luft. Mit seiner Hand prüft er, ob er noch richtig drin ist, bewegt ihn ein wenig und quält mich noch ein bisschen, bis ich mich schließlich etwas bewegen kann, sodass er herausflutscht. Also das war heftig, aber beides – schmerzhaft und geil.

Nach einer kurzen Pause möchte er, dass ich wieder vor ihm knie, er sitzt immer noch in seinem Stuhl, seine Beine gespreizt. Nun bekomme ich seinen ausgepackten Schwanz von hier aus zu sehen, diesmal soll ich ihn streicheln, den Schwanz und die Eier. Ich beginne zu streicheln und spielen, in Zeitlupe. Plötzlich packt er mich am Kopf und presst mich harsch zu sich, den ganzen Schwanz bekomme ich in den Mund gepresst. Ich bekomme keine Luft, winde mich und bekomme heftigen Brechreiz, bevor er mich wieder loslässt. Dieses Schwanzspiel macht er noch einmal, dann darf ich mit meinem Blasen weiter machen. Ich soll ihn auch hinten streicheln, weist er an. Ich nehme seinen Anus mit hinzu, streichle bzw. massiere ein wenig sein Loch und wichse weiter seinen Schwanz, der jetzt schon etwas steif wird. Ob ich einen Finger in seinen Arsch stecken möchte, fragt er. Nicht unbedingt, ich finde es nicht besonders erregend für mich – dann nicht. Er hat das noch nie gemacht, sagt er, dass er einen Finger hinten rein gesteckt bekommt, aber von mir würde er es sich gefallen lassen. Tja, will ich aber nicht.

Mein Harndrang ist schon sehr deutlich spürbar, ich würde liebend gern mal pinkeln. Auch das Knien ist schon sehr anstrengend. Statt dessen frage ich um einen Schluck Wasser, beim Blasen brauche ich mehr Flüssigkeit in meinem Mund. Ich bekomme aber kein Wasser, sondern einen Knebel (Plastikknebel mit kleinen Löchern), den er mir sehr fest umbindet. Du willst Wasser?, fragt er und packt mich bei den Haaren und hält meinen meinen Kopf nach hinten. Da bekommst du Wasser! Er nimmt ein Glas Wasser mit der anderen Hand und flößt mir Wasser auf den Knebel ein, ich schlucke und verschlucke, das meiste rinnt mir aus dem Mund heraus oder daneben herunter. Er fragt, ob ich jetzt noch ein Wasser mag. Ich schüttle den Kopf. Schau, wie du aussiehst, merkt er an. Wie viel will ich dafür haben? Ich sage fünf. Er wieder: Wie viel ich haben möchte? Ich sage wieder fünf. Er holt eine Gerte; ich stehe vor dem Tisch und soll mich bücken, sodass er meinen Arsch vor sich hat. Er weist mich an mitzuzählen und jeweils Danke zu sagen. Ich bekomme ganz leichte, sehr zärtliche Schläge bzw. Streichler auf meinen Arsch, zähle mit und sage jeweils danke. Danach fingert er mich, diesmal richtig und heftig, es ist galaktisch. Mein Lustfleisch wird innen und außen bespielt, ziemlich heftig und intensiv. Den Knebel hat er mir wieder heraus genommen, jetzt kann ich wieder reden bzw. werde lauter, aber er verbietet mir zu schreien bzw. sonstige Laute von mir zu geben – sei still! Und macht weiter, treibt mich an die Schmerz- und Lustgrenze und lässt mich wimmern und jammern. Nun setzt er sich auf den Stuhl, nimmt mich auf sich (bin ihm mit meinem Rücken zugewandt), hält mich fest, meine Beine sind weit gespreizt und ich bekomme weiter meine Behandlung, auch die Titten. Ich soll mich wieder so hinstellen, zum Tisch gebeugt, und dann spüre ich seinen Schwanz in meiner Muschi – er fickt mich von hinten, trotzig, aber leidenschaftlich. Es sollte mich nicht ficken, das hatten wir vorher so besprochen. Er darf es nicht, aber gerade das scheint ihn ziemlich geil zu machen. Ich genieße diesen nicht all zulangen, aber ehrlichen Fick. Und gleichzeitig denke ich daran, dass das meine Bestrafung durch *Dagnim* noch verschärfen wird ...

Bald nimmt er ihn aber wieder heraus, um mit seinen Fingern noch ein wenig weiter zu machen. Dann umarmt er mich, er küsst mich kurz, hält mich fest und drückt mich zu sich. Ich kann sein Glücklichsein spüren. Er ist erstaunlich entspannt, das sagt er auch. Dass er keinen Stress hat, mit Programm machen etc., sondern dass es interessanterweise so ist, dass er es noch nie so stressfrei und entspannt erlebt hat mit mir. Er meint auch, dass ich noch hübscher geworden bin. Hm, da dürften jede Menge Endorphine sein Hirn kontaminieren, er surft auf einer Glückswelle. Ich finde das alles auch geil – dieses open-air Nacktsitzen und Muschizeigen – ja, das hat was. Nun rauchen wir eine; ich bin überrascht, dass er raucht – einen Zigarillo, die riechen sehr gut. Mit der Glut neckt er mich, er kommt gefährlich nahe an meine Muschi, sodass ich die Hitze spüren kann. Die Nacht bricht herein, es wird etwas kühler und er gibt mir ein T-Shirt. Ich könnte eine Entspannungszigarette rauchen, meint er; tja, habe ich leider nicht da, nur normale Zigaretten. Kombiniert mit dem Wein ergibt das aber auch eine gute Mischung, allerdings füllt das auch weiter meine Blase – ich erwähne abermals, dass es nun aber wirklich Zeit wäre zu pinkeln. Mittlerweile ist es dunkel, er gibt mir Flipflops, nimmt mich bei der Hand und führt mich von der Terrasse weg hinter das Haus, dort gibt es eine kleine Hütte und Gartenzeug, auch einen Gartenschlauch. Er hatte erwähnt, dass er die Phantasie hatte, mich mit dem Schlauch abzuspritzen. Aber zuvor möchte er, dass ich alles ausziehe, meine Beine weit spreize und es rinnen lassen soll. Was auch nicht lange auf sich warten lässt, ich pinkle genüsslich auf den schönen Rasen. Währenddessen weist er mir an, auf die Knie zu gehen und ihm meine Brüste entgegen zu halten. Er nimmt mein Kinn, hält es in sicherer Entfernung von seinem Strahl weg und pinkelt mir auf die Titten, und ich pinkle auch noch, habe ja literweise angesammelt; er ist früher fertig als ich. Endlich, das hat gut getan. Jetzt bekomme ich eine kalte Dusche vom Gartenschlauch, ich werde von oben bis unten abgespritzt. Das ist verdammt kalt! Aber ich darf nicht schreien, wegen der Nachbarn …

Unten-nackt-Sitzen und Muschizeigen, Fortsetzung: Abgetrocknet, mit T-Shirt wieder am Tisch sitzend will er wieder einen geblasen bekommen, ich knie mich vor ihm, er hat seine Beine weit gespreizt, ich beginne mit meinem Mundspiel. Aber er lässt mich nicht lange machen, nimmt ihn selber in die Hand, wichst sich und meint, dass ich heute nicht nach Hause gehe, bevor er abgespritzt hat. Dann schiebt er ihn mir wieder kurz in den Mund und wichst weiter, wobei mein Mund geöffnet und empfangsbereit zur Verfügung steht, hin und wieder reiche ich ihm meine Zunge für Zwischenspiele an der Eichel. Ich soll seine Eier streicheln – er wichst sich immer heftiger, bebt in eine Ekstase, bis er kommt; er spritzt auf meine Schultern und auf seine Oberschenkel. Er murmelt irgendetwas, dass das das Geilste war, das er je erlebt hat. Ich weiß nicht, was genau er meint, das alles jetzt oder das Blasen… Ich frage aber nicht nach. Wir nehmen einen Schluck Wein und Wasser, ich unten nackt mit gespreizten Beinen, wie gehabt. Nun gibt er mir seine Füße und eine Feile, er bittet mich um eine Pediküre. Aber gerne – ich nehme zuerst den einen, dann den anderen Fuß und behandle seine Zehennägel, bis sie schön zurechtgeschliffen sind. Dann creme ich noch seine Füße ein und massiere sie – er strahlt wie ein explodierendes Atomkraftwerk. Ich weiß, dass das eine sehr lange gehegte Phantasie von ihm ist, die Fuß- oder Handnägel gemacht zu bekommen. Er findet, dass das eine etwas demütigende Tätigkeit ist, wenn man jemanden die Nägel macht. Das finde ich gar nicht, ich mache das gerne, weil ich weiß, wie gut das tut.

Plötzlich nimmt er mich bei der Hand, führt mich ins Haus ins Wohnzimmer, schließt die Terassentür, setzt mir die Maske auf (beim Mund offen) und legt mich auf die Couch, auf den Rücken. Ich habe immer noch den Analplug drin, den schaut er sich an und gibt mir wieder den Knebel in den Mund. Er beginnt mich heftig zu fingern – dann wieder leckt er meinen Kitzler und das umliegende Lustfleisch, um mich immer wieder heftig zu fingern. Er verwendet mehr stoßende als kreisende Bewegungen, nimmt noch einen Finger dazu (3?) und treibt mich in die Totalekstase. Ich schreie und stöhne, aber er macht unbeirrt weiter, auch mit recht heftigen Schlägen auf den Arsch und auf die Muschi zwischendurch. Seine Zunge ist fleißig und engagiert, er verschlingt mich geradezu. Mit seinen Fingern erreicht er meine Schmerzgrenze, er dehnt mich noch mehr und saugt sich an meinem Kitzler fest – alles da unten wird fest gehalten und massiert oder gesaugt. Wenn er das noch eine Weile macht, dann komme ich bald; offenbar hat er es darauf angelegt, er lässt nicht locker. Ich habe einen sehr intensiven Orgasmus, schreie, zucke, winde mich, will mich losreißen, aber er ist noch in mir drin und lässt nicht los. Er macht weiter, zögert ihn hinaus, fingert mich und holt sich jeden Zucker aus der Innenwand meiner Spalte. Schließlich reduziert er seine Intervention, ich kann durchatmen, er küsst mich und wir gehen wieder auf die Terrasse.

Wieder reicht er mir seine Füße, ich setze mit der Massage fort. Ja, das gefällt ihm. Wir reden ein wenig, ich denke ans Heimfahren, es ist schon spät. Noch ein paar Schluck Wein, eine Zigarette und die kühle Luft des Gartens atmen. Wieder nimmt er meine Hand, führt mich ins Wohnzimmer, verschließt wieder die Tür und setzt mir die Maske auf. Diesmal legt er mich auf die Lederliege – aha, er wird mich fesseln. Ich bekomme auch den Knebel in den Mund und die Fesseln an den Füßen und Händen angelegt. Diese verbindet er mit einer schweren kalten Kette, sodass meine Beine weit gespreizt bzw. angewinkelt nach hinten gebunden sind. Er beginnt zu spielen – wieder bekomme ich die Muschi und ihr Drumherum ordentlich und ausführlich behandelt – sehr schön. Nach einer Weile beginnt er mich etwas mehr zu dehnen, saugt sich an meinem Kitzler fest und fickt mich mit seinen Fingern. Ich bin wieder voll in der Lustwelle, ich schreie und winde mich und er macht unverdrossen weiter. Bald hat er mich wieder so weit, ich habe einen sehr intensiven Orgasmus. Auch diesmal verlängert er ihn, bleibt in mir drin und holt noch alles raus, was an Zuckungen da ist. Er bindet mich los, ich bin total erschöpft, aber glücklich. Zwei heftige lange Orgasmen an einem lauen Sommerabend, das hätte ich nicht erwartet. Wir gehen wieder kurz auf die Terrasse, um den letzten Schluck Wein auszutrinken und meine Sachen zusammen zu räumen. Er umarmt mich, liebkost mich und bedankt sich demütig bei mir. Seine Dankbarkeit ist wirklich deutlich zu spüren, aus seinen Augen blitzt ein großes Glücksmoment hervor, aber er wirkt irgendwie demütig. Wie das jetzt mit uns weiter gehen wird, fragt er. Ich sage, dass wir das offen lassen; ich werde jetzt einmal einen Bericht schreiben, an meinen Herrn, und abwarten, wie er reagiert. Er begleitet mich noch zur Tür, er bedankt sich noch einmal und küsst mich zum Abschied.

22. Juli

Es ist der erste Tag des Wochenanfangs, ich bekomme in der Früh eine Reaktion von *Dagnim* im Forum auf meine Frage, was er von einer Freigabe an meinen Ex-Dom halten würde. Er schreibt: »Wie soll das jetzt gehen? Triffst du diese Woche den Muschidoktor? Und danach willst dir ein paar klopfen lassen? Oder wie hast dir das vorgestellt?« Und dass er mich gerne »doppelt stopfen«

würde – meine Bilder haben ihn offenbar angeregt. Tja, was soll ich jetzt machen? Ich habe ohne Erlaubnis mit *Costar* gespielt, das wird ihm nicht gefallen. Über Whatsapp schreibt er, dass er meine Bilder sehr geil findet; dann stellt er fragend fest, dass ich ungefragt Bilder im Profil hochgeladen habe. Das schreit nach einer Bestrafung. Ich antworte, dass ich ungefragt noch ganz andere Sachen gemacht habe und verweise auf das Forum, wo ich folgendes schreibe:»Wie soll das jetzt gehen? Das ist eine gute Frage, auf die ich gerade keine Antwort weiß. Es ist so, dass ich meinen Ex-Dom gestern getroffen habe – ohne dein Einverständnis bzw. Befehl. Wir haben eine Session gemacht. Ich habe ihm gesagt, dass ich einen neuen Dom habe und dass er mich freigibt, aber ohne GV. Das akzeptiert er, aber er war neugierig und hat nachgefragt. Ich habe erklärt, dass wir eine Vereinbarung haben und dass du mein Dom bist, dass ich Anweisungen ausführe und berichte. Interessanterweise war es so entspannt wie noch nie, es war irgendwie stressfrei; er hatte später sogar recht lang einen Ständer (der nicht sehr groß ist) und hat mich gefickt. Weil es verboten war. Das hat ihn angeturnt (mich auch). Wir haben dann darüber geredet, er wollte wissen, ob ich dir das erzählen werde, ich hab gesagt, ich weiß nicht. Wir sind unverbindlich verblieben, ich habe gesagt, dass ich dir einen Bericht schicke, und dass wir dann weiter sehen. Keine Ahnung, was du darüber denkst, aber ich kann sagen, dass mir das sehr gefallen hat. Aber ich weiß nicht, wie wir 2 das machen sollen, weil das mit Befehl-und-Gehorsam nicht ganz so funktioniert, ich bin wohl zu sehr eigenwillig. Ich weiß auch nicht, wie das gehen soll ...« *Dagnim* reagiert per Whatsapp, dass es dafür natürlich eine Maßnahme gibt. Ich frage zurück, woran er da gedacht hätte, wobei er mich um einen Zeitpunkt fragt, wann ich heute telefonieren könnte. Wir vereinbaren 13 Uhr; er will, dass ich heute genug trinke und dass ich ihm Bescheid geben muss, wenn ich auf die Toilette gehen muss. Dann werde ich auch die Halterlosen und hohe Schuhe anziehen und den neuen Plug vorbereiten, und den Knebel. Aha, er hat tatsächlich einen Plan für seine »Maßnahme«.

Wie angewiesen bereite ich mich vor, er schreibt noch, dass ich den größten Gummischwanz aus meiner Sammlung vorbereiten soll. Pünktlich rufe ich ihn an und platziere mein iPhone am Schrankspiegel (es hat eine klebrige Hülle, sodass es von selbst haften bleibt). So kann er mich gut sehen. Ich soll mich zeigen, mich umdrehen, stehen bleiben und wieder mit dem Gesicht zur Kamera kommen. Es hat festgestellt, dass mein Outfit gut passt. Er befiehlt mir, den Plug in den Arsch einzuführen; ich lege mich auf den Boden, spreize die Beine vor der Handykamera und schiebe mir den Plug in den Arsch. Es will ihn genau sehen und fordert, dass ich ihn bewegen soll, mich mit dem Plug ein wenig massieren soll. Mit der anderen Hand soll ich meinen Kitzler wichsen. Das geht eine ganze Weile so, ich werde immer nasser. Dann will er, dass ich einen großen Dildo nehme und ihn mir vaginal gebe. Dieser Dildo ist nicht sehr groß, dafür hat er eine Vibrationsfunktion, die ich auch einschalte und mich damit zu ficken beginne. Ich werde noch nasser, noch geiler und genieße diese Sequenz. Zwischendurch will er mein Gesicht sehen – ich zeige mich, mit meinen Öffnungen. Wenn ich in die Kamera schaue, sehe ich mich zugleich im Spiegel, das ist irgendwie irritierend. Ich bräuchte eine Augenbinde … aber ich traue mich nicht, auch nur einen Wunsch zu äußern, sondern befolge die Schritte in dieser Maßnahme. Mehrmals übergehe ich einen Lustpunkt, ich könnte explodieren, aber ich bekomme keinen Orgasmus. Sein Zeitultimatum ist abgelaufen, ich nehme den Dildo aus der Muschi, der Arschplug bleibt drin. Ich achte ein wenig auf die Zeit, das ganze hat jetzt 15 Minuten gedauert. Jetzt befiehlt er, dass ich den Knebel nehme und ins Bad gehe; unterwegs frage ich ihn, ob ich die Schuhe ausziehen kann – nein, ich soll sie anlassen. Im Bad schließe ich dir Tür und platziere das Handy wieder so am Spiegel, dass er mich sehen kann. Ich soll den Knebel anlegen – ich mache das wortlos. Dann weist er an, dass ich meine Beine spreizen soll, weiter, und dass ich jetzt auf den Boden pinkeln soll. Oje, ich hatte nicht sehr viel Wasser getrunken, hab darauf vergessen. Es fällt mir nicht leicht, ein paar Tropfen heraus zu lassen,

240

aber es gelingt dennoch einen kleinen Strahl hinzubekommen. Hat er das jetzt gesehen? Ich habe nicht lange gepinkelt, und es war vielleicht nicht gut sichtbar, ich bekomme keine Reaktion von ihm. Aber das soll wohl so sein jetzt. Irgendwann versuche ich mich zu artikulieren, ich möchte fragen, ob er es gesehen hat, bringe aber kein Wort heraus wegen dem Knebel. Dann sagt er etwas – dass es jetzt wohl ganz blöd ist, weil ich nichts sagen kann, oder? Und dann – schweigen. Ich stehe schon sehr schwer, das ist mit den hohen Schuhen sehr anstrengend und daher bringe ich meine Beine etwas weiter zusammen. Ich neige den Kopf und schweige auch, notgedrungen. Unter mir die Lache, vor mir mein beobachtender Herr, der nichts sagt. Ist er überhaupt noch da? Ich höre Geräusche, vielleicht macht er gerade etwas, geht weg und lässt mich stehen, um dann zu schauen, ob ich mich bewegt habe? Sein Strafausmaß ist mit Erniedrigung und Demütigung verschärft und ich kann feststellen, dass so eine Strafe eine generalpräventive Wirkung hat. Herausfordern werde ich so etwas nicht so schnell wieder. Wobei ich die Strafe durchaus mit Würde hinnehme und sie sogar genießen kann. Es ist seltsam; ich finde, dass ich sie verdient habe und dementsprechend demütig verhalte ich mich auch; noch seltsamer ist, dass mich das auf eine schräge Art und Weise leicht erregt. Aber ich kann bald nicht mehr stehen – wie lange soll das noch gehen? Es geht eine gefühlte Ewigkeit … Nach gut 15 Minuten in dieser Stehposition erlöst er mich endlich; er bittet mein Gesicht zur Kamera und fragt, ob ich jetzt eine Vorstellung davon hätte, was eine Bestrafung ist. Ich nicke. Und ob ich mir jetzt denken kann, was mich erwartet, wenn ich solche Sachen mache wie in der letzten Zeit? Ich nicke wieder. Er muss jetzt leider abbrechen, er muss wieder raus, verabschiedet sich, ich winke. Gut, dass seine Mittagspause vorüber ist, das hätte noch länger dauern können. Ich nehme den Knebel ab, wische die Lache am Boden weg und versuche wieder zurück zum Alltag zu kommen.

Am Nachmittag whatsappe ich an *Costar*, dass ich eine heftige Bestrafung ausgefasst habe, aber dass ich keine Sekunde bereuen würde (von unserer Session). Er fragt gleich nach, wofür ich sie bekommen habe und wie sie aussieht; ich antworte, dass ich keine Erlaubnis hatte, ihn zu treffen – dafür habe ich die Strafe bekommen und ich schildere den Verlauf dieser Maßnahme. Daraufhin *Costar*: »Er hat vollkommen Recht dich zu bestrafen. Wenn ich dein Herr wäre, würde ich das genauso machen. Es hat mich gestern auch überrascht, dass du mit mir spielen darfst.« Und dann: »Der Herr bestimmt über Körper und Sexualität der Sub. Aber ich hab gestern jede Sekunde genossen.« Ja, das habe ich auch. Ob ich mit ihm kommunizieren dürfte, fragt er. Keine Ahnung, habe ihn nicht gefragt, er hat nichts gesagt; und ob ich ihn fragen werde? Mein Gott, der ist kompliziert! Ich werde doch nicht um Erlaubnis fragen, ob ich mit jemanden reden darf? Der hat echt einen schrägen Balken in seinem Kopf. Ich schreibe, dass ich jetzt mal abwarte, was mein Herr vorhat. *Costar* meint, dass er auszucken würde, wenn er mein Herr wäre, und dass er übrigens wieder nackt auf der Terrasse sitzt. Und dass ich gestern wunderschön war.

Am frühen Abend schreibt *Dagnim* im Forum: »Anscheinend macht das Ganze alle Beteiligten geil!? Und dein Bekannter ist auch anscheinend entspannter, und steht besser, wenn er nicht zuviel Druck hat, da eine Performance abzulegen. Also wenn dir danach ist, könnten wir so weiter machen. Natürlich immer mit meiner Zustimmung. Jetzt ist dann bald eine kleine lustige Truppe beisammen. Wir könnten einen Sex Zirkel gründen ;-)«

23. Juli

In der Früh antworte ich *Dagnim*: »Schön, dass du das so siehst und das auch noch mit Humor – du bist ein toller Herr! Obwohl ich sagen muss, dass ich die Bestrafung sehr heftig empfunden habe, aber ich denke, ich habe sie mit Würde ertragen. Hab heute einen leichten Muskelkater. Ich kann mir jetzt gut vorstellen, was da auf mich zukommt, wobei ich nicht so schnell eine Bestrafung riskiere. Also lieber keine Bestrafung, und wenn, dann mit Würde. Du bekommst den Bericht, sobald er fertig ist. Ich bitte dich um die Erlaubnis, den Tierarzt zu treffen.« Er antwortet, dass ich den Muschidoktor treffen darf, aber er möchte ein Bild sehen wie ich blase – ob es machbar wäre, ein Bild zu machen? Ja, ich werde schauen, was sich da machen lässt.

Costar fragt nach, ob ich noch eine Strafe bekommen hätte? Nein, das war's dann wohl. Er: »Gefällt es dir nicht auch ein bisschen wenn du bestraft wirst?« Ich: »Ich sag mal so, ich habe sie mit Würde ertragen. Aber ich lege es nicht darauf an – so schnell brauche ich keine Strafe mehr! Ich habe auch deswegen die Strafe bekommen, weil ich ungefragt Bilder zu meinem Profil dazugefügt habe.« Er kennt diese Bilder noch nicht, er wird gleich nachsehen; und dass er jedenfalls alles sehr spannend findet. Und ob ich die Bilder dann löschen musste? Nein, musste ich nicht, warum auch? Dann will er wissen, ob der Muschidoktor von meinem Herrn beauftragt ist oder ein Kontakt von mir ist; er ist von ihm beauftragt, nachdem er ihn aus meinem Dreiervorschlag ausgewählt hat. Und ob mein Herr dann dabei ist … Nein, der ist ja im Ausland, aber ich berichte immer schriftlich bzw. schicke Bilder. *Costar* meint, dass mein Herr genauso spielt, wie er es auch gern macht. Und er will wissen, wann wir uns wieder sehen? Ich weiß es nicht, ich müsste *Dagnim* fragen … Am Nachmittag schicke ich ihm den Bericht von der Session mit *Costar* – bin sehr gespannt auf seine Reaktion.

24. Juli

Schon in der Früh meldet sich *Costar* – er will wissen, ob ich laufend Aufträge bekomme. Ich antworte, dass ich immer wieder welche bekomme und erzähle ihm das mit dem Analplug, Liebeskugeln und einkaufen gehen. Das quittiert er mit einem »Sehr fein!« und ob ich das dokumentieren muss? Ja, ich schreibe über alles einen Bericht und mache teilweise auch Fotos, antworte ich. Nach dem Duschen bemerke ich, dass ich meine Menstruation bekommen habe, so was Blödes! Bald sollte *Komma* kommen und meine Muschi bearbeiten, das wird jetzt nicht gehen wahrscheinlich. Ich brauche seine Zunge, weiß aber nicht, wie er mit meiner Blutung umgeht. Wir telefonieren kurz und vereinbaren, dass wir unser Treffen um eine Woche verschieben. Er müsste es sich halt selber machen, ersatzweise, das scheint aber kein echter Trost für ihn zu sein. Wie oft er es sich selber macht, frage ich. Na ja, seit er mich kennt, eigentlich sehr selten. Das ist aber schade, finde ich; er könnte ja an mich denken und sich wichsen. Auf diesen Vorschlag steigt er ein, zumal ich ihm schildere, dass ich es mir sehr oft selber mache und dafür auch entsprechende Phantasien und Vorlagen habe. Ein wenig dirty Smalltalk sollte darüber hinweg trösten, dass wir uns nicht sehen können. Und es wirkt – er meint, dass er jetzt einen Ständer hätte – sehr schön. Er müsste dann kurz irgendwo stehen bleiben, wir verabschieden uns. Kurz später schickt er mir ein Bild von seinem steifen Schwanz und noch etwas später den Schwanz nach dem Spritzen mit Sperma auf der Eichel. Sehr schön, schreibe ich, und dass ich es mir auch gerade mache. Nachdem ich mir einen schönen Vormittagsorgasmus herausgeholt habe, whatsappe ich *Dagnim*, dass ich wegen Menstruation mein Treffen verschoben habe, was für ihn ok ist. Im Forum habe ich noch keine Antwort von ihm auf meinen sehr ausführlichen Bericht (Eintrag von 21. 7.).

Am Abend fragt *Costar*, ob ich es mir ungefragt selber machen darf? Ja sicher darf ich das! Er meint, dass er mich fragen lassen würde, woraufhin ich schreibe: »Zum Glück bist du nicht mein Herr.« Er: »Oder du müsstest dich danach zumindest bedanken.« »Zum Glück?« Ich: »Ich würde so eine permanente Kontrolle nicht aushalten. Zu viel Zwang, das macht die Lust kaputt.« Er: »Ein einfaches ›Danke‹ an den Herrn, nachdem du es dir gemacht

hast. Ich finde das erregend.« Ich:»Nein, das verlangt er nicht.«
Er:»Mich würde es erregen.« Ich:»Echt? Wieso erregt dich
sowas?« Er:»Weil ich es mag, wenn meine Sub ihre Lust auslebt.
Am besten mit mir gemeinsam, aber wenn das nicht geht, würde
ich gerne wissen, wann sie Spaß hat.« Ich:»Verstehe …« Er:
»Und wenn Konsequenzen für Fehlverhalten notwendig werden,
dann verbiete ich ihr zu wixen.« Ich:»Das klingt sehr streng. Aber
ich kann es trotzdem nachvollziehen, dass dir das gefällt. Mir
gefällt es auch, wenn ich ihn geil mache.« Er:»Ich würde das eher
konsequent nennen.«»Wie will er das zwischen uns beiden handhaben?« Ich:»Er entscheidet, ob ich dich treffen darf. Falls ja,
dann überlegt er noch, ob er Aufträge gibt, was du mit mir machen
sollst.« Er:»Ok. Das ist geil, für mich als Dom allerdings nicht
befriedigend.« Ich:»Nicht befriedigend, weil du nicht mein Herr
bist oder aus anderen Gründen?« Er:»Weil ich nicht dein Herr
bin.« Ich:»Verstehe«. Er:»Der Sonntag war das Beste, das ich
SM-mäßig bisher erlebt habe, deshalb beschäftigt mich das.« Ich:
»Echt?! Ich fand es auch ziemlich außergewöhnlich geil …«. Er:
»Ja, das war genau so, wie ich mir entspannten Sex vorstelle.«
Ich:»Tja, vielleicht erlebt man sowas noch einmal, oder mehrmals oder gar nicht mehr … hängt immer von den Umständen ab.
Vielleicht war es deswegen so geil, weil ich einen Dom habe?« Er:
»Am Sonntag hätte ich gemeint, dass du nur vorgibst, einen Dom
zu haben. Um das Spiel noch aufregender zu machen. Und dich
bei mir zu revanchieren.« Ich:»Warum sollte ich?! Ich habe mit
ihm diese Vereinbarung, es ist halt so.« Er:»Wie oft hast du mit
ihm gespielt?« Ich:»Ein paar Mal. Wir machen es jetzt mit
Whatsapp Telefon, so dass wir uns sehen können. Da bekomme
ich Aufträge, er will alles sehen.« Er:»Liest er unsere Kommunikation mit?« Ich:»Nein. Ich werde nicht total überwacht, zum
Glück! Wir legen es sehr spielerisch an, ganz entspannt, aber
trotzdem auch ziemlich intensiv, harte Dominanz und hartes
Ficken, auch in den Arsch. Der lässt nichts aus …« Dafür
bekomme ich den »Daumen hoch« und dann fragt er:»Wie
machen wir weiter?« Ich:»Das kann ich dir noch nicht sagen. Ich

melde mich die nächsten Tage einmal. Wann würdest du mich wieder treffen wollen?« Er: »Morgen geht, Freitag auch.« Ich: »Ich denke, dass ich nicht so bald die Erlaubnis bekomme, dich zu treffen. Manchmal lässt er mich gerne warten. Es wird wohl eher nächste Woche werden?« Er: »Mich wolltest du regelmäßig sehen, jetzt genügt dir eine Onlinebeziehung. Das verstehe ich nicht ganz.« Ich: »Die Onlinebeziehung genügt ja nicht, deswegen darf ich mit anderen spielen. Das hat einen starken Reiz für uns beide.« Er: »Ich habe gedacht, dass ich zu viel von dir fordere, deshalb hab ich damals abgebrochen. Das alles hättest du auch von mir haben können, inklusive regelmäßige Sessions.« Ich: »Heute hätte ich z. B. den Muschidoktor treffen sollen, habe aber in der Früh die Regel bekommen und abgesagt. Da hatte er aufgetragen, dass ich ein Foto mache, wo ich ihm einen blase, das wollte er sehen. Aber das Treffen ist nicht zustande gekommen, das war für ihn total ok. Diesbezüglich habe ich freie Hand ;-)« Er: »Genau sowas mag ich auch.« »Aber ich bin Dom und nicht die zweite Geige.« »Ich würde dir sogar beim Fremdficken zusehen.« Ich: »Ja, ich verstehe. Aber es hat sich jetzt so ergeben und für mich passt das sehr gut. Mir tut es auch irgendwie leid, wenn ich dich damit kränke und wenn ich dich in ein Dilemma bringe. Aber wie gesagt, für mich passt es so wie es ist, weil mein Dom Qualitäten hat, die ich gerade brauche. Aber ich möchte dieses Thema nicht mehr weiter diskutieren, ok?« Er: »Ok! Ich lass dich schön in Ruhe. Melde dich, wenn du Bedürfnis nach mir hast.« Ich: »Ok.« Er: »Gute Nacht.« Ich: »Gute Nacht.« Es ist schon etwa 23 Uhr, um diese Zeit schläft er normalerweise schon. Dann schreibt er wieder: »Ich bereue es sehr, dass ich dich damals zur Party nicht mitgenommen habe.« Ich: »Es hätte nicht funktioniert mit uns! Da gab es mehrere Gründe, für mich zu viel Strenge, zu viel Anstrengung, zu penibel, zu gestresst das alles. Sorry, das ist insgesamt nicht so entspannt, wie ich es mir vorstelle. Aber natürlich ist es auch sehr geil und sehr prickelnd. Es ist beides …«. Keine Reaktion mehr – jetzt ist er wahrscheinlich eingeschlafen.

25. Juli

Zeitig in der Früh schreibt *Costar*: »Ok, kenne mich aus.« Etwas später meint er: »Ich sehe mich hin und wieder eher als zu inkonsequent. Interessant, wie du mein Agieren wahrnimmst. Ich werde das zukünftig jedenfalls berücksichtigen.«

Auch von *Dagnim* ist etwas zu lesen, er schreibt im Forum: »Scheint ja ein netter Abend gewesen zu sein. Und der Typ kann ja nicht recht entspannt an die Sache rangehen, scheint mir. Also das Ganze scheint mir nicht ausbaufähig zu sein. Also diese 4-er Konstellation. Oder was meinst du dazu? Ich denke, es wäre mal ein Ziel in der Zukunft, dass ich Costar und dem Muschidoktor erlaube, dich vor meinen Augen zu ficken, bzw zu bearbeiten, nachdem ich dich vorbereitet habe. Und zum krönenden Abschluss könnte ich dich im Anschluss noch hart in den Arsch ficken …« Etwas später schreibe ich: »Ich werde noch eine Runde über das alles nachdenken, im Moment habe ich keine richtige Antwort auf die Frage, ob das ausbaufähig ist. Von dem Aspekt her, dass es in der Zukunft so sein könnte, dass du dem Muschidoktor und Costar erlauben würdest, mich zu ficken, sehe ich keine Perspektive; er würde da nicht mittun, glaube ich, weil er ein Dom sein möchte und nicht die zweite Geige; beim Muschidoktor bin ich auch eher unsicher, der ist vielleicht zu konservativ bzw. unlocker dafür. Aber grundsätzlich ist das eine ziemlich erregende Vorstellung, dass du mir zuschaust und mich dann vollendest … Aber ob das mit den derzeitigen Protagonisten möglich ist, bezweifle ich. Von dem her sehe ich es auch so, dass es nicht ausbaufähig ist. Andrerseits bin ich dauernd geil, du bist so weit weg und ich will gefickt werden - von dir!!!! Aber weil das derzeit nicht möglich ist, brauche ich ›Ersatzbefriedigung‹ und das ist ein echter Teufelskreis, weil ich am Ende dann noch geiler bin... Ich finde es schon irgendwie reizvoll, dass mehrere etwas davon haben. Das geht halt nur, solange da keine Eifersucht oder andere unangenehme Verstrickungen oder sowas entstehen. Und wie gesagt, ich finde das alles trotzdem echt reizvoll, obwohl es kompliziert ist. Ich denke, dass man jetzt keine Entscheidung treffen muss, oder? Was sind für dich die Gründe, warum das alles derzeit nicht ausbaufähig erscheint?«

Dagnim:»Nein, jetzt muss keine Entscheidung getroffen werden. Mir ist das nur mal durch den Kopf gegangen. Aber das mit dem Sex-Zirkel hab ich schon ein wenig ernst gemeint. Ich finde den Gedanken sehr spannend mit einer kleineren Runde sich auszutauschen, Sachen zu versuchen, geile Momente gemeinsam oder getrennt zu erleben. Welche Typen da genau dabei sind, würde sich dann mit der Zeit herausstellen. … Was zurzeit dagegen spricht? Na, dass ich zurzeit nicht im Lande bin. Ansonsten bin ich für viele Gedankengänge offen. Was dann tatsächlich passiert, wäre immer von Fall zu Fall zu überlegen. Und ja ich würde dich auch gerne ficken. Hart, lange, gefesselt, schmutzig …«
Meine Antwort:»Das mit der kleinen Runde fände ich auch sehr spannend … das muss sich aber langsam entwickeln, und am besten so, dass man mal dieses oder jenes gemeinsam ausprobiert. Uns fehlt halt jetzt das Gemeinsame auf der körperlichen Ebene – ja, so richtig hart lange gefickt werden, gefesselt, das wäre was! Bitte auch verbundene Augen …«

Am Nachmittag schreibe ich an *Costar*:»Ich glaube, das ist ein Missverständnis; ich meine das anders. Aber das kann ich nur in einem Gespräch erklären …« Er:»Ok« Am Abend wieder ein Whatsapp von ihm:»Du tust mir gut!« Ich:»Schön!« Er:»Ja, das ist so! Mit dir zu spielen macht irrsinnig Spaß und dein Feedback ist für mich sehr lehrreich.« Ich:»Kann es sein, dass du mich exklusiv für dich haben willst?« Er:»Exklusiv im Sinne, dass ich über dich bestimmen kann, nicht körperlich, ja!« Ich:»Wie? Nicht körperlich?« Er:»Es dürfen auch andere mit dir was machen, unter meiner Kontrolle bzw. Vorgabe.« Ich:»Tilman, über sowas muss man reden. In aller Ruhe. Wenn's passt. Im Moment ist es so, dass ich nichts entscheiden kann/will.« Er:

»Das verstehe ich.« »Ich freue mich für dich, dass du gefunden hast, was dir gut tut!« Ich: »Meinst du das jetzt sarkastisch?« Er: »Nein, das meine ich wirklich so. Und wenn ich dabei ein Teil sein kann, passt mir das auch gut.« Ich: »Fein« Er: »Ich fühl mich damit sehr gut, obwohl ich als Dom alles will.« Ich: »Ich finde es auch gut, wie es ist.« Er: »Perfekt!«

26. Juli

Ich informiere *Costar*: »Mein Herr hat gesagt, dass diese Konstellation, wie sie jetzt ist, nicht ausbaufähig ist.« Er: »Das habe ich mir schon gedacht. Viel zu riskant für seine Position als Dom.« »Vor allem bei einer Fernbeziehung, wo sich ja immer die Frage stellt, wie ich Dominanz darstelle ohne persönlich anwesend zu sein.« »Aber das entscheidest ja du, ob dir das auf Dauer genügt.« Ich: »Ja, muss noch nachdenken …« Er: »Ich habe sowas schon versucht. C (Ort) – V (Ort) und beide mobil. War zu mühsam. Wir sind noch befreundet, aber sonst nichts mehr.« Ich: »Wie lange ist das gegangen?« Er: »Sehr kurz. Wir haben uns auf einer Privatparty in X (Land) kennen gelernt, alles Paare. Meine damalige Sub hat sie am Gyn-Stuhl geleckt und gefistet. Sie hat dabei meinen Schwanz gewixt. Nach der Party wollte ihr Herr dann immer meine Sub allein zum Spiel einladen. Nach Monaten habe ich sie dann im www getroffen. Da waren wir beide bereits von unseren Partnern getrennt. Beim Schreiben haben wir uns dann die tollsten Sachen ausgemalt. Spielen haben wir dann aber nur ein einziges Mal geschafft.« »Beim Schreiben bestimmt die Phantasie die Erregung, beim Spielen kommen viele andere Komponenten und alle Sinne dazu. Reine Online-Beziehungen verstehe ich daher überhaupt nicht.« »Wenn ich in seiner Situation wäre, würde ich mir einen Helfer suchen. Einen Dom mit Sub, die dich auf seine Anweisungen hin betreuen.«

27. Juli

Am Vormittag bekomme ich von *Costar* wieder ein »Guten Morgen« – ich grüße zurück. Er:»Sag mir bitte, wenn ich so wie gestern anstrengend werde.« Ich:»Ja, das ist manchmal anstrengend, aber auch interessant, weil mich das eine oder andere nachdenklich macht« Er:»Was z. B.?« Ich:»Z. B. wie sich Selbst- und Fremdbestimmung für mich vereinbaren lässt.« Er:»Im Spiel oder in den Zeiten dazwischen?« Ich:»Vor allem dazwischen.« »Na ja, beides, das ist eine grundsätzliche Frage, ich bin da sehr offen.« Er:»Aber das lässt sich ja alles zwischen Dom und Sub vereinbaren.« Etwas später am Nachmittag ich:»Habe heute Nacht geträumt, dass ich dir einen geblasen habe ;-) bin schweißgebadet aufgewacht« Er:»Das freut mich!« Ich:»Das Unbewusste macht was es will …« Er:»Wird schon seinen Grund haben.« »Was träumst du sonst noch?« »Das, was wir beide letzten Sonntag gemacht haben, hätte ich als Dom so früh in einer D/S Beziehung nicht zugelassen. Ich bin für Fremdfick, Gangbang, gemeinsames Spielen und eventuell auch für Verleih, aber ich finde, dass zum Verleih das Vertrauen extrem groß sein muss.« Ich:»Die gegebenen Umstände haben dazu geführt, dass wir das so machen müssen, es bleibt ja nichts anderes übrig.« Er:»Ja eh« und »Gute Nacht!« Ich:»Gute Nacht!«

Die Kommunikation mit *Costar* kommt mir vor wie ein Marathon, es ist anstrengend, aber auch von Glückshormonen begleitet. Mit *Dagnim* hingegen ist es entspannt, zurzeit etwas zu entspannt; er meldet sich kaum. Im Forum fragt er nach, was sich hier gerade Geiles tun würde? Der eine zu nah dran, der andere zu weit weg. Der eine will und der andere auch – jeweils der einzige Gott sein. Das ist das Highlander-Prinzip: Es kann nur einen geben. Für die Praxis heißt das, dass sich da irgendwas nicht ausgeht. Ich würde das alles in eine noch zu erfindende dialektische Logik bringen, aber ich sehe, dass die Herren eher nach Art der klassischen Ausschließungslogik ticken. Immer wenn ich ratlos bin, frage ich jemanden, von dem ich vermute, dass er eine Expertise hat. Und so nutzte ich zwei Anwärter im Forum als Ratgeber, formulierte mein Dilemma:»Darf ich dich etwas fragen? Ich brauche einen Rat. Es gibt das Problem, dass mein Herr im Ausland ist, leider für längere Zeit. Wir kennen uns insgesamt noch nicht so lange, haben ein paar Mal gespielt und sind dann eine Dom-Sub-Beziehung eingegangen. Seit einigen Wochen ist er im Ausland, wir halten im Forum und mit Whatsapp Kontakt; er gibt mir hin und wieder Aufträge, u.a. sollte meine Muschi bearbeitet werden – das macht ein»Muschidoktor« (der wollte immer Frauenarzt werden), den ich regelmäßig treffen darf. Über alle diese Sauereien schicke ich ihm Berichte. Ansonsten treffe ich mich von mir aus nicht mit anderen Männern, auch nicht zum unverbindlichen Kennenlernen. Dann ist es aber einmal passiert, dass mich mein erster Dom kontaktiert hat und mich treffen wollte, wobei ich meinen Dom um Erlaubnis gefragt habe, aber seine Antwort hatte ich nicht abgewartet, sondern mich trotzdem getroffen. Und mit ihm gespielt – es war super! Aber jetzt meldet er (der erste Dom) wieder Ansprüche an und will mich wieder für sich allein haben. Das möchte ich aber auf keinen Fall (es ist zwar geil mit ihm, aber sonst ist er zu kompliziert), aber mein Dom im Ausland ist nicht da. Er hat mich übrigens arg bestraft für diese Eigenwilligkeit. Jetzt sagt er, dass diese Konstellation nicht ausbaufähig ist. Ja, das sehe ich auch so. Aber was soll ich tun?? Auf wen soll ich verzichten? Auf einen, auf zwei, auf alle drei? Das ist eine verzwickte Situation … Kannst du mir einen Rat geben? Was soll ich machen?« Einer der Angeschrieben will zuerst etwas von mir sehen, bevor er mir seine Empfehlung gibt – der scheidet daher aus. Vom anderen bekomme ich eine vernünftige Antwort, er schreibt, dass sich das mit zwei Herren nicht ausgeht. Ich sollte nur einen haben.

Entweder – oder? Sowohl – als auch? Weder – noch? Etwas ganz anderes? *Dagnim* ist nicht präsent, das ist nicht wirklich befriedigend. Und *Costar* droht mir eine Sexherrschaft an, die ich nicht ertrage. Die Behandlung dieser Problematik ist unterlegt von der grundsätzlichen Frage, wie viel sexuelle Selbstbestimmung ich haben möchte. Darauf weiß ich zumindest diese Antwort: So viel wie möglich. Wenn ich ohnehin alles haben kann, was ich möchte, wozu sollte ich dann einen Herrn haben wollen? Das Getue mit den Befehlen, Bestrafung etc. macht ja nur Sinn, wenn man den anderen auch wirklich spürt und »belohnt« wird für die Unterwürfigkeit. In dieser Hinsicht habe ich mit *Dagnim* keine starke Bindung, ich fühle mich ihm nicht verpflichtet, möchte ihn aber nicht vergraulen. Ich sehe ihn als fixen Bestandteil meines Sexlebens; wenn er wieder da ist, möchte ich von ihm gefickt werden. Zu *Costar* habe ich hingegen gerade eine zu starke Bindung, eine zu einengende. Er drängt sich und mich, macht mir die schönsten Angebote, aber ich kenne ihn immerhin so gut, dass ich weiß, wie widersprüchlich er ist und wie unrealistisch das eine oder andere ist. Eigentlich brauche ich keinen von den beiden. Wenn ich meine SM Bedürfnisse ohnehin leben kann – mit einem »Spielpartner« statt einem Dom – dann mache ich das doch! Keinen Dom zu haben ist ein verfolgenswerter Gedanke, den ich noch ein paar Mal überschlafen werde.

Es stimmt mich aber auch traurig, wenn sich abzeichnet, dass die Lustgewinnung zu solchen auch traurig machenden Verstrickungen führt. In diesem Fall bin ich zweifach traurig, zum einen weil sich die aktuelle Beziehung zu *Dagnim* nicht aufrechterhalten lässt und zum anderen, weil mit *Costar* keine unkomplizierte Verbindung möglich ist.

28. Juli

Am frühen Vormittag erreicht mich das »Guten Morgen!« von *Costar*. Ich antworte »Guten Morgen« und später »Was machst bei dem Wetter?« Er: »Relaxen. Und Hausarbeit erledigen.« Ich: »Hast den X (Sohn) bei dir?« Er: »Ja. Wärst du sonst vorbei-

gekommen?«Ich:»Vorbeigekommen? Bin ja nicht eingeladen.«
Er:»Du bist immer willkommen. Nicht nur als Sub.«Ich:»Seit
wann?!?«Er:»Ich hab das immer so gesehen. Für mich gehört das
zusammen. Ich kann nicht nur Dom sein. Das hab ich schon ausprobiert.«Ich:»Geh bitte, was ist das jetzt? Das ist genau das
Gegenteil von dem, was du bis jetzt signalisiert hast. Fällt mir ein
bisschen schwer das nachzuvollziehen.«Er:»Wir haben darüber
nie gesprochen. Wir haben miteinander gespielt, hatte das Gefühl,
dass du jemanden brauchst, der dich in diese Welt einführt, du
dich aber anderweitig umsiehst, um weitere Erfahrungen zu
machen und dann irgendwann einmal zu wissen, was du willst.
Ich hab mich auch nicht als dein Herr gefühlt, sondern nur als
Spielpartner. Ich suche aber eine Konstellation, in der ich der Herr
bin. Das beschäftigt mich gerade sehr.«Ich:»Aha, interessant. Ich
hätte sehr wohl gedacht, dass du dich als meinen Herrn siehst.
Was wäre anders gewesen, wenn du nicht nur mein Spielpartner,
sondern mein richtiger Herr gewesen wärst?«Er:»Es wäre intensiver gewesen und verbindlicher. Als dein Herr wäre ich z. B. nicht
allein auf diese Party gegangen. Und ich hätte mich zwischen den
Sessions mehr um dich gekümmert. Wir hätten Spielregeln vereinbart. Deine und meine Wünsche und Fantasien besprochen und
festgehalten. Einen Strafenkatalog vereinbart. Besprochen wie
unser ›normales‹ Miteinander ausschauen soll. Und ich hätte
mehr Energie aufgewendet. Das ganze beschäftigt mich. Ich
möchte nicht nur gelegentlich mit einer devoten Frau spielen. Ich
möchte eine feste Sub, mit der ich dann gemeinsam all meine Fantasien ausleben kann. Eine Sub mit der ich auch eine Beziehung
habe. Ich überfordere dich gerade? Ich bin selbst gerade sehr
gefordert!«Ja, das bin ich auch. Ich brauche eine Pause. Am
Nachmittag antworte ich:»Inwiefern bist du gefordert? Überfor-
derst dich selbst …?«Er:»Nein. Aber es ist nicht einfach eine
devote Partnerin zu finden und ich frag mich ob ich danach
suchen soll. Spielbeziehung ist ok, aber ich will mehr. Meiner Sub
gewähre ich gerne ihre Wünsche, auch mit einem oder mehreren
fremden Männern, wenn ich weiß, dass ich ihr Herr bin.«Ich:

»Verstehe.« Er: »Und das hätte ich gerne mit dir erlebt. Mit allen Konsequenzen und totaler Intensität.« Ich: »Tilman, das können wir nicht über Whatsapp besprechen!« Er: »Du hast recht, aber ich frage mich, warum wir das nicht gemacht haben. Ich hab gedacht, dass du nur verschiedenste Praktiken ausprobieren willst und dabei deine ernste Absicht als Sub zu leben nicht erkennst. Sonst wäre die derzeitige Situation, dass du einen anderen Herrn hast, nie passiert. Und als Dom respektiere ich natürlich, dass du einen Herrn hast. Liest dein Herr mit?« Ich: »Nein. Das würde ich nicht akzeptieren. Hast du einen Verfolgungswahn?« Er: »Nein, hab ich nicht. Aber du gehörst ihm. Den gleichen Anspruch hätte ich. Den Anspruch, dass meine Sub nur mir gehört.« Ich: »Du würdest meine Whatsapps lesen wollen?!?! Oder meine anderen Kommunikationen?!?!« Er: »Nein, das würde ich nie verlangen. Aber ich würde die Kontrolle über deine Sexualität haben wollen. Nur das Wissen. Du könntest mit mir alles machen was du willst: einen Toyboy zum gemeinsamen Spiel holen, einen Gang Bang im Club, Sessions mit anderen Personen, Fremdfick oder sogar einmal Verleih. Aber ich würde es wissen wollen.« Jetzt wird es wieder sehr anstrengend. Ich: »Verstehe. Aber bitte Tilman, ich mag nicht schreiben, über das alles muss man in Ruhe reden.« Er: »Wann? Und macht das Sinn? Du gehörst einem Herrn.« Ich: »Wann du willst.« Er: »Jetzt.« Ich: »Ok.«

Es ist etwa 17 Uhr, er ruft mich an und macht mir wieder die schönsten Angebote nach dem Motto »Wenn ich dein Herr wäre …«, ich könnte alles von ihm haben, wir könnten in Clubs gehen, wo er mich von anderen ficken lassen würde oder wir würden uns einen Lecksklaven halten oder eine Sklavin und vieles mehr. Er hätte gerne eine fixe Sub, die nur ihm gehört. Ich hinterfrage diese klare Ausrichtung, denn es erscheint mir widersprüchlich – mal sagt er es so, mal so. Wir reden über unsere vergangenen Erwartungen und die Missverständnisse, die sich daraus ergeben haben. Ich stelle aber auch meinen jetzigen Bedürfnisse dar, nämlich dass ich im Moment keinen Dom haben möchte, das ist mir zu anstrengend nur einem ausgeliefert zu sein. Ich frage ihn, ob er mir ein vernünftiges Argument sagen kann, warum ich einen Dom haben sollte? Seine erste Reaktion ist »Sicherheit« – hm, brauche ich nicht. Und »Verbindlichkeit« – klingt schon besser. Die Frage bleibt aber offen, unser Status bleibt offen; wir versuchen es einfach und werden dann sehen, was herauskommt. Irgendwie kommt auch das Thema Dirtytalk zur Sprache, er verwendet erstmals deutlich das Wort Fut, das hat er noch nie gesagt. Sonst redet er von Vagina oder Muschi; ich merke an, dass Fut ein neuer Begriff ist und ja, ich mag Dirtytalk. Die Grenzen meiner Sprache sind die Grenzen meiner Welt, und diese Welt, dieses Lustuniversum, wurde gerade mit einer Sprachschatzerweiterung versehen, die wieder zu neuer Lustgewinnung beitragen wird. Er hat eine ziemlich versaut-dreckige Seite, die mit dem Wort Fut noch deutlicher zum Vorschein kommt. Gleichzeitig ist er ein eleganter Herr, intelligent und scharfsinnig, aber eben auch versaut und derb, bisweilen sogar geil-grob im körperlichen und sprachlichen Zugreifen, im sexuellen und interaktiven Begriff.

Kurz später hat er schon wieder das Bedürfnis, sich per Whatsapp mitzuteilen: »Ich würde es nicht zwanghaft, sondern verbindlich nennen. Zumindest würde ich das so nennen. Die Bereitschaft sich mit einem Partner auf eine extravagante Reise einzulassen.« »Wieso willst du das auf einmal so dringend? Ab und zu unverbindlich, aber dafür entspannt, spielen reicht nicht?« Er: »Ist auch ok! Ich wäre aber auch für mehr zu haben.« Etwas später, am Abend schreibt er: »Würden kleinere Aufträge von mir dich erregen?« Was ist denn das jetzt?! Zuerst erklärt er mir, dass ich einem anderen gehöre und dann will er mir Befehle geben? Ich antworte: »Ich bin ohnehin andauernd erregt, spiele selber an mir herum. Gestern habe ich eine Klemme vom Büro getestet … (Bild mit Klemme am Kitzler). Abgesehen davon darfst du mir keine Aufträge geben!« Er: »Die sind heftig.« Ich: »Hab sie nur kurz drauf gehabt.« Er: »Ich könnte zwischendurch zu dir kommen, aber wenn mein Sohn bei mir ist … Oder wir treffen uns irgendwo

Outdoor.«Ich:»Was bedeutet zwischendurch?«Er:»Die nächsten 3 Wochen, während er bei mir ist.«Ich:»Zwischendurch abends oder tagsüber, 10 Minuten oder 2 Stunden …?«Er:»Tagsüber, von 10 Minuten bis 2 Stunden.«Ich:»Aha, theoretisch wäre ein Treffen möglich.«Er:»Ja.«Ich antworte nicht mehr. Wenn er mich wirklich sehen will, dann soll er einen konkreten Vorschlag machen. Immer dieser Konjunktiv – was wäre wenn – ich würde das und das, wenn … Man sollte nicht viel reden, sondern einfach machen. Sein Konjunktiv triggert meinen Imperativ, das erzeugt Spannung. Auf sein»Gute Nacht« schreibe ich auch ein»Gute Nacht«, hoffentlich wird sie gut.

Meine Aktivitäten im Forum waren eine Weile auf Eis, jetzt bekomme ich wieder Lust, dem einen oder anderen zu antworten – vielleicht ergibt sich ja was Neues. Ich schreibe auch *Spontan44* an, mit dem ich fast ein Date gehabt hätte, aber wegen *Dagnim* abgesagt hatte. Ja, er hätte noch Interesse, ist aber im Ausland und erst Ende des Monats wieder da; ja, und dann möchte er mich treffen. Auch mit *Komma* whatsappe ich immer wieder einmal, wir vereinbaren ein Treffen für kommende Woche Donnerstag.

29. Juli

Dagnim hat sich kaum mehr gemeldet; vielleicht wartet er ab, denn eigentlich wäre ich am Zug. Am Vormittag schreibe ich ihm: »Ich war ein bisschen ratlos die letzten Tage, habe drüber nachgedacht, was es bedeutet, dass die Konstellation wie sie jetzt ist, nicht passt. Was da vor allem nicht passt, ist dass du nicht präsent bist, ich spüre dich nicht. Dadurch verliere ich auch die Lust an unserem Spiel – nur ferngesteuert zu sein ist irgendwie unbefriedigend. Dazu kommt noch, dass ich sowieso damit hadere, ob ich einen Herrn brauche bzw. will, weil wenn ich sowieso den SM Sex haben kann, den ich haben will, dann brauche ich keinen Herrn. Ein bisschen Spielen ist so auch möglich, ohne eine fixe

Dom-Sub-Konstellation. Es ist auch so, dass *Costar* wieder Ansprüche anmeldet, aber das führt eher dazu, dass ich sage, ich brauche keinen Dom. Oder einen ganz anderen, der für mich da ist und mich regelmäßig betreut. Ich schlage vor, dass wir unser Dom-Sub-Verhältnis ruhend stellen. Wie lange? Ich möchte dich auf jeden Fall treffen, wenn du wieder da bist und auch sonst irgendwie in Kontakt bleiben …« Später am Tag kommt seine Reaktion:»Ja, da hast du einen vernünftigen Gedanken gefunden. Obwohl ich die letzten Tage den vollen Stress hatte, hab ich auch darüber nachgedacht. Wir sollten dann weitersehen, wenn ich wieder im Lande bin. Es ist zwar geil mit dir zu schreiben, und ich finde deine Berichte und Fotos immer total geil, aber ich hab dich lieber real im Griff, deine Titten, deinen Arsch usw.«

Am späten Vormittag bemerke ich, dass mich *Costar* per Whatsapp antelefoniert hat, ich rufe zurück. Er hätte sich vertippt, er wollte mich gar nicht anrufen, er sitzt im Auto und wartet gerade auf seinen Sohn. Wir sollten abgleichen, wann wir diese Woche Zeit für ein Treffen haben – gut, wir werden uns das schreiben. Am Abend schreibt er, dass er einen Urlaub mit seinem Sohn gebucht hat und dass sie morgen baden gehen und dass wir uns am Mittwoch treffen könnten; wir vereinbaren einen Termin für Mittwochnachmittag, er kommt zu mir. Er fragt auch, ob ich Anweisungen, wie ich ihn zu erwarten habe, haben will. Ich überleg's mir, so halte ich ihn hin. Er schickt mir eine Veranstaltungsankündigung für eine Art Maskenball mit SM Charakter, ob ich mit ihm da hin gehen will? Ja klar, will ich.

30. Juli

Nach dem nunmehr schon üblichen »Guten Morgen« und einem hin und her, ob unser Termin passt, schreibe ich *Costar*, dass ich keine Aufträge möchte – es soll ein ganz entspanntes Treffen werden. Er meint, dass ich ihm schreiben soll, was meine Wünsche wären … Dann schreiben wir noch Alltagskram über unsere Freizeitgestaltung, wir genießen die Sonne am See, jeweils an einem anderen See, er mit seinem Sohn, ich mit Kindern aus meiner Verwandtschaft. Ob mich die Sonne auch geil macht, schreibt er – ja, das tut sie, antworte ich und schicke ihm ein Bild von mir, in der Sonne. Er:»Du bist sehr hübsch!« Das lässt mich erröten sozusagen, zusätzlich zur Sonnenröte. Ja, es schmeichelt mir, ich bedanke mich für das Kompliment und schicke ihm noch weitere Bilder (ich mit Kindern). Am späteren Nachmittag schickt er mir auch ein Bild von sich, später von sich und seinem Sohn. Das ist das erste Mal, dass er mir seinen Sohn zeigt, ich war die ganze Zeit schon sehr neugierig. Da macht er eine kleine Tür auf, die mich blitzlichtartig an seinem Familienleben ganz konkret teilhaben lässt, schön. Noch später schreibe ich, dass ich mich auf das Treffen am nächsten Tag freue – ja, er erst! Und dass ich mir Fesseln wünsche, verbundene Augen, Muschi- und Klitbehandlung; Toys und Gerte werden zur Verfügung stehen. Er quittiert das mit einem Daumen-hoch und mit»Du bist soooo geil!« Ich:»Du auch (Kussemoji) Leider gibt es kein Emoji für Fut oder Schwanz.« Er:»Danke! Das tut mir gut!« Ich:»Das freut mich (Emoji mit Sternaugen)« Er:»Schön« und das übliche»Gute Nacht«.

31. Juli (achte Session mit *Sir Costar*)

Ich bereite mich auf das Treffen mit *Costar* vor, wasche und föhne die Haare, rasiere alles gründlich, bedufte mich mit Parfüm, nehme nach einigen outfitmäßigen Fehlgriffen dann doch meinen schönsten schwarzen Body, den man unten und bei den Titten öffnen kann; keine Strümpfe oder Schuhe, sondern sommerlich barfüßig. Wir haben gute zwei Stunden Zeit. Er kommt wie erwartet pünktlich um 14 Uhr zu mir, hat seinen Werkzeugkoffer mit. Die Begrüßung ist»normal«, wir küssen uns auf den Mund, ich bitte ihn herein und frage, was er trinken möchte. Bei Wasser reden wir ein bisschen – wir werden es so handhaben, dass wir beginnen zu spielen, wenn ich das Halsband anlege. Zuvor teile ich ihm aber mit, dass mein Verhältnis mit *Dagnim* ruhend gestellt ist, dass ich also derzeit keinen Dom habe und auch keinen will. Also, was uns betrifft, so möchte ich mich nicht festlegen, sondern derweil alles offen lassen und ein wenig unverbindlich spielen. Und bald tauchen wieder gemeinsame Phantasien auf, dass wir uns z. B. einen Lecksklaven zulegen könnten ... Sie ist unterbrochen, und dennoch schreiben wir an unserer Geschichte weiter.

Ich lege das Halsband um, es geht los. Er sitzt noch beim Tisch, zieht mir das Kleid aus. Zuerst muss ich mich vor ihm hinstellen, damit er mich einmal gut von oben bis unten anschauen kann. Dann bittet er mich zu sich, streichelt mich am ganzen Körper, sehr zärtlich und liebevoll, drückt sich an meine Hüften und an meinen Arsch und liebkost diese Gegend zärtlich. Ich bin nicht nur nass, sondern rinne schon aus; mein ganzer Körper ist ein einziger Erregungszustand. Seine Berührung fühlt sich an wie Liebe, Sex und Geborgenheit, alles zugleich, Glück hoch drei. Er küsst mich auf den Mund, auf den Hals, auf die Brust und ihre Warzen, und begrüßt kurz aber deutlich auch meine nasse Lustgrotte. Heute wird er mich schlagen, das spüre ich jetzt schon. Dann dreht er mich um und liebkost mich noch einmal umfassend von hinten. Dann steht er auf, drück sich von hinten an mich und streicht mir über den Rücken, in die Haare. Am Kopf gestreichelt werden mag ich besonders gern, meine Knie erweichen. Aber er hält mich fest, packt mich an den Haaren und führt mich ins Schlafzimmer. Dort positioniert er mich in die Hundestellung am Bett; ich bekomme zuerst ein wenig die Gerte zu spüren. Bald behandelt er auch meine Muschi, innen und außen, heute ist er diesbezüglich nicht zurückhaltend. Es gefällt ihm, mich in einer Stellung zu belassen, mich zu bespielen wie er will, dann wieder unterbrechen und weggehen und wieder kommen. Einmal habe ich meine Stellung ein wenig verändert, mich halb schräg hingelegt, bin aber wieder richtig in die Hundestellung gekommen, als er ins Zimmer kommt. Er schimpft – was war das jetzt? Hat er mich angewiesen, mich zu bewegen?, fragt er streng. Nein, sage ich. Ja, was soll das dann? Ich senke meinen Kopf und sage nichts mehr, sondern empfange ein paar harte Schläge auf den Arsch, mit der Gerte. Ein lauteres Stöhnen und Schmerzensschreie begleiten dieses Strafspanking. Dann beginnt er mich anal vorzubereiten, mit seinen Fingern und Gleitgel, bald spüre ich äußerlich einen Plug, er will mich hinten zumachen. Es geht nicht ganz leicht, mit Druck bekommt er den Plug in meinen Arsch – es schmerzt kurz und heftig, dann flaut der Schmerz ab, aber ich spüre den Fremdkörper in mir. Ausgleichend bespielt er meine Muschi, hält sie am Fließen und ärgert meinen Kitzler. Jetzt muss ich mich auf den Rücken legen, die Beine weit spreizen; ich bekomme an Füßen und Händen Fesseln angelegt. Meine Hände muss ich unter meine Kniekehlen geben, er fixiert die Handfesseln aneinander, sodass meine gespreizten Beine von den Armen nach oben gehalten werden. So liege ich vor ihm, die Beine weit gespreizt, die Augen verbunden, vollkommen ausgeliefert. Nun beginnt er intensiver meine Muschi, oder besser gesagt meine Fut zu bearbeiten, leckt mich, fingert mich – mal sanft, mal heftig. Es ist bezaubernd – mein Herr verwöhnt mich, das könnte ich stundenlang genießen. Aber er unterbricht und holt den großen Plug aus Glas; damit verstärkt er seine Behandlung. Ich hätte lieber seine Finger zum dehnen, denke ich, sage aber nichts. Er soll einfach machen; meine Schmerzensäußerungen turnen ihn an. Mit etwas Druck bringt er den Glasplug in mein Loch – ja, mehr geht nicht. Ich bin eingeschlossen und zugestopft, es fühlt sich an, als würde es mich zerreißen und ausfüllen gleichzeitig. Ich bin höchst angespannt, meine Atmung ist kurz, aber schnell, ich bewege mich kein bisschen und verharre in diesem allumfassenden Schmerz. Jetzt würde ich ihn gern sehen, wie er diesen Anblick genießt. Sehen kann ich nichts, aber spüren, die Gerte nämlich; ich bekomme schnelle sanfte Schläge auf den Arsch und die Oberschenkel, da wird alles säuberlich abgeklopft. Er arbeitet sich von außen nach innen, zuletzt ist mein Futfleisch dran. Hier trifft er den zentralen Punkt im Lustschmerz, am Kitzler und drum herum – es ist kaum auszuhalten, ich stöhne und muss einmal Gelb sagen. Er hat wieder mit meiner Schmerzgrenze gespielt und gewonnen sozusagen; zwischendurch fragt er mich, ob es unangenehm ist oder nicht, um zu erfahren, wie es für mich gut ist. Als Belohnung für diese devote Bereitschaft leckt und saugt er meinen Kitzler, dreckig und heftig, bewegt dabei gleichzeitig die Plugs und quält mich zu einem unglaublich intensiven Orgasmus. Aber ich bin noch angespannt, die Plugs sind noch in mir, es tut weh. Ich bitte ihn, den Plug aus der Muschi zu nehmen, auch das hinterlässt einen krassen Entfernungsschmerz, wobei blöderweise auch noch der Arschplug ins Innere abhaut. Oje, bitte hol ihn da raus; *Costar* bemüht sich redlich, ich versuche mich zu entspannen, aber es dauert eine Weile, bis er den Plug aus meinem Anus herausoperiert hat.

Jetzt ist eine Kuschelrunde angesagt; er bindet mich frei, legt sich neben mich, ich mich auf ihn, neben ihn; wir küssen und kuscheln. Unser beiderseitiges Glück ereignet sich in meinem Bett, das jetzt wie eine rosarote Wolke ist, auf der wir schweben. Er würde heute noch gern meine Titten behandeln, mit der Gerte … Sehr gerne. Zwischendurch fingert und leckt er mich, um mich dann wieder an sich zu drücken. Wir sind eng umschlungen, er hält mich sehr fest in einem Arm, mit dem anderen versohlt er mir anständig den Arsch. Er lässt mich nicht zucken, noch schreien, ich soll still sein. Wieder ein paar harte Hiebe, ich kann aber meine Schmerzensäußerungen nicht ganz still halten. Und jedes Mal, wenn ich ein wenig lauter werde, verstummt er mich, indem er mich küsst. Er küsst mir den Schmerz weg. Nach dieser »Kuscheleinheit« muss er pinkeln, sagt er, und ob ich ihn begleiten möchte. Ja, sehr gerne, sage ich. Er nimmt mich an einer Hand und führt mich zur Toilette, ich klappe die Klobrille hoch. Er stellt sich neben mich, die Hände hinten verschränkt. Ich knie mich nieder, ziehe ihm seine Short herunter, nehme seinen Schwanz und streife die Vorhaut etwas nach hinten. Zielgerichtet halte ich ihn in die Muschel, er beginnt zu pinkeln. Diesmal werde ich ihn nicht enttäuschen, ich werde dieses Programm perfekt absolvieren. Als er fertig ist, sagt er, dass ich ihn nicht zu viel abtropfen soll; ich blicke zu ihm hoch, er schaut erwartend zurück. Langsam und mit Bedacht nehme ich seinen noch vom Urin nassen Schwanz in den Mund und lecke ihn gründlich ab. Urin schmeckt grauenhaft. Aber offenbar habe ich die Pinkelassistenz zu seiner großen Zufriedenheit gemacht, sein Schwanz wird leicht härter, er grinst und zieht mich hoch zu sich, um mich zu küssen und zu umarmen. Ein geiler Schauer geht von ihm auf mich über bei dieser vulgär-liebevollen Geste.

Heute haben wir sehr viel Hautkontakt, das genieße ich sehr. Ich muss wieder knien, am Bett und die Hände hinter dem Kopf verschränken. Ich habe wieder die Augenbinde um. Wieder höre ich die Gerte, er fächelt damit meinen Brustwarzen Luft zu. Ich kann sie spüren, ohne sie zu spüren. Ein paar Mal trifft er dann aber doch, ich schreie auf. Anschließend bekomme ich endlich seinen Schwanz zu spüren, in meinem Mund; ich muss den noch im natürlichen Zustand befindlichen Lustkerl aufblasen und lecken, auch die Eier. Er drückt mich ganz fest gegen sich, sodass ich alles davon im Mund bzw. im Hals habe, bis ich würge. Was ist?, fragt er. Ekelst du dich von meinem Schwanz? Ich schaue ihn an, von unten nach oben, lasse kurz den Schwanz aus, um Nein zu sagen. Dann blas ihn richtig! Komm, nimm ihn ganz hinein, bemüh dich! Ich bemühe mich, habe extrem viel Speichel im Mund und mache weiter. Immer wieder rammt er ihn mir in den Hals, um mich zu würgen und meinen Brechreiz auszureizen. Dann legt er sich wieder neben mich, ich soll ihn sanfter weiter blasen und auch mehr die Eier lecken.

Wieder eine kleine Entspannungspause – ich kuschel mich an ihn, er weist mich an, ihn zu streicheln. Das fühlt sich sehr gut an, für ihn offenbar auch. Wir spielen jetzt verliebt. Dirtytalk als Liebesgeflüster macht unser Liebesglück hörbar. Wir küssen uns, streicheln uns, er nimmt meine Hand und legt sie auf sein Gemächt –

einfach nur halten, während wir reden. Dann wieder streicheln und reden, das eine oder andere Mal bekomme ich meine Brüste verwöhnt, geküsst und gezwickt. Auch die ewig nasse Fut bekommt hin und wieder Besuch von seinen Fingern – er muss ja prüfen, ob noch genug Feuchtigkeit da ist. Er will weiter geblasen werden, wieder nach Art von deepthroat – und wird steif. Er befiehlt, dass ich mich auf ihn setzen und ihn ficken soll – komm, fick mich, fick mich ordentlich. Ja, sehr schön machst du das, fick mich weiter … Gut, dass ich mich mit Sport fit halte, er verlangt da einiges von mir ab. Ich reite ihn heftig, er hält mich an den Hüften und sorgt dafür, dass ich in Bewegung und auf seinem Schwanz bleibe. Es dauert aber nicht lange und er kommt – lange und laut, offenbar ist es sehr intensiv für ihn. Sein Lustschrei ist sehr erregend, auch ich äußere zufriedene Lustgeräusche – sehr geil! Abgerundet wird das alles mit einer letzten entspannten Kuschel- und Kusseinheit. Eine Weile liegen wir noch da, reden ein bisschen und sind glücklich. Schön langsam holen wir alle Sinne wieder zusammen, kultivieren uns für das normale Leben draußen und verabschieden uns herzlich.

Am späten Nachmittag treffe ich eine Bekannte in der Stadt; wir waren früher aus beruflichen Gründen in gegenseitiger Feindschaft, wir haben einander grün und blau geärgert mit unseren jeweiligen gegensätzlichen Interessen. Ich habe sie um ein Treffen gebeten, da ich Rat bei ihr suche betreffend einer schreibtechnischen Fragestellung. Sie war eine halbe Stunde früher da, sie hat die Verschiebung vergessen. Aber nun bin ich da, es wird weißer Spritzwein bestellt. Ich trinke höchst selten Alkohol, ich vertrage das Zeug nicht, weder Bier noch Wein noch sonst was übel Schmeckendes. Aber die Wirkung ist zunächst eine berauschend gute; wir reden und trinken, man kommt vom Beruflichen zum Thema Krisenbewältigung und schließlich zum Existenziellen. Am Ende stellen wir fest, dass wir im Paradies leben, als Frauen, wir haben alles, was man sich nur wünschen kann: Bildung, Freiheit, Mobilität, Beruf und Geld. Ich habe auch noch Kinder, sie keine. Wir landen in einer Bar, die ab diesem Zeitpunkt meine Stammkneipe in meiner Gasse sein sollte. Nach einigen weiteren Drinks sind wir umringt von Männern, wir führen eine kontroverse aber humorig laszive Diskussion über das männliche und das weibliche Dasein in dieser Welt. Einer von den Diskutanten – ein Weinhändler – ist entzückt ob unserer argumentativen Pirouetten und lässt Champagner kommen. Zwei Schlucke von diesem Teufelszeug reichen, dass mir so übel wird, dass ich fluchtartig den Ort verlassen muss. Eilig zu Hause angekommen verlässt mich dann rasch der Champagner samt voriger Flüssigkeiten. Der ganze nächste Tag ist im Arsch, ich werde diese Ausschweifung bitter bereuen.

1. August (drittes Treffen mit *Komma*)

Am Morgen stelle ich auf die Anfrage von *Costar*, ob es noch Spuren gibt, fest, dass auf der linken Arschbacke noch einige Striemen zu sehen sind. Ich schicke ihm Fotos von der mit Blutergüssen verzierten Arschbacke. Er meint, er würde das nächste Mal vorsichtiger sein. Meine Antwort: Das wolltest du ja … Er: Stimmt. Und versichert mir, dass er das nächste Mal sanfter zuschlagen wird. Später schickt er mir die Fotos und auch ein Video von der letzten Session – sehr schöne versaute SM Bilder.

Ich bereite mich auf das Treffen mit *Komma* vor; diesmal kein besonders Outfit, nur ein Sommerkleid mit nichts darunter. Er kommt halbwegs pünktlich, ich bitte ihn herein und er gibt mir einen Begrüßungskuss, der unmittelbar in einen leidenschaftlichen Geilheitskuss übergeht; währenddessen streichelt er mir sanft über die Oberschenkel, dazwischen hinein bis zu meiner bereits feuchten Muschi – das ist die Vorschau für unser heutiges Spiel, ich freue mich auf seine Verwöhnkünste. Wir trinken Wasser und reden, er erzählt viel, auch von seiner Familie. Mitten in der Erzählung vom familiären Landleben stehe ich auf, gehe an ihm vorbei ins Schlafzimmer, er folgt mir, umarmt mich von hinten, beginnt mich auf den Hals zu küssen und zu streicheln, am Arsch und überall ... ich drehe meinem Kopf zu ihm, wir küssen uns und er massiert meine Titten. Ich warne ihn vor dem Anblick meines Arsches; er soll sich nicht wundern, und zeige ihm meine linke Arschbacke. Oh, da hat jemand ein paar hinten drauf bekommen, merkt er neugierig an. Ja, das war von Hand und Peitsche. Er weiß ja, dass ich ein bisschen maso bin. Sein Blick wird unterlegt mit einem frivolen Grinsen – aha, das braucht sie, zwischendurch mal was Härteres? Ich lächle verschämt, sage nichts mehr.

Wir küssen uns, er hat seine Hände überall; zieht mir das Kleid über und setzt seine Liebkosungen fort. Ein paar Toys sind auf meiner Kommode angerichtet, er fragt, ob ich etwas davon haben möchte? Nein, deine Finger und deine Zunge sind vollkommen ausreichend, ich will keine Spielsachen zusätzlich. Er dreht mich zum Bett und bewegt mich sanft dort hin, ich begebe mich in die Hundestellung, sodass er das ganze Lustfleisch gut auslecken kann; er spielt mit seiner Zunge mal weiter vorne, dann wieder weiter hinten – die erste Lustwelle kommt. Er möchte das Massageöl ausprobieren, das er mir das letzte Mal mitgebracht hatte; ein reines Mandelöl, aus der Apotheke. Und da hätte er mich gerne gut positioniert – ich soll mir einen großen Polster unter den Hintern legen, damit mein Becken erhöht ist. Er streicht mir das Öl beginnend am Bauch hinab zum Venushügel einschließlich des gesamten Bereichs zwischen meinen Beinen. Jetzt ist alles schön glitschig, er beginnt mit seiner Gynbehandlung; zuerst gibt er mir einen Finger in mein vaginales Loch und massiert mich, sanft, abwechselnd mit kreisenden und stoßenden Bewegungen. Zwischendrin bekomme ich meine Klit massiert oder geleckt oder beides – er macht das alles sehr bedächtig. Langsam steigert er sich – es sind dann zwei Finger, damit spielt er eine Weile, und später drei. Er achtet darauf, dass mein Geilheitslevel mitschwingt, indem er immer schön meine Klit bearbeitet. Das ist eine angenehme, ruhige Lustwelle, auf der ich zu schweben

beginne … Er küsst mich auch sehr oft, heute ist er sehr ver-
schmust. Ich habe das Gefühl, dass ich nach oben und unten ausrinne oder bilden schon unsere Körpersäfte einen Kreislauf? Er
gibt mir seinen halbsteifen Schwanz in die Hand zum Wichsen
und stöhnt dabei ein wenig. Aha, man hört ihn, sonst ist er eher
still. Manchmal kommentiert er meine Muschinässe, die gefällt
ihm sehr gut! Er möchte unbedingt miterleben, wie eine Frau
squirtet, das hat er erst ein Mal in seinem Leben erleben dürfen.
Die Frau soll dabei vollkommen entspannt sein und loslassen, und
sie sollte auch kein falsches Schamgefühl haben, wenn dann alles
nass gespritzt ist. Aber das wäre für einen Mann etwas ganz Wun-
derbares, wenn es einer Frau so kommt. Ich habe noch nie gesquirtet, möchte das aber auch erleben, aber mein wichtigster Sti-
mulationspunkt ist die Klit, und daher habe ich vielleicht keine
gute vaginale Übung darin. In meinem Kopf ist der Orgasmus
klitoral, da müsste ich vielleicht umdenken.

Hm, sehr interessant, diese Futwissenschaft; er kennt sich da besser aus als ich, das ist gut, er kann mich gerne als Versuchsobjekt
für seine Squirtingexperimente benutzen. Derweil blase ich ihn
noch, zeitweise wird er recht hart. Es scheint, dass er noch nicht
sehr oft geblasen worden ist in seinem Leben; er lässt nur etwa
zwei Drittel seines Schwanzes in meinen Mund und mir fällt auch
ein, dass ich seine Eier nicht anfassen darf, das mag er nicht; und
er gibt mir auch keine Stöße oder fordert mich auf, ihn härter oder
sanfter oder wie auch immer zu blasen. Er soll sagen, wie er es
möchte, sage ich. Ich denke, ich teste einmal, wie es ist, wenn ich
seinen Schwanz tiefer in den Mund nehme und ihn kurz dort lasse
– oh, da stöhnt er. Aus Lust oder ist es ihm unangenehm? Ich lass
es mal, wir werden das später evaluieren. Jetzt bekomme ich wieder ausführlich die Muschi geleckt und gefingert. Ich werde
immer nasser und er immer leidenschaftlicher, es gefällt ihm,
wenn ich so entspanne. Ich hätte ein sehr enges Becken, meint er.
Mit der ganzen Hand wird er da wahrscheinlich nie hinein kommen, es sind schon vier Finger fast zu viel. Er legt sich quer zu mir,

sodass ich ihn von der Seite blasen kann, während er mich weiter verwöhnt. Ich könnte das stundenlang genießen – wir verschlingen uns gegenseitig, es ist galaktisch. Das geht eine Weile so dahin, dann widmet er sich wieder ausschließlich meiner Muschi. Jetzt nähert er sich bzw. mich an die höchste Latte der Lustwelle, er intensiviert sein Spiel, lässt mich aber noch nicht durchkommen. Er beugt sich über mich, küsst mich, und schiebt mir seinen steifen Schanz in die Muschi – er beginnt mich zu ficken. Ja, das fühlt sich gut an, es rundet die Fingerübungen ab. Es ist ein schöner sanfter Fick, eine feine zusätzliche Innenmassage. Vervollständigt wird das mit versauten leidenschaftlichen Küssen; er bittet mich, ihm meine Zunge zu geben. Ich strecke sie ihm entgegen und er spielt daran mit seiner Zunge, er saugt und schleckt. Sehr geil! Dann zieht er seinen Schwanz aber wieder heraus und setzt die Muschiverwöhnung fort. Abwechselnd bearbeitet er meinen Kitzler mit Fingern oder Zunge (oder beides?) und beides ist jeweils anders geil. Das führt zu einer Spannung, die sich extrem anfühlt – schön, aber auch anstrengend. Mein Puls muss schon bei 200 sein oder so. Endlich verweilt er etwas länger mit seinem Mund an meinem Kitzler, leckt und saugt und merkt, dass er mich beim Saugen gut weiter steigern kann. Das macht er so lange, bis ich komme – es ist ein sehr intensiver Orgasmus. Er spielt noch ein bisschen weiter, bis ich ihn abstoppe, ich brauche jetzt eine Pause. Vollkommen entspannt liege ich vor ihm, bedanke mich und raste. Wir kuscheln kurz, plaudern ein wenig und gehen eine rauchen. Nach einer Tratschpause geht es weiter; jetzt ist er dran, er gibt mir seinen Schwanz zum Blasen. Oh, das gefällt ihm sehr, aber ich weiß noch nicht genau, welche »Knöpfe« ich da drücken muss. Einmal hatte er erwähnt, dass es für einen Mann geil sein muss, wenn er gewichst oder geblasen wird und einen Finger in den Hintern bekommt, damit seine Prostata von innen mitstimuliert wird; das würde er gern einmal erleben. Im Moment bleibt es aber dabei, dass ich ein wenig seinen Arsch streichle, während ich ihn blase. Es dauert nicht lange und er ist so geladen, dass er lautstark abspritzt, in meinen Mund. Eine ziemlich volle Ladung, ich nehme alles und lecke ihn sauber. Wow, das war sehr intensiv. Er wankt ein wenig, reibt sich selbst noch zurecht und legt sich aufs Bett. Sehr schön. Wir reden nicht lange und er dreht mich vor sich hin, damit er mir eine weitere vaginale Massage geben kann. So macht er sich zu schaffen an mir, mit Fingern und Zunge – wieder bin ich total nass. Wir genießen dieses Geschmatze aus meiner Lustgrotte, er treibt mich wieder auf die Welle. Eine Weile bin ich berauscht und werde befingert, aber ich bin geilheitmäßig ausgepowert, ich kann nicht mehr kommen. Wir rasten und reden noch ein wenig, setzen uns wieder zum Tisch und plaudern die vorigen Geschichten fertig, bevor er sich fertig macht. Ja, das war sehr schön heute, darauf kann man aufbauen. Ich lobe die sorgfältige Ausführung seiner Vaginalkompetenz; sowas hat eine eigene Qualität. Wir analysieren auch meine Orgasmusdynamik sehr genau – wie und wann ich gekommen bin, wie er es stimuliert hat bzw. gespürt hat, wie ich komme etc. Die Rohdaten sind für dieses Forschungsprojekt aufbereitet sozusagen, jetzt könnte man sich vertiefen. Also, ich bin dabei. Wann würden wir uns das nächste Mal treffen? Er ist kommende Woche nicht da – Urlaub mit Familie. Aber wir könnten uns vorher treffen, übermorgen am Samstag. Gut, wir verbleiben so, dass wir uns gegen Mittag treffen und verabschieden uns mit einem Kuss.

2. August

Ich whatsappe *Costar,* dass sich im Forum ein junger Mann (*Lover8519,* Anfang 30) gemeldet hat, der mich unbedingt treffen möchte, und dass ich geantwortet habe, dass ich einen Herrn habe und einen Mitspieler zum Aushelfen suche und ob er sich das vorstellen kann. Etwas später telefonieren wir in dieser Sache; ja, es wäre interessant, so jemanden zu finden, der sich darauf einlassen kann, nur das zu tun, was man ihm sagt, und das unter Beobachtung. Ich antworte dem jungen Lover, dass er sich an meinen Herrn wenden soll, er soll ihn anschreiben und alles weitere bereden. Am Abend gibt es bereits eine Kontaktaufnahme zwischen den beiden. *Costar* hat geschrieben:»Hallo! Meine Sub hat mir berichtet, dass du einmal mitspielen willst. Wir würden dich an einem neutralen Ort, wahrscheinlich irgendwo outdoor, ›testen‹ und dann entscheiden, ob und wie wir mit dir weiter machen wollen. Sie wartet z. B. irgendwo auf dich, du kommst, machst die Sachen die ich dir vorher aufgetragen habe und gehst danach gleich wieder. Nur ich kommuniziere dabei mit dir. Kannst du dir das vorstellen? LG, Costar.« Der junge Mann beißt an, er wird neugierig und fragt noch einmal, wie so ein Treffen aussehen könnte. Darauf *Costar*:»Wie ich bereits beschrieben habe. Sie wartet am vereinbarten Ort, du kommst und machst was ich dir vorher aufgetragen habe. Z. B. vor ihr wixen, oder sie lecken, vielleicht verbinde ich ihre Augen und sie verwöhnt dich oral, …« Ich bekomme Fotos vom Aspiranten, von seinem Schwanz, na ja, schaut gepflegt aus, aber Schwanzfotos schauen fast alle gleich aus. Jedenfalls ist er ernsthaft interessiert, seine Neugier ist anhaltend; *Costar* und er werden sich einig, dass es sobald als möglich ein Treffen geben soll. Am Abend whatsappen wir, malen uns aus, wie es mit dem neuen Sklaven sein könnte, sehr spannend das alles. Der Rest des Abends ist den jeweiligen Selbstbefriedigungssessions gewidmet; wir haben uns wieder einmal unerträglich aufgegeilt.

3. August (viertes Treffen mit *Komma*)

In der Früh schreibt *Costar*, ob ich noch immer geil wäre und was ich heute machen werde. Ich antworte, dass ich den Muschidoktor treffen werde. *Costar* fragt neugierig nach, aha heute, und wünscht mir viel Spaß.

Komma ist diesmal überpünktlich, er hat mir keine Nachricht geschickt, wann er weg fährt, so wie wir es besprochen haben. Ich bin in der fertigen Adjustierung – heute hatte ich Lust auf Netz;

schwarze halterlose Netzstrümpfe und ein Netzoberteil, das ein Minikleid wäre, wenn es Stoff hätte. Meine Brustwarzen sollten mit einem großen »Netzknoten« bedeckt sein, sie hüpfen aber immer seitlich heraus und suchen frische Luft. Ich bügle gerade ein Kleid, das ich anziehen wollte, aber das erübrigt sich wohl. Da er gerade von einer körperlichen Arbeit kommt und total verschwitzt ist, duscht er erst mal, derweil bügle ich das Kleid doch fertig. Da kommt er von hinten, nimmt mich um die Taille und beginnt mich zu streicheln und zu küssen. Auch meine Muschi begrüßt er mit seinen Fingern – ja, da ist alles schon schön nass. Ich bügle fertig und räume mit einem Griff die Bügelsachen weg. Heute möchte er wieder das Öl verwenden, das war sehr gut das letzte Mal. Ich lege mich aufs Bett, unter meinem Becken der große Polster, auf meinem Bauch ein wenig Öl, das dann schön nach unten zwischen meine Beine hinein massiert wird. Er beginnt mit einer sanften Streicheleinheit, zuerst außen, dann innen, mit einem Finger. Mittlerweile ist mir seine Behandlung schon sehr vertraut; ich weiß, was mich erwartet und freue mich darauf. Bereitwillig halte ich ihm mein Loch entgegen und ebenso bereitwillig bespielt er mich. Möchtest du schön geleckt werden?, fragt er. Ja, bitte leck mich, hauche ich zurück. Er gibt mir kurz seine Zunge, auf die Klit und in die Muschi, ich stöhne und werde noch nasser. Sein Schwanz ist offenbar ganz steif, er rückt mir näher und meint, dass er mich eigentlich gleich ficken möchte – ja, fick mich. Behutsam, aber zielstrebig schiebt er ihn mir in mein nasses Loch und fickt mich schön – ausgiebig, tief und leidenschaftlich, küsst und fickt mich. Heute ist er noch verschmuster als das letzte Mal, und sein Schwanz ist viel länger hart. Ja, so ein Vanilla-Fick ist zwischendurch auch was Schönes. Nach einer Weile unterbricht er, um die richtige Vaginalbehandlung anzufangen, mit viel Öl und viel Kompetenz. Ich tauche in die nächste Geilheitswelle, bekomme alles gut und ausgiebig massiert, gefingert und geleckt. Meinen Anus leckt er auch zwischendurch, aber mehr nicht. Muss auch nicht sein, es reicht, wenn er mich konservativ, aber sorgfältig behandelt. Er fragt, ob ich irgendwelche

Toys haben möchte – nein, möchte ich nicht, seine natürlichen Toys sind ausreichend. Jetzt fickt er mich wieder eine Runde, sein Schwanz ist nicht mehr ganz so steif wie vorhin. Wir küssen uns immer wieder; er sagt, dass er mir gern in den Mund spritzen möchte, das wäre sehr geil. Dann wieder eine Muschisequenz, und dann eine Runde blasen, wobei er wieder schön hart wird. Schließlich widmet er sich wieder meinem vaginalen Lustfleisch und vollendet mich – mittels ausgiebiger Behandlung, zunächst mit einem, dann zwei, dann drei und dann vier Fingern in meinem Loch; mit den anderen Fingern und mit der Zunge macht er meinen Kitzler verrückt. Ich sage, dass er die Klit gerne etwas fester saugen soll – ja, noch fester. Er zögert, aber bemüht sich und merkt, dass mich das nur noch mehr erregt. Jetzt hält er mich schon sehr fest mit seinen vier Fingern und saugt endlich anständig am Kitzler – bis ich sehr intensiv komme. Er lässt aber nicht ab, sondern spielt weiter, und ich bin auch immer noch in einer geilen Spannung. Da könnten wir übergangslos weiter machen, aber ich bin schon etwas geschafft und brauche erst mal eine kurze Pause.

Wir setzen uns zum Tisch, rauchen und reden. Dann starten wir die zweite Runde, gehen ins Schlafzimmer und machen mit meiner Muschibehandlung weiter. Ich bin wieder sehr erregt und feucht – ob man das schon als nymphomanisch bezeichnen kann? Ich erzähle, dass ich es mir in den Sommermonaten bis zu drei Mal täglich mache, ich bin einfach dauergeil von meinen sitzenden Tätigkeiten, wo mein Körper ruht und einfach geil wird. Andauernd. Auch wegen der Sonne, und ab und zu kiffe ich – auch das macht geil. Mein Körper braucht Input, auf alle möglichen Arten; ich betreibe neuerdings auch Kampfsport. Die blauen Flecken, die ich dort vom vielen intensiven Spüren abkriege, kann ich auch als Schmuck tragen. So ein Sport fühlt sich gut an. Aber geil bin ich eben auch immer. Sein mittlerweile wieder sehr steifer Schwanz begehrt mein Loch – er fickt mich wieder ausführlich und es fühlt sich wieder sehr gut an. Er beginnt ein wenig zu stöhnen – aha, jetzt kommt er in die Nähe des Höhepunktes. Ein wenig zögert er noch, bis er abspritzt, wobei er ihn herauszieht und ihn mir spritzend ins Gesicht hält; mein Mund, Gesicht und Oberkörper empfangen eine volle Ladung. Sein lauteres Stöhnen intensiviert diese geile Abrundung unseres Spiels; erschöpft legt er sich neben mich. Das war sehr intensiv, befindet er. Ich hab's auch geil gefunden. Wir reden kurz, und er beginnt mich währenddessen an der Muschi zu streicheln und steckt mir wieder einen Finger rein. Sein Spiel könnte ich stundenlang genießen ... er verstärkt es, hat bald wieder drei, dann vier Finger in mir und experimentiert mit den diversen Lustpunkten. Damit bringt er mich wieder auf die Lustwelle, es fühlt sich sehr intensiv an; ich werde immer nasser, was ihn offenbar entzückt. Mit seiner Zunge bearbeitet er meinen Kitzler, auch mit den Fingern. Dieses Gefühl ist schwer zu beschreiben – es hat einen ganzheitlichen, wohligen Charakter. Durch das intensive Stimulieren bestimmter Zonen innen und außen bewirkt er einen starken Fluss meines Saftes, aber ich bin zu angespannt, um zu kommen. Irgendwann unterbreche ich diesen »Fick«, ich kann nicht mehr. Wie zwei Wissenschaftler besprechen wir die soeben erlebte Lust; ich hatte immer das Gefühl, pinkeln zu müssen – er meint, dass ich an dieser Stelle locker sein soll und es rinnen lassen soll; ich sollte mich nicht zurückhalten, wenn ich einen Harndrang verspüre. Hm, das wäre noch zu üben, und ich bin auch echt nicht sicher, ob ich jemals squirten kann. Ich meine, dass das nur sehr wenige Frauen können, aber gut, wir haben ja noch alle Möglichkeiten, um das bei mir zu zu üben.

Wir reden wieder eine Weile. In dieser Hinsicht ist er weiblich, er hat ein starkes Mitteilungsbedürfnis, nicht nur um sich mitzuteilen, sondern auch um eine Beziehung aufzubauen. Er ist ein netter Kerl, vor allem schätze ich seinen Forschungsdrang, den Drang in mich einzudringen und mir Freude zu bereiten. Mit der Aussicht, dass wir uns nach seinem Urlaub wiedersehen werden, verabschieden wir uns mit einem feinen Kuss.

Am frühen Abend schicke ich *Dagnim* einen Bericht vom dritten Treffen mit *Komma,* er hatte danach gefragt – ob ich den Muschidoktor wieder getroffen habe. Nach *Costar* hat er nicht gefragt. Na gut, dann bekommt er den Bericht vom Doktor. Das quittiert er mit der Anmerkung, dass viel mehr gesquirtet werden sollte.

Am frühen Abend fragt *Costar*, ob der Doktor alles weggeleckt hat oder ob noch was für ihn übrig ist? Es ist noch genug da … Später am Abend schreibe ich, dass ich schon wieder geil bin, mir die Klit massiere und die Liebeskugeln drin hab. Ich mache Fotos davon, auch von einem Dildo, wie er in meinem Schlitz steckt, und schließlich die fertige nasse Muschi nach dem Orgasmus. Die Bilder geilen ihn auf … Die Kommunikation mit *Costar* hat seit einiger Zeit nicht nur erotische Inhalte, wir reden auch über unseren Alltag und schicken uns hie und da Bilder – am See, vom Sommerfest etc. Das war früher nicht so, da hat er keinen bzw. einen anderen Alltag mit mir geteilt; wobei das allerdings ein »Urlaubsalltag« ist – er hat Zeit, träumt entspannt in den Tag hinein, es ist warm, die Phantasien nehmen ihren Lauf. So gehts mir auch. So etwas sollte man unter »Erholungsurlaub« verstehen, eine Auszeit mit viel erotischem Gespür und geiler Körperlichkeit.

4. August

Es ist Sonntag, *Costar* hat seinen Sohn bei sich, wir werden uns vermutlich heute nicht sehen. Aber in den nächsten Tagen hoffentlich, bevor er eine Woche wegfährt. Die Terminkoordination ist sehr kompliziert, er kann kaum weg. Gegen Abend wird unsere Kommunikation zunehmend versauter; er verspricht, mich nicht mehr so fest zu schlagen, nachdem ich geschrieben habe, dass die Reste der Striemen heute im Strandbad noch zu sehen waren. Aber ich habe sie mit Stolz herumgetragen! Er würde das nächste Mal nur mehr meine Muschi spanken, schreibt er. Und dass er es einmal im Wald mit mir machen möchte, wobei ich an einen

Baum gefessel bin. Ich:»Gern! Aber bitte nicht zu fest.«»Wir könnten fangen spielen, ich laufe davon, du holst mich ein und bindest mich an einen Baum fest.« Später frage ich nach, wie ihm meine Bilder gefallen hätten – gut natürlich! Warum ich sie nicht ins *Devotina*-Profil stelle? Gute Frage. Ich begutachte die Bilder noch mal und stelle das eine und andere ins Profil. Innerhalb von wenigen Sekunden habe ich etwa 50 »Hinweise« im Forum (Leute, die meine Bilder anschauen), später sind es ein paar Hundert. *Costar* will wissen, wie es mir damit geht, dass ich so viele Likes bekomme. Ich schreibe, dass es mir gefällt, und wie geht es ihm damit? Ihm gefällt es auch, es erregt ihn. Ich schicke ihm ein paar Beispiele von Zuschriften, die mir geschickt wurden auf Grund der Bilder (nicht nur die neuen Bilder, auch diejenigen, die ich zuletzt hochgeladen hatte); viele davon habe ich schon gelöscht. Da waren einige sehr schöne Komplimente dabei, bin neugierig, wie *Costar* das findet, dass mich die ganze Welt begehrt. Also er findet es »interessant«, was mir da so geschrieben wird; er schaut sich auch die Kommentare zu meinen Bildern an (das hatte er bis jetzt nicht gemacht) und meint, dass die meisten hier notgeil sind. Später schreibt er:»Ich werde dich mit den Händen an einem Ast hochziehen, dich entblößen, hart spanken und dann fingern, bis du kommst. Danach werde ich dich anwixen.« Ich:»Geil! Bitte die Augen verbinden.« Er:»Ja sicher.« Ich:»Und den Mund, damit ich nicht zu laut bin.«

5. August

Ich schreibe *Costar*, dass ich es mir gestern noch gemacht habe, er will Details wissen, ich berichte. Später frage ich, ob er noch ein Zeitloch gefunden hat, bevor er wegfährt? Für mein Loch? Es gefällt ihm, wenn ich vulgär bin, schreibt er. Aha, da könnte ich mich noch in Exzellenz üben … Wir wollen uns noch sehen, bevor er wegfährt, vielleicht am Abend? Aber es schaut nicht gut aus, sein Sohn ist durchgehend bei ihm und am Abend geht er nicht wie vorgesehen zu seiner Mutter. Na ja, kann man nichts machen. Später am Abend würde es doch gehen, weil der Sohn dann doch weg ist, aber da ist es schon zu spät für mich. Schade, ich wäre echt geil auf ihn.

6. August

Am späteren Vormittag schreibt *Costar*, dass sich heute doch ein Treffen bei ihm ausgehen würde, ob ich um 14 Uhr Zeit hätte? Heute habe ich Homeoffice, ja, da kann ich. Wir treffen uns an einem vereinbarten Ort in der Nähe eines schönen Flusses und fahren im Konvoi zunächst ein paar leere Kilometer in der Gegend herum, bis ich mein Auto abstelle und mit ihm weiter fahre, bis wir schließlich zu diesem Fluss kommen. Es ist ein flaches Gewässer, kalt, mit Steinen und Felsen, aber auch sehr romantisch; umringt von Wald ist das Flussbett uneinsichtig, aber möglicherweise kommt jemand vorbei, die Naturfreaks gehen hier gern nackt baden. Obwohl sich Gewitterwolken formieren, suchen wir einen Platz, es gibt noch ausreichend Sonne. Zwischen großen und kleinen Steinen schlagen wir auf, entkleiden uns und testen die Wassertemperatur. Er kündigt an, dass er mich heute im Wasser sehen möchte, ich stelle durch Erprobung fest, dass es wirklich sehr kalt ist. Er muss pinkeln und bittet mich an eine freie Stelle mit Sand; ich knie vor ihm und biete ihm mit beiden Händen meine Titten an, die er als Zielort für seinen Natursekt verwendet. Wie auch sonst lecke ich ihn danach sauber, der letzte Tropfen gehört immer mir. Seine Hand reichend hilft er mir auf und gibt mir einen ergebenen Dankeskuss sowie einen leidenschaftlichen Fingerfick in meine schon sehr nasse Spalte. Dann bewegen wir uns zum Fluss zum Waschen; er treibt mich hinein, sagt, dass ich meine Fut ins Wasser halten soll, was ich zunächst verweigere. Aber er lässt nicht locker und nötigt mich ins Wasser, ich muss mich hinhocken, sodass sich mein ganzes Becken am kalten Wasser erschaudert. Meine Schmerzens- und Widerstandsäußerungen motivieren ihn nur noch, aber er lässt mich nicht allzu lange in dieser Stellung. Wieder aus dem Fluss herausgekommen küsst er mich und fingert mich teilweise heftig. Dann weist er mich an, ein Handtuch zu nehmen, zum Knien. Er lehnt sich gegen einen Felsen, lässt mich vor sich knien und blasen. Ein paar Mal bekomme ich seinen ganzen Schwanz in den Mund und Hals gesteckt, sodass ich keine Luft bekomme. Meine orale Devotheit macht ihn sehr zufrieden; abschließend küsst er mich zärtlich, drückt und hält mich.

Wir legen uns auf unsere Matten, kuscheln und plaudern und genießen die letzten Sonnenstrahlen. Zwischendurch bekommt mein Loch seine Finger zu spüren, mein Arsch seine starke Hand und mein Mund seine Zunge. Das böse Wetter kommt näher, wir überlegen einen Rückzug. Ich muss aber noch Wasser lassen, das habe ich schon drei Mal erwähnt. *Costar* möchte, dass ich mich dafür auf einen Felsen hocke und es rinnen lasse, während er zuschaut und Bilder bzw. Videos macht. Endlich – ich lasse es rinnen und genieße seine funkelnden Augen und seinen alt-und-neugierigen Blick. Danach packen wir zusammen und hauen ab, wobei wir unterwegs aber wieder zum Fluss abbiegen, an einer noch flacheren Stelle. Das Wetter zögert noch, wir verweilen hier für ein paar Augenblicke. Er möchte, dass ich ihn rasiere, am bzw. um den Schwanz und seine Eier. Mit großer Sorgfalt mache ich das, verwende das kalte Wasser als gleitende Unterstützung. Abschließend blase ich ihn noch ein wenig und zur Belohnung werde ich fein geküsst; er sagt, dass er es überaus genießt, wenn ich auf diese Art diene. Das freut mich, ich mache das gern. Vom Boden nimmt er einen Stein; ein grauer, flacher, länglicher Stein, der Länge nach gespalten. Wenn man ihn als Ganzen in die Hand nimmt, fühlt er sich an wie ein Schwanz im Naturzustand (nur eben hart); legt man die zwei Hälften des Steins auseinander, schaut er aus wie eine Vulva. Ein faszinierendes Naturprodukt – ein von der Sonne exakt gespaltener Stein, der uns als Symbol für unser SM Dasein herlegt wurde. Ich nehme ihn mit, diesen Futstein, als Andenken.

Jetzt ist das Wetter schon bedenklich nahe, erste Tropfen kommen vom Himmel. Wieder brechen wir auf, durchqueren den Wald bis zum Auto und machen uns auf den Rückweg. Unterwegs halten wir in einem kleinen Dorf, das man zu einem Wanderertreffpunkt verschönert hat, mit einem kleinen Platz mit Brunnen, daneben eine Holzliege nach Art eines geschwungenen Liegestuhls, Schautafeln und Wegweiser. Hier bleiben wir kurz, um das Wetter willkommen zu heißen, vom Brunnen zu trinken und um meine immer noch nasse Spalte in den Himmel zu zeigen. Er hat mir befohlen, mich auf die Liege zu legen, die Beine zu spreizen (habe kein Höschen an) und dem Universum mein Lustfleisch entgegen zu halten. Davon macht er Fotos; ich stehe wieder auf, er fingert mich kurz unter meinem Rock und wir flüchten ins Auto, das Wetter ist da.

Nach ein paar Kilometern und interessanten Gesprächen (er erzählt, wie es ihm mit seiner Frau, die eigentlich seine Exfrau und Mutter seines Sohnes ist, geht, wie es ihm mit ihrer Familie geht, die aus dem Süden aus einer machistischen patriarchalen Gesellschaft stammt; über seine Spielerfahrungen und deren Beziehungsformen) biegt er kurz vor einer Bahnunterführung in einen schmalen Seitenweg, rundherum Gestrüpp und wuchernde Natur. Gleich daneben, auf einer erhöhten Trasse, liegt ein Zuggeleis. Nach ein paar Metern stellt er das Auto ab und fordert mich auf, auszusteigen. Ich gehe vor das Auto und beuge mich auf die Motorhaube; er streift meinen Minirock über die Hüften und beginnt meine Muschi zu bespielen – er fingert mich zart und hart, kneift zwischendurch meine Titten oder küsst mich auf den Hals oder Mund. Dann steigt er ins Auto und beobachtet mich, wie ich auf der Motorhaube ruhe, den Arsch gen Himmel gestreckt, die Beine weit gespreizt. Es regnet schon ein wenig und es ist düster und schwül. Er startet das Auto, ich blicke ihn an, lege meinen Kopf aber wieder auf die Seite und genieße die frische Luft. Er stellt es wieder ab und steigt aus, holt sich einen dünnen langen Ast von einem Baum und formt ihn zu einer Gerte. Damit bekomme ich den Arsch gepeitscht – wow, die pure Natur fühlt sich brutal an, ich schreie auf mit dem Wort gelb. Aha, jetzt schon gelb?, fragt er provokant. Da bekomme ich gleich noch eine und dann noch eine. In diesem Moment rauscht ein Zug vorbei, *Costar* setzt sein Spanking fort, aber sehr viel milder, um mich dann hart zu fingern. Wieder schreie ich auf, er packt mich an den Haaren und hält meinen Kopf nach hinten, während er mich weiter fingert. Ob die Leute im Zug uns sehen können? Ich rinne aus, löse mich auf und fahre mit dem Zug in eine Lustwelle durch diese Natur. Nach diesem Exzess steigt er ins Auto und weist mich an, mich bei offener Autotür zu ihm zu hocken und zu blasen. Es ist etwas umständlich, aber ich schaffe es, seinen Schwanz in den Mund zu bekommen und blase, wobei er noch ganz weich ist. Dieses Blasen ist schwierig, man hat einen Lappen im Mund, den man gut erwischen muss, damit er sich aufbäumt. Das geht schneller als ich dachte; so wie er steif wird, nimmt er ihn selber in die Hand und wichst sich heftig. Ich soll mit meinem offenen Mund da bleiben. In dieser Spannung verharre ich, nicht ganz bei ihm, aber doch bei ihm, bis er kommt. Einen Teil seines Saftes bekomme ich in den Mund, der andere Teil wird der Natur überlassen. Es spritzt auch vom Himmel, ich bin überall nass, nicht nur in der Muschi und schlüpfe hurtig ins Auto. Er fährt mich zu meinem Wagen und wir verabschieden uns mit der Aussicht, uns nach seinem Urlaub wieder zu treffen und ausführlich zu spielen.

7. August

Costar fliegt mit seinem Sohn in den Urlaub, er schickt ein glückliches Vater-Sohn-Selfie. Sehr schön, ich wünsche ihm einen guten Flug und einen schönen Urlaub. Ich überwinde eine innere Hemmnis, um das jetzt schön zu finden. Denn das tue ich nicht, es ist nicht schön, dass er wegfährt bzw. dass er nicht mit mir wegfährt. Na sowas, ich bin eifersüchtig. Ich würde gern an der Stelle des Sohnes sein und all seine Aufmerksamkeit bekommen.

Immerhin kann ich mich damit trösten, dass ich das bekommen werde, wenn er wieder da ist, wenn wir wieder einen netten Spieleabend machen. Später entschuldigt er sich, dass er gestern so egoistisch war. Das ist ok, schreibe ich, weil er das das nächste Mal ausgleichen kann.

8. August

Die Abwesenheit von *Costar* hat doch auch was Gutes, endlich finde ich Zeit und Konzentration für eine mühevolle Schreibarbeit, die mir alles abverlangt. Ich quäle mich durch unspezifische Gedanken, damit sie spezifisch werden, formuliere die daraus entstandenen Erkenntnisse und bin danach total erschöpft. Als wenn mich jemand ausgesaugt hätte. Bei meiner Arbeit beherrscht mich mein Kopf, er ist ein erbarmungsloser Terrorist, da hat nicht einmal die dringliche Lust eine Chance, die kommt da erst gar nicht zum Vorschein. Schwere Kopfarbeit muss den Körper kurzfristig ausschalten, sonst funktioniert das nicht. Viel tätiges Schaffen – egal ob mit Kopf oder Körper – vermindert die Libido. Diese Binsenweisheit ist in ihrer Banalität nicht zu übertreffen, aber trotzdem vergisst man das und wundert sich dann, wenn man nicht geil wird.

10. August (fünftes Treffen mit *Komma*)

In der Früh erreicht mich ein »Guten Morgen« von *Costar*; wir hatten die letzten Tage nur flüchtigen Austausch, Kurzinformationen aus dem Tagesgeschehen. Ich grüße zurück und erhalte den Notruf:»Bitte komm und fick mich.« Tja, Sehnsucht kann etwas sehr Schönes sein. Gut so, er soll mich heftig aus der Ferne begehren. Er kündigt an, dass er mich am Donnerstag bei sich haben möchte, mit Rufzeichen. Und dass er Lust auf etwas Besonders hat – Club oder wieder eine längere Session bei ihm. Ja, das werden wir wohl alles noch machen …

Um die Mittagszeit kommt *Komma,* wir reden zunächst wieder über Alltägliches. Also er redet, ich höre zu und beobachte, welche Themen er diesmal anbietet, was ihn beschäftigt, erfreut oder ärgert, oder was er schon alles so erlebt hat. Gefragt habe ich ihn nicht, er erzählt einfach. Empathisch schwinge ich zwar mit, habe aber eine innerliche Distanz; ich denke, was geht mich das alles an? Sein glückliches Eheleben mit seiner braven Ehe- und Hausfrau, er ein braver Ehemann und Geldverdiener, beide brave anständige Eltern. Das Bild vom Rosamunde-Pilcher-Film drängt sich wieder auf – eine sehr schöne Kulisse, nur ohne geilen Sex. Falscher Film. Wir zwei haben einen anderen Film, eigentlich eine Serie – eine pornographische Vaginaluntersuchung mit etwas Ficken, Titel: »Notgeiler Naturbursche und reifes Mädel«. Wieder muss ich das Programm umschalten, ich stehe auf und wedle mit meinem Arsch. Und schon fängt sie an, Folge Nummer fünf in dieser Serie. Er versucht mir wieder das Squirten beizubringen, benutzt das Öl und setzt all seine Verwöhnkünste ein, mit Finger und Zunge. Ich bin nicht so geil wie sonst, ich spüre noch den Alkohol von meinem gestrigen Barbesuch sowie die Hitze, die meinen Kreislauf durcheinander bringt. Und auch die viele Kopfarbeit in der letzten Zeit – zum Glück hat er Geduld und Ausdauer, aber meine Lustwelle ist dennoch auf einem eher niedrigem Niveau für meine Verhältnisse.

Der Ablauf hat schon etwas Bekanntes. Beginnt sich hier etwa etwas zu chronifizieren? Wie auch immer, es ist trotzdem angenehm, einfach so da zu liegen und sich verwöhnen zu lassen. Aber es hat auch diesmal nicht funktioniert, das Squirten. Obwohl ich mich bemüht habe, mich wie ein williges Versuchsobjekt zu verhalten; alles locker lassen, nicht anspannen, sondern einfach nur spüren. War auch ganz gut, aber gekommen bin ich nicht. Er wird wohl keine Gefühle des Versagens haben? Ich merke, dass er an seiner Kompetenz zweifelt.

Sein wieder einsetzendes Gerede beendet diese Folge – wir sind wieder im anderen Film. Wieder eine Alltagsgeschichte vom Leben auf dem Land. Und jetzt ist es mit meiner noch mangelhaft vorhandenen Geilheit endgültig vorbei. Ich frage mich, wieso er so viel reden muss. Es ist immer das gleiche. Ich finde das überhaupt nicht erregend, wozu also dieses Gelaber? Jetzt kann ich nicht nur verstehen, sondern auch richtig nachempfinden, warum seine Frau nicht mehr will – weil es fad ist. Immer das gleiche. Sie ist seit 20 Jahren den ganzen Tag Hausfrau, geringfügig erwerbstätig wegen der Pension, dann Kinder und kochen, und am Abend soll sie sich die Strapse anziehen und frivol auf ihn warten? Wie soll das gehen? Da wollen viele Paare unbedingt den Zustand eines ewigen Liebesglücks aufrechterhalten, obwohl es offenkundig ist, dass man nicht mehr geil aufeinander ist, dass die Körper einander keine Lust mehr vermitteln. Aber in fast allen sogenannten Partnerschaften, sei es eine Ehe oder eine Beziehung ohne Trauschein – kränkt und verletzt man einander, schränkt die Freiheit des Anderen ein und kommt dabei selber zu kurz. Es ist für mich unverständlich, warum in unserer Gesellschaft so ein Zustand als erstrebenswertes Ideal aufrechterhalten wird. Zumal die Umsetzung dieses Ideals in die Praxis seltsame Auswüchse hat, weil Frauen und Männer unterschiedliche Strategien verfolgen, welche aber nicht funktionieren, und daher bestraft man einander mit der unverrückbaren Idee einer glücklichen Liebesbeziehung auf Dauer. Man lebt eine Partnerschaft; das ist ein Kompromiss, um der Hoffnung, doch noch auf die eigenen Kosten zu kommen, einen Raum zu verschaffen. Die Geschlechter haben jedoch nicht nur unterschiedliche Ziele, sondern auch unterschiedliche Methoden, um sie zu erreichen: Frauen heucheln Sex, damit sie Liebe bekommen. Männer heucheln Liebe, damit sie Sex bekommen. So ergänzt sich das gut zu einem kunstvollen Radikalmissverständnis, genannt Partnerschaft.

11. August

Ein unschlüssiger Sonntag und dann kommt doch noch schönes Wetter, ich gehe baden. Die Sonne erregt mich, meine Brustwarzen sind ganz steif. Aber das sind sie immer. Bei den anderen Frauen, die im Strandbad sind und oben ohne liegen, ist das nicht so. Nirgendwo sehe ich steife Brustwarzen. Daher bade ich in so einem öffentlichen Strandbad lieber mit Oberteil. Muss ja nicht jeder wissen, dass ich dauergeil bin. Ich schicke *Costar* immer wieder frivole Gedanken – er reagiert unmittelbar, das macht ihn geil. Er würde sich das nächste Mal »etwas intensiver mit meinem Arsch« beschäftigen, schreibt er, und denkt dabei an einen Analhaken …

12. August

Der gute Morgen beginnt mit einen Dirtytalk mit *Costar*. Er: »Guten Morgen! Wir sind noch im Bett.« Ich: »Ich würd dich blasen wenn ich mit dir im Bett wäre …« Er schickt ein Bild mit seinem steifen Schwanz. Das ist der Beginn eines nett versauten Liebesgeflüsters, das sich den ganzen Tag hinzieht. Er mag es, wenn ich schmeichelhaft und versaut über seinen Schwanz phantasiere. Einmal schreibt er: »Es ist schön, wenn die Sub das gerne macht, was der Herr mag.« Wir verabreden, dass wir am Donnerstag outdoor was machen werden, wenn das Wetter es zulässt. Er hat keinen Zugang zu erotischen Seiten, schreibt er, in einem (halb)arabischen Land ist das nicht möglich. Er möchte wissen, was sich im Forum so tut. Nicht viel, ich habe schon länger nicht mehr reingeschaut (also mindestens 5 Tage), und ich erwähne, dass ich den Muschidoktor getroffen habe. Dafür bekomme ich ein Daumenhoch-Emoji. Ja, er soll wissen, dass ich sonst auch noch aktiv bin. Ich war unschlüssig, ob ich ihm immer alles erzählen soll. Sollte man immer alles erzählen? Oder nichts erzählen? Ich wähle ein Dazwischen, ich erzähle ich ihm das, was er wissen soll, so wie es mir gerade in den Kram passt. Das hält die Spannung aufrecht, ist aber vor allem eine Beweiserbringung dafür, dass er nicht mein Herr ist.

13. August

Wieder so ein schwerer Arbeitstag. Ich finde eine flüchtige Auflockerung in der Stadt, ich treffe zufällig den Weinhändler; wir haben ein interessantes Gespräch über Leben und Sex. Er ist ein attraktiver Mann, ich würde mich unter anderen Umständen vielleicht in ihn verlieben. Oder zumindest scharf auf ihn sein. Aber das ist ohnehin das Gleiche. Ja, er wäre irgendwie mein Typ, aber er ist sexuell uninteressant. Eigenartig. Es gibt nichts an ihm, was mich erregen würde. Auch sein schöner Körper nicht. Ich denke, dass er möglicherweise für einen einmaligen Gebrauch zu gewinnen wäre – das Neue, das Unbekannte, das könnte vielleicht spannend sein? Dass ich ihm überraschend einen blase oder so. Aber was dann? Ein zweites Mal? Dieser Gedanke setzt sich nicht fort, er beendet sich aus sich heraus.

Heute kommt *Costar* aus dem Urlaub zurück. Er schreibt, dass er mich am Abend noch treffen will, aber das erscheint unrealistisch. Also verbleiben wir so, dass wir den nächsten Tag nutzen wollen, es ist ein Feiertag und er rechnet damit, dass wir ihn ganz für uns haben und wieder outdoor was machen könnten.

15. August (10. Session mit *Sir Costar*)

Am Vormittag zeichnet sich ab, dass es nichts wird mit unseren outdoor Plänen, sein Sohn belagert ihn noch. Wir telefonieren, er klagt mir sein Leid und fragt mich, was er machen soll. Immer das gleiche – Grenzen setzen, auf sich schauen und konsequent sein in Erziehungsfragen. Aber das macht er ohnehin. Diese Verstrickungen, die sich aus der eigenen Geschichte ergeben, kann man nicht einfach wegradieren. Da ist man oft noch gebunden an längst vergangene familiäre Aufträge, die immer noch aufrecht sind, auch wenn die Liebe schon längst vergangen ist. Unser Gespräch bekommt eine neue Qualität, vielleicht weil ich seine Probleme nicht annehme, sondern bei ihm lasse und nur zuhöre.

Sein Familienmanagement erlaubt es dann doch, dass wir uns am Abend treffen können, um 20.30 Uhr bei ihm. Wir hatten vereinbart, dass ich »normal« komme; ich bin nach außen alltäglich gekleidet (Rock und Jäckchen), darunter halterlose Netzstrümpfe und einen schwarzen wetlook Body, bei den Titten zu öffnen, unten frei (mit violetten Spitzen). Ich läute an, er ruft, dass es offen ist und ich trete ein. Wir begrüßen uns mit einem Kuss und gehen in die Küche. Er kramt herum, richtet Getränke her. Wir sind irgendwie unbeholfen, wir hatten sowas noch nicht. Wie geht man mit dem anderen »ganz normal« um in seinem Alltagsdasein? Das müssen wir noch ein wenig einüben, es geht irgendwie holprig. Dann bittet er mich am Tisch Platz zu nehmen, setzt sich zu mir (um die Ecke) und hat sich ein Glas guten Weißwein eingeschenkt. Für mich keinen? Oh sorry, hatte dich gar nicht gefragt – magst auch einen Wein? *Costar* ist in seinem Kopf offenbar ganz woanders. Ich bekomme auch ein Glas, wir stoßen an. Wir reden ein wenig – wie sind wir hier miteinander? Nach wie vor in einem unverbindlichen Status, wir spielen gelegentlich, aber er ist nicht mein Herr. Und wie werden wir das heute machen?, fragt er. Ich schlage vor, dass wir im Spiel sind, sobald ich das Halsband anlege, und lege es an. Er spreizt ein wenig meine Beine, um zu prüfen, ob ich Nässe dazwischen habe. Ja, da ist schon was los, er grinst zufrieden und setzt sich mir gegenüber, schräg im Stuhl lehnend, die Beine auseinander. Anschauen. Das ist mittlerweile eine lieb gewonnene Gewohnheit geworden, dieses schweigende Schauen, die intensive Wahrnehmung. Nach einer Weile berührt er sich am Schwanz, öffnet seine Hose und befiehlt mir, dass ich mich vor ihm hinknien und seinen Schwanz samt Eiern streicheln soll. Das mache ich mit großer Leiden-schaft; es erregt mich, wenn ich sehe, wie er es genießt. Er deutet an, dass wir heute in den Keller gehen werden, lässt sich aber derweil noch genüsslich weiter verwöhnen, wobei ich ein paar Mal versuche, seinen Schwanz ganz in meinen Mund, bis in den Hals zu bekommen – ja, das freut ihn. Und er hilft auch nach, er drückt mich hart gegen sich und sagt, na komm, nimm ihn ganz rein. Konzentriert dich! Kurz lässt er mich würgen und winden, bis er ihn herauszieht, dann darf ich wieder sanfter weiter machen.

Dann nimmt er mich bei der Hand und führt mich Richtung Keller. Ich soll meine Spielsachen mitnehmen, wir nehmen auch Wasser und Wein mit. Der Keller ist nicht sehr romantisch, erklärt er und ich sehe, dass es ein gewöhnlicher Keller ist, wie in jedem Haus. Aber recht gut aufgeräumt. Wir betreten einen offenen Raum, am Boden ein Teppich, ein Tischfußballtisch und ein Stuhl. Ich muss mich ausziehen und hinstellen, mit etwas gespreizten Beinen. Er holt immer wieder irgendwelche Sachen, kramt in seinem Spielzeugkoffer; dann muss ich knien und warten, bis er all seine Sachen beisammen hat. Nun hat er einen schwarzen Umhang um, probiert die eine oder andere Maske, um dann doch keine zu nehmen. Jetzt stehe ich in der Mitte des Raums mit gespreizten Beinen und bekomme an den Händen Fesseln angelegt. Danach ein versauter Kuss und Streicheleinheiten. Er nimmt meinen linken Arm und verbindet ihn mit einem Seil, das an der Decke, etwa eineinhalb Meter entfernt von mir, an einem Haken befestigt ist. Das gleiche macht er mit dem rechten Arm, sodass meine Arme schräg nach oben aufgespannt sind. Das macht er auch mit den Füßen, aber mit Ketten; zuerst den linken, dann den rechten Fuß. Diese werden mit Haken an den Seitenwänden verbunden. Ich kann mich keinen Millimeter bewegen. Auf der rechten Seite sind die Fesseln und die Fußfixierung zu fest und schmerzhaft, er lockert sie ein wenig. Fest aufgespannt und total ausgeliefert hänge ich im Raum, er vor mir, mich beobachtend. Wie geht's dir?, fragt er. Sehr gut, sage ich und bekomme eine Augenbinde angelegt. Er flüstert mir ins Ohr, dass er heute kein Wehklagen hören möchte, kein gelb oder rot. Ok? Ich nicke. Jetzt höre ich, wie er eine Peitsche oder Gerte nimmt, er beginnt mich damit einzuspielen – mit streichelartigen Schlägen auf den Arsch und um das gesamte Lustfleisch herum. Dann spüre ich einen harten Schlag auf den Arsch, ich schreie auf, dann noch einen und noch einen. Heute ist er wieder sehr zielgerichtet, er möchte mich leiden hören. Zur Belohnung streichelt und küsst er mich, umarmt mich und hält mich ganz fest. Auf einmal fingert er mich ganz heftig, ich schreie auf, schwanke, bekomme weiche Knie und kann mich kaum auf den Beinen halten. Er lässt wieder von mir ab und belohnt mich mit einer herzhaften Umarmung und sanften Küssen, auf Mund, Wange, Hals, überall hin. Ich empfinde in diesem Moment ganz viel Liebe, so viel, dass es oft schon weh tut. Er meint, dass ich jetzt ein wenig abgespritzt hätte – wie bitte? Ja, er hat das genau gemerkt, ich hätte abgespritzt, ein bisschen. Aha, interessant! Mein Empfinden war eher unspezifisch, aber intensiv, ich habe nur gemerkt, dass mein Lustloch macht was es will, jedenfalls ist da unten ein Bach oder sowas, da rinnt es. Das fühlt sich an wie ein totaler Kontrollverlust, einer, den man quasi aus mir herausschlagen muss.

Jetzt bekomme ich den neuen Knebel in den Mund gepresst (schwarz aus Silikon, mit Löchern); er ist sehr groß, ich bekomme ihn kaum rein. Er stellt sich hinter mich und peitscht mich mit einer mehrschwänzigen Gerte zwischen meine Beine. Manchmal trifft er die Mitte der Spalte, was sehr schmerzhaft ist, aber auch sehr erregend. Auch die Oberschenkel und der Arsch werden einbezogen in diese eher freundliche Spankingmaßnahme. Und wieder bekomme ich anschließend die Belohnung durch Streicheln und Küssen, auch mit einer Umarmung, die zu einer Umklammerung wird; er steht schräg neben mir, hält mich um die Mitte und bearbeitet wieder sehr heftig meine Muschi. Wenn ich zu laut werde, bekomme ich harte Schläge auf den Arsch. Er steigert sich, es wird immer intensiver, ich immer lauter. Er verbietet mir die lauten Schreie – sei still! Und quält mich weiter in ein Lustuniversum, das mir bis jetzt unbekannt war. Seine heftigen Interventionen in meine Fut sind erbarmungslos, ich kann nicht mehr stehen und hänge nur mehr. Spreiz gut die Beine, weist er an, und macht weiter, mit hartem intensiven Fingern meiner Vagina. Es ist unglaublich, ich halte diesen Lustschmerz nicht mehr aus, aber er hört nicht auf. Mein ganzer Körper bebt und schreit … Eine kurze Verschnaufpause, er verändert seine Position. Jetzt liegt er unter mir und macht Bilder, streichelt die Beine und kneift mich in die Klit. Das gefällt ihm generell, mich an der Klit und den Schamlippen zu kneifen und kneten, ziehen und daufzuhauen. Mir auch. Nach diesem Zwischenspiel von unten steht er wieder hinter mir, mit dem Rohrstock. Wie viele ich haben möchte – ich soll 10 sagen. Ich kann ja nicht reden, mein Mund ist mit dem Knebel versperrt. Ich schüttle den Kopf und versuche ein »Nein bitte nicht« herauszubringen, aber das geht nicht. Nein, nicht 10! Und schon spüre ich den ersten. Wie sagt man dann?, fragt er. Danke, mein Herr!, gibt er sich selbst die Antwort. Und dann noch einen, innerlich zähle ich mit. Der Rohrstock ist am meisten schmerzhaft, er ist der Favorit unter den Folterinstrumenten. Nach dem dritten Schlag sagt er, dass er von 10 auf 6 reduzieren wird, also drei bekomme ich noch. Der Schmerz so eines Schlages währt nur kurz, er verwandelt sich nach dem Abklingen in eine Sehnsucht, noch einen bekommen zu wollen, um ihn hinter sich zu bringen. Danach nimmt er mir den Knebel heraus, ich bekomme Linderungsküsse und zärtliches Streicheln; er meint, dass ich heute sehr tapfer wäre. Sanft spielt er an meinem Lustfleisch, mit punktuellen Intensivberührungen treibt er mich wieder auf die Höhe des Unaushaltbaren, ich explodiere gleich. Schlag mich!, höre ich mich sagen. Er schlägt mich ein paar Mal mit der Hand kräftig auf die Vulva und befreit mich vom Luststau, den er zuvor angerichtet hat. Ich quietsche und winsle, es ist bezaubernd! Er packt mich an den Haaren, hält meinen Kopf nach hinten und bearbeitet mich weiter, mit voller Härte – die Fut, die Titten, den Arsch. Viele (unterdrückte) Lustschreie später beendet er diese Sequenz, lässt mich ein wenig so stehen, holt Wein und gibt mir zu trinken. Ich bin immer noch aufgespannt und bekomme eine letzte Ganzkörpersteicheleinheit.

Meine Hände sind schon längst blau, die Finger kalt und eingeschlafen. Die Fesseln haben das Blut abgeschnürt. Er löst die Fixierung meiner Hände, sie entspannen sich. Nun setzt er sich auf einen Stuhl vor mich und weist mich an, mich hinzuknien, was nicht leicht geht, weil ich an den Füßen noch jeweils mit der Kette fixiert bin. Er reicht mir seine Hand und hilft mir auf die Knie – seinen Schwanz soll ich jetzt stricheln, lecken und blasen, was ich mit großem Vergnügen tue. Ich genieße die Art, wie er mich dabei anschaut – ernst und lüstern zugleich. Es ist gar nicht so sehr sein Schwanz, der mich erregt, sondern seine absolute Dominanz. Das macht er wirklich sehr gut. Wenn er mich dominiert, ist es so, als wenn ich eine Leib-und-Seele-Streicheleinheit bekommen würde. Da ist jemand, der mir meine unbändige Lust abnimmt und sie unter seine Kontrolle bringt. Was kann es Schöneres geben im Leben? Er nimmt seinen Schwanz aus meinem Mund und wichst sich selber, in meinen offenen Mund gerichtet. Er weist mir an, mich nach hinten zu beugen; mit meinen Armen stütze ich mich hinten ab und öffne das Herz, wie beim Yoga. Er steht über mir, wichst sich ganz intensiv, zielt auf mein Gesicht. Schließlich spritzt er, laut und animalisch, in mein Gesicht, ein paar Tropfen erwische ich mit dem Mund. Er holt ein Tuch, säubert mich, löst mich von den Ketten und hilft mir auf. Tief in meine Augen blickend streichelt mich sein Blick; er sagt Danke und umarmt und herzt mich. Ich sage auch Danke. Dann reicht er mir meinen Wein, wir stoßen an und er meint, dass das das erste Mal ist, dass er den Keller für ein Spiel benutzt. Ach ja? Dann ist das ja eine schöne Premiere – wir stoßen wieder an und freuen uns, dass wir diesen Raum für unsere versauten Gewaltspiele erfolgreich eingeweiht haben. Tief beglückt fahre ich nach Hause. Was ist das für ein seltsames Glück, das mich so radikal erwischt? Warum gefällt es mir, wenn ich geschlagen, benutzt, gefickt werde?

288

16. August

Am Vormittag erreicht mich ein Whatsapp von *Komma* – ob ich Lust hätte, mich am nächsten Tag zu treffen? Habe ich nicht; es steht ein Wochenende bevor und mit *Costar* hatten wir einen Badetag ins Auge gefasst. Mitten am Nachmittag klingelt ein Whatsapp von *Dagnim*. Ach ja, er hatte erwähnt, dass er um diese Zeit vielleicht Urlaub haben würde und im Lande ist. Er fragt um ein Treffen nächste Woche – ich zögere. Habe ich Lust, ihn zu treffen? Ich bin gerade so auf *Costar* fixiert. Und der Muschidoktor will mich auch treffen, der wird am Montagvormittag wieder vorstellig werden. Jetzt brauche ich ein gutes Personalmanagement. Habe ich Interesse an einem Treffen mit *Dagnim*? Das muss ich anders fragen: Will ich von einem großen Schwanz in Fut und Arsch gefickt werden? Ja, ich will. Wir verabreden ein Treffen für kommende Woche, Dienstag oder Mittwoch. Das könnte zwar eng werden, weil ich den Muschidoktor zeitlich anders unterbringen muss, aber im Notfall kann man ja noch absagen.

Gegen Abend telefoniere ich mit *Costar*, das ewige hin und her Schreiben ist ungeeignet für Wochenendplanungen. Er hat für den nächsten Tag eine Einladung bei einem verrückten Freund aus Jugendtagen – ein Surfkumpel, der im Leben reich geworden ist, aber nie eine Frau hatte; jetzt hat er eine. Es ist interessant, wie *Costar* Geschichten erzählt, ich höre gern zu. Sie haben oft etwas mit Grenzüberschreitung zu tun. Später schlägt er vor, per Whatsapp, dass wir am nächsten Tag ein paar Stunden baden gehen könnten, zu einem schönen FKK Strand an einem See, der geographisch etwa zwischen uns liegt. Ja, das wäre schön. Wir peilen den späten Vormittag an, damit wir ein paar Stunden für uns haben, denn am späten Nachmittag will er zu seiner Party.

17. August

Das Wetter schaut in der Früh nicht nach Badewetter aus, aber es wird besser, der FKK Aufenthalt kann stattfinden. Wir treffen uns um 11 Uhr am Strand, er ist schon da, hat einen Liegestuhl und eine Liegematte vorbereitet, er hat einen Platz halb im Schatten, halb in der Sonne gefunden. Ich darf auf dem Liegestuhl liegen, er liegt am Boden auf der Matte. Das nackte Publikum ist gemischt – Familien, Paare, eher ältere Semester. Es gibt nebenan noch einen Strand, da muss man durch einen kurzen Waldweg gehen, damit man dort hin kommt. Wir schauen uns das an, *Costar* bastelt aus den Geschenken der Natur kleine Gerten, um mich am Arsch und zwischen den Schenkeln zu bespielen, während ich gehe. Am kleinen Steg des anderen Strands genießen wir die Sonne, reden über Phantasien und sonstiges, zwischendurch bekomme ich kleine Aufmerksamkeiten für meine Muschi. Hier kann man zwar nackt sein, aber nicht spielen, man muss sich unauffällig verhalten. Der Rückweg zu unserem Strand geht übers Wasser, wir schwimmen zurück und finden unterwegs eine ganz kleine Insel, auf der wir kurz rasten, um unter dem Wasser an uns herumzuspielen. Wir verbringen diesen heißen Sommertag auf unseren Liegeplätzen, gehen dazwischen essen und kühlen uns ab im klaren Wasser dieses Sees. Ob wir am nächsten Tag etwas machen werden, bleibt offen, wir lassen das Wetter bzw. unsere Launen entscheiden.

18. August (11. Session mit *Sir Costar*)

In der Früh schickt *Costar* einen guten Morgen und fragt, ob ich heute wieder FKK mache. Das Wetter ist wechselhaft, ich antworte, dass ich es mir überlege, aber wenn ich baden gehen würde, dann nicht mehr so lange wie gestern, die viele Sonne beschert mir Kopfschmerzen. Wir telefonieren kurz; er würde gern wieder am Vormittag zum See, ich eher am Nachmittag, andere Dinge sind auch zu tun, vielleicht ein Treffen am Abend?

Wir lassen es offen. Später whatsappe ich ihm, dass ich schon wieder geil bin und dass ich ein paar Hiebe hinten drauf brauche, und auch auf die Fut … Sehr gerne, antwortet er. Und dann, dass wir am Abend was machen, bei ihm. Gut, wir peilen 19 Uhr an. Am Nachmittag whatsappe ich ihm, ob ich »normal« oder als Sub kommen soll? Und dass er mir gerne Aufträge geben kann. Er meint, dass ich als Sub kommen soll, »wie gewohnt«. Und später, dass ich nicht aufs Trinken vergessen soll, denn er möchte meine »Pissfotze« sehen. Aha, wieder ein neues Wort: Pissfotze. Das sagt etwas über seine heutigen Pläne aus, es wird wohl Natursekt geben.

Um 19 Uhr betrete ich sein Haus, versperre zweimal die Haustüre und finde im Vorhaus einen kleinen Teppich mit Spiegel am Boden an der Wand, sodass mein Lustfleisch zur Schau gestellt und offen dargebracht werden kann. Mit einem schwarzen Netzbody und schwarzen halterlosen Strümpfen bekleidet bringe ich mich in die kniende Ausgangsposition und warte. Von drin kommt laute Musik heraus – hat er mich gehört? Ich warte. Mit einem Husten mache ich mich geräuschvoll bemerkbar, da kommt er auch schon um die Ecke. Er streichelt mich, krault meine Haare, drückt mich an sich und küsst mich. Schön, dass du da bist, sagt er und hilft mir auf. Gleichzeitig mit dem nächsten Kuss prüft er meinen Feuchtigkeitsgrad, der schon recht hoch ist. Dann nimmt er meine Hand, führt mich zur Terrasse und bittet mich am Tisch Platz zu nehmen. Dieser Platz ist uneinsichtig, man hat hier eine versteckte Terrassenecke. Es gibt wieder Wasser und Wein und eine sehr schöne Abendstimmung. Er sitzt um die Tischecke neben mir und betrachtet mich, ich sitze mit gespreizten Beinen da. Langsam kommen wir ins Gespräch, aber reden reizt heute nicht, es ist mehr das Schweigen, das erregt. Er möchte mich ohne Textilien sehen, auf sein Geheiß ziehe ich mich aus. Mein Durst auf den Wein ist größer als sonst, seiner auch, er hatte am Nachmittag schon ein Bier. Ich teile mit, dass ich schon recht dringend pissen müsste. Bin neugierig, in welcher Form ich das heute zu erledigen habe. Wie wollen wir es denn heute handhaben? Wir bekräftigen unseren bisherigen Rahmen – im Spiel ist er mein Dom, ich seine Sub. Ansonsten bleibe ich ein freier Mensch, erzähle ihm aber alles, er möchte ganz nahe bei meiner Lust sein. Hier fällt mir ein, dass ich vergessen habe, das Halsband anzulegen. Er meint, dass das Konsequenzen haben wird … Darf ich es holen und es mir anlegen, frage ich. Ja, leg es an. Ich hole meine Sachen aus dem Vorraum und lege das Halsband an. Jetzt sind wir schon beim zweiten Glas Wein; hie und da fingert er mich oder küsst mich oder streichelt mich und setzt mir den kleinen Arschplug ein. Wir rauchen eine, er einen trockenen Zigarillo, ich einen kleinen Joint, das scheint ein gemütlicher Abend zu werden.

Er hat eine Schüssel aus Glas auf den Tisch gestellt – eine Schüssel mit breitem Bauch, nach oben hin wieder zulaufend, mit einer etwa fünfzehn Zentimeter großen kreisrunden Öffnung. Er weist mich an, die Schüssel zu nehmen, sie auf den Boden zu stellen und hinein zu pinkeln. Keinen Tropfen daneben!, befiehlt er. Mein Strahl ist kräftig und lang anhaltend, er trifft gut in die Schüssel, es geht kein Tropfen daneben. Sein Beobachten verstärkt er, indem er diese Szene filmt, er will alles einfangen. Mein warmer Saft wird derweil auf den Tisch gestellt, er meint, dass wir das für später aufheben, dann werde ich mich mit meiner Pisse anschütten. Das verheißt einen sehr feuchten Abend … Wieder am Tisch sitzend träumen wir von diesem und jenem, etwa dass wir MitspielerInnen teilnehmen lassen wollen. Im Forum und auch sonst in der Welt werden wir die Augen offen halten, um uns devote Unterstützung von außen zu holen. Er beginnt meine Titten zu bearbeiten, zieht und zwickt an den Brustwarzen, nimmt ein silbernes Klebeband und weist mich an, meine rechte Titte von mir weg zu ziehen. Mit dem Klebeband verbindet er diese Titte, sozusagen am Bergfuß, sodass sie prall herausragt. Gegenübersitzend betrachtet er sein Werk und meint, dass es ihm nicht gefällt – nein, das schaut nicht schön aus. Er löst das Klebeband, was mit einigen Schmerzen verbunden ist. Nun nimmt er ein kurzes Seil und macht das wieder – jetzt ist er zufrieden, es gefällt ihm. Mit dem Klebeband fixiert er meine Hände an den Armlehnen und meine Füße an den Stuhlbeinen, sodass ich so wie vorher da sitze, nur fixiert, bewegungsunfähig. Er beginnt sein Spiel, überall an meinem Körper, ich werde lauter, er heftiger ... Immer, wenn er mir einen Schmerz zufügt, küsst oder streichelt er ihn gleich wieder weg und fingert mich meistens. Nun bekomme ich die Submaske aufgesetzt, wo nur der Mund frei ist. Ich kann nichts sehen. Keine Ahnung, wie lange ich so da sitze, es fühlt sich wie eine Ewigkeit an. Sein Betrachtungsbedürfnis ist heute sehr ausgeprägt – er genießt es offenbar, mich langsam und stetig auf das Objekthafte zu konzentrieren. Er holt wieder irgendwas und macht sich an meinen Titten zu schaffen – zunächst mit feinen Küssen und Zungenspielen. Dann spüre ich einen heftigen Schmerz, er gibt mir eine große Klemme auf meine rechte Warze. Ich schreie auf und wimmere, dann spüre ich das gleiche links, auch diese Warze wird eingeklemmt. Ich hole schwer Luft, es ist kaum auszuhalten. Er lässt mich eine Weile so darben, berührt dort und da die Klemmen, damit sich der Schmerz nicht legt. Dann weist er an, meine Zunge weit heraus zu strecken; er bringt auch hier eine Klemme an, was verdammt weh tut. Meine Zunge ist mit einer großen Klemme eingeklemmt, ich bekomme sie nicht mehr in den Mund zurück. Ich äußere unmissverständlich meine Schmerzen, die er dann noch mit heftigem Fingern und Klitbehandlung verstärkt. Es ist seltsam, dass ich trotzdem erregt bin, meine Muschi ist total nass. Auch mit der Peitsche leistet er Beiträge, ich bekomme Hiebe auf die Schenkel und auf meine Fotze, die sich schon als Pissfotze bewiesen hat heute. Er hat noch nicht genug, er sperrt mich noch mehr ein in dieses Lustgefängnis; mit einem Seil bindet er meinen Kopf nach hinten, ganz fest, Auslieferung total. Und wieder bespielt er mich heftig, diesmal kniet er vor mir (wahrscheinlich), hebt mein Becken an, legt einen Arm darunter, mit dem anderen bearbeitet er mein Lustfleisch und setzt die Zunge ein. Er leckt mich grob und heftig, saugt an der Klit und fingert mich mit aufsteigender Zahl der Finger in meinem Loch. Ich kann meine

Schreie nicht gut zurückhalten, er hat mir befohlen, nicht laut zu sein. Es fühlt sich heftig an – sowohl der Schmerz, als auch die Erregung, das ist sonderbar. So etwas kannte ich bis vor kurzem noch nicht, mein Hirn auch nicht, da gibt es gerade neue Schaltungen, aber man weiß noch nicht, wo man diese Erfahrung abspeichern soll. Dieser Erregungsschmerz ist erbarmungslos, und ich denke, dass ich die Geilheit daraus mehr genießen könnte, aber im Moment bin ich zu irritiert. Möglicherweise ist das ein Grund für meine Anspannung, vielleicht sollte ich mehr Entspannung üben, dann wäre die Lust auch leichter zu genießen. Er erwischt einen Punkt, wo ich das Gefühl habe, dass ich unabsichtlich ausrinne, so als wenn ich pinkeln müsste. Ich spüre einen Impuls zum Pinkeln, drehe aber kurz davor ab sozusagen. So bleibt dieser Exzess orgasmuslos, aber egal, das andere, das ich empfunden habe, war mindestens genau so geil.

Ich versuche anzudeuten, dass er mich am Kopf los machen soll, mein Genick schmerzt zu stark. Zum Glück versteht er mich und bindet mich los. Sorry, das war zu fest, stellt er fest. Hoffentlich nimmt er mir auch bald die Klemme von der Zunge, aber da lässt er sich noch Zeit und beobachtet weiter meine widerständigen Windungen. Schließlich nimmt er sie weg, ich kann meine Zunge wieder in den Mund nehmen und Speichel sammeln. Wie es mir jetzt geht, will er wissen. Ich sage, dass es mir gut geht, jetzt wo er mein Genick und meine Zunge wieder frei gemacht hat; und dass das jetzt sehr heftig war. Ja, das war es, absolut, bestätigt er. Ein wenig lässt er mich noch verbleiben in dieser Fesselung, dann beginnt er die Verklebung am linken Bein zu lösen – oh mein Gott, das tut aber auch weh! Dann am rechten und bei den Händen – jedes Aufheulen beglückt ihn. So, jetzt ist mein Körper wieder frei, ich kann wieder ruhiger atmen. Sein Körper will pinkeln – ich folge ihm über die großzügige Holzterrasse zum Rand, wo unterhalb als Abgrenzung zur Wiese größere Steine sind. Mit einem Fingerzeig weist er meine Position an, ich knie neben ihm am Rand der Terrasse, halte seinen Schwanz Richtung Steine, sein

Strahl trifft sie auch. Am Ende lecke ich den letzten Tropfen weg, ganz genüsslich, damit er sich nicht wieder beschwert. Sein schöner Dankeskuss beweist, dass es gut war. Wie gehen jetzt nicht wieder zum Tisch zurück, er will mich auf der Liege sehen, in der Hundestellung. Die Liege befindet sich etwa in der Mitte der Terrasse; wenn von draußen jemand hereinschauen würde, würde er mich sehen, auch vom Nachbarhaus aus könnte man mich sehen. Er macht ein paar Bilder, gibt mir mit der Hand einige Schläge auf den Arsch und stellt dann sein Weinglas auf meinem unteren Rücken ab. Ich bewege mich keinen Millimeter, sonst fällt es herunter. Er macht wieder Bilder und nimmt sich einen Schluck, stellt das Glas dann auf den Boden und züchtigt mich mit der Gerte – einmal sage ich gelb. Seine Schläge sind konsequent wie immer, aber heute scheint er noch mehr Spaß daran zu haben.

Wieder beim Tisch sitzend und weiter Wein trinkend reicht er mir seine Füße, die ich zum Massieren und Streicheln in Angriff nehme. Wir reden über Verschiedenes, wie zwei alte Freunde, die sich einen schönen Abend machen. Zwischendurch muss ich seinen Schwanz in den Mund nehmen oder streicheln. Der Wein rinnt heute gut, der Abend dämmert, es wird etwas kühler. Ich muss wieder pinkeln, er auch. Zuerst assistiere ich ihm wie vorhin beim Bewässern der Steine. Dann gehen wir auf die Wiese, ich spreize die Beine und lass es rinnen, werde dabei gefilmt. So, jetzt wird er mich waschen, mit dem Gartenschlauch. Ich hasse kaltes Wasser. Breitbeinig muss ich mich hinstellen, sodass er mir mit einem kräftigen Strahl aus dem Gartenschlauch meine Muschi bespritzen kann. Ich jaule und quietsche und er filmt mich dabei. Aber kaltes Wasser ist doch nicht so schlimm, meint er und gibt mir ein Handtuch. Wir gehen wieder zurück zum Tisch, ich bekomme ein T-Shirt drübergezogen und wir setzen seine Fußmassage fort. Einige Sätze, ein Glas Wein und einen Minijoit später gibt es wieder Action; ich soll jetzt in die Wiese gehen und mich dort in Hundestellung positionieren, ohne T-Shirt. Zunächst werden Bilder gemacht, wobei er anweist, ein starkes Hohlkreuz zu machen. Genau so soll ich verbleiben; ich bekomme es von allen Seiten, er fingert und massiert mich, schlägt den Arsch, lässt mich blasen. Seine Blase ist wieder voll – ich soll ihm den Arsch entgegenstrecken, noch mehr. Er steht hinter mir, bespielt meine Spalte und richtet den immer noch im Arsch steckenden Plug zurecht. Dann spüre ich wohlige Wärme, sie umschließt meine untere Körperhälfte – er pisst mir auf den Arsch, es rinnt an den Beinen und über den Rücken ins Gras. Diese Art von gestreichelt werden ist gut, sie hat Körpertemperatur, fühlt sich sehr fein an. Dann werde ich auch noch schön ausführlich gefingert, teils sanft, teils hart. Aber das, was jetzt kommt, fühlt sich nicht fein an – ich muss mich wieder zum abspritzen hinstellen, bekomme das kalte Wasser über den ganzen Körper, verdammt noch mal.

Er hat sich auf die Liege gelegt, auf den Rücken und möchte, dass ich die Getränke hole. Wenn wir im Spiel sind, muss ich in jeder Hinsicht dienen. Dann befiehlt er, ihn zu streicheln. Ich streichle ihn, an den Armen, am Oberkörper, am Bauch. Wir reden und trinken Wein, während ich ihn intensiv streichle. Dann muss ich blasen; ich knie neben der Liege und gebe mein Bestes, lasse mir seinen Schwanz tief reinschieben. Mittlerweile habe ich das mit meiner Atmung besser drauf, ich kann länger die Luft anhalten und ich habe auch eine Atemtechnik entwickelt, die es erlaubt, langfristig rhythmisch und tief zu blasen. Fick mich!, befiehlt er harsch. Ich muss mich auf ihn setzen und reiten – fick mich anständig! Sein halbsteifer Schwanz macht es nicht leicht, aber er presst ihn in mich hinein und befiehlt, meine Fut an ihm zu reiben. Ich mache das ganz heftig, hie und da schlägt er meinen Arsch oder meine Titten. Ich ficke ihn, bis ich nicht mehr kann, aber er treibt mich, mit seinen Befehlen und Schlägen und spritzt schließlich tief in mein Loch. Ich darf mich von ihm erheben und daneben auf den Boden setzen. Wir stoßen an, lassen den Wein weiter in uns hineinfließen und genießen die schöne Abendstimmung; der von den Bergen kommende Wind streichelt die Bäume, als wenn er uns damit grüßen wollte.

Es ist schon recht spät, ich denke, ich sollte jetzt nur mehr Wasser trinken, muss ja noch Auto fahren. Aber jetzt ist wieder einmal pinkeln angesagt; er weist mich an, mich in die Wiese zu legen, auf den Rücken. Die Beine etwas gespreizt, liege ich nackt auf Mutter Erde, er steht vor meinen Beinen und pisst mich an – vor allem die Muschi, aber auch den Bauch bis herauf zu den Titten. Das fühlt sich wieder wohlig warm an, es ist zauberhaft. Einige Minuten darf ich noch so da liegen – er macht Bilder – bevor er mich mit dem arschkalten Strahl aus dem Gartenschlauch abduscht. Schnell abtrocknen und zurück ins T-Shirt. Er befiehlt in den Doggy zu gehen, packt mich an den Haaren und zieht mich über die ganze Terrasse, wie ein Hund laufe ich neben ihm her. Als wir beim Tisch ankommen, sagt er, dass ich aufstehen darf und mich hinsetzen soll. Hochzufrieden blickt er mich an, fixiert mich mit seinen Augen und sagt, dass er mich ab jetzt Tina nennen wird. Aha? Ja, ich wäre jetzt die Tina, im Spiel. Er ist der Herr. Interessante Vorstellung. Den Namen hätte ich mir ja selber gegeben, meint er. Ja eh – von Devotina – jetzt seine devote Tina. Damit kann ich mich anfreunden, ich bin sowieso gut darin, in andere Rollen zu schlüpfen. Nur ist das keine andere Rolle, sondern das bin ja ich, mein devoter, versauter und masochistischer Anteil. Der bekommt jetzt einen Namen, das soll mir recht sein. Die Tina möge immer schwarze Nägel haben, wenn sie kommt, oder dunkelrote, oder auch rosa. Rosa ist überhaupt eine interessante SM Farbe, kombiniert zu schwarz, das passt gut in meine viel zu spät im Leben gelebte Rosa-Phase (rosa Deko, Kleidung und Kitsch). Sie soll möglichst versaut-nuttig gekleidet sein, mit schwarzem Outfit und rosa Elementen, mit entsprechenden Schuhen mit Plateau. Duften soll sie auch; er hat eine sehr empfindliche Nase, als Nichtraucher vermeidet er wenn möglich Tabakgeruch. Wir malen uns ein gemeinsames Bild über die Tina, die ich bin, die in Zukunft vielleicht sehr viel Freude haben wird, wenn unsere Rollen so klar abgesteckt sind.

Er prüft, ob ich noch nass bin – bin ich schon noch, aber nicht mehr so stark. Ich bitte darum, den Arschplug heraus zu bekommen, er befreit mich. Jetzt sitze ich ihm gegenüber in dieser lauen Nacht, wieder in einem T-Shirt, meine Beine angewinkelt und gespreizt; ich rauche, trinke doch noch Wein und wir reden. Er hat noch nie so hart gespielt, meint er, und dass er es sehr sehr schön findet mit mir. Er wusste am Nachmittag noch nicht, was er am Abend mit mir tun würde – außer das mit dem Klebeband; ein Freund hat ein Klebeband für irgendwas benutzt, das hätte ihn angeregt. Er ist auch überrascht, sagt er, dass ich so bereitwillig bei den Natursektspielen mitmache. Ja, das macht mir Spaß, hätte ich selber nicht vermutet. Aber jetzt haben wir nichts mit deiner Pisse gemacht, merkt er an. Sie ist noch in der Schüssel am Tisch. Eine Dusche davon wird er mir ersparen, ich soll sie in die Wiese schütten. Wie einen Schatz trage ich diese Schüssel ins Freie, er macht Bilder, ich schütte den Inhalt aus. Auf dem Weg zurück zur Terrasse weist er mir den Doggy an, streichelt mich am Kopf und packt mich wieder an den Haaren. Er schleift mich zur Terrasse und dort Richtung Tisch. Er verweilt an einer nassen Stelle am Boden, ein Fleck Urin. Auflecken, sagt er. Ich soll die Pisse vom Boden lecken. Langsam nähere ich mich mit meiner Zunge dem Boden, berühre ihn auch, aber ich muss nicht lecken, er nimmt meinen Kopf etwas höher. Braves Mädchen, meine Tina! Dann schleift er mich weiter, bin zum Tisch – leg dich auf den Boden, befiehlt er. Ich lege mich auf den Boden, auf meine linke Seite, leicht in die embryonale Stellung eingekuschelt. Er setzt sich auf den Stuhl und betrachtet mich. Dann legt er seine Beine auf mir ab, eines in meine Taille, eines zu meinem Gesicht. Er spielt mit seinen Zehen an mir herum, schiebt sie dann in meinen Mund, sodass ich fast den ganzen Fuß drin habe. Mit meiner Zunge spiele ich daran herum, lecke und sauge. Er nimmt ihn wieder heraus und lässt mich noch eine Weile so liegen, Bilder hat er natürlich auch gemacht. Der ganze Abend schließt mich ein, ich verweile beglückt in diesem einzigartigen Devotheitsmoment. Da liege ich, als Tina, ich bin getragen und aufgelöst in einem fremden

Universum, sowas von schön! Wie geht es dir?, fragt er. Sehr gut, sage ich, da merke ich, wie die Tina aus mir heraus redet – sie fühlt sich sehr wohl. Er: Magst du heute bei mir schlafen? Das hat er noch nie gefragt; im Gegenteil, er betont immer, dass er nicht gern zu zweit schläft, da ist er lieber alleine. Ich bin nicht aufs Übernachten eingerichtet, habe auch keine Lust dazu und sage, dass ich dann lieber heimfahren werde. Aber für den Moment kuschel ich noch ein bisschen am Boden mit seiner Dominanz, die mir heute sehr viel Freude bereitet hat. Das bin jetzt nicht mehr ich, das ist die Tina, die da liegt. So zufrieden und beglückt, wie ein gefüttertes Baby. Irgendwann soll ich aufstehen und mich zum Tisch setzen. Wie in Trance mache ich das, nehme dieses Glücksgefühl mit und behalte es bei mir. Er schaut mich an, als wenn er total verliebt in mich wäre. Jetzt sieht er die Tina, spricht sie auch an – so hart hat er noch nie gespielt, wiederholt er. Das war heute wirklich extrem, unglaublich geil. Ich danke dir!

Beim Heimfahren habe ich immer noch ein tiefes Geborgenheits- und Geliebtwerdengefühl. Was immer das jetzt war, es eröffnet eine neue Welt, ein neues Empfinden. Und wieder einmal bin ich erschrocken, dass ich so arg devot bin. Wo zum Teufel habe ich das in meiner Biographie programmiert bekommen? Keine Ahnung, ist jetzt ohnehin nicht relevant. Jetzt wird in die Zukunft geschaut, auf das, was *Costar* mit Tina noch so anstellen wird.

19. August

Der erste Tag in der Woche ist immer zäh, aber diesmal besonders; die Erinnerung an die gestrige Dominanz- und Pissorgie lässt mich kaum einen klaren Gedanken fassen. Wie erwartet meldet sich *Komma* am frühen Vormittag, er will wissen, wann wir uns diese Woche treffen werden. Ich kann ihm noch keine Antwort geben; *Dagnim* hatte sich ja auch angekündigt, aber noch keinen konkreten Zeitpunkt genannt. Ich halte den Muschidoktor hin, auch deswegen, weil ich mir nicht sicher bin, ob ich ihn treffen möchte. Ich bin noch ganz beseelt von der Session mit *Costar*, ich spüre noch seine letzten Einschreibungen in meinen Körper und kann mir gerade schwer vorstellen, Vanilla-Sex zu haben. In der Früh whatsappt er, wie es mir geht – bei mir ist alles gut! Er meint, dass es gestern extrem geil war. Er schickt mir eine Auswahl von Bildern, die schönsten. Es sind unglaubliche Bilder, ich wirke wie eine sehr junge Frau, mein Körper hat mädchenhafte Züge. Ich erkenne mich nicht, und weiß dennoch, dass ich das bin. Beziehungsweise die Tina. So habe ich mich noch nie gesehen. Am Abend stelle ich das eine und andere Bild zu einem Album im Forum – ich erhalte hunderte Likes.

20. August

Am Vormittag meldet sich der Muschidoktor – ob ich morgen Zeit hätte? Ich sage zu, wir vereinbaren ein Treffen um die Mittagszeit. Am frühen Nachmittag meldet sich *Dagnim*, ob ich heute noch Zeit hätte? Ach ja, ich hatte ihm geschrieben, dass ich mir diese Tage frei halten wollte. Ich habe viel zu tun, es wird knapp; ich antworte, dass wir uns am frühen Abend treffen könnten, oder sonst morgen. Darauf steigt er ein, ja, morgen passt, am Vormittag.

Costar meldet sich und fragt, ob die Tina geil ist und ob sie zum Fluss baden gehen möchte? Oder doch lieber zum FKK Strand? Ja gerne. Ich habe zwar etwas Hektik, aber es geht sich noch aus – ein nettes afterwork Nacktbaden. Es ist doch noch recht heiß geworden, die Abkühlung im See tut gut. Wie ein normales Paar bewegen wir uns dort; spielerisch wird es erst beim Spazieren gehen, auf dem Weg durch den Wald zum anderen Badestrand. Immer, wenn wir in den Wald eintreten, bespielt meinen Arsch oder die Innenseiten meiner Schenkel beim Gehen. Ab und zu trifft er hart, da quietsche ich entsprechend. Und ab und zu fingert er mich schön, meistens leider viel zu kurz. Am Steg des anderen Badestrands führen wir unsere Gespräche fort, über unsere gemeinsamen und nicht gemeinsamen Wünsche und was wir alles machen wollen – er will die Tina vorführen, irgendwo, wo uns niemand kennt, oder dritte devote Personen einbeziehen zum Mitspielen; eine junge Zofe, die uns beiden dient oder einen devoten Lecksklaven, der ein paar hinten drauf bekommt, wenn er mich nicht anständig leckt. Hier kommen lang ersehnte Wunschbilder zum Vorschein – er hätte gerne eine kleine Blonde, oder auch eine kleine Asiatin, die ihm total hörig ist und alles macht, was er anschafft. Ich hätte gern einen großen Blonden. Ich versuche Wünsche und Realität möglichst auseinander zu halten und sage, dass ich nicht möchte, dass unsere jeweiligen Idealvorstellungen uns im Weg stehen und möglicherweise verhindern könnten, dass wir das schätzen, was wir haben. Denn das, was wir haben, ist gut, und dieses Gute soll nicht an Maßstäben gemessen werden, die aus der Phantasie kommen. Ein bisschen Realität zwischendurch mischt diese Träumereien in der Sonne auf, das bringt uns zu den Bedingungen unserer Möglichkeiten zurück. Er sagt ganz klar, dass er das Exklusivrecht als Herr über die Tina haben möchte, wobei ich machen kann, was ich will, ich bin frei im Ausleben meiner Sexualität, er will es nur wissen. Aber er hätte gerne diese besondere Exklusivität mit Tina für sich – sie soll nur ihm gehören. Ja, so kann ich es mir auch vorstellen, dass wir in unserem eigenen Rahmen spielen und dass ich trotzdem meine Selbstbestimmung behalte, eine Art Teilautonomie. Die Sonne hält uns dauergeil, allein am kleinen Badesteg sitzend fingert er mich schön, das Schilf bietet teilweise Sichtschutz, teilweise werden wir aus der Entfernung wohl beobachtet. Nach diesem Zwischenspiel gehen wir zurück zu unserem Badestrand und genießen noch die wenigen verbleibenden Minuten im Nacktparadies.

Am Abend whatsappt er: »Liebe Tina, habe vergessen, mich ordentlich zu verabschieden. Sorry! Ich hätte gerne, auch wenn ich Tina öffentlich treffe, ein Begrüßungs- und Verabschiedungsritual. Ganz was kleines, unauffälliges, nur zwischen Tina und mir.« Meine Antwort:»Ja, das hätte ich auch gern. Anfang und Ende braucht was Rituelles.« Er hätte auch gern, dass ich ein Bild von meinem Nacktsein in der Sonne ins Forum stelle, eines, wo man meine Muschi sieht. Schöne Momente kann man nicht festhalten, aber dokumentieren. Von mir aus – alle Welt soll sehen, dass ich es mir gut gehen lasse in der Welt der Erotik.

Dagnim meldet sich, er fragt, ob er ein Tittenfoto haben könnte; ich lehne ab, mit dem Hinweis, dass er meine neuen Bilder im Forum bewundern kann. Er soll nicht auf die Idee kommen, mir Befehle zu geben. Wir verabreden uns für den nächsten Tag, die genaue Uhrzeit bleibt offen.

21. August (dritte Session mit *Dagnim*)

In der Früh fragt *Dagnim*, wann wir uns treffen. Am Vormittag, also bald einmal. An *Komma* schreibe ich, dass mir etwas dazwischengekommen ist, daher muss ich leider absagen; wir haben für Mittag unser Treffen vereinbart. Er ist enttäuscht, verständlich. Ich vertröste ihn auf ein nächstes Mal. Inzwischen schreibt *Dagnim*, dass ich mir was Hübsches anziehen soll und dass ich ihn mit einem Arschplug erwarten soll. Und dass ich das Halsband um haben soll. Ich antworte: Kein Halsband! Er: Ok. Ich mache mich zurecht, einschließlich Haare föhnen und werfe mich in schwarze Strümpfe, Strapse, schwarzen BH, der nur die Unterseite der Brust hält, um den oberen Teil samt Warze herausragen zu lassen. Dieser BH ist mit einem modischen»Halsband« aus Spitze verbunden; darüber ein langes blaues Sommerkleid, vorne zum Knöpfen. *Dagnim* kommt pünktlich – wie geht's?, fragt er, als er zur Tür rein kommt. Wir schauen uns kurz an, dann steckt er mir seine Zunge in den Hals und küsst mich abartig versaut. Er packt mich am Hinterkopf und zieht mich nach hinten, küsst mich weiter und prüft auch meinen Feuchtigkeitsgrad – ah, sehr schön, seine Finger in meiner Muschi. Jede Menge Flüssigkeit fingert er aus mir heraus, das nenne ich eine Begrüßung. Ja, es geht mir gut, sage ich, als er von mir ablässt. Er lobt mein hübsches Outfit, ich bitte ihn zum Tisch, will ihm gegenüber Platz nehmen, aber er bedeutet mir, dass ich mich auf seinen Oberschenkel setzen soll. Da würden auch zwei Frauen drauf passen, so groß ist er. Wie halten wir es jetzt miteinander, fragt er. Ich erkläre meinen aktuellen Status mit *Costar* – dass wir spielen und dass wir eine Vereinbarung haben, dass er eine Art Teilzeit-Dom ist. Und dass ich aber trotzdem vögle, mit wem ich will, nur dass ich ihn davon in Kenntnis setze. Deswegen auch kein Halsband. Für unser Spiel jetzt bedeutet das, dass es keine starke Dominanz geben soll, durch Peitschen oder intensive Fesselspiele oder sowas. Aber Ficken geht, überall hin, und eben ein bisschen spielen. Gut, er kennt sich aus.

Als wir ins Schlafzimmer gehen, fragt er, wo meine Spielsachen sind. Ich weise darauf hin, dass seine Finger, sein Schwanz und die Zunge gute natürliche Spielsachen wären. Ich habe nicht viel herausgelegt – die Augenbinde und einen Vib. Ein Plug ist schon im Arsch. Er packt mich wieder an den Haaren und küsst mich hart, ich bin ziemlich nass. Und werde noch nasser, als er beginnt mich zu fingern. Er schiebt mich Richtung Bett, auf das Bett und steckt mir kurz seinen prallharten Schwanz in den Mund. Er schiebt mich weiter aufs Bett, ich habe die Beine weit gespreizt. Jetzt kommt er nahe an mich heran – aha, er will gleich ficken, klassisch in die Fut. Und schon spüre ich ihn, diesen großen harten Schwanz, er fickt mich heftig. Aha, du hast ein bisschen Stau, oder?, frage ich. Na dann – könntest ja bald spritzen wenn du magst. Er kann sich kaum zurückhalten, offenbar, nimmt ihn wieder heraus und macht mit dem Fingern weiter. Kurz spüre ich auch seine Zunge – hm da könnte ich jetzt mehr davon haben. Der Muschidoktor hätte mich schon 10 Minuten lang geleckt. Nicht aber *Dagnim* – der will abspritzen. Jetzt kommt er mit seinem Becken zu meinem Kopf und steckt mir den immer noch sehr harten Schwanz in den Mund, ich bekomme vielleicht zwei Drittel davon hinein. Er will hart geblasen werden, das kostet mich alle Mühe. Währenddessen fingert er mich und spielt am Arschplug. Das geht nicht sehr lange, er fickt mich wieder, heftig und notgeil sozusagen, und kommt auch bald. Tja, was raus muss, muss raus. Das ist mir ganz recht so, denn heute bin ich nicht so ausdauernd erregt wie sonst. Es ist zwar geil, aber meine Muschi ruht anscheinend. Das ist selten. Wir gehen uns jeweils getrennt voneinander duschen, ich habe sehr viel Sperma in mir, um dann weiter zu machen.

Mit heftigen Fingerstößen bringt er mich wieder ins Fließen, spielt an und in der Muschi und gibt mir jetzt auch ausführlicher seine Zunge – sehr schön. Er reicht mir die Augenbinde, ich soll sie aufsetzen. Auf dem Rücken liegend bekomme ich Fesseln an den Händen und Füßen angelegt; er verbindet den linken Fuß mit der linken Hand, den rechten Fuß mit der rechten Hand, sodass meine Beine weit aufgespreizt bleiben. Ich bekomme mein Lustfleisch bespielt, er ist dabei sehr heftig, ich bekomme auch den einen oder anderen Hieb auf den Arsch und auf die Muschi, das turnt mich aber nicht sehr an. Was ist mit meiner nie versiegenden Feuchtigkeit? Er muss mich motivieren, damit ich nass werde, am Besten geht das durch ausführliches und geduldiges Lecken. Aber er ist mehr an meinem Arsch interessiert – er spielt damit und prüft meine Eingangspforte. Das finde ich nicht besonders erregend, er sollte mich lieber weiter lecken. Ob das heute noch gehen wird mit Arschficken? Eher nicht, heute spielen sie nicht so mit, wie sie sollten, meine genitalen Gefährten. Sein Schwanz ist längst wieder steif, er fickt mich ein wenig, will auch in den Arsch hinein. Es geht nicht, er lässt es vorerst bleiben. Aber die Muschi ist auch nicht sehr feucht, auch das geht nicht ganz so gut. Er macht mit den Fingern weiter, mir tut schon alles weh und die Muschi will nicht recht nass werden. Ich bekomme wieder seinen Schwanz in den Mund – ein bisschen aufblasen. Dann versucht er es wieder von hinten hinein, diesmal geht es, aber nicht leicht, er fickt mich eher sanft und nur halb in den Arsch. Nicht sehr lange, er wechselt wieder zum Fingerfick in die Muschi und steckt mir seinen Schwanz in den Mund. Er wird dabei immer härter, mit den Fingern und mit dem Schwanz. Das bringt mich wieder ein wenig in Schwung. Nun positioniert er sich vor mir und gibt mir hart seine Finger, wobei er mich innen zunächst mit halb stoßenden, halb kreisenden Bewegungen massiert, dann wird er sehr heftig, schüttelt mich geradezu. Ich gebe einen langen tiefen Stöhner von mir, es fühlt sich an, als wenn ich pissen müsste – ich lasse es, es fließt. Mein Schrei hört sich an wie von einem fremden Wesen, tief und unbekannt. Hey, du sqirtest, wundert er sich. Dann gibt er mir noch mal diese Fingertechnik und wieder rinnt etwas aus mir heraus, wo ich nicht weiß, wo es herkommt. Er verteilt diese viele Flüssigkeit auf meinen Schenkeln und über mein Lustfleisch, um mir noch ein Mal diesen Quell zu entlocken. Oh mein Gott, ich kann squirten – ich werd verrückt! Das fühlt sich unglaublich geil an, ich kann es kaum beschreiben. Ein noch nie da gewesenes Gefühl von Lustspannung und Entspannung, ein unglaubliches Ereignis. Es ist anders als das, was ich bisher unter Orgasmus verstanden habe. Meine Orgasmen werden normalerweise klitoral ausgelöst; in diesem Fall ist die Klitoris nicht berührt worden. Und trotzdem spritzt es heraus – ich mein, es war jetzt keine Fontäne oder so, aber dennoch ein richtiges Squirten. Ich bin überglücklich, bedanke mich bei *Dagnim* für diese tolle Erfahrung. Unsere Nachbesprechung dreht sich nur um dieses Thema – man sollte da weiter üben, wie ist es bei den anderen Frauen, was schreiben sie im Forum etc. Ja, da kann ich jetzt auch mitreden; ich kann nur jeder Frau empfehlen, dass sie pissen soll, wenn sie denkt, dass sie es muss, insbesondere dann, wenn sie hart gefingert wird. Eigentlich ganz einfach.

22. August (12. Session mit *Sir Costar*)

Am Nachmittag stellt sich heraus, dass sich heute Abend doch ein Treffen mit *Costar* ausgehen wird, er kommt einen Tag früher von seiner Geschäftsreise zurück. Tina möchte sich einen rosa Lippenstift auftragen, das findet er gut. Und ich soll ihm noch ihre Wünsche für den Abend mitteilen. Ich schreibe, dass ich mir eine sanfte Bespielung mit zwischendurch harten Elementen wünsche, sowie die gewohnte Dominanz meines Herrn. Um 19.30 Uhr betrete ich sein Haus und bringe mich im Vorraum in die Ausgangsposition – diesmal habe ich nicht vergessen, das Halsband umzulegen. Ich hocke offen vor dem Spiegel, benetzt mit einem schwarzen Ganzkörpernetz, wo Nippel und Muschi frei zugänglich sind. Jetzt bin ich die Tina, ich schließe die Augen und überlasse mich meinem Herrn. Dann spüre ich seine zarten Hände auf meinen Schultern, auf meinem Rücken, er streichelt mich wortlos. Für das Begrüßungsritual lässt er sich diesmal sehr viel Zeit, er spielt mit Nähe und Distanz, kündigt Wunscherfüllung an und entzieht sie wieder. Seine Zärtlichkeit ist überwältigend, seine Hände strahlen über den ganzen Körper, ich werde sehr nass. Seinen noch im natürlichen Zustand befindlichen Schwanz bekomme ich in den Mund gesteckt, zur Begrüßung, ganz tief, bis es mich reckt. Zum Aufstehen reicht er mir die Hand, küsst und umarmt mich – schön, dass du da bist, sagt er. Er führt mich ins Esszimmer, ich nehme Platz und bekomme Wein und Wasser. Heute gibt es Wellness für den Herrn, kündigt er an. Er holt eine Schüssel mit warmem Wasser und Werkzeug zum Rasieren, legt sich auf die Couch. Ich knie auf einer weichen Unterlage neben ihm und rasiere seinen Schwanz samt Eier. Er hat angewiesen wie er es gern haben möchte – sanft, aber gründlich, kein einziges Haar soll stehen bleiben, dafür würde ich zehn auf den Arsch bekommen. Ich mache das gerne und auch recht kompetent, finde ich, er genießt es sichtlich. Währenddessen plaudern wir über das eine oder andere; der eine junge Mann aus dem Forum hat sich nicht mehr gemeldet, ja, den kann man vergessen. Nach der Rasur weist er an, ihn sauber zu lecken und zu blasen. Für diese umfassende Schwanzpflege bekomme ich kurz seine Finger in meiner Spalte zu spüren – ein kleines Dankeschön. Dann sind seine Füße dran; ich sitze in der Ecke der Couch, er liegt längs darauf. Für die Pediküre bekomme ich einen riesigen rosa Lolli in den Mund gesteckt, sodass ich nicht reden kann. Es ist eine meditative Tätigkeit, ich entspanne mich und habe noch dazu etwas Süßes im Mund. Von dieser Art des Dienens hat er schon öfter gesprochen, er mag es, wenn man sich um seinen Körper kümmert, ihn pflegt und streichelt. Manchmal sagt er etwas oder wirft eine Frage auf, aber ich kann nicht mitreden wegen dem großen Lolli. Er macht Bilder, wie ich ihm diene und wie ich frivol mit dem Lutscher spiele, daran lecke und lutsche. Der kommt jetzt in deinen Arsch, sagt er, nimmt den Lolli und schiebt ihn mir hinten rein, sodass nur mehr der Stiel herausschaut. Ich soll weitermachen mit der Fußpflege, bis ich fertig bin, derweil bleibt der Lolli drin. Ich habe noch eine Weile zu tun, und als ich fertig bin, nimmt er den Lolli wieder heraus.

Danach ist kuscheln angesagt – wir liegen ineinander geschlungen auf der Couch, küssen und streicheln uns. In der Gemütlichkeit des Abends surfen wir gemeinsam auf unseren Phantasien durchs Lustuniversum. Hin und wieder bekommt meine Spalte eine Andeutung, sie wird nass, dann bekomme ich eine auf den Arsch (von Hand), um weiter geil zu bleiben. Als er einmal Wein nachschenken geht und wieder zurückkommt, legt er sich auf die Couch, auf den Bauch und befiehlt, ihn zu streicheln. Ich knie neben ihm am Boden und streichel ihn, am Rücken, an den Oberarmen, ganz intensiv, aber zärtlich intensiv. Ich merke, wie er davonrauscht, wie ich mit jedem Streichler viel Glück in seinen Körper zaubern kann. Er bekommt auch eine kleine Massage im Nacken, da ist er recht verspannt. Ich kenne ein wenig die Technik von guter Massage, weil ich ein Mal pro Woche zu meiner Physiotherapeutin gehe. Dann kuscheln wir wieder, inklusive kleiner Muschibespielungen und Arschhieben, und lassen den Abend ausklingen; am Ende muss ich noch auf der Lederliege knien bzw.

in die Doggy-Stellung und bekomme ein paar hinten drauf, mit Hand und Gerte; auch meine Muschi wird noch bespielt, mal hart, mal zart, aber nicht sehr ausführlich, es ist eher eine Kuschelpartie heute. Wir verabschieden uns mit der üblichen Danksagung und verbleiben unverbindlich, was das nächste Treffen angeht. Es hängt vom Wetter ab, vielleicht wäre am Wochenende ein FKK Badespaß möglich, das bleibt offen.

23. August (13. Session mit *Sir Costar*)

Costar wollte an diesem Tag wegfahren wegen etwas Geschäftlichem, aber er hat sich doch anders entschieden, er will lieber mit Tina spielen, entweder zuhause oder in einen Club fahren; wir posten entsprechende Einladungen in unsere Chroniken im Forum, vielleicht ergibt sich ja was, für das eine oder das andere. Um 17 Uhr holt er mich ab, wir fahren in die Hauptstadt des nächsten Bundeslands, er will dort in eine Art SM Studio gehen; da gibt es verschieden ausgestattete SM Räume, edel eingerichtet mit allem Drum und Dran. Plus Sexshop dabei. Man muss einen Eintritt zahlen und kann dann für eine Stunde oder länger einen Raum mieten, wo man zu zweit spielen kann oder auch andere einladen kann. Er hatte mich angewiesen, die türkise Korsage aus Gummi anzulegen plus Nippelklemmen, Muschi frei. An den Beinen habe ich schwarze halterlose Netzstrümpfe, die hohen Schuhe sind noch in der Tasche (jetzt trage ich flache Schuhe). Ich habe überhaupt mehrere Sachen mit, Outfit für den Swingerclub, den wir anschließend besuchen wollen, ein paar Toys (Knebel, Maske, Augenbinde etc.). Die Nippelklemmen kann ich während der eineinhalbstündigen Fahrt herunternehmen, sonst werden meine Nippel gefühllos. Wir reden zunächst über Alltägliches, aber ich habe nicht viel Text im Kopf. Ich sitze als Tina neben ihm, mit gespreizten Beinen, die Bluse aufgeknöpft, sodass er alles sehen kann. Er spielt auch an mir, prüft immer wieder die Nässe meiner Fut, während er Auto fährt.

In der Stadt angekommen gehen wir ins das Studio; eine ältere, dicke, etwas derbe Frau nach Art einer Puffmutter (aber gekleidet wie eine Hausfrau) begrüßt uns beim Empfang und labert irgendwas über neue Bautätigkeiten, deswegen würde es hier so aussehen. Ob wir das erste Mal da sind, will sie wissen. Nein, er kennt sich aus, antwortet *Costar*. Obwohl er das erste Mal da ist, diesen Club kennt er nur von seiner Homepage. Aber er kennt die grundsätzlichen Gepflogenheiten einer solchen Einrichtung, da kann man sich auf ihn verlassen. Er bucht für eine Stunde. Sie deutet uns den Eingang – wir betreten eine Art Labyrinth, reich mit Dekor und verspielten Lichteffekten ausgestattet, mit ein paar unterschiedlich gestylten Räumen. In den Gängen sind Unmengen an Peitschen, Fesseln und sonstigen Utensilien bereitgestellt, Toiletten und Duschen sind leicht zu finden. Es sind alle Räume frei, sagt die Puffmutter, die vorigen Gäste sind gerade gegangen, wir können es uns aussuchen. *Costar* nimmt kurzentschlossen den ersten; ein nach hinten schräg zulaufender Raum, rechts an der Wand ein Andreaskreuz mit Haken daran. Geradeaus bzw. schräg links eine hohe Liege aus Leder, umgrenzt von einem niedrigen Gitter und darunter die Möglichkeit, angekettet zu werden. Links bzw. links hinten befindet sich ein Gynstuhl, daneben eine dekorative Kommode mit allerhand Utensilien (Kondome, Gleitgel etc.), das Licht ist dämmrig rötlich. Ich ziehe mich aus und stelle mich vor das Andreaskreuz. Mit den hohen Schuhen, die ich jetzt anhabe, wird es nicht einfach werden lange zu stehen, denke ich. Er legt mir an den Händen Fesseln an und befestigt sie oben an den Haken am Kreuz. Dann auch Fesseln an den Füßen, ebenfalls an den Haken befestigt, sodass ich mit dem Rücken zum Kreuz total aufgespannt bin, dann auch noch die Maske; nur mein Mund ist frei, ich kann nichts sehen. Er beginnt sein Spiel, hat unterschiedliche Peitschinstrumente hergerichtet und testet das eine oder andere. Er ist voll motiviert, die vielen Spielmöglichkeiten gefallen ihm. Als Belohnung bekomme ich dann und wann mein Loch hart gefingert, sodass ich noch nasser werde. Hart und schnell bringt er mich heute auf die Lustwelle, versetzt mich kurz in Ekstase, um dann wieder wegzugehen, eine neue Peitsche zu holen, um neue Spankingaktionen zu machen, an meinen Titten und am sonstigen frei erreichbaren Lustfleisch. Als er mich wieder fingert – hart und lang – spritzt es aus mir heraus wie aus einem Springbrunnen. Das Squirten geht schon wie von selbst, ich mache den Boden nass. Mein Geschrei und Gestöhne erfüllen die immer noch leeren Räume dieser Einrichtung, mein Herr scheint zufrieden zu sein. Ich auch, obwohl er heute sehr grob ist.

Bevor er mich aus dieser Position abhängt, bringt er zwischen meinen Füße eine Stange an, die mit den Fesseln verbunden meine Beine auseinander hält. Er hängt mich ab, um mich umzudrehen; jetzt bin ich ihm mit meiner Rückseite zugewandt und bekomme den Knebel in den Mund, dieses Riesending. Plötzlich spüre ich einen massiven Schmerz auf meiner rechten Arschbacke – ich schreie gelb, so gut es geht; mit dem Knebel ist die Kommunikation schwierig. Das ist offenbar ein sehr breites Paddel mit Klatsche, das ich da gespürt habe. Und gleich wieder bekomme ich noch einen Hieb, fast genau so schmerzhaft. Er macht weiter, versohlt mir heftig den Arsch, ich sage wieder gelb, winde mich und schreie so laut es geht. Ein wenig reduziert er die Intensität, aber macht weiter, bis es wieder zu schmerzhaft ist, sodass ich gelb schreie. Erst jetzt hört er auf, wieso muss ich drei Mal gelb schreien? Hat er mich nicht verstanden? Es tut höllisch weh, ich bekomme kaum Luft. Was soll das jetzt, warum tut er das? Eine unglaubliche Wut steigt in mir auf, ich bin hilflos, ausgeliefert, kann nicht sprechen, habe keine Kontrolle über die Situation. Soll ich abbrechen? Eigentlich hätte ich rot sagen müssen, das hätte das Ende dieser Session bedeutet. Ich kann nicht klar denken, die Schmerzen trüben meinen Verstand. Er macht weiter mit Spanking, mit etwas sanfteren Peitschen; mit einer Flogger bearbeitet er von unten meine Fut, dann wieder von hinten mit anderen Sachen. Kurz hängt er mich ab, meine Hände werden wieder durchblutet. Er hebt mich vom Kreuz weg zur Liege, ich soll mich bücken und ihm den Arsch zeigen. So macht er weiter mit Spanking und Futbearbeitung mittels Finger. Dann hebt er mich wieder zurück in die Ausgangsposition am Andreaskreuz, wo er die Spankingorgie fortsetzt. Wieder wird er grob, ich sage gelb; tröstend liebkost er mich, küsst mich am Hals und fingert mein Loch; es ist immer noch nass und explodiert bei seinem heftigen Fingerfick. Mein Arsch muss schon ganz rot sein, beim übernächsten Schlag muss ich schon wieder gelb schreien – was ist da los? Ich fasse es nicht, hat er mich nicht verstanden? Meine Wut steigt mir bin in den Hals, ich will, dass er aufhört, kann mich aber nicht verständlich machen. Hier lässt er ab, er hört auf mit Spanking und befreit mich vom Kreuz und von der Stange zwischen meinen Beinen.

Er zieht mir die Maske herunter und fragt, ob alles ok ist. Ich kann zunächst nichts sagen, aber dann fasse ich Worte und frage ihn streng, was am Wort gelb missverständlich sein soll. Hat er gehört, als ich gelb sagte? Ja, hat er, und dann hat er reduziert. Aber warum muss ich drei Mal gelb sagen?, frage ich mit anklagendem Unterton. Drei Mal? Er versteht jetzt, dass er eine Grenze überschritten hat. Schuldbewusst umarmt und küsst er mich. Willst du aufhören?, fragt er. Ich weiß es nicht, soll ich abbrechen? Ich habe immer noch eine unglaubliche Wut, aber auch Lust weiter zu machen. Nein, sage ich, wir können weiter machen. Sicher? Ja, wir machen weiter. Er legt mich auf den Gynstuhl, verbindet meine Hände an den Seiten bzw. nach hinten mit einer Kette – da liege ich mit gespreizten Beinen, die Hände hinten fixiert, mit Maske und bin wieder ausgeliefert. Er macht Bilder und beginnt sein Spiel wie gewohnt an meiner Fut, leidenschaftlich und heftig, ich rinne wieder wie ein reißender Bach. Ich höre Leute hereinkommen, sie reden leise und bleiben bei der offenen Tür, die mit einem Seil »versperrt« ist, stehen; offenbar schauen sie herein. Die Puffmutter führt sie durch die Räume und erklärt den Hausgebrauch. Mein Herr macht unverdrossen weiter, es scheint ihm sogar zu gefallen, dass wir jetzt Beobachter haben. So erfüllt die Vorführung auch ihren Zweck – das Dargebotene wird entsprechend gesehen und für die eigene Erregung verwendet. Wollt ihr hereinkommen?, fragt *Costar*. Ich höre, wie sie in den Raum kommen, wahrscheinlich ein Pärchen. Er lässt sie näher heran kommen, präsentiert mich auf dem Stuhl mit seinem Dominanzspiel, mal sanft, mal heftig. Er küsst mich und streichelt mich am Kopf sozusagen durch die Submaske hindurch. Dann spüre ich an meiner Muschi eine fremde Berührung; *Costar* steht bei mir auf Brusthöhe, offenbar kommuniziert er nonverbal mit den Beobachtern, die er jetzt mitspielen lässt. Eine Hand massiert meine Klitoris – ja, streiche sie, sagt er, und gib ihr ein paar Finger, zuerst zwei, dann drei, dann vier, massier sie schön, weist er an. Die Hand macht, was er sagt, ich bekomme meine Muschi außen und innen sanft verwöhnt; diese Hand scheint zu wissen, was gut tut. Lang und ausführlich darf an mir gespielt werden, ich genieße diese sanfte Abwechslung. Gleichzeitig versuche ich diese Entspannungsphase zum Nachdenken zu nutzen – wie soll ich mich verhalten? Eigentlich müsste es Konsequenzen geben, aber derweil lässt er mir die Muschi lecken, das ist auch nicht von der Hand zu weisen. Vorerst lasse ich ihn noch gewähren, mal sehen. Er löst die Kettenverbindung meiner Hände und nimmt meine rechte Hand an seinen Schwanz, ich spiele und streichle ihn, während ich weiterhin ausgiebig verwöhnt werde. Bei einem Kuss flüstere ich meinem Herrn ins Ohr, ob das ein Mann oder eine Frau ist? Er grinst hörbar und meint in Richtung Beobachter, dass sie wissen will, ob das ein Mann oder eine Frau ist? Auch die andere Person lacht. Was ist da so lustig?, frage ich harsch. Keine Antwort. Schweigend wird weiter gemacht, ich weiß die Antwort ohnehin – es ist eine Frau, ich spüre ihre Nägel. Sie soll mir einen Finger hinten rein geben, in den Arsch, fordert er. Das macht sie nicht gleich, er fordert sie abermals auf, sie soll ein Gleitgel verwenden und nur einen Finger! Mit dem nötigen Fingerspitzengefühl (das *Costar* nicht hat) macht sie das, massiert mich schön, es fühlt sich gut an. Währenddessen wichse ich seinen Schwanz, der ein bisschen steifer geworden ist; meine Lustgeräusche turnen ihn an. Ich bin wieder auf eine Lustwelle gekommen, bin aber nicht ganz frei, zu stark wirkt der Wutaffekt noch. Ich werde keinen Orgasmus haben, ich bin zu verhalten bzw. will meine Lust nicht verschenken, das wäre jetzt nicht der richtige Augenblick. Nach einer Weile sagt *Costar*, dass wir uns nun leider verabschieden müssen, unsere Zeit sei abgelaufen und dass es nett war, einen schönen Abend noch! Er möchte alleine weiter machen, ohne Publikum. Offenbar ist ein weiteres Paar eingetroffen, aus einem hinteren Raum hört man ein tiefes Stöhnen und animalische Schreie einer Frau. Er hilft mir vom Stuhl herunter und schickt mich duschen. Als ich zurück in den Raum komme, nehme ich das Halsband ab. Was ist jetzt?, fragt er. Wir gehen jetzt, wir fahren jetzt heim, sage ich bestimmt und ziehe mich an. Die aufdringliche Ladenbesitzerin ist gekommen und kramt irgendwas im Raum herum – ob alles ok ist, will sie wissen. Ja, ich will mich nur in Ruhe anziehen, sage ich. *Costar* lobt die Vorzüge dieser Einrichtung, es hat ihm gut gefallen.

Als wir aus rausgehen, will er, dass wir noch zwei Straßen weiter in einen Spinoff-Laden gehen, eine Art Sexkino, das schließt bald und das würde er sich gerne ansehen. Ich bin nicht begeistert, gewähre ihm aber noch diesen Wunsch. Dieses Sexkino würde man nicht erkennen; zunächst betritt man einen Sexshop für Männer, hinter der Verkaufstheke führt ein Gang zu einem anderen Raum, der wie eine Bar aussieht. Wir sehen uns um, begutachten das eine oder andere Produkt; als wir wieder gehen wollen, beginnt *Costar* ein Gespräch mit dem Ladenbesitzer, der erklärt, dass die Räumlichkeiten hinten sind und dass wir hier gratis Zutritt haben, weil wir bei seinem Partnerladen bereits bezahlt hätten. Das lässt er sich nicht zwei Mal sagen, wir betreten die Räume. Und stellen fest, dass das gar kein Kino ist (bis auf den durchlaufenden Porno auf einem Bildschirm an einer Wand), sondern ein ähnlicher Club wie der vorige, nur dass die Räume anders gestaltet sind. Da gibt es verwinkelte Strukturen, Räume, die von allen Seiten einsichtig sind, schmale Gänge, wo an einer Stelle der Gang zum nächsten Raum unterbrochen ist; auf einer Durchreiche kann man jemanden fesseln und ihn/sie vom anderen Raum aus ficken lassen. Auch andere Räume sind unterteilt mit jeweils großen und kleinen Gucklöchern. In so einem Raum beobachten wir auf der einen Seite einen Mann, der seinen Schwanz in einem Loch in der Wand stecken hat; auf der dahinterliegenden Seite der Wand kniet ein anderer Mann, der den Schwanz bläst und sich dabei selber einen runter holt. Beim Beobachten dieser Szene durch ein Loch in einem weiteren Raum zieht mir *Costar* den Rock hoch, das Höschen runter und fingert mich so heftig, dass ich recht laut werde. Meine Schmerzensäußerungen motivieren ihn, er hält mich fest und macht weiter. Ich soll mal den Schwanz nehmen, meint er; durch ein Wandloch ragt ein fremder Schwanz in unseren Raum, ich soll ihn wichsen. Er ist sehr steif, aber trocken und beschnitten, das muss ich sehr vorsichtig machen. *Costar* gibt mir Gleitgel, damit geht es leichter. Meine Lust und deren Äußerungen erregen jetzt zwei Männer; ich in der Mitte, kann mich nicht wehren gegen *Costar* und gegen meine eigene Lust. Einige Stöhner später nimmt er mich bei der Hand, wir flanieren weiter. Ein anderer Raum wird gerade von einer Frau eingenommen, die sich den vorhin herumschleichenden Mann geangelt hat – er darf sie ficken. Ein wenig verweilen wir in diesen Lustgemäuern, *Costar* fingert mich immer wieder, gibt mir den einen oder anderen Klaps, etwas vorsichtiger als vorhin. Man wird bald schließen, er möchte hier noch etwas trinken, an der Bar. Ich richte meinen Rock zurecht und versuche Haltung zu bewahren, bin aber den Tränen nahe. Meine Wut ist nicht verschwunden, im Gegenteil, jetzt kommt sie noch mehr zum Vorschein. Der Kellner hat keinen Gin, telefoniert mit jemandem, ich bestelle einen Spritzwein. Zu *Costar* halte ich mich auf Distanz, aber er bemerkt meine Not; er umarmt mich innig, hält mich fest und drückt mich. Ich weine, meine Tränen lassen sich nicht mehr zurückhalten. Er hält mich ganz fest, lang und innig, es tut ihm leid, dass das so passiert ist. Mir auch. Ich möchte gehen, wir verlassen diesen Club und gehen zum Auto. Auf dem Weg dorthin zünde ich mir einen kleinen Joint an und versuche, mit dem Weinen aufzuhören.

Aus dem Stadtzentrum hinausfahrend meint er, dass wir doch noch in den Swingerclub fahren könnten, jetzt, wo wir schon einmal hier sind? Er befindet sich in der Nähe. Wenn du möchtest, können wir da gerne noch was trinken gehen, aber ich möchte heute nichts mehr machen, ich bin erschöpft und ausgepowert, sage ich. Aber wenn du möchtest, können wir was trinken und schauen, was dort passiert. Bevor wir den Club betreten, rauche ich eine weitere Entspannungszigarette, das hilft, ich bin etwas entspannter. Wir ziehen uns um – ich lege das Swingerclub-Outfit an (ohne Halsband), wir betreten die Bar mit nettem Ambiente und etwas zu lauter Musik. Es sind nicht viele Leute da, einige wenige Männer und zwei Pärchen. Wir nehmen unsere Getränke und legen uns auf eine großzügige Couch, betrachten die weißen Lampions und versuchen mit oberflächlichen Themen die Zeit zu überbrücken. Anscheinend will *Costar* den Abend nicht so enden lassen, vielleicht kommt noch etwas, das das gerade Erlebte relativiert? Der Herr pflegt solche Situationen nonverbal zu erfassen, sein Griff geht auch zwischen meinen Schritt, er beginnt mich zu fingern. Erstaunlicherweise werde ich nass. Ich lasse ihn gewähren und es fühlt sich tatsächlich gut an; sein Streicheln ist zwar oft hart, aber besser als sonst was. Eine halbe Ewigkeit geht das so dahin, inzwischen ist ein weiteres Paar gekommen. Ein paar Leute gehen hinten rein, zur Spielwiese, das macht *Costar* neugierig. Ich sage, dass er schauen gehen soll, vielleicht passiert da was. Er scheint wieder Motivation zu bekommen und möchte hineingehen, vorher geht er noch auf die Toilette, allein. Ich ziehe meine Schuhe an, ich möchte auch beobachten gehen.

Es passiert nichts Aufregendes, es wird nur das neue Paar herumgeführt, aber die Räume sind unbesetzt. In einem Raum gibt es einen Fernseher mit Porno und Sexschaukel, auch mit gemütlicher Couch. Er führt mich da hinein, legt sich hin und bittet mich, ihn zu blasen, was ich auch mache. Es ist ein bekannter und vertrauter Zustand, wenn ich seinen Schwanz im Mund habe. Es dauert eine Weile, bis ich ihn hoch bekomme, aber das ist mir recht, denn einen Harten möchte ich jetzt nicht. Ich verwende diese ruhige Phase, um meine deepthroat Technik auszubauen und bemerke, dass wir einige Zuschauer haben. Ja, das hätten die da draußen jetzt auch gern, denke ich und blase weiter. Dabei knie ich neben ihm, die Zuschauer haben bestimmt eine gute Sicht auf alles. Er möchte, dass ich mich auf ihn setze und ficke. Das ist immer ein halbes Kunststück, ich muss ihn heftig und laut reiten. Wenn er mir dann beginnt in die Titten zu zwicken und zu kneten, sodass ich noch lauter werde, erregt ihn das noch mehr. So auch jetzt – nach einem langen heftigen Ritt kommt er, ebenfalls laut und leidenschaftlich. Danach nimmt er mich in die Arme, drückt mich und bedankt sich. Wir kuscheln noch ein bisschen, die Beobachter verflüchtigen sich, wir gehen duschen und dann wieder zur Bar. Noch ein Paar ist jetzt da, wir trinken etwas, er geht zum Buffet essen. Nach einer Zigarette danach plaudere ich kurz mit einem Mann, der mir möglicherweise gerade zugeschaut hat; *Costar* unterhält sich mit einem anderen essenden Mann, einen gutaussehenden Mann. Wenn ich allein da wäre, hätte ich ihn mir geschnappt, aber heute bin ich zu müde. *Costar* meint, ich könnte mir noch einen Schwanz reinziehen, wenn ich will, aber ich bin eben zu müde. Das Paar, das vorhin gekommen ist, geht nach hinten, einige Männer folgen. Auch *Costar* möchte sehen, was jetzt passiert, er nimmt mich an der Hand und führt mich hinein. Jetzt ist da mehr los, in einem Raum spielt ein jüngeres Pärchen, in einem anderen Raum – der Dark Room – ist auch Action, man hört ein lustvolles Stöhnen einer Frau, aber ich kann sonst nichts erkennen. Er beginnt mich zu fingern beim Zusehen und als einer der Männer näher zu mir kommt, zieht er mich weg. Wir kommen in einen halboffenen Raum, von dem man durch ein Wandloch beobachten kann, wie eine Frau einen Schwanz bläst; wieder spüre ich *Costar*s Finger in meiner Spalte, er macht es heftig und bringt mich zum Schreien und Squirten. Noch immer bin ich erregt, obwohl mir schon alles weh tut, einschließlich der seelischen Schmerzen. Aber *Costar* ist unnachgiebig, er schleift mich durch diese Spielwiese, verweilt irgendwo zwischen den

Beobachtern einen Augenblick, um mich einzunehmen und zieht mich weiter, in die nächste Lustecke. Die Frau im Dark Room ist fertig, sie geht duschen; offenbar hatte sie vier bis fünf Männer zur Verfügung, einschließlich jenen, mit dem sie gekommen war.

An der Theke reden wir über den Vorfall vorhin im SM Club; ich stelle unmissverständlich klar, dass er eine Grenze überschritten hat und dass Tina jetzt gekränkt ist. Das versteht er, es tue ihm auch leid. Ich betone, dass ich nicht auf Schmerzen stehe; sie sind kein Selbstzweck, sondern nur Mittel und daher eher hintan zu halten. Ich vertrage auch keinen Sarkasmus oder Ironie oder eine andere Art von Humor, wenn ich gerade gefesselt und ausgeliefert bin. *Costar* zeigt sich einsichtig, hinterfragt aber auch, warum ich nicht abgebrochen hätte. Ich kann jederzeit Stopp sagen, warum habe ich das nicht getan? Ich weiß keine gute Antwort darauf. Es ist schon sehr spät, wir beschließen heimzufahren. Ich habe keinen fremden Schwanz genossen, das war heute nicht der richtige Abend dafür. Das nächste Mal vielleicht, wenn es einen gibt; ich denke, in einen Swingerclub sollte man am besten allein gehen, die Kontrolle behalten und genießen, so, wie man es braucht bzw. wie es sich ergibt. Beim nach Hause fahren reden wir nicht viel. Ich bin betrübt, komme mir vor wie ein Häufchen Elend. Es ist nicht nur der körperliche Schmerz, der weh tut, sondern vor allem die Enttäuschung, weil er mein Vertrauen missbraucht hat. Er versucht einen Smalltalk zur Überbrückung der Bedrückung, aber es gelingt nicht richtig; Autos und Sport interessieren mich nicht. Ich versuche aber auch irgendwas zu plappern, vielleicht ist das besser, als nicht zu reden. Mir fällt eine schräge Geschichte ein, die ich ihm erzähle, als ich in einer großen fremden Stadt war und nach einer durchzechten Nacht in einem Heavymetal Club mit einem illegalen Taxi zum Hotel gefahren bin; wo mich das Arschloch von Taxifahrer, irgendein Kameltreiber aus einer machistischen Gesellschaft, abgezockt hat, weil ich fahrlässig (weil betrunken) den Code meiner Bankomatkarte verraten hatte. Aber sowas passiert mir sonst nicht im Leben, ich bin auch sehr selten betrunken. Hm, aber da war ich ganz schön naiv. Was war sein letztes peinliches Erlebnis, frage ich ihn. Er überlegt – da fällt ihm nichts ein. Gut, fällt ihm nichts ein, dann haben wir auch kein Gesprächsthema mehr. Wir schweigen lange. Wieso fällt mir jetzt diese Geschichte ein, wie komme ich darauf? Was erzählt sie? Als Allegorie über meine Naivität markiert sie ebendiesen Moment – meine Naivität. Der heutige Abend könnte sich als einschlägige Erfahrung erweisen, er überschreibt diese Geschichte mit einer neuen Beweisführung. Kurz bevor wir am Zielort sind, sage ich wieder etwas; wie soll ich mit der Wut umgehen, die ich auf ihn habe, was soll ich machen? Er meint, dass ich mich betrinken könnte und einfach alles vergessen soll. Das war ein Scherz, meint er, ich kann nicht lachen. Aber immerhin reagiert er auf diese Frage, die eigentlich nicht zu beantworten ist. Die Stimmung bleibt bedrückt, auch als wir uns verabschieden.

In meiner Wohnung angekommen kann ich ungestört weinen, ich liege auf der Couch und kiffe, das hilft im Moment. Ein Whatsapp erreicht mich: »Tinas Herr bittet um Entschuldigung! Und ich auch.« Ich antworte »Schon ok. Tina hat sich ein bisschen zurückgezogen.« Das versteht er, antwortet er; ich antworte nicht mehr.

25. August

Gegen 8 Uhr wünscht mir *Costar* einen guten Morgen und fragt, wie es Tina heute geht. Sie ist noch zurückgezogen, kauert in der Ecke und weint, antworte ich. So schlimm?, wundert er sich. Ich schreibe, dass sie keinen Prügeldom haben will. Er meint, das sei verständlich und will wissen, wie sie jetzt weiter machen will. Im Moment gar nicht, antworte ich. Das ist schade, schreibt er. Später fragt er, ob Tina noch die Bilder von gestern haben will – ja, will sie. Am Nachmittag fragt er, ob er Tina etwas Gutes tun kann? Und noch später schreibt er, dass er uns vermisst! Irgendwann antworte ich, dass Tina gekränkt ist und ein bisschen Zeit braucht.

Dafür hat er Verständnis; »Ich habe nachgedacht und muss Tina Recht geben. Gelb bedeutet, dass das, was der Herr gerade macht, nicht ok ist, rot bedeutet, dass sie die Session beenden will.« Darauf ich:»Ich fahre auch bei gelb noch über die Kreuzung, aber dann gehe ich vom Gas runter und fahre nicht noch mal und noch mal drüber.« Er:»Ja, es tut mir leid!« Ich:»Ich hätte ganz am Anfang abbrechen sollen. Manchmal bin ich wirklich naiv.« Er: »Ja, das hättest du machen sollen.«

Aus beruflichen Gründen muss ich mein Bundesland verlassen, für eine ganze Woche, das tut mir gut. Dadurch gewinne ich Abstand von diesem unsäglich unangenehmen Zustand – er hat mein Stopp missachtet und einfach weitergemacht. Irgendetwas flasht ihn und er bekommt eine Art Dominanzrausch und schlägt dann einfach zu … Ich bin tieftraurig, enttäuscht, dass mein Herr mir sowas antut. Und auch irritiert, dass ich mir das antun lasse – wieso habe ich nicht abgebrochen? Er hatte sich sehr auf diesen Abend gefreut, ich auch, wir hatten auch Vereinbarungen für diesen Abend. Ich wollte nicht abbrechen, weil – was dann? So haben wir weitergemacht, vielleicht in der Hoffnung, dass sich der Abend doch noch wenden könnte, dass wir die unerwünschte Grenzüberschreitung nichtig machen könnten durch neue Grenzüberschreitungen. Aber das ging nicht, wir konnten es nicht wenden, das Geschehene lässt sich nicht ungeschehen machen. Am Abend schreibt er, ob Tina telefonieren möchte; ich bin gerade erst in meinem Hotelzimmer angekommen. Jetzt telefonieren? Ja, warum nicht. Er ruft mich an, er entschuldigt sich, es tut ihm leid; ich kämpfe mit den Tränen, er merkt meine Not, wir sind ratlos. Ja, ich hätte abbrechen sollen, aber ich wollte den Abend nicht verderben. Es tut ihm sehr leid, das wollte er so nicht, wiederholt er. Und dass er merkt, wie schlecht es der Tina jetzt geht, daher gehts ihm auch schlecht. Er würde gern helfen, aber er weiß nicht wie; ich sage, dass das jetzt Zeit braucht, aber es war gut, dass wir geredet haben. Meine Traurigkeit findet dadurch ein Schlupfloch nach außen, das nimmt etwas Druck von mir. Aber sie bleibt dennoch großteils bei mir – meine Traurigkeit – ich gehe mit ihr schlafen.

26. August

Früh am Morgen wünscht er mir einen guten Morgen und alles Gute für meine Tätigkeiten. Jetzt bleibt er dran, er beobachtet uns, vor allem Tina. Ihm gehts auch nicht gut. Ich bleibe zunächst karg in meinen Antworten und lasse mich gut von der Arbeit ablenken. Arbeiten hilft immer – es ist leichter, als das nackte Leben. Am Abend bin ich kurz im Forum, lösche in meinem Profil alles, was auf *Costar* hinweist (ich hatte einen Text, wo wir als Paar auftreten und nach männlichen und weiblichen Mitspielern suchen, er hat einen ähnlich lautenden). *Costar* erkundigt sich wieder nach unserem Wohlbefinden; tatsächlich gehts uns besser, das schreibe ich ihm auch. Und dass Tina ihren Herrn gestern nie wieder sehen wollte, aber heute hat sich das relativiert. Das freut mich zu lesen, schreibt er. Ich frage nach, wie es ihm geht. Es geht ihm ganz gut, schreibt er, und dass er gestern zu Hause gegrillt hat und einen chilligen Nachmittag hatte. Und: »Der Herr fühlt sich nicht gut, wenn es seiner Sub nicht gut geht.« Ich: »Verstehe. Aber es geht ihr wieder viel besser, sie ist nicht mehr so traurig. Obwohl das Gespräch gestern nicht viel Neues gebracht hat, war es gut. Weil er ihre Not anerkannt hat, das hat diese Not gewendet. Also Gespräche sind notwendig, eigentlich erstaunlich.« Er schreibt, ob die Tina telefonieren will – ein anderes Mal vielleicht, antworte ich. Er nimmt das mit einem Ok hin. Ich schicke ihm noch ein Kussemoji von Tina, und er: »Ich danke ihr! Das überrascht ihren Herrn jetzt sehr.« Warum? Weil er Angst hatte, sie zu verlieren. Ich: »Diese Angst ist berechtigt, du hast sie auch schon verloren gehabt. Das Gespräch gestern hat wieder eine Verbindung geschaffen. Erstaunlich eigentlich, ich wollte tatsächlich alles abbrechen (Tina wollte das).« Er antwortet, dass er das gespürt hätte und verabschiedet sich in die Nacht.

27. August

Costar meldet sich wieder ganz früh und erkundigt sich nach unserem Wohlbefinden. Ich schreibe, dass es ihr gut geht, mir auch. Meine Traurigkeit ist weiterhin durch das Schlupfloch abgeflossen, ich gewinne wieder Souveränität. In der Arbeit läuft es gut, auch das trägt zu einer relativen seelischen Ausgeglichenheit bei. Am Abend treffe ich mich mit einem Kollegen zu einem Bier, aus dem dann drei werden. Ein Selfie (Kollege und ich, mit je einem Bier) schicke ich an *Costar*, um zu zeigen, wie gut es mir geht (der Kollege ist jung und äußerst gutaussehend), schreibe aber dazu, dass da kein Sex stattfindet.

28. August

Nach dem obligatorischen guten Morgen wieder die Frage, wie es uns geht. Gut. Und da will er wissen, wie sich das zeigt. Ich schreibe, dass Tina nicht mehr weint, wenn sie an ihn denkt, sondern dass sie geil wird. Das macht ihn glücklich, antwortet er. Am Abend möchte er wissen, was Tina macht. Sie liegt auf dem Bett und bereitet mit mir den nächsten Tag vor, antworte ich. Und ob sie geil ist, will er wissen. Ein bisschen ist sie das, ja. Das freut ihn sehr, jetzt ist er auch geil, schreibt er. Und dass er auf seiner Terrasse sitzt und sich denkt, dass er mir gerne mit Wachs den Arsch überziehen will, um ihn dann mit einem Rohrstock herunter zu schlagen. Und dass er dabei sehr vorsichtig vorgehen würde. Das macht mich endgültig geil, schreibe ich ihm auch. Zeigs mir!, sagt er. Ich mache Bilder von meiner nassen Muschi und schicke sie ihm. Darauf er: »Lass mich lecken!« Jaaaa bitte, sehr gerne! Er meint, dass er Tina gern Aufträge geben würde, aber sich nicht traut, weil er nicht weiß, ob sie dazu wieder bereit ist. Ich antworte, dass Tina es vorziehen würde, einen »Vorschlag« zu bekommen, den sie auch ablehnen kann. Er möchte, dass ich eines der Bilder ins Forum stelle und dazu schreibe: Leck mich bitte, mein Herr!, oder noch besser: Benutz mich bitte, Sir Costar. Er will wieder auftrumpfen im Forum; wir hatten öfter darüber geredet, ein gemeinsames Profil zu machen. Er treibt sich gern da drin herum, schaut, was die anderen machen und möchte dieser Welt zeigen, was er für ein toller Herr ist. Auch er verwendet das eine oder andere Bild von unseren Sessions für seine Galerie und er kommentiert gerne meine Bilder, sodass die anderen wissen, dass er mein Herr ist. Ich tue ihm den Gefallen, stelle ein Bild in meine Galerie, nehme aber den ersten Vorschlag – dass er mich bitte lecken soll, ohne seinen Namen zu erwähnen. Ich stelle fest, dass er in seinem Profil jetzt den Text hat, dass wir Damen zum gemeinsamen Spielen einladen. Ich schreibe ihm, dass ich mit einer Dame nur dann spiele, wenn ich die Kontrolle behalten kann. Das nimmt er anstandslos zur Kenntnis, wendet aber ein, dass wir ja eine Zofe haben wollten, die uns beiden dient. Meine Antwort: Bis auf weiteres spiele ich nur mit dir allein, ohne Beobachter oder Mitspieler. Gut, das akzeptiert er. Vor dem Schlafengehen schreibt er noch, dass er uns beide sehr mag – Danke, dass es euch gibt! Und dass er geil auf Tina ist. Ich antworte, dass er eine geile Sau ist.

29. August

Nach dem üblichen Guten Morgen und den besten Wünschen für einen guten Tag wird es tatsächlich ein sehr guter Tag, arbeitstechnisch. Mein Job ist anstrengend, aber das lohnt sich, mein Auftrag wird ein Erfolg. Am Abend schreiben wir uns wieder, berichten uns kurz vom Tag. Er schickt mir ein Schwanzfoto mit der Bemerkung, dass er wieder dringend eine Rasur bräuchte. Tja, wann gäbe es denn die nächste Gelegenheit? Wir vereinbaren ein Treffen für den nächsten Tag, am Abend.

30. August (14. Session mit *Sir Costar*)

Ich komme erst gegen Abend von meinem Job nach Hause, dusche, rasiere mich gründlich, parfümiere mich, werfe mich in meine Subuniform (schwarzer Netzbody) und fahre zu *Costar*. Um 20.30 Uhr betrete ich sein Haus und bringe mich in die Ausgangsposition im Vorraum. Die Tina ist wieder da, sie ist geil trotz des unerwünschten Vorfalls. Er lässt mich nicht lange warten, kommt und begrüßt mich mit seinen Händen. Er legt es sehr zärtlich an, krault meinen Kopf, streicht mir über die Haare und küsst mich, nachdem er mir geholfen hat aufzustehen. Schön, dass du da bist, sagt er. Er führt mich ins Esszimmer, ich nehme Platz, er schräg mir gegenüber. Bis jetzt habe ich nichts gesagt. Wir schweigen uns an, meine gespreizten Schenkel zeigen ihm meine Spalte. Was ist noch zu sagen? Er entschuldigt sich noch einmal und meint, dass er einen Fehler gemacht hat und dass es ihm sehr leid tut. Ich wiederhole mich, indem ich sage, dass ich hätte abbrechen sollen. Viel mehr ist nicht zu sagen. Tina ist jetzt da und erwartet eine Bespielung. Er meint, dass man – wenn man etwas Arges erlebt hat – gleich damit fortsetzen soll; wenn man von einem Pferd herunter fällt, sollte man es gleich wieder besteigen. Und dass wir heute mit dem Pflichtprogramm anfangen – rasieren. Wir gehen ins Wohnzimmer, er legt sich auf die Couch, ich rasiere ihn, neben der Couch kniend. Jetzt kenne ich schon jede Falte und jedes Haar, ich mache das gründlich und sorgfältig. Zum Abschluss muss ich ihn sauber lecken und blasen. Das erregt ihn – sein Schwanz wird ein wenig steif, er motiviert mich ordentlich zu blasen – ja, mach ihn steif!, befiehlt er. Ich habe alle Mühe, es ist schwierig, den Schwanz rhythmisch zu erwischen, weil er immer wieder ein wenig zusammenfällt. *Costar* ist beharrlich, ich muss ihn steif bekommen. Schließlich gelingt das etwas besser, zumindest wird er halb steif (wie sonst auch, ich kenne ihn nicht ganz prall steif). Auf einmal packt er mich, bringt mich in den Doggy und versucht mir seinen Schwanz hinten rein zu stecken, was dann auch gelingt; er fickt mich heftig und schlägt mir dabei auf den Arsch. Ich werde sehr laut, er fickt beharrlich und hart, aber ich spüre seine Schläge deutlicher als seinen Schwanz. Komm, ich will dich hören!, herrscht er mich an, ich werde lauter, er noch heftiger und spritzt schließlich ab. Zufrieden sinkt er auf die Couch, wir kuscheln und erholen uns ein wenig.

Ich soll mich jetzt wieder in die Doggystellung bringen, auf der Lederliege. Mittlerweile bin ich textilbefreit, er will mich ganz nackt. Meinen Arsch möchte er sehen, ich strecke ihn in den Himmel, mache ein Hohlkreuz. Zunächst bekomme ich ein paar leichte Hiebe auf Hintern und Schenkel, dann lässt er mich ein wenig warten. Als nächstes spüre ich eine warme bis heiße Flüssigkeit – er hat eine Kerze und lässt das flüssige Wachs auf meine Haut tropfen. Immer, wenn etwas davon ankommt, ist es kurz heiß, kühlt aber rasch ab. Meine rechte Arschbacke ist schon ganz voll, er lässt alles gut trocknen und schlägt das Wachs mit einem Rohrstock herunter. Es tut nicht sehr weh, er macht das sehr sanft, bis das ganze Wachs weg ist. Danach fingert er mich ausführlich, während er meinen Kopf auf die Liege drückt und mir hin und wieder den Mund zuhält. Dann setzt er sich auf mich, auf meinen Kopf, hält mich mit seinen Beinen fest und macht weiter mit der Arsch- und Futbespielung. Ich spüre sein Gewicht, er drückt mich nach unten und hält mich ganz fest – ich verschwinde in mein Subuniversum, löse mich auf. Ein wohliger Schauer durchzieht mich von Kopf bis zu den Zehen, es ist himmlisch. Er meint, dass ich ziemlich geil werde, wenn er mich schlägt – du bist schmerzgeil! Ja, offenbar bin ich das.

Nach dieser feinen Sequenz liegen wir wieder kuschelnd auf der Couch, er will wieder, dass ich ihn blase. Ich soll ihn hart machen, weist er an. Wenn er nicht hart wird, bekomme ich ein paar harte Schläge, droht er; er beginnt von 50 rückwärts zu zählen. Ich konzentriere mich, versuche einen guten Rhythmus zu finden und regelmäßig zu atmen. Bei 40 geht das schon ganz gut, vielleicht klappt es; derweil ist sein Schwanz noch eher schlaff. Bei 30 werde ich ungeduldig, beginne zu stöhnen bzw. gebe Erregungsgeräusche von mir, das hilft; er wird etwas steifer. Bei 20 zeichnet sich ab, dass ich es eher nicht schaffen werde, dafür werde ich lauter. Wenn er nicht zufrieden ist, werde ich geschlagen – das macht mich noch geiler. Von 5 bis 0 ist es recht dramatisch, ich habe ihn tatsächlich nicht ganz steif bekommen, aber das wird er ja nie. Er springt auf, dreht mich, gibt mir einen Schlag auf den Arsch und wichst sich, dann wieder ein paar Schläge und einen schönen Fingerfick obendrauf. Der Abend ist schon fortgeschritten, wir sind müde und kuscheln noch ein bisschen. Das war wieder sehr schön heute, stellen wir fest. Tina und ihr Herr sind glücklich, wir sind es auch. Mit der üblichen gegenseitigen Danksagung verabschieden wir uns unverbindlich verbleibend hinsichtlich des nächsten Treffens.

31. August

Costar fragt am Vormittag, ob Tina wieder Lust hätte zum nackt Baden? Es ist ein warmer Tag und Tina hat Lust; am Nachmittag treffen wir uns am FKK Strand, gehen baden, ich creme ihn ein, er mich nur am Rücken. Diesmal liegt er auf der Liege, ich am Boden auf der Matte. Wir beobachten die anderen Leute und denken uns aus, wen davon wir uns als Mitspieler/in am ehesten vorstellen könnten. So verbringen wir den Nachmittag, gehen was essen, er schläft ein wenig, ich höre Musik aus meinem iPhone. Gegen so einen gemütlichen Badetag ist nichts einzuwenden, obwohl wir heute keine Waldspaziergänge machen. Als wir wieder einmal ins Wasser gehen, schwimme ich zu ihm und umklammere ihn mit meinen Schenkeln; er nimmt sie von sich und sagt, dass ich nicht klammern soll, das mag er gar nicht. Er hält mich noch an den Füßen, zieht sie hoch aus dem Wasser, sodass ich Mühe habe, meinen Kopf über Wasser zu behalten. Dann lässt er mich wieder, ich schwimme weg. Ich soll nicht klammern? Das tue ich nicht, wieso sagt er sowas? Ärger kommt auf, ich versuche ihn runterzuschlucken und die restlichen Sonnenstrahlen zu genießen. Wir liegen noch ein bisschen herum und reden über unsere Zeitpläne. Die kommende Woche wird sehr dicht, da hat er kaum Zeit, seine Abende sind verplant. Und für das nächste Wochenende weiß er noch nicht, ob er mit seinem Sohn was macht. Er meint auch, dass er den nächsten Tag – ein Sonntag – für sich braucht. Ich zeige Verständnis, bin aber innerlich unrund. Ich verstehe manchmal seine scharfen Autonomiekundgebungen nicht. Na gut, dann halt nicht. Wir lassen diesen Nachmittag ausklingen und verabschieden uns mit einem Kuss.

Später am Abend mache ich eine Session mit mir selber, bin schon wieder oder immer noch geil, auch von der Sonne. Ich umwickel mich mit einem schwarzen Seil, bringe Nippelklemmen und Klemmen an meinen Schamlippen an, verbinde sie mit Ketten (Modeschmuckketten) und mache Fotos davon. Die leichten Schmerzen finde ich sehr erregend, ich reibe mich so lange am Kitzler, bis ich komme. Die Bilder schicke ich an *Costar*, die mit einem Daumen-hoch-Emoji quittiert werden.

1. September

Dieser Sonntag ist also getrennt zu verbringen. Ich schicke *Costar* einen guten Morgen, er mir auch, und später ein Bild von seinem hervorragenden Kilometerstand, den er sich mit dem Rad erstrampelt hat. Was soll ich damit? Sagen, wie toll er ist? Ich antworte nicht. Am Nachmittag bekomme ich ein Foto mit einem halb angeknabberten Fisch mit dem Kommentar:»Ich habe es mir wieder einmal selbst machen müssen. Brauch eine Haushaltssklavin!!!!« Ich antworte, dass ich es mir auch selbst machen musste. Dann er:»Ich will mich ja nicht selbst loben, aber die Orada ist mir perfekt gelungen. Selbst machen ist oft eh besser.« Ich:»Schön für dich.« Dann er:»Zumindest beim Essen.« Darauf antworte ich nicht mehr. Was soll ich sagen? Wieso soll ich sein Ego streicheln, wenn ich keine Gegenleistung dafür bekomme? Was denkt er sich eigentlich, wenn er mit seinem Ich-brauche-keinen-anderen vor mir herum wedelt, mich demonstrativ von seinen Genüssen ausschließt und auch noch jammert, dass er eine Sklavin braucht? Ja, dann mach es dir selbst, ich auch, dann können wir uns aber die Kommunikation ersparen. Ärger steigt wieder auf, auch die überwunden geglaubte Traurigkeit ist wieder da. Ich weine gut über den Tag verteilt, kann nicht glauben, dass er mich so behandelt. Ich muss da raus, aus dieser Verbindung, sie verursacht regelmäßig Ärger und Wut. Ich möchte nicht, dass mit mir so umgegangen wird. Am besten ist, wenn ich mich weiter umschaue, vielleicht finde ich jemanden, mit dem das alles nicht so kompliziert ist.

Im Forum habe ich jede Menge Zuschriften im *Devotina*-Profil, ich schaue sie mir an, sortiere und lösche. Es gibt ein paar interessante Anfragen, einigen antworte ich. Da ist *Dunkelheit*, ein Dom, der zwar gebunden ist und in einem anderen Bundesland lebt, aber sich sehr für mich interessiert; meine Bilder hatten es ihm angetan. Na ja, zu weit weg, leider. Oder *Schrauber-VG* aus der nächsten Stadt, der sehr gern mit mir spielen möchte, allerdings ohne meinen Herrn, schreibt er; auch gebunden. Oder *Nicesingle*, ein ungebundener Mittdreißigjähriger, der seine Dompraktiken ausbauen möchte. Ich schreibe auch ein weibliches Paar an – *Amoureux66* – ich denke schon länger daran, mit einer oder mehreren Frauen mitzuspielen. Auch in meinem anderen Profil – *Mariaimhimmel* – schau ich nach und sortiere ältere Anfragen. Jemand sticht ins Auge – *Deluxxe00* – ich hatte einen kurzen Wortwechsel im Juli mit ihm; er hatte nachgefragt, ob ich schon mal bei ihm war, weil ich dieselben Nippelklemmen auf meinem Profilfoto hätte; nein, war ich nicht. Das ist wohl ein Lustiger. Ich sagte, dass ich einen Herrn hätte und gut versorgt sei. Er antwortete, dass er eine Play Location hätte, falls wir eine bräuchten. Welche Art von Location er da wohl hat – vielleicht werde ich noch genauer nachfragen, wenn meine Stimmung besser ist.

Am Abend schreibt *Costar*, ob ich heute auch so geschafft bin wie er? Ich: »Es geht. Bin ja nicht so viel Rad gefahren wie du.« Dann will er wissen, wie es Tina geht. Ich schreibe, dass sie heute auch ihren Ruhetag hat.

2. September

Nach dem gegenseitigen Guten Morgen in der Früh schreiben wir uns den ganzen Tag nicht. Ich warte, was von *Costar* kommt. Derweil nichts. Ich habe ohnehin zu tun, schaue aber immer wieder ins Forum, ob der eine oder andere geantwortet hat. Das mit der Play Location interessiert mich; ich studiere das Profil von *Deluxxe00*. Seine Bilder sind unterschiedlich, die einen professionell schön, gefesselte, fixierte Frauen in schwarz-weiß, die anderen sind »normale« Alltagsbilder, wo er seinen (?) Riesenschwanz zeigt. Er ist etwa 10 Jahre jünger als ich und laut Profil ungebunden. Die übrigen Angaben passen zu meinen Bedürfnissen, ich schreibe ihn an – ob er Lust hätte auf ein unverbindliches Kennenlernen, ich hätte freie Zeitressourcen. Prompt antwortet er auch, ja sicher hätte er Zeit, sogar heute schon. Das geht mir zu schnell, ich antworte, dass es heute nicht geht, aber übermorgen würde es gehen, am frühen Nachmittag vielleicht? Ja gerne, schreibt er, wir vereinbaren ein Treffen. Ich habe keine Lust zum Schreiben, da kann man vieles sagen oder nicht sagen, am Ende kommt es darauf an, ob man sich mit dieser Person respektive mit ihrem Körper etwas vorstellen kann.

Am Abend schreibt *Costar*, dass er im benachbarten Bundesland ist und dass es dort kalt ist. Ich antworte, dass mir heiß ist, weil ich gerade beim Training bin. Meine Stimmung ist schlecht, sie wird zusätzlich verschlechtert, als ich feststellte, dass ich offenbar eine leichte Scheidenentzündung habe. Wieder dieses verdammte Ding, das muss behandelt werden. Aus der Apotheke habe ich immer was da – Scheidenkapseln, die man sich abends einführt.

Das kann einige Tage dauern, bis die Scheidenflora wieder in die richtige Balance kommt. Ob ich mit *Costar* auch wieder in die richtige Balance komme, weiß ich nicht, ich denke nicht; wenn die negativen Gefühle zu stark werden, muss ich mir echt was überlegen.

3. September

In der Früh begrüßen *Costar* und ich uns in der üblichen Art. Meine Stimmung ist nicht besser; ich weiß, dass ich ihn die ganze Woche nicht sehen werde, am Wochenende vielleicht auch nicht. Das macht mich ganz kribbelig, ich bin total unrund, ich bräuchte Sex. Am Nachmittag halte ich es nicht mehr aus und schreibe ihm: »Ich habe eine Scheidenentzündung, der Tina geht's nicht gut. Sie fühlt sich schwer vernachlässigt. Interessiert sich ihr Herr überhaupt noch für sie? Schaut nicht so aus. Schade!« Darauf er: »Der Herr interessiert sich sehr. Ich bin nur unterwegs.« Und dann: »Tel.?« Ich gebe ihm ein Freizeichen, er ruft mich an. Was ist los?, will er wissen. Es fällt mir nicht leicht, ihm eine klare Antwort zu geben, irgendwie bringe ich aber aus mir heraus, dass ich unrund bin, auch dass ich es Scheiße finde, wenn er meint, dass ich nicht klammern soll und dass ich seine Egotrips nicht wirklich gut heiße. Was soll ich damit anfangen, wenn er mir sein halbes Essen schickt und sich selbst lobt? Das versteht er – wird nicht mehr vorkommen, versichert er. Er zeigt sich einsichtig, aber ich denke, dass es immer wieder vorkommen wird, weil er ein Ego ist, und ich werde immer wieder enttäuscht sein, das dreht sich dann im Kreis und das hatten wir schon. Bedauerlicherweise wird es wieder mühsam mit ihm. Ich spreche unser grundsätzliches Problem an – dass ich gern mehr hätte, ich habe mehr Beziehungswünsche als er, aber das können wir mit einem guten Zeitmanagement auch nicht lösen. Es ist zwecklos zu diskutieren, unsere Bedürfnisse diesbezüglich sind und bleiben unterschiedlich. Ich sage, dass es mir vorerst helfen würde, wenn wir uns zeitlich besser abstimmen würden, ich würde gern vorher wissen, ob und wann wir uns treffen können. An meinen Wochenenden war ich bisher immer flexibel, das werde ich in Zukunft nicht mehr sein; ab jetzt bin ich grundsätzlich jedes Wochenende verplant, denn ich habe keine Lust, für ihn auf Abruf zu stehen und zu warten, bis er wieder einen Egotrip beendet hat. Ja, das sieht er ein, das versteht er, sorry. Auch er hätte gern mehr Verbindung mit Tina, er würde sie ja auch nicht spüren. Er will diskutieren, ich steige aber nicht ein. Also worauf kann ich mich einstellen – sehen wir uns diese Woche noch? Es schaut nicht gut aus, nur der Sonntagabend ist noch frei. Gut, dann verbleiben wir so, dass wir diesen Abend reservieren.

Später schickt er mir ein Whatsapp mit einem Bild von einer Klomuschel, in die er offenbar gerade gepinkelt hat, mit dem Text: »Jetzt hätte ich Tina gebraucht.«»Schade, dass ich dir nicht assistieren konnte«, antworte ich. Wir schreiben noch ein wenig; ich vermisse ihn, er mich auch … bis zum Gute Nacht!

4. September (Treffen und erste Session mit *Deluxxe00*)

Costar erkundigt sich in der Früh nach unserem Wohlbefinden; bei uns geht's, er hat schlecht geschlafen. Was ich heute mache, fragt er. Arbeiten und vielleicht am Nachmittag baden gehen, am Abend habe ich Training. Ich halte mich kurz und knapp, sage nichts von meinem Blind Date heute. Wie das wohl wird? Vielleicht ist er ein Traummann, vielleicht ein Trottel, das kann man nie wissen.

Um 14 Uhr bin ich mit *Deluxxe00* verabredet, in einer Hotelbar, er erwartet mich am Eingang. Ich begrüße ihn mit einem lockeren Hallo und sage, dass wir jetzt wohl was trinken gehen werden? Er wirkt sympathisch, ist aber zurückhaltend, redet nicht viel. Er ist nicht viel größer als ich, schlank, hat eine gute Statur, am Kopf kahl und im Gesicht behaart. Nach meinem ersten Eindruck kann ich mir nicht vorstellen, irgendwas mit ihm zu machen. Wir nähern uns ein bisschen an, erfragen das eine oder andere. Er hat tatsächlich eine Play Location – seine Wohnung und der Keller seines Büros (er ist Fotograf). Laut seiner Beschreibung gibt es da (in seiner Wohnung) alles, was man braucht – von Andreaskreuz bis Gynstuhl. Seine sonstige Freizeit verbringt er im Sommer gern am See, hat auch ein eigenes Boot mit einer Art Liegefläche, wo man alle möglichen Schweinereien machen kann. Das Gespräch wird interessanter, aber wir können uns diesbezüglich nicht gut austauschen, zum einen, weil andere Leute in der Nähe sitzen und was hören könnten, zum anderen bin ich noch vorsichtig, will nicht zu viel preisgeben. Das Wichtigste weiß er – dass ich devot und maso bin. Und meinen Status mit *Costar* mache ich auch klar; ich sage, dass ich einen Herrn habe, der hat aber nicht viel Zeit für mich. Daher schaue ich mich um, ich mache eine Sondierung. Er ist ein freundliches Wesen, locker und offen und grinst immer, wenn wir uns dem Kernthema annähern. Jetzt kann ich mir sehr wohl was mit ihm vorstellen; offenbar ist er vertrauenswürdig, seriös und vor allem scheint er etwas von seinem Handwerk zu verstehen. Das spräche alles dafür, auch dass er ein Gelegenheits- raucher ist (ein Abendraucher). Er meint, dass er das erste Mal eine »Begutachtung« machen würde und von allem ein bisschen probieren würde, um mich kennen zu lernen und zu prüfen, von welcher Ausgangssituation hier auszugehen wäre. Allein die Art, wie er das schildert, erregt mich. Erregt war ich schon vorher, aber zugleich auch unrund. Irgendwie habe ich das Gefühl, dass dieser fetischaffine Unbekannte mir mein Unrundsein austreiben könnte. Ich zögere nicht, wir vereinbaren ein Treffen für den Abend, 20 Uhr.

Den restlichen Nachmittag verbringe ich am See, lasse mich von der Sonne vorwärmen. Zuhause bereite ich mich vor, rasiere mich gründlich, streiche die Fingernägel rosa und lege mein Outfit an – schwarze halterlose Netzstrümpfe und ein schwarzes Minikleid aus Netz, eines meiner Lieblingsstücke. Es ist eigentlich kein Kleid, sondern eine Art Oberteil, das knapp den Arsch bedeckt, mit spinnenartigen und an Seile erinnernden Mustern; die Nippel kann man ganz leicht frei legen, indem man ein wenig das Netz verrückt. Darüber ein leichtes langärmeliges Kleid mit Leopardenmuster und schwarze Ballerinas. Das Wetter ist nicht nach hohen Schuhen. Ich betrete seine Wohnung, er hat die Tür angelehnt gelassen. Der Vorraum ist klein und mit erstaunlich wenig Kleidung und Schuhen bestückt – wie jeder andere Vorraum in einem männlichen Singlehaushalt. Dann betrete ich den »Wohnraum« und sehe eine selbst gemachte SM Kammer; rotes gedämpftes Licht, angenehme Housemusik, es riecht nach Rosen und Abenteuer, er empfängt mich in einem ärmellosen schwarzen Netz-T-Shirt, schwarzer lackartiger Hose. Gleich rechts von mir befindet sich ein Andreaskreuz, an der Decke im hinteren Teil des Raumes hängt eine Vorrichtung mit Seilen und Flaschenzug. In der Mitte – statt einem Wohnzimmertisch – gibt es eine große Liege aus Holz mit weicher Auflage; an deren Enden sind unterhalb jeweils Ketten angebracht. Eine großzügige Couch füllt die andere Ecke des Raums und daneben, Richtung Küchenzeile, steht eine Art Kosmetikstuhl, der zu einem Gynstuhl umfunktioniert wurde. In der Mitte des Raums, als Abgrenzung zur Kochnische, ist ein Tisch, der für gewöhnlich als Esstisch dienen könnte; darauf befinden sich allerhand Fetischsachen und Toys, Ketten, Dildos, Peitschen, alles mögliche; Handtücher, Kondome und Gleitgel sind auch bereitgestellt.

Er hat wieder diesen Grinser, nur jetzt ist er deutlich versauter. Er bittet mich auf der Couch Platz zu nehmen, wir unterhalten uns ein wenig, zunächst über etwas scheinbar Zufälliges aus dem Leben; wir kommen auf eine Gemeinsamkeit – das Thema Katze – er hat eine, ich zwei, da hat man sich einiges zu sagen. Nach diesem Überbrückungsthema rauchen wir gemeinsam einen Joint und kommen zur Sache; wir klären unsere Vorlieben und Tabus, wobei ich mein Kleid auf seine Bitte abgelegt habe. Es gefällt ihm sehr, was er da sieht, sagt er – sehr schön! Die ganze Liste wird durchgegangen, bis in jedes Detail – von Natursekt aktiv, passiv über Spanking wo und wie, bis hin zu Ficken (mit Gummi). Mein Tabu ist anal, hier möchte ich höchstens einen Finger drin haben, mehr nicht. Aber sonst geht eigentlich alles; seine Palette ist auch sehr breit. Er sitzt jetzt mir gegenüber auf dem SM-Tisch (auf dem dann die Sub Platz zu nehmen hat), ich auf der Couch, er erklärt mir die Safewords; sie orientieren sich nach einer Ampel – grün bedeutet es geht gut, gelb heißt, dass man schon deutlich was spürt, rot ist zu viel (bedeutet Stopp). Gut, ich habe alles verstanden, bin auch einverstanden. Mittlerweile habe ich mindestens vier Glas Wasser getrunken; der Joint trocknet die Schleimhäute ein wenig, zumindest im Mund, da muss man andauernd nachschwemmen. Das ist auch ihm ein Anliegen, er schätzt eine volle Blase. Gut, dann beginnen wir mit der Begutachtung, meint er. Wir tauschen die Plätze, ich gehe auf den SM-Tisch und bringe mich in die Hundestellung, mit etwas gespreizten Beinen. Jetzt begutachtet er mich; zuerst geht er um mich herum, schaut alles ganz genau an und kommentiert seine Beobachtungen – er ist sehr zufrieden. Dann beginnt er mich zu berühren, am Arsch, an den Oberschenkeln oder am Kopf, streicht mir über die Haare. Auch meine Brüste prüft er sehr genau, zunächst zärtlich, dann etwas fester, mit leichtem Kneifen und Ziehen. Sehr schön ist das alles, sagt er und widmet sich jetzt mehr meiner Spalte. Er neckt sie mit Nichtberührungen, streichelt meinen Arsch und die Oberschenkel, fasst sie auch mal etwas härter an, er prüft die Festigkeit meiner Arschbacken. Ein paar leichte Schläge mit der flachen Hand bekomme ich auch – er hat tolle Hände. Sie erfassen viel von meinem Lustfleisch und sind sehr zärtlich und weich. Ich merke, wie ich nasser werde … Er prüft jetzt meinen Feuchtigkeitsgrad, ich spüre einen Finger in der Muschi. Dass sie schon sehr nass ist, freut ihn. Eine sehr schöne Muschi, sagt er, gefällt ihm sehr gut. Er beginnt mich ganz sanft zu massieren, ich fange an zu stöhnen – ja, das fühlt sich sehr gut an, das macht er echt meisterhaft. Dieser Teil der Begutachtung ist leider nur vorübergehend, als nächstes testet er den Innenraum meines Mund bzw. Halses, mit seinem Schwanz. Der ist riesig! Das sage ich ihm auch. Ich habe noch nie so einen großen Schwanz gesehen; an der Wurzel eigentlich noch nicht so dick, aber in der Mitte so dick, dass ich ihn mit meiner Hand nicht umfassen kann. Ich bekomme nur das erste Drittel davon in den Mund, aber da will er mehr drin haben – er streicht mir über die Haare bzw. hält sie nach hinten, um genau zu sehen, was ich mache. Ein paar Mal hält er mich ein wenig fest, um mir seinen Spritzriesen weiter in den Mund, in den Rachen, in den Hals zu schieben. Ich bekomme mehrfachen Brechreiz, ich winde mich, bekomme keine Luft. Hm, das werden wir noch üben, sagt er und geht zur nächsten Begutachtung über.

Ich soll mich neben den Tisch stellen und ihm meine Hände reichen. Mit schwarzen Seilen umwickelt er zuerst mein linkes Handgelenk, dann mit etwas Abstand das rechte, dann umwickelt er die Verbindung zwischen links und rechts, dann wieder beide Handgelenke und fixiert es in der Mitte. Mit dem Rest der Seile spannt bzw. flechtet er gekonnt einen dicken Zopf sozusagen, das er am Ende mit einem Karabinerhaken verbindet. Er verweilt ein wenig, genießt diesen Anblick; dann legt er mir ein Halsband um, verbindet es mit einer Art Hundeleine und zieht mich damit unter die Hängevorrichtung. Meine verbundenen Hände zieht er mit dem Flaschenzug nach oben, sodass meine Arme komplett nach oben gespannt sind. Er begutachtet mich nun in dieser Stellung ganz genau, mit seinen Augen und Händen, auch mit der Zunge – er küsst mich, zärtlich und zugleich versaut, ich soll den Mund immer ganz offen halten. Dann zieht er das Seil noch etwas an, sodass ich auf den Zehenspitzen stehen muss, es schmerzt ein wenig; ich verliere die Balance, schwanke, aber das Seil hält mich. Er begutachtet weiter und genießt offenbar meinen Schmerz und meine Bewegungsunfähigkeit. Ich auch. Er fingert mich sanft und spielt an meiner Muschi, innen und außen, ich bekomme auch seine Zunge zu spüren – sie ist sehr kräftig und leidenschaftlich. Ich falle in einen Subspace – Schmerz und Erregung fallen zusammen, ich fließe davon. Dann lockert er das Seil etwas, sodass ich wieder normal auf den Füßen stehen kann, um dann mit einer ausführlichen Tittenbehandlung fortzufahren. Vorhin hatte er kalte Hände, jetzt sind sie warm und kuschelig – Katzenhände. Er massiert mich sehr schön, gibt mir immer wieder etwas Druck oder zieht an den Warzen. Ich reagiere während der Begutachtung hin und wieder verbal mit »grün« oder »gelb«; an meinen Geräuschen erkennt er ohnehin meinen Lust- bzw. Schmerzgrad und reguliert entsprechend die Intensität. Da hat er ein sehr gutes Gespür, ich kann mich gut fallen lassen.

Dann meint er, dass ich mich umdrehen soll; er steht etwa zweieinhalb Meter von mir entfernt und hat eine lange Peitsche in der Hand. Das Ende der Peitsche, das mich an meinen Nippeln bespielt, ist mit einer festeren Schnur verstärkt. Die Hiebe davon sind nicht sehr schmerzhaft, aber sehr neckisch, sie erregen nicht nur meine Brüste, sondern meinen ganzen Körper. Er macht das sehr geschickt, in einem schnellen Rhythmus werden links und rechts gepeitscht. Er grinst wieder so schelmisch – wie ein Zirkusdirektor steht er vor mir und vollführt seine Peitschkünste. Mein Stöhnen ist eine Mischung aus Erquicklichkeit und Geilheit; ich sage nicht mehr oft gelb oder grün, rot habe ich noch gar nicht gesagt, wird auch nicht nötig sein. Sein Schwanz ist durchgehend prallsteif, er hat offenbar Spaß. Dann soll ich mich wieder umdrehen, die Beine etwas mehr spreizen; dazwischen legt er eine schwarze Latexdecke auf den Boden. Hm, er wird wohl mit der Muschibehandlung fortfahren? Das tut er, mit einer etwas anderen bzw. heftigeren Technik; der Druck wird gewissermaßen von hinten nach vorne ausgeübt; die Vorderwand meines Lochs ist das Ziel seiner Interventionen. Er hat jetzt drei Finger in mir drin, wird immer heftiger, packt mich zuzusagen von innen und schüttelt einen Wasserfall aus mir heraus. Meine Schreie sind tief und anhaltend, sie klingen animalisch, als wenn ein Tier aus mir herausbrüllen würde, vor lauter Ekstase. Auch dieser Wasserfall ist anhaltend, es rinnt und spritzt, meine Beine werden ganz nass, alles wird nass, es gibt eine beträchtliche Lache auf der Latexdecke. Oh mein Gott, was war das jetzt? Mit wenigen Handgriffen hat er mich in den Subspace gehievt und zur Explosion gebracht. Ich kann nicht glauben, dass so viel Flüssigkeit auf diese Art aus mir herauskommen kann.

Ich habe schon mehrmals erwähnt, dass ich pinkeln müsste – jetzt ist es soweit. Mit der Hundeleine führt er mich zur Toilette – ich soll mich nur drüber hocken, nicht drauf setzen, damit er mir zuschauen kann. Es dauert einige Sekunden, bis ich loslassen kann, aber dann rinnt es, endlich. Er kommt her und berührt meine Muschi, an der Stelle, wo es heraus fließt, das stoppt den Fluss. Zwar fühlt sich das geil an, aber pinkeln kann ich nicht mehr. Er lässt mich wieder weiter machen und beobachtet – gefühlte drei Liter kommen heraus. Danach führt er mich wieder ins Spielzimmer und bittet mich, auf dem Tisch Platz zu nehmen, in der Hundestellung. Er prüft jetzt weiter – meinen Arsch, mit Finger und Zunge, widmet sich dann auch dem Kitzler, sehr fein macht er das. Ja, da werden wir auch noch üben müssen; er spielt darauf an, dass er meinen Arsch erziehen möchte, da ließe sich noch einiges machen, ist er überzeugt. Ich soll mich mehr nach unten beugen, mit meinem Oberkörper, damit er seine Untersuchungen intensivieren kann. Das macht er wieder sehr leidenschaftlich. Nach einer Weile kommt er zur anderen Seite des Tisches, zu meinem Kopf; jetzt liege ich auf dem Rücken, mein Kopf hängt nach hinten unten. Von oben bekomme ich seinen strammen Ast in den Mund, in den Hals geschoben. Es ist grenzwertig, ich bekomme keine Luft, stattdessen einen argen Brechreiz, und bevor ich nicht mehr kann, zieht er ihn heraus. Bei den kleinsten Anzeichen, dass es nicht mehr geht, lässt er ab, damit ich durchatmen kann. Um dann weiter zu machen – ja, das gefällt ihm, er kommentiert es dementsprechend. Jetzt geht er kurz weg, streift sich ein Kondom über und gibt mir ein paar Hiebe auf mein Lustfleisch, mit seinem Schwanz. Dann rammt er ihn mir in die Muschi – ich schreie auf – wieder dieses Tier in mir. Er fickt unglaublich, hart und intensiv, mit versauten Kommentaren – ja, das ist geil! Schnell und hart, aber auch langsam und hart presst er sich bis ans äußerste Ende meines Lochs, er spießt mich auf mit seinem überdimensionalen Lebendvibrator. Er nimmt ihn aber bald wieder heraus, bittet mich, dass ich die Beine weit spreizen soll. Ich bekomme an Händen und Füßen Fesseln angelegt; die Fußfesseln werden jeweils mit einer Kette vom anderen Ende des Tisches verbunden, sodass meine Beine komplett aufgespreizt sind. Die Handfesseln verbindet er mit den Ketten – ich kann mich nicht bewegen. Jetzt macht er von vorne weiter, zunächst mit Lecken und Klitbehandlung, dann fickt er mich wieder – extrem hart und ausdauernd, aber auch zärtlich irgendwie, er füllt mich total aus und massiert mich gekonnt von innen. Zwischendurch massiert er mit seinem Schwanz mein äußeres Lustfleisch, da trifft er zielsicher die empfindlichen Stellen, um mich dann wieder hart weiter zu ficken. Es ist ein galaktischer Jahrhundertfick – also sowas hatte ich noch nicht.

Nach einer halben Ewigkeit gefickt werden machen wir eine Pause und rauchen einen Joint, der macht uns wieder geil. Ich muss wieder pinkeln, er führt mich an der Leine ins Bad, in die Badewanne. Ich stelle mich hinein bzw. auf die Ränder der Wanne, sodass ich etwas höher bin als er. Er hält mir seinen harten Schwanz entgegen und wartet. Es dauert etwas, aber dann kann ich pissen, er spielt damit, fängt mein Wasser mit seinem Schwanz und mit seinem Mund auf oder leckt mir währenddessen den Kitzler. Alles wird nass, wir plantschen mit unseren Gewässern spielend herum. Dann säubern wir uns, er führt mich zurück ins Spielzimmer, wo ich auf dem Massagestuhl bzw. Gynstuhl Platz nehmen soll. Mein Arsch soll dabei ganz vorn am Rand sein, damit er die Spalte und alles gut behandeln kann. Nach einem zuerst zärtlichen, dann intensiven Muschispiel mit Fingern und Zunge bekomme ich wieder seinen Schwanz hineingestoßen, es ist wieder galaktisch, ich stöhne wie eine alte Lustunke. Jetzt wird er noch eindringlicher, auch etwas lauter, bis er abspritzt – lang und laut stöhnend, anscheinend sehr intensiv. Sehr schön. Er lässt mich aber nicht rasten, sondern macht weiter, stellt sich neben mich, legt seine linke Hand auf meinen unteren Bauch und mit den Fingern seiner rechten Hand macht er die Spalte weiter fertig. Er hat ein Handtuch unter meinen Arsch auf die Vorrichtung gelegt – ich ahne, was jetzt kommt. Er gibt mir wieder seinen Fingerzaubertrick; im Handumdrehen bin ich wieder im Subspace, mein Lustschrei erhebt sich, zieht sich bis zum Höhepunkt; ich spritze alles voll, was sich in der Nähe befindet, es kommt teilweise eine Fontäne aus mir heraus. Er schafft es, den letzten Tropfen aus mir herauszufingern. Zur Abrundung küsst er mich, streichelt mich im Gesicht, am Kopf, hält mich fest und sagt viele lobende versaute Worte. Ich bin beseelt von diesem ekstatischen Ereignis, aber auch erschöpft und durstig. Ich trinke fast ein Glas Wasser in einem Zug und nehme wieder auf dem Tisch Platz, sitzend. Zum Abschluss kommt noch eine Schwanzübung – er erprobt wieder die Tiefe meines Halses, da ist er hartnäckig. Und extrem erregt, er liebt es mir den Hals vollzustopfen. Immer, wenn ich sehr stark würge, lässt er locker; dann soll ich seine Eier lecken, auch seinen Arsch. Meine Zunge soll ich ihm in den Arsch stecken – das ist ein unmögliches Unterfangen. Dann möchte er, dass ich ihm einen Finger in den Arsch schiebe, während ich die Eier lecke; er wichst sich selber. Mit etwas Gleitgel geht das ganz gut; er möchte auch einen zweiten drin haben. Ja, sehr schön, meint er. Nun auch noch einen dritten Finger; er hat ein sehr entspanntes Arschloch, ich habe keine Mühe, den Finger hinein zu bekommen. Im Gegenteil, es flutscht wie von selbst. Dann den vierten auch noch – ich gebe ihm auch meinen kleinen Finger und massiere seinen Arsch. Das erregt ihn sehr, es dauert nicht lange und er spritzt – mir ins Gesicht, in den Mund; ich lecke ihn sanft sauber, eher spielend, mit der Zunge an seiner Eichel. Dieses Nachspiel lässt er sich lange gefallen, packt mich sanft an den Haaren, zieht mich zu sich und küsst mich leidenschaftlich. Wir rauchen noch eine, trinken Wasser und freuen uns, dass unser Spiel so gut gelungen ist. Wir reden noch ein wenig, dann packe ich zusammen und verabschiede mich, unverbindlich verbleibend.

5. September

In der Früh whatsappe ich *Deluxxe00* einen guten Morgen und dass es gestern sehr geil war, ich danke ihm für diesen tollen Abend! Das sieht er auch so, er möchte so bald als möglich fortsetzen. Später frage ich, ob er morgen Abend Zeit hätte – ja hätte er, wir vereinbaren 20.30 Uhr. Mit *Costar* whatsappe ich sporadisch, ich halte mich kurz, ich mag mich ihm nicht widmen, bin gerade ganz angetan von meinem neuen Spielgefährten.

6. September (zweite Session mit *Deluxxe00*)

Auch heute gibt es nicht viel Kommunikation mit *Costar*; am Nachmittag fragt er, was die Tina macht. Ich antworte, dass sie mich beim Schreiben beobachtet und dass wir am Abend mit einer Freundin in die Stadt gehen. Was nicht stimmt, ich treffe mich am Abend mit *Deluxxe00*. Aber ich höre dann ohnehin nichts mehr von *Costar*.

Am Abend mache ich mich fertig – ich ziehe schwarze halterlose Strümpfe an, einen schwarzen SM Body (Titten und Muschi frei) im Wetlook, schwarze Netzhandschuhe; die schwarzen lackartigen Stiefelschuhe mit Plateau nehme ich mit. Er erwartet mich in einem schwarzen Netzshirt und schwarzer Lackhose. Ich habe eine fast voll Blase mitgebracht und bekomme zu trinken; es gibt auch einen Joint. Wir reden über unser letztes, erstes Mal – ja das hat uns sehr gefallen, da wäre alles noch ausbaufähig, meint er, mit seinem schelmisch-versauten Grinser. Unweigerlich vergleiche ich ihn mit *Costar*; *Deluxxe00* ist wesentlich entspannter, er schafft es irgendwie, seine »Befehle« weich zu formulieren, sie sind gewissermaßen ohne Zwang. Das ist zwar sachlich unlogisch, aber gefühlsmäßig und körperlich fühlt es sich zwanglos bzw. ungezwungen an. Seine Befehle sind Bitten, denen ich gerne nachkomme. Und ja, ich finde auch, dass wir das eine oder andere noch ausbauen können, dabei soll er aber berücksichtigen, dass meine Muschi wirklich viel Aufmerksamkeit braucht, vor allem von seiner Zunge. Grenzwertig beim letzten Mal fand ich allerdings, dass er mir immer sehr viel Spuke gegeben hat. Das mag ich nicht so gern, Spucke ist für mich die am wenigsten beliebte Körperflüssigkeit (außer Blut natürlich). Aber Sperma zum Beispiel ist mir lieber als Speichel.

Für den Anfang möchte er, dass ich auf der SM Liege Platz nehme. Er holt seine Werkzeuge und beginnt meine Titten abzubinden, mit einem Seil. Man merkt, dass er das schon oft gemacht hat, da leistet er Millimeterarbeit. Auf beiden Brüsten fühlt sich das gleich schmerzhaft an. Er spielt damit, auch mit den Warzen und genießt meine Schmerzensäußerungen. Dann holt er eine Art Kleiderbügel mit Klemmen, diese bringt er an den Brustwarzen an, sodass sie mit dem Bügel verbunden sind. Wow, das spüre ich sehr stark, zeige das auch. Aber er lässt mich ein Weilchen darben, dann nimmt er die Klemmen wieder ab. Das ist noch mal eine eigene Art von Schmerz, der sehr tief geht. Die Brüste bzw. Warzen sind danach extrem empfindlich. Diese Empfindlichkeit ist für ihn ein erwünschter Zustand – er spielt mit diesen Nachschmerz, verwöhnt meine Nippel mit ganz weichen Küssen, mit der Zunge tut er sein Übriges. Die Spannung in den Brüsten ist noch da, die Gesamterregung ist gestiegen. Das überprüft er mit einem zunächst ganz sanften Spiel an meiner Muschi; bald habe ich einen Finger drin – ja, es ist alles ganz feucht, raunt er zufrieden. Ich soll aufstehen und die Beine weiter spreizen – er macht weiter mit dem Fingern und bringt mich umgehend zum Fließen. Auf seine Fingertechnik kann man sich verlassen – er hebt mich in den Subspace, meine Grenzen lösen sich auf, das fühlt sich wunderbar an. Nach dieser ersten Ekstase bindet er meine Titten los, um sie dann ausführlich zu küssen.

Schon längst hat er einen Steifen, den bekomme ich zunächst wie erwartet in den Mund geschoben. Er will mit mir die Aufnahmefähigkeit meines Mundes bzw. Rachens weiter entwickeln, das macht er recht gründlich. Einige Male muss ich stark würgen, bekomme keine Luft, winde mich, und bevor ich endgültig kotze, zieht er ihn heraus und wartet, bis ich wieder kann. Sowas ist wohl eine Pflichtübung für jede Sub. Ich finde es nicht so wahnsinnig erregend, obwohl ich sagen muss, dass ich jedes Mal nass werde, wenn ich auf diese Art gequält werde. Es gefällt mir zu sehen, wie er es genießt. Meine Nässe überprüft er natürlich, ja, sehr nass alles, um mir dann seinen prallen Schwanz in die Muschi zu schieben – er fickt mich überaus lange, ausdauernd und zumeist hart. Naturgemäß wird man dabei etwas trockener mit der Zeit, da schafft er Abhilfe. Ich bekomme Nippelklemmen aus Metall angelegt, die mit einer Kette verbunden ist. An die Kette hängt er ein für mein Empfinden sehr schweres Gewicht; ich muss dabei meine Hände nach hinten geben. Es ist grenzwertig – sowohl der Schmerz, wie auch die Erregung. In dieser Position fingert er mich wieder und macht, dass ich wieder schön nass werde. Das Gewicht hängt er bald wieder ab, gibt mir die Kette aber zwischen die Zähne, sodass wieder eine hohe Spannung auf die Nippel kommt. Noch intensiver fingert er mich jetzt; meine Schreie pressen sich zwischen meinen Zähnen heraus, Speichel rinnt aus meinem Mund – ich bin wieder ein Animal Furor, das eine seltene Flüssigkeit herausspritzt, wo sich dessen Herr sehr darüber freut. Am Boden ist alles nass, er legt ein Handtuch darüber. Es ist heiß, die Luft ist stickig, er öffnet die Tür zum Balkon. Die frische Luft tut gut, sie kühlt mich ab; ich habe ein zweites Outfit mitgenommen, das ich jetzt anziehe, ein schwarzes halbtransparentes Shirt mit Ärmeln. Auch die lackartigen schwarzen Stiefelschuhe habe ich mit, ich ziehe sie an. Sehr schön findet er das; er streichelt mich am ganzen Körper, steht hinter mir und drückt sich an mich, nimmt meine Brüste und meinen Arsch in seinen festen Griff. Als nächstes soll ich mich auf die Liege legen, auf den Rücken und die Beine weit spreizen. Er hat zweierlei Saugvorrichtungen für die Muschi, probiert deren Passung; die eine ist zu groß, sie hat eine längliche Form und sollte das ganze Lustfleisch abdecken. Die andere passt – es ist eine Art Rohr (5 - 7 cm Durchmesser), von dem man die Luft abpumpen kann. Er erprobt dieses Ding zunächst am bzw. nahe am Kitzler. Zuerst kribbelt es, dann spüre ich die Kraft des Sogs; mein Fleisch arbeitet gut mit, es wird durchblutet und gereizt, fühlt sich gut an. Er platziert dieses Saugrohr an verschiedenen Stellen, um zu sehen wo ich am meisten reagiere. Zum Abschluss wird mein empfindliches Fleisch schön geleckt und verwöhnt, werde auch noch schön gefingert. Dann stellt er sich über mich, auf den Tisch, hebt mein Becken zu sich nach oben, sodass ich mit Kopf und Nacken auf der Liege bin und meinen Körper nach hinten oben strecke, abgestützt mit den Unterarmen. Jetzt hat er mein Loch gut vor sich, spielt damit zunächst mit den Fingern, dann schiebt er mir seinen Schwanz hinein und fickt mich so lange, wie es diese Stellung zulässt.

Jetzt ist eine Pause nötig, wir trinken Wasser und rauchen noch einen Joint. In seinem Angebot ist auch Poppers, die »Sexdroge« – ob ich das kenne? Ja, kenne ich. Eine Bekannte von mir hat das gern konsumiert, vor vielen Jahren hatte ich was mit ihr, da habe ich das auch kennen und schätzen gelernt. Man sollte kein schlechtes Herz haben, wenn man das konsumiert; überhaupt kann man das nur ab und zu einnehmen – schnüffeln – es dient der zusätzlichen Entspannungserregung. Ja, können wir gerne einbauen! Aber jetzt müsste ich mal pissen; wir gehen ins Bad, in die Wanne, ich stelle mich wieder auf den Rand und lasse rinnen – er spielt damit, leckt mich währenddessen und wichst sich gleichzeitig. Seine Katze ist ein stiller Beobachter, wir versauen gerade ihr Territorium. Dann legt er mich wieder auf die Liege – ich soll die Beine weit spreizen, er will jetzt eine Dehnung versuchen. Zuvor wendet er wieder seinen Finger-Zaubertrick an und bringt mich zum Squirten, ich mache wieder alles nass. Dann beginnt er mich zu dehnen; zwar hat er eher große Hände, aber sehr weiche, sie finden geschmeidig in mein Loch und halten bzw. dehnen mich. Er liebt es da hinein zu schauen – ins schwarze Loch. Seine Bewegungen sind eher langsam und rhythmisch, er arbeitet sich vor, ein

Finger nach dem anderen, hin und wieder mit etwas Gleitgel dazu. Irgendwann kommt es mir so vor, als wenn ich nur mehr von meiner Fut aufrecht erhalten werde, sie ist die Verbindung nach außen und zugleich ein Stützpunkt. Sich dann da hinein fallen lassen, ist das Geilste, das es gibt. Ich spiele auch selber mit, reibe mich am Kitzler, während er seine Dehnungsübungen weiter fortsetzt. Ich kann nicht mehr feststellen, wie viele Finger es sind, oder sogar die ganze Hand? Jetzt nehme ich ein paar Schnüffler vom Poppers, er fingert mich weiter, besser gesagt, er fistet mich. Er hat seine ganze Hand in mir, es ist unglaublich! Noch nie hat das geklappt – die ganze Hand. Langsam fistet er mich und ich löse mich endgültig auf, ich hebe ab in den Subspace, bin ganz weit weg, werde nur mehr von seiner Hand gehalten. Das ist übergalaktisch! Ich nehme noch ein paar Schnüffler und lasse mich weiter durch dieses Universum tragen, es ist zauberhaft!

Danach bin ich erschöpft; ich frage ihn, was er heute noch vorhat, ich würde schon ans Heimfahren denken. Hm, dann machen wir etwas, das für dich nicht so anstrengend ist, meint er. Er setzt bzw. legt sich auf die Couch, seine Beine sind gespreizt und sein Schwanz ragt mir entgegen. Noch eine Runde blasen bzw. Schwanz würgen. Nach den ersten Einheiten bittet er mich, seine Eier zu lecken und ihm einen Finger hinten rein zu schieben, mit viel Gleitgel. Das geht ruckzuck, wie beim letzten Mal, dann einen zweiten und so weiter, bis alle vier drin sind. Währenddessen macht er mit seinem Schwanz etwas, das wie wichsen aussieht, er streichelt sich irgendwie. Nun möchte er, dass ich versuche, die ganze Hand hinein zu schieben, mit noch mehr Gel, er zeigt mir auch, wie ich meine Hand zu einem Schnabel formen soll, damit ich leichter in seinen Arsch komme. Wie schnell oder langsam ich das machen soll, bekomme ich genau angesagt. Sein Arschloch ist wirklich sehr entspannt und sehr dehnfähig, ich bekomme meine Hand fast ohne Mühe hinein, mache inside eine Faust und bewege sie ein wenig. Ja, das gefällt ihm sehr gut, er hebt ab. Jetzt schnüffelt auch er am Poppers, wird noch entspannter, nach wenigen Minuten kommt er, fast trocken. Er sagt, wie ich die Hand wieder aus seinem Arsch herausziehen soll; mit meiner Zunge spiele ich an seiner Eichel, lecke herum und lasse so seinen Orgasmus ausklingen. Zum Sauberlecken hat's diesmal nicht viel gegeben. So einen Orgasmus hat er hin und wieder, einen trockenen, der aber deswegen nicht weniger intensiv ist, im Gegenteil, es fühlt sich sehr viel intensiver an, erklärt er. Er lobt meine Fistingkünste, für das erste Mal war das sehr geil, findet er. Finde ich auch. Ein Glas Wasser und eine Zigarettenlänge später bin ich wieder alltagstauglich; wir sind uns einig, dass es heute wieder sehr geil war. Für das nächste Mal hätte er gern, dass ich mit einem Analplug komme – gut, wie er will. Zum Abschied küssen wir uns und stellen in Aussicht, dass wir uns nächste Woche vielleicht wieder treffen könnten.

7. September

Am Vormittag whatsappt *Costar,* ob es gestern spät geworden ist – ja, war spät, antworte ich. Am Nachmittag fragt er, was wir machen? Nicht viel, ein wenig schlafen, Katzen kuscheln und Haushalt machen. Er hatte Motorrad fahrende Freunde zu Besuch, jetzt will er fernsehen und schlafen. Bald fragt er aber, ob Tina spielen will. Nein, will sie nicht, wie soll ich ihm das sagen? Heute ist außerdem Samstag, da hatte er in Aussicht gestellt, sicher keine Zeit zu haben, sondern erst am nächsten Tag, am Sonntag. Ich schreibe, dass Tina Bauchweh hat und dass ihr eine Zahnkrone herausgefallen ist, es fehlt jetzt ein Zahn, sie fühlt sich heute unwohl. Darauf bekomme ich keine Antwort. Was mir sehr recht ist, weil ich mir damit vermutlich den nächsten Ärger erspare. Unsere Kommunikation kann einfach auslaufen – ich will ihn nicht sehen, und ob ich ihn morgen sehen will, weiß ich heute noch nicht. Sieht aber nicht danach aus.

8. September

Es ist Sonntag – heute gibt es kein obligatorisches Guten Morgen von *Costar*; es gab gestern auch kein Gute Nacht. Auch von mir nicht; ich hatte erwartet, dass er sich nicht mehr melden würde. Das Wetter ist trüb, es wird insgesamt ein nahezu sexfreier Tag. Am Nachmittag besuche ich mit Freunden eine Ausstellungseröffnung (outdoor), immer bedroht von etwas Regen. Am Abend lege ich wie immer Hand an mir an, um besser schlafen zu können.

9. September

Dieser Wochenbeginn ist geprägt vom definitiven Ende der Urlaubsstimmung. Ich muss wieder etwas Struktur in mein Leben lassen und konzentriert arbeiten, das hemmt meine Libido. Außerdem fühlt sich meine Muschi etwas kränklich an, ich dürfte mir eine leichte Scheidenentzündung eingefangen haben. Das hemmt die Libido noch mehr. Wie erwartet meldet sich am Vormittag *Komma*, er möchte wissen, wie es diese Woche aussieht. Ich bin noch unentschieden, eigentlich möchte ich eher *Deluxxe00* treffen. Ich halte mich bedeckt, ich kann ihm noch nichts Verbindliches sagen. Auch *Deluxxe00* whatsappt, ob wir uns sehen werden? Er nennt mich gern »geiles Luder« und schickt immer Emojis, die spritzendes Wasser darstellen. Ja, wir werden uns sehen, aber ich kann mich heute noch nicht festlegen, antworte ich ihm.

10. September

Wieder sehr viel Arbeit und Hektik heute – ich bin unrund. So viel Arbeiten tut mir nicht gut. Am Abend gehe ich notgedrungen zu einer Vernissage, ich hatte es dem Künstler versprochen, weil er mein Nachbar ist. Die Ausstellung ist furchtbar, lauter unfertiges Zeug, die das Innere des Künstlers wiedergeben. Ich hätte die Objekte nicht sehen müssen, man sieht ihm seine angeschlagene Lebenstüchtigkeit ohnehin an. Alles an ihm und an seinen Objekten hat einen depressiven Unterton, man wird sofort an traurige Zeiten im eigenen Leben erinnert. Die anderen Leute, die sich hier herumtreiben zwischen den Objekten, passen genau ins Bild. Unweigerlich muss ich bei jedem Mann, jeder Frau daran denken, wie viele ungelebte sexuelle Möglichkeiten jeder aufweisen könnte. Meine Rechenkünste reichen hier leider nicht aus, man müsste Potenzrechnen können.

11. September (dritte Session mit *Deluxxe00*)

Komma möchte wissen, ob wir uns diese Woche sehen können – ich bin ihm noch eine Antwort schuldig. Ich vertröste ihn auf nächste Woche, weil ich derzeit meine Scheidenentzündung auskurieren möchte, sage ich. Diese hat sich aber zum Glück gebessert, sonst würde ich mich am Abend nicht mit *Deluxxe00* treffen. Mit einem schwarzen Ganzkörpernetzbody (an Titten und Muschi frei) und darüber ein Kleid komme ich um 20 Uhr zu ihm. Bald ist das Kleid aber wieder ausgezogen; beim Jointrauchen sitze ich bereits korrekt adjustiert da. Selbstverständlich habe ich einen Plug, der mit seinem rosaroten Glitzerstein aus meinem Arsch leuchtet. Er begutachtet ihn sowie meine Spalte sehr genau und prüft auch ihre Nässe. Hm, sehr schön, das alles zum Benützen, findet er und schwingt sich zufrieden raunend in diesen Abend ein. Die Wirkung vom Joint ist angenehm, zusätzlich zur Entspannung ist er auch aphrodisierend. Kaum fertig geraucht, bekomme ich ordentlich meine Muschi geleckt – seine Zunge ist sehr kräftig, er macht das sehr gut. Durch seine versaute Art kann ich mich gut fallen lassen, ich äußere dankbare Stöhngeräusche. Nach seiner ausführlichen Zungenmassage bekomme ich seine Finger in meine Spalte – sie erweitern mein Lustspektrum und bringen mich zum Fließen. Auch der Plug wird bespielt, mit kreisenden oder auch stoßenden Bewegungen; das kündigt an, was heute noch kommen wird. Dann soll ich auf die Liege in die Doggystellung; seine Bespielung geht weiter in der gleichen Gangart, nur von hinten.

Er legt die weiche Auflage vom Tisch auf den Boden, ich soll mich darauf legen, auf den Rücken. Meine Hände und meine Füße fesselt er jeweils und verbindet sie mit einem Seil, welches er mit einem Karabiner am Flaschenzug befestigt. Damit zieht er mich nach oben, meine Arme und Beine sind in der Luft. Die Fesseln schmerzen stark, besonders an den Händen, ich breche diese Aktion ab. Er lässt mich wieder vorsichtig herunter und lockert bzw. entfernt die Fesseln – tja, dafür muss die Fesseltechnik noch ein bisschen ausreifen. Ich platziere mich wieder auf die Liege, kniend, bekomme Titten und Arsch bespielt, teils mit sanften, teils mit härteren Eingriffen. Und natürlich Blasen – er trainiert meinen Hals bzw. meine Fähigkeit, die Luft anhalten zu können. Das Blasenspiel ist mittlerweile schon eine liebgewordene Gewohnheit geworden, nicht weil es an sich so erregend wäre, sondern weil das Spiel mit meinen Grenzen erregend ist. Jedes Mal, wenn er mich fast zum Kotzen gebracht hat, versichert er sich nachher, ob ich nass bin – das bin ich immer. Diese rohe Gewalt, die er mit seinem Schwanz ausübt, macht mich weich und gefügig. Und nass, nicht nur die Fut, sondern auch meinen Mund; ich bekomme dann wieder sehr viel Speichel zusammen, der zuvor vom Joint ausgetrocknet wurde. Nun soll ich mich auf den Rücken legen, mit dem Kopf an den Rand der Liege bzw. nach hinten unten hängen lassend, um von hier aus mit dem Blasexzess weiter zu machen, wobei ich auch seine Eier und seinen Arsch zum Lecken bekomme. Währenddessen kümmert er sich hin und wieder um meine Spalte und die Titten, massiert und fingert mich sanfthart. Oh, die Muschi will den Schwanz haben, oder?, fragt er frivol. Ja, die längste Zeit schon – unverzüglich spüre ich ihn auch schon, er fickt mich hart und ausdauernd, mit weichen Sequenzen dazwischen. Der Höhepunkt wird dann wieder oral erledigt – während er sich zum Orgasmus wichst, lecke ich seine Eier und massiere sein Loch.

Mit einem neuerlichen Glas Wasser und einem weiteren Joint pausieren wir und plaudern, während wir Schokoladenkekse naschen. Meine Blase ist fast ganz voll, das lasse ich ihn wissen – er grinst nur und lässt mich weiter naschen, an seinem Schwanz. Der ist immer knallhart, ich habe ihn noch nicht im natürlichen Zustand gesehen. Ich soll mich auf den Gynstuhl legen, darunter legt er das Latextuch. Meine Beine sind gespreizt nach hinten gerichtet; er hängt jeweils ein Bein in eine lockere Fessel, die mit dem hinteren Ende des Stuhls verbunden ist. So kann ich die Beine nicht schließen oder nach vorne bringen. So, und jetzt pissen!, will er, vor mir stehend mit seinem harten Schwanz in der Hand. Er möchte sehen, wie es rinnt. Ich bemühe mich redlich, aber da will nichts herauskommen. Eine Schranke verhindert, dass ich jetzt pisse – es würde ja alles auf den Boden rinnen. Das ist in Ordnung, motiviert er mich. Ich versuche es, konzentriere mich, aber will einfach nicht, ich kann diese Schranke nicht durchbrechen. Ich habe ja Zeit, meint er – ich kann warten. Und er wartet und wartet, aber es kommt nichts. Irgendwann bitte ich ihn um ein Handtuch, das er mir unter den Arsch legen soll und dass er den Wasserhahn aufdrehen soll. Das macht er und ich versuche es erneut; ich leite das Plätschern des Wassers durch meine Ohren bis zu meiner Blase in der Hoffnung, dass mein Wasser auch so plätschern möge. Er wartet immer noch geduldig. Und siehe da – auf einmal geht es. Ich konzentriere mich auf den Ausstoß meiner Flüssigkeit, dann rinnt es, aber es hört auch gleich wieder auf, ich muss mich durchgehend angestrengt konzentrieren, damit es wieder geht. Na immerhin, jetzt hat er seinen Sekt, er liebkost ihn und spielt damit. Alles will er haben, jeden Tropfen. Ich bemühe mich auch noch den letzten aus mir herauszudrücken, bis ich endgültig leer bin. Hm, das wird noch nicht alles gewesen sein, meint er, und beginnt mich zu fingern, mit seinem manuellen Zaubertrick.

Immer, wenn er so anfängt, weiß ich, dass ich spritzen werde – da hat er mich auch schon soweit, ich spritze ab aus vollen Rohren, obwohl ich mich komplett leergepinkelt hatte. Er ist unnachgiebig, er macht es so lange, bis wirklich nichts mehr aus mir herauskommt. Zum krönenden Ende werde ich wieder gut gefickt, das leitet den nächsten Abschnitt ein – er will jetzt hinten rein. Er massiert mir gleichermaßen mein vaginales und mein anales Loch, ich weiß nie, wie viele Finger jeweils wo sind. Es ist nicht nur das viele Gel, das er dabei verwendet, sondern seine sanfte Fingertechnik, mit der er mich da und dort so aufdehnt, dass es kaum weh tut. Schmerzhaft wird es erst, als er mir seinen Schwanz in den Anus schiebt, da bekomme ich eine neue Spannung. Der Schmerz vermischt sich mit Erregung, ich kann nicht mehr unterscheiden, was gerade überwiegt. Das eine führt zum anderen … aber dieser große Schwanz in meinem Arsch ist grenzwertig, schmerzmäßig. Ich reibe mich auch selbst unterstützend am Kitzler, das bringt mich noch eine Stufe tiefer in den Subspace. *Deluxxe00* reicht mir das Sexriechgas Poppers, damit entspanne ich mich auf eine noch mal andere Art. Erst jetzt merke ich, dass er nicht nur seinen Schwanz in meinem Arsch hat, sondern auch noch seine Hand in meiner Muschi – er zerreißt mich. Ich bin aufgespießt von dieser Multifunktionsfickmaschine, sie stößt mich an den Rand meiner Erregungs- und Schmerzgrenzen. Meine tiefen Lustschreie erschüttern den Raum, sie klingen wieder seltsam fremdartig, als wenn das nicht ich wäre, die da schreit, sondern auch eine Art Fickmaschine. Ja, das gefällt ihm, das ist sicher einer der Höhepunkte, den er von vornherein angestrebt hat. Seine Hand kann ich nicht lange in mir halten – er zieht sie heraus, aber nicht ganz, sondern macht mit vier Fingern weiter. Mit sanften Massagen und Küssen klingt diese Dehnungsübung aus, ich bin erschöpft, aber auch tief befriedigt.

Diese Art von Sex ist körperlich sehr anstrengend, ich unterschätze das gerne. Mein Kreislauf droht einzustürzen, ich trinke Wasser und nasche ein wenig. Zuerst einen Schokokeks, dann seinen Schwanz – er möchte es noch mal haben. Ich sitze auf der Couch, er steht vor mir mit seinem prallen Lustknochen. Ich weiß, was jetzt kommt; während sein Schwanz versucht in meinen Hals vorzudringen, gebe ich viel Gleitgel auf meine rechte Hand bzw. Finger und beginne, seinen Anus zu massieren. Er soll mir ganz genau sagen, was und wie ich was machen soll, haben wir vorhin besprochen. Und so leitet er mich wieder – zuerst habe ich einen, dann zwei usw. Finger in seinem Arsch, bis vier drin sind. Mit einer Hand wichst er sich und mit der anderen nimmt er mich beim Unterarm und leitet ihn in seinen Arsch, bis meine Hand bzw. Faust drin ist. Ich soll sie langsam bewegen und wenn er kommt, ganz langsam herausziehen. Ein paar Schnüffler am Sexgas später ist er soweit – sein Orgasmus ist laut und intensiv; zugleich zieht er meine Hand in seiner Geschwindigkeit aus seinem Arsch. Sehr schön, sehr geil war das. Zufrieden lassen wir diesen Abend abklingen, ich ziehe mich an und mache mich zum Gehen fertig. Aber vorher müsste ich doch noch pissen; wir gehen ins Bad, ich stelle mich auf die Ränder der Badewanne, hebe meinen Rock hoch und pisse. Es ist eine wahre Freude ihn zu beobachten, welche Freude er dabei hat; er ist von meinem Urin total angetan, er lässt ihn in seinen Mund fließen, fingert und leckt mich, während ich pisse und spielt mit dem Wasser, wie ein kleiner Junge. Seine Katze ist diesmal kein Zeuge, sie hat sich schweigend verdrückt. Wir plaudern noch ein wenig – mit seinem Boot möchte er noch mal rausfahren, das Wetter könnte sich am Wochenende oder kommende Woche vielleicht dafür anbieten. Mit ihm Boot fahren? Das würde mir gefallen, aber wir verbleiben unverbindlich, da ich an diesem Wochenende mit einer Freundin zum Wandern verabredet bin. Aber vielleicht geht da spontan was, wir werden sehen.

12. September

Ich whatsappe *Deluxxe00*, dass es gestern wieder sehr geil war und dass ich mich freuen würde, wenn sich nächste Woche eine Bootsfahrt ergeben würde. Ja, er auch. Wir fassen den Sonntagnachmittag ins Auge; da müsste ich den Wanderurlaub mit Freundin verkürzen, das ist es mir wert.

13. September

Es ist Freitag, ich sollte noch ein paar Dinge erledigen, bevor ich die dreistündige Fahrt zu meiner ehemals besten Schulfreundin antrete; sie hat eine Hütte in einer schönen Wandergegend in der Nähe ihrer Stadt. Mein Körper protestiert, ich fühle mich unwohl, habe Bauchschmerzen und Blut im Stuhl, außerdem kündigt sich ein Harnwegsinfekt an. Trotzdem fahre ich los, bin Mitte Nachmittag bei ihr; wir gehen essen, ich trinke viel Cranberrysaft wegen dem Infekt und wir verbringen einen langweiligen Frauenabend. Sie ist verheiratet, hat zwei erwachsen werdende Töchter und ihr Mann ist laut ihrer Beschreibung ein narzisstischer Tyrann. Seit zwei Jahren hat sie einen heimlichen Geliebten oder Freund oder wie auch immer man das nennt. Aber sie verlässt ihren Mann nicht, obwohl er sie kontrolliert, beschimpft oder sonstwie quält. Sowas kann ich mir nicht länger als einen Abend lang anhören.

14. September

Dieser Wandertag vergeht gut im wahrsten Sinn des Wortes. Zum Glück sind auch meine Schmerzen beim Wasserlassen vergangen, aber es kommt noch Blut aus meinem Arsch. Vermutlich habe ich eine innere Verletzung vom heftigen Arschfick. Meine Freundin, die eigentlich keine echte Freundin mehr ist, erwartet am nächsten Tag (Sonntag) nun doch beide Töchter, auch ihr Mann würde am

Nachmittag kommen, mit dem Motorrad. Ich will ihre Familie aber nicht sehen, da kommt mir die Ausrede mit dem Bootfahren gerade recht.

15. September

Nach dem späten Sonntagsfrühstück mit Pseudofreundin verabschiede ich mich und fahre nach Hause. Ich gehe aber nicht Boot fahren mit *Deluxxe00*, sondern lege mich hin, lese, höre Musik und sehe fern. Mein Körper braucht jetzt Ruhe, meine Seele auch. Für sogenannte Freundinnen bin ich oftmals eine Zuhörmaschine, das kann ich wirklich sehr gut, fühle mich aber hinterher missbraucht. Das muss ich in Zukunft abstellen; auf diese Art und Weise möchte ich nicht mehr benutzt werden, ohne einen sehr hohen Stundensatz dafür zu bekommen. Das Ärgerliche an dieser Art von Alltagsgeschichte ist ihre implizite Verlogenheit, indem man etwas tut, von dem man behauptet, dass man es nicht tun will. Also beim Mann bleiben, obwohl man weiß, dass man nicht bei ihm sein möchte; diese – wahrscheinlich weibliche – Beziehungslogik verstehe ich nicht. Entweder bin ich abhängig – dann kann ich es auch eingestehen. Oder ich bin unabhängig und somit ohnehin begründungsfrei.

16. September

Wie erwartet meldet sich am Vormittag *Komma* mit der Frage, wann wir uns diese Woche sehen könnten. Etwas später rufe ich ihn an und schildere mein Malheur mit der Blase, und auch, dass ich unsicher bin, ob es nicht auch eine Scheidenentzündung ist. Da er ja Mediziner ist, hat er einen anderen Zugang zu diesen Dingen und redet mir ins Gewissen, dass ich meine Gynäkologin aufsuchen soll. Ich verspreche es ihm, ja, das werde ich machen und ihm das Ergebnis mitteilen.

17. September

Ich bekomme am Nachmittag einen Termin bei meiner Frauenärztin; es ist noch Blut im Harn, das muss behandelt werden. Meine Scheidenflora hingegen ist vollkommen in Ordnung. Ich verweigere eine Behandlung mit Antibiotikum, das muss anders auch gehen. Sie gibt mir ein Pulver, das in Wasser aufgelöst eingenommen werden soll; zwei Tage später soll ich zur Kontrolle. Sie untersucht auch mein Rektum, da findet sich nichts Ungewöhnliches. Die Blutungen haben hier mittlerweile aufgehört. Alles in allem ist jedenfalls eine Pause vonnöten – hier sollten keine fremden Bakterien dazu kommen, das würde meine Gesundung gefährden.

18. September

Eine Zwangspause kann man umdeuten; zehn Tage kein Sex bedeutet auch geschenkte Zeit, diese sollte man nicht vergeuden. Die Vorstellung, dass ich krank bin, geht einher mit einem freiwilligen Abstinenzgefühl. Ich denke sozusagen absichtlich sehr viel weniger an Sex als sonst. Aber ob ich das zehn Tage durchhalten werde, bezweifle ich.

19. September

Die Gynäkologin stellt fest, dass nicht mehr so viel Blut im Harn ist, wie das letzte Mal. Es wird besser, dauert aber noch. Zum Glück habe ich diese Tage viel zu tun, vor allem mit dem Kopf, das kann auch sehr befriedigend sein.

21. September

Dieses Wochenende besuche ich ein Seminar und befinde mich damit weiterhin in einer sexfreien Welt. Aber einmal habe ich an *Costar* gedacht und festgestellt, dass ich ihn nicht vermisse.

23. September

Das Wetter ist teilweise trüb, so wie es im Herbst sein soll. Ich fühle mich wieder vollständig genesen und frage *Deluxxe00*, ob er Lust auf ein Treffen hat; er ist aber leider bis Ende der Woche im Ausland. *Komma* hat hingegen Zeit, wir vereinbaren ein Treffen für den nächsten Tag, am späten Vormittag.

24. September

In der Früh stelle ich fest, dass ich menstruiere. So ein Pech aber auch! Ich bin richtiggehend notgeil, ausgerechnet jetzt kommen Blutungen! Zwar kann man andere sexuelle Handlungen vornehmen, die nichts mit der Muschi zu tun haben, aber darauf habe ich überhaupt keine Lust. Meine Fut soll endlich geleckt werden. Mein Muschidoktor macht das aber leider nicht, wenn ich blute, er will sie clean. Wir telefonieren und scherzen herum – ja, was soll's, es geht halt nicht. Wieder eine Woche warten, so ein Mist! Ich mache es mir schon wieder bis zu drei Mal am Tag, kaum auszuhalten ist das. Am Nachmittag erhalte ich ein Whatsapp von *Costar*; ich habe damit gerechnet, dass irgendwann wieder was kommt. Er schreibt: »Wie geht es Tina? Sir *Costar* hat am Freitag [in drei Tagen], seit Wochen wieder einmal, Zeit.« Ich antworte nicht.

25. September

Im Forum bin ich als *Mariaimhimmel* hin und wieder aktiv, ich unterhalte mich aktuell mit *Eiskaffee* und *Hangover48*, da könnte sich jeweils ein Treffen anbahnen. Ich könnte wieder ein Casting starten und mir Frischfleisch anschauen, vielleicht ist was Nettes dabei.

28. September

Meine Fut terrorisiert mich ganz besonders, wenn ich menstruiere und die Tage danach. Da ist alles offen und nass, die Tore meines Haupteingangs sind weit geöffnet. Aber niemand kommt herein, ich muss noch warten. *Deluxxe00* hat heute leider keine Zeit, aber für morgen haben wir ein Treffen vereinbart – endlich.

29. September (vierte Session mit *Deluxxe00*)

Am Abend bereite ich mich auf die Session mit *Deluxxe00* vor, wasche, rasiere und bedufte mich und werfe mich in ein besonders nuttiges Netzoutfit, Muschi und Titten frei. Wie immer ist unser Einstieg sanft und herzlich, wir trinken Wasser, kiffen und reden. Auch er hat vom letzten Mal Verletzungen abbekommen, die Haut auf seiner Eichel hatte Fissuren, das war sehr schmerzhaft. Meine Blasenentzündung war auch sehr schmerzhaft, daher werden wir heute eine sanfte Session machen. Zwar alles benutzen, aber um eine Spur vorsichtiger. Und schon ist er mit seiner Zunge in der Mitte meines Lustfleisches – er spreizt meine Schenkel, verschafft sich Herrschaft über meine Lust. Das macht er sehr gut, ich zerfließe. Bald sind seine Finger in mir, eine schöne Massage erfasst meinen Innenraum und befördert mich in die nächste Lustwelle. Er ist wirklich ein Meister seines Fachs, zumal er ebenso die zarte und nicht nur die harte Variante der Benützung beherrscht. Auch mit seinem Schwanz beherrscht er das Zart-Programm, sehr schön. Und das nicht nur, wenn er mich fickt, sondern auch wenn ich ihn blase; heute muss ich ihn nicht so tief nehmen.

Wir spielen den ganzen Abend an uns herum, machen alles, was wir schon gemacht haben (außer Arschficken, beidseitiges Fisten und Pissspiele), nur sanfter. Seine ausgefeilte Fingertechnik funktioniert auch ohne viel Druck, das könnte er öfter so handhaben. Ich spritze sogar, zwar nicht so intensiv wie das letzte Mal, aber immerhin. Ich kann das Squirten noch immer nicht so recht einordnen; es ist eine Art Orgasmus, aber eben ein anderer als der Klitorgasmus. Aber welcher ist dann der echte? Es wäre schön, wenn man beides verbinden könnte – das ist ein verfolgenswertes Ziel für unsere zukünftigen Spieleabende. Auch er kommt – er wichst sich und spritzt mir ins Gesicht, dann darf ich ihn sauber lecken. Wir stellen fest, dass wir eine gute Basis haben für ein reizendes Spiel zwischen zart und hart. Wobei sich bei ihm auch das Harte zart anfühlt. So ein jugendlicher SM Liebhaber ist nicht nur wegen seiner Ausdauer und Innovationsbereitschaft interessant, sondern auch wegen der Unbeschwertheit, vor allem in Körperfragen. Er steckt mir immer ganz unkompliziert seinen Schwanz irgendwo hinein oder bemächtigt sich mit seinen Fingern naturgemäß meiner Muschi. Seine Dominanz ist geschmeidig, sie schleicht sich fast unbemerkt an mein Lustfleisch, um es dann intensiv zu versauen. Wir verbleiben mit der Aussicht, nun das Niveau wieder steigern zu können und verabschieden uns herzlich unbeschwert.

1. Oktober

Diesmal gibt es keine unangenehm-schmerzhaften Nachwehen, im Gegenteil, diese Zartsession macht mich nur noch geiler. Da kommt mir *Komma* gerade recht, er will sich unbedingt endlich treffen, unter anderem, um mich zum Squirten zu bringen. Wir vereinbaren ein Treffen für den übernächsten Tag.

3. Oktober (sechstes Treffen mit *Komma*)

Komma kommt am Vormittag verschwitzt zu mir, duscht erst mal und erzählt wieder seine Alltagsgeschichten. Er geht davon aus, dass man ja reden müsste, damit das nicht nur das Eine ist. Immerhin wäre das Zwischenmenschliche so wichtig, gerade wenn man leidenschaftlichen, versauten Sex hat. Mein Bedürfnis nach dieser Art von Zwischenmenschlichkeit ist gerade nicht vorhanden, dafür ist mein Bedürfnis nach seiner Zunge an meiner Muschi umso größer. Ich eröffne ihm, dass ich (!) ihm heute das Squirten beibringen werde, weil ich es nämlich in der Zwischenzeit gelernt habe. Ich schildere diesen Werdegang mit dem Hinweis, dass Pissspiele hier unterstützend sein können. Wenn man viel und versaut pisst (also überall hin, nur nicht in die Toilette), dann löst sich die Spannung in der Harnröhre und im Hirn. Man sollte das Pissen neu interpretieren, etwa als Lockerungsübung für moralische Verhärtungen. Ich glaube nicht, dass er das versteht. Und ich denke auch, dass er physikalisch nicht in der Lage ist, mir diesen goldenen Saft zu entlocken – er ist zu lasch.

Dies ist nun die sechste Folge in unserer Serie, die nicht sehr viel Neues zu bieten hat. Nur dass er diesmal noch verbissener daran arbeitet, mich zum Spritzen zu bringen. Wir erproben jede erdenkliche Finger- und Handbewegung, in alle Himmelsrichtungen, mit viel Mandelöl, mit viel und wenig Druck. Es ist anstrengend, ich bin sehr laut und auch sehr angespannt. Seine Verwöhnkünste erregen mich zwar, aber diese Erregung findet keine Entspannung, es geht heute wieder nicht. Nach gut einer Stunde Gynbehandlung mit einigen guten Lustwellen beginne ich mitzuspielen, reibe mich am Kitzler und weise ihn an, wie er mich fingern bzw. dehnen soll. Wir verpassen mir einen sanft-wohligen

Orgasmus, immerhin. Nicht gespritzt, aber schön gekommen, auch gut. Nach einer kurzen Rast blase ich ihn, er spielt weiter an meiner Muschi, fickt mich und spritzt mir bald ins Gesicht. Gut befriedigt liegen wir im Bett, ich bin ziemlich erschöpft und kann mich schlecht gegen seinen Redeschwall über das Leben auf dem Land zur Wehr setzen. Nach einer Zigarette bin ich wieder kommunikationsfähig und befördere ihn zur Tür, weil ich mich eilig zurecht machen muss für einen Termin. Auf ein Neues – so verabschieden wir uns. Keine Ahnung, ob ich ihn wieder treffen möchte.

6. Oktober

Es ist Sonntag, eine Freundin begleitet mich zu einer pflichtgemäßen Feierlichkeit. Alles ziemlich sexfrei, ich gönne mir diese Pause. Das schöne Wetter erinnert mich daran, dass es auch hässliches Wetter geben muss, damit man das Schöne genießen kann. Auch für die Ökonomie der Sexualität ist Dialektik wichtig: Kontrolle geht nur mit Kontrollverlust. Und: Kopf und Fut sind in eine gute Balance zu bringen. Wie geht das? Man muss es organisieren. Im Idealfall kann man die Kontrolle über die eigene Lust abgeben, auch der Kopf ist dann befreit. Man ist schwerstens gebunden und kontrolliert, damit die Lust frei sein kann. Eine gute Balance zwischen Dominanz und Unterwürfigkeit führt zu einem Zärtlichkeitsexzess ungeahnten Ausmaßes. So viel Bindung und so viel Lust zugleich sind schwer auszuhalten, daher wird der Sex ritualisiert. Zu diesem Ritual gehört auch, dass man später die Kontrolle wieder zurückbekommt, das ist der Deal. Im Umgang mit den jeweiligen Spielpartnern ist überdies wichtig, dass man die eigene Souveränität nicht verliert, auch wenn man zwischendurch krank wird oder schlecht gelaunt ist. Es kommt vor – und das gar nicht selten – dass ich durcheinander oder irritiert bin von meinen eigenen Gefühlen. Diese sind aber zum Glück so vergänglich, dass der Verstand bald wieder Oberwasser bekommt und weiterhin mein unstillbares Bedürfnis nach kontrolliertem Sex versucht in den Griff zu bekommen. Aus jetziger Sicht gibt es schöne Aussichten in diese Richtung – sowohl *Dagnim* wie auch *Deluxxe00* kommen hier sehr entgegen. Und wer weiß, wer sonst noch auftauchen wird.